메이저리그 야구 통계학

2/e

빅데이터 분석과 머신러닝의 시작 R

메이저리그
야구 통계학
2/e

김재민 지음

에이콘

| 지은이 소개 |

김재민(jkim2252666@gmail.com)

미시간 오클랜드대학교 비즈니스스쿨 경영학과 조교수로 재직 중이다. 학부생과 MBA 학생들을 대상으로 경영전략을 강의하고 있으며, 경영전략과 데이터 분석의 교집합을 다루는 마케팅과 경영전략을 위한 데이터 분석도 강의하고 있다. 경영전략 및 기업의 사회적 책임과 관련된 연구로「Journal of Business Research」,「Entrepreneurship Theory & Practice」,「Journal of Business Ethics」,「Organization & Environment」등에 다수의 논문이 실렸다. 최근 연구에 자연어 처리를 위한 머신러닝을 분석 방법으로 활용하고 있으며, 10년 이상 개인 블로그 blog.naver.com/ibuyworld를 통해 연구와 영어강의에 대한 생각을 공유하고 있다.

| 지은이 말 |

유레카라고 해야 하나? 운명처럼 메이저리그 야구 데이터와 오픈소스 통계 프로그램 R을 동시에 만났을 때, 적절한 시기가 되면 데이터 작업에서 손을 떼야 할 것 같았던 체증이 한 순간에 전광석화처럼 뚫려버렸다. 교수라는 직업으로 생존하기 위해서는 분석을 해야만 했다. 어쩌면 터널이 뚫리기 직전에 그 둘을 만났을지도 모르지만, 만난 이후로는 새로운 세상과 빠르게 연결되고 있음을 느낀다. 각종 매체로부터 쏟아져 나오는 4차 산업혁명이라는 소음에 귀를 막고 있기보다는 자신의 가치를 높일 수 있는 데이터과학에서 수학과 통계학의 부담감을 내려놓고, 메이저리그 야구 데이터를 직접 실험하면서, 모호한 4차 산업혁명을 따라잡기 위한 경영전략을 가르치는 경영학자의 관점으로 이야기하고 싶어 이 책을 준비했다. 최근에 빅데이터라는 이야기는 지겹게 들었지만 여전히 남의 이야기로 들리고, 지켜만 보다 뒤처지지 않을까라는 고민을 해결할 수 있도록 데이터과학을 메이저리그 이야기와 합쳐서 풀어나간다. 제법 많은 한국인 선수가 활약하고 있어 우리에게 익숙한 메이저리그는 140여 년의 장구한 기간 동안 메이저리거들의 흔적을 데이터로 기록했다. 이러한 데이터를 직접 대면할 때 느끼는 개방성과 거대함, 그리고 정밀함은 데이터과학에 대한 거침없는 호기심을 불러일으킨다.

특히 수학과 통계학 때문에 데이터과학에 접근하는 데 주저하는 분들에게 이 책이 새로운 통로를 열어줄 터닝포인트가 됐으면 하는 바람이다. 저자는 어려서부터 통계에 관심이 있었거나 관련 책을 쓰는 것이 인생의 목표는 아니었다. 박사학위를 마치기 위해 고통받으면서 배웠던 통계지식들이 사라질까 봐, 매번 블로그에 기록으로 남겨놓다 보니 제법 많은 양의 이야깃거리가 됐고, 블로그에 흩어져 있던 내용을 필요한 분들과 나누면 도움이 될 것 같아 책으로 정리했다. 한국에서 한참 직장생활을 하고 적지 않은 나이에 유학을 온 입장에서 영어는 극복하기 힘든 벽이었다. 박사과정 학생으로 강의할 때는 발음, 악센트, 그리고 표현법에서 미국이나 캐나다 출신의 네이티브 강의자들에 비해 비교열위에 있다는 위기감 때문에 극복할 수 있는 방법을 모색하다가 생존전략으로 찾게 된 포지셔닝이 데이터 분석이었다. 영어를 모국어로 사용해 박사과정에 들어온 동료들과 연구 프로젝트를 같이 하기 위해 뒤돌아볼 것도 없이 내린 결정이 '가설검증만큼은 내가 한다'는 다짐이었다.

　연구과정 생존을 위해 익혔던 분석방법을 공유하는 만큼 이 책의 첫 번째 수혜자는 석사과정 또는 박사과정 진학을 준비하고 있거나 과정 중에 있는 분들이라 생각한다. 박사과정을 마치고 연구실을 비워줄 때, 끝까지 책상에 꽂혀 있었던 『Rhythms of Academic Life』[1] 처럼 박사과정에 진학한 누군가의 책상 위에 놓여 있을 책으로 만들고 싶었다. 두 번째는 직장생활을 하면서 데이터는 쏟아져 나오는데 어떻게 활용할지 모르는 직장인에게 전략적 참고서가 됐으면 한다. 저자가 은행에서 근무하면서 데이터의 가치를 전혀 깨닫지 못하고 살던 적이 있다. 지금 생각해보면 무한으로 생성되던 데이터를 의사결정에 활용하지 않고 주어진 분석결과만 읽으면서 수동적으로 직장생활을 했던 점이 아쉽게 느껴져 과거의 나와 비슷한 생활을 하고 있을 분들에게 임팩트를 줄 수 있도록 디자인했다. 세 번째는 야구통계가 궁금해서 세이버메트릭스에 관심을 갖기 시작한 분들이 이번 기회에 데이터과학 쪽으로 관심의 폭을 넓히는 데 도움이 됐으면 한다. 사실 야구에서 쏟아져 나오는 선수들의 경기성적 데이터를 현실에 적용하기에는 한계가 있지만, 야구 데이터와 데이터과학의 조합은 야구의 적용범위를 대폭 넓혀준다. 마지막으로 큰 도움을 드릴 수 있는 그룹은 통계 프로그램 언어인 R을 배우려고 마음먹고 있던 분들일 것이다.

　최근의 변화를 이끌어가는 사물인터넷, 자율주행자동차, 인공지능의 큰 트렌드에 동참하려는 분위기가 소셜 네트워크를 통해 전문가를 넘어 일반인들 사이에서도 확산 중이다. 보기 좋게 만들었던 파워포인트의 무의미함에 대한 경고의 목소리가 커지고, 직장인들은 업무를 통해 흘러넘치는 데이터를 정리해놓는 수준에서 벗어나 남들이 보지 못하는 패턴을 모델링해서 대중과 커뮤니케이션하려는 움직임도 명료하게 감지된다. 이러한 과정에서 유튜브와 오픈소스 강의를 통해 자기주도형 학습이 변화를 이끌어가고 있지만, 공개 강의를 따라잡기 위해 학창시절 보던 수학 정석이나 기초통계 교과서를 다시 열어보다가 모수, 공분산, 임의변수, 표본오차, 최소좌승법, 최대우도법 같은 단어들이 등장하기 시작하면 내가 갈 길이 아

1　Frost, P. J., & Taylor, M. S. (1996). *Rhythms of Academic Life: Personal Accounts of Careers in Academia* (Vol. 4). Sage.

님을 확인하고 자기주도형 학습을 자기주도로 종료하는 경우가 적지 않다.

명확한 목표 없이 시작하는 데이터 분석에 대한 공부는 참고서를 몇 번 뒤적거리다가 포기하기 쉽다. 학창시절이나 직장에서 분석업무 능력을 키워보려고 통계 공부도 해봤지만 가슴 깊은 곳으로 내려 꽂혔던 기억이 별로 없었다. 특히 통계학 책에서 기업의 제품 불량률, 환자의 혈압수치, 시제품의 효과성, 법률 개정의 효과 등 예제로 사용됐던 내용들이 일상생활과는 동떨어져 데이터가 생산된 배경 자체를 이해하는 것이 어렵다 보니 정작 통계분석을 이해하는 데 방해가 되기도 했다. 배워야 하는 이유는 알았지만, 효과적인 학습에 갈증을 느끼면서 통계를 흥미롭게 가르쳐볼 수 있지 않을까라는 야망을 갖게 됐다. 그리고 바람대로 2016년부터 대학에서 야구 데이터를 이용한 데이터 분석 과목을 강의해왔고 2017년에는 사물인터넷과 빅데이터를 접목한 새로운 과목을 개설했으며, 2021년에는 마케팅과 경영전략을 위한 데이터 분석이라는 과목을 신규로 개설해서 학생들에게 강의하고 있다. 경영학자인 저자가 강의를 준비하면서 얻은 통계와 전략 사이에서 발생하는 교집합을 야구 이야기로 풀어내기 때문에, 이론과 숫자가 가득한 무거운 이야기들은 거부한다. 대신에 문제 해결에 대한 논리적 사고, 프로그래밍이라는 손에 잡히는 기술, 통계 메커니즘인 확률이론, 현실의 데이터로 해결모델을 검증하는 과학적 접근방법인 모델링modeling 사고에 대한 이야기를 메이저리그 야구를 통해 소개한다.

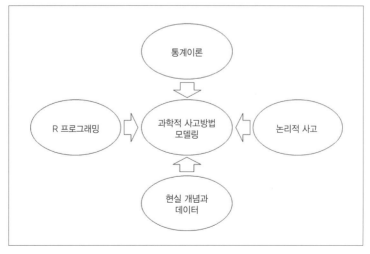

과학적 사고방법: 모델링

데이터 분석의 표준이며 무료로 내려받아 사용할 수 있는 통계 프로그래밍 언어 R과 140여 년 이상 축적된 메이저리그 데이터로 이 책의 대부분을 설명하기 때문에 비용 부담 없이 데이터과학에 도전할 수 있다. 이번 기회를 통해 코딩에서 모델링으로 관심을 넓히고, 공식에 숫자를 대입해서 답을 찾는 전통적 공부 방식이 아닌 데이터로 생각을 모델링하는 방식을 통해 데이터과학계의 거대한 축을 담당하고 있는 통계 프로그램 R과 직접 모은 데이터로 가능성을 예측하고 의사결정을 하는 데 도움이 됐으면 한다. 지금까지 네이버에서 익명으로 운영해왔던 블로그 http://ibuyworld.blog.me에는 한국 토종 직장인의 좌충우돌했던 미국 경영학 박사과정 이야기와 현재 연구하고 가르치면서 스스로 배우는 내용들을 포스팅하고 있다. 관심 있는 분들은 필요한 정보를 계속해서 찾아볼 수 있다.

마지막으로, 이 책에서 제시된 다양한 분석과 모델은 션라만닷컴SeanLahman.com에서 공개하고 있는 야구 데이터가 있었기 때문에 가능했다. 이 회사의 창업자인 션 라만Sean Lahman은 야구뿐만 아니라 농구, 자동차 경주, 테니스 등 다양한 스포츠에서 나오는 기록들을 데이터베이스화하는 작업을 주도하고 일반에 공개하고 있다. 동사는 많은 사람이 데이터에 자유롭게 접근하고 사용해서 인류의 분석적 수준을 높이는 데 기여하기 위해, 데이터 사용에 대해 관대한 저작권 정책인 크리에이티브 커먼즈를 적용하고 있다. 션라만닷컴에 제시된 저작권 관련 내용을 직접 인용하면 다음과 같다(2021년 3월 기준).[2]

크리에이티브 커먼즈는 저작권자의 허락 없이도 저작권자가 제시한 조건에 맞으면 저작물을 사용할 수 있게 해서 인류의 창의활동을 활성화하려는 물결이다. 라만 데이터의 크리에이티브 커먼즈는 BY-SA로서, 저작자 표시 및 동일조건변경허락을 적용하고 있다. 즉, 데

---

2 http://www.seanlahman.com/baseball-archive/statistics/

이터의 저작권자인 션라만닷컴은 다음 두 가지 조건만 갖춘다면 데이터의 공유를 허락하고 데이터의 변경을 영리 목적으로도 할 수 있도록 허락한다. 첫 번째는 데이터의 출처를 공개하고 Creative Commons Attribute-ShareAlike를 라만 데이터가 사용된 내용에서 다음과 같이 표시해야 한다. 라만 데이터는 다양한 분석을 소개할 목적으로 다수의 절에서 사용되므로, 이 책 끝부분의 '라만 데이터 적용 부분'에서 데이터가 적용된 절과 소개된 결과물(통계결과, 차트, 테이블 등) 목록을 제공하고 (cc) BY-SA 를 표시한다. 두 번째는 라만 데이터를 활용해 새로운 분석결과물을 만들었듯이, 이 책에서 라만 데이터를 통해 만든 분석결과물(통계결과, 차트, 테이블 등)을 이용해 새로운 저작물을 제작할 수 있으며, 제작 시 출처를 알리고 동일조건을 유지해야 한다는 점을 미리 알려드린다.

이 책을 출간하기 위해 수년간 정리하고 여러 번의 수정 과정을 거쳤지만, 여러분이 읽고 직접 해보는 과정에서 오류를 발견할 수도 있고, 책에서 소개하는 시점의 팬그래프닷컴이나 구글 트렌드 같은 웹사이트 화면상의 구조가 바뀌어 불편을 느낄 수 있다는 점 미리 양해를 구한다. 부족한 책이 2판까지 출판될 수 있도록 도와주신 에이콘출판사의 권성준 대표님, 항상 옆에서 힘을 북돋아준 사랑하는 아내 유진과 친구 같은 아들 민준, 좋은 책을 만들수 있도록 한국에서 항공편으로 귀한 자료를 틈틈이 보내주시는 아버지 김대원 교수님과 항상 응원해주시는 사랑하는 어머니 이영화 여사님에게도 마음 깊이 감사의 인사를 드린다.

2021년 4월
미시간에서
김재민

에이콘출판의 기틀을 마련하신 故 정완재 선생님 (1935-2004)

| 차례 |

6장　모델링　　　　　　　　　　　　　　　　　　　　　　　　　297

이 책의 구성

이 책은 총 7개 장으로 구성됐다. 데이터와 분석 목적이 일치하는가, 측정하려는 개념을 측정하고 있는가, 과학적 예측은 어떻게 하는가, 다름과 같음을 구분할 수 있는가, 분석결과를 호도할 수 있는 소음은 잡아낼 수 있는가에 대해 R에서 메이저리그 경기 데이터를 사용해 직접 실험한 결과를 바탕으로 설명하고 각 장에서 코드를 제시한다.

　1장 '변수를 알면 분석모델을 디자인할 수 있다' 분석 목적에 맞는 맞춤형 데이터를 만들기 위해 반드시 알아야 하는 데이터 구조와 그 중심에 있는 변수를 메이저리그 데이터베이스를 통해 이해한다. 더불어 데이터 생성, 가공, 분석 활동이 동시에 이뤄져야 하는 비즈니스 환경에서 분석 플랫폼 역할을 하는 R과 오픈소스 R 활용이 궁극적으로 도달해야 하는 데이터 가치 사슬^{data value chain}에 대해 설명한다.

　2장 '메이저리그 데이터 마이닝' 메이저리그팀과 선수들의 데이터를 활용해 빅데이터로부터 특정 데이터를 추출하거나 데이터의 형태를 변형해 분석 목적에 맞게 준비하는 마이닝 기법을 배운다. 특히 원본 데이터에 어떠한 영향도 주지 않고 코드를 통해 변수를 자유자재로 변형하고 2개 이상의 테이블을 공통 변수로 결합함으로써 제기된 문제에 유연하게 답할 수 있는 방법을 제시한다.

　3장 '선수의 능력은 어떻게 측정할 것인가?' 데이터 시각화의 시작이자 추정통계의 기반이 되는 상관관계 분석을 활용해 신뢰성과 타당성을 보유한 야구지표의 조건을 파악한다. 또한 장타력과 득점의 상관성을 보여주는 산포도의 다양한 시각화 방법, 감독과 선수의 상관 정도인 인맥을 보여주는 네트워크 분석, 산포도 개념을 활용한 메이저리그 구장 위치 정보 소개, 그리고 조건에 따라 변하는 다양한 상관 정도를 한 번에 보여주는 패널차트 등 분석을 실행하는 데 필요한 데이터 구조와 코딩방법을 소개한다.

4장 '상관관계는 인과관계가 아니다' 인과관계를 모델링하는 대표적인 분석방법인 선형회귀분석을 실행하기 위해 빅데이터에서 필요한 양의 표본을 임의로 추출해 분석결과를 해석하고 예측하는 방법을 팀타율과 팀득점을 이용해 자세히 설명한다. 특히 예측에서 반드시 발생할 수밖에 없는 다양한 오류를 소개하고, 예측능력이 좋은 모델을 구별하는 기준이 되는 표준오차가 팀득점 예측에 활용되는 과정을 코드를 통해 이해한다.

5장 '비교와 구분' 머신러닝이 주목받으면서 가치가 높아지고 있는 분석을 소개한다. 전통적인 t 검증과 분산분석ANOVA뿐만 아니라, 비지도학습법인 판별분석, 요인분석, 군집분석, 신경망분석과 지도학습법인 로지스틱 회귀분석을 메이저리그팀들이 소속된 리그 구분 및 지구(디비전) 우승 여부와 연계해서 학습한다. 이 과정에서 이상치의 확인과 모델에 미치는 영향, 프로 스포츠에서 선수성적 표준편차가 갖는 의미, 그리고 구글 트렌드 데이터를 R에서 활용하는 방법을 소개한다.

6장 '모델링' 개념적 관계를 수학적 모델로 전환하는 과정인 모델링에서 관측값이 충분히 많은 빅데이터로 인과관계를 검증한다고 해도, 활용할 수 있는 변수가 충분치 않아 측정되지 않은 제3의 변수 때문에 관계는 항상 의심을 받는다는 사실에 주목한다. 메이저리그팀들의 공격능력과 팀성적 간의 인과관계를 입증하기 위해 통제 변수를 개발하고 눈에 보이지 않는 교란 변수를 통제하는 패널모델 및 다수준혼합모델을 적용해 인과관계를 테스트하고 모델 적합성을 평가하는 방법을 코드를 통해 배운다. 어려운 개념인 모델링을 야구와 결합함으로써 일반화된 이론모델, 검증할 수 있는 수학모델, 그리고 현실의 데이터를 R에서 결합하는 방법을 쉽게 이해할 수 있다.

7장 '머신러닝' 제2판을 준비하면서 추가한 장이다. 기존 대부분의 분석들이 행과 열에 맞추어진 구조화된structured 데이터라서 사용하기에는 편했지만 그 적용 범위가 좁았다. 머신러닝의 발전으로 글이나 그림 같은 구조화되지 않은unstructured 데이터가 눈에 보이지 않아서 숫자 데이터만으로 설명할 수 없는 현상들을 포착할 수 있게 됐다. 야구도 마찬가지다. 트랙맨 시스템이 생성하는 선수들의 기록은 운동장에서 만들어진 결과물이다. 하지만 운동장 밖에서 존재하는 선수들 개개인의 역사도 팀성적과 팀 인기도에 미칠 수 있는 예측력이 있지만, 야구 경험이 없는 분석가들은 그 역사가 무엇인지 모르며 분석에 익숙하지 않은 야구 전문가들은 그 역사를 데이터로 모을 수 있는지 모른다. 이제는 야구 전문가의 경험과 분석가의 분석 역량을 머신러닝으로 연결해서 어느 팀이나 할 줄 아는 데이터 야구에서 벗어나서 팀 특유의 머신러닝 역량을 만들어낼 때다.

정오표

정오표는 에이콘출판사의 도서정보 페이지 http://www.acornpub.co.kr/book/mlb-statistics-2e에서 확인할 수 있다.

질문

이 책에 관한 질문은 지은이나 에이콘출판사 편집 팀(editor@acornpub.co.kr)으로 문의해주길 바란다.

1

변수를 알면 분석모델을
디자인할 수 있다

내셔널리그 투수들은 타석에 들어서지만, 지명타자가 있는 아메리칸리그 투수들은 타석에 서지 않는다. 연구에 따르면 이러한 시스템의 차이는 아메리칸리그 투수들이 타자 몸 쪽으로 공을 붙이거나 위협구를 던지는 데 있어서 내셔널리그 투수들보다 느끼는 부담감이 적어, 자신 있게 몸 쪽 공을 뿌리는 투수들 때문에 아메리칸리그 타자들이 내셔널리그 타자들에 비해 볼에 더 맞는다고 한다. 가설을 테스트하기 위해 어떤 변수가 필요한가? 타자들이 시즌별로 얼마나 많은 볼에 맞았는지 보여주는 변수 하나만으로 리그별 비교가 가능한가? 그렇지 않다. 타자들의 소속 리그를 구분하는 변수가 있어야만, 몸에 맞는 볼이 어떤 리그 소속의 선수에게서 발생했는지 구분하고 리그 간 비교를 할 수 있다. 그리고 빅데이터처럼 데이터가 크면 무조건 좋다는 생각으로 메이저리그 데이터가 기록되기 시작한 1871년 관측자료부터 현재까지 쌓인 모든 데이터를 사용할 것인가? 아메리칸리그는 지명타자제도를

1973년부터 채택했기 때문에, 1973년 이전 데이터를 분석에 포함했다면 통계적 결과는 왜곡될 것이다. 부정확한 분석 사태를 미연에 막기 위해 연도 변수를 이용해 빅데이터에서 필요한 부분만을 선별할 줄 알아야 한다. 분석은 간단하지만, 분석에 사용될 데이터를 장만하는 데는 많은 문제 해결능력이 필요하다. 빅데이터에서 필요한 부분만 꺼내어 활용할 수 있는 능력이 지금 요구되고 있다.

데이터과학에서 왜 야구인가?

수학을 고등학교 때 시험 이상으로는 생각해본 적 없었던 이들에게도, 사회 경험을 통해 수학을 현실적인 시각으로 보게 되면서 예전에 미처 보지 못했던 수학의 가치를 깨닫는 경우가 종종 있다. 최근 빅데이터 시대가 조성하고 있는 분위기 때문에, 다른 건 몰라도 확률통계 편은 새로운 마음으로 다시 읽어보겠다고 다짐하는 사람들이 늘고 있다. 하지만 막상 시작하면 현실적 감각만큼 성장해주지 않은 수학적 감각에 좌절감을 느끼면서 여전히 높게만 느껴지는 진입장벽 앞에서 무릎을 꿇고 만다. 많은 사람에게 나타나는 문제를 개인의 탓으로 돌리지 말고 지금까지 확률통계를 주입식으로 대했던 접근방법에 문제가 있지 않았을까라는 합리적 의심을 해볼 수 있다. 대안으로 2016년부터 한국 선수들이 대거 진입해서 활약하고 있는 메이저리그를 통해 데이터과학 속으로 깊숙이 들어간다면, 데이터과학에 대한 느낌은 많이 달라진다.

왜 야구를 가지고 통계 이야기를 하는 것일까? 가장 큰 이유는 데이터다. 한국 프로야구 데이터 규모와는 다르게 메이저리그에서 생성되는 선수와 팀, 그리고 지구^{division}(디비전)와 리그 등의 다차원 패널 데이터[1]가 무료로 제공되고 있다. 그래 봤자 무료 데이터인데 최근 몇 년 치만 제공하겠지라고 생각한다면 놀랄 일이 많다. 미국에서 프로야구팀이 창단되고 2년 후인 1871년부터 데이터가 쌓여왔으니, 무려 140여 년의 역사를 보여주는 '빅데이터'를

---

1 패널 데이터는 다양한 내용에 대해 반복적으로 측정한 결과들을 보여주는 데이터 집합이다. 예를 들어, 야구에서 메이저리그 30개 팀들의 타율, 홈런 같은 여러 개의 공격 내용을 한 시점이 아닌 과거 10년 치를 보여줄 때 패널 데이터가 된다. 하나의 패널은 LA 다저스의 10년 치 공격 데이터를 의미하며, 30개의 팀이 있다는 이유에서 30개의 패널로 구성됐다.

손쉽게 활용 가능하다는 매력이 있다. 최근에 많은 사람이 빅데이터가 뭐냐고 묻는다. 얼마나 방대한가에 대한 기준은 없지만, 1테라바이트 정도는 쉽게 넘어서 컴퓨터 한 대로는 돌릴 수도 없어야 할 것이며, 좀 더 보수적으로는 실시간으로 초당 수십만 개의 숫자, 이미지, 문자 데이터가 생성되어 구글이나 아마존의 거대한 데이터 서버에 저장되어 있는 정도라면 크기^{volume}, 속도^{velocity}, 종류의 다양성^{variety} 측면에서 빅데이터 급은 된다고 말할 수 있다. 다만, 빅데이터라는 이름이 가져다주는 신뢰성을 얻기 위해 무작정 모든 데이터를 분석에 포함시켜 매번 거대한 규모의 데이터를 돌리는 것은 분석 목적에도 적합하지 않을뿐더러 처리의 효율성도 떨어질 수밖에 없다.

빅데이터 분석의 핵심은 자신이 해결해야 할 문제가 무엇이며, 해결하기 위해 데이터가 가져야 하는 필요조건을 이해해서, 데이터를 선별적으로 취하는 것이다. 그런 점에서 지난 140여 년간 선수와 팀의 기록이 저장돼왔으며, 2008년부터는 피치 F/X 도입으로 투수가 던지는 구^{pitch}별 기록까지도 저장되면서, 제기된 문제를 해결하는 데 필요한 조건을 다양한 방식으로 선별할 수 있는 충분한 변수와 데이터의 크기가 확보되기 때문에 빅데이터 분석 훈련에 적합하다. 그뿐 아니라 빅데이터는 시장조사나 학문연구에서 많이 사용하는 표본 데이터와도 흥미로운 차이점이 있다. 표본 데이터는 알 수 없는 모집단의 특성을 가정하고 추정하기 위해 모집단에서 임의로 추출된 부분 데이터인 반면, 표본추출과정 없이 모집단 자체를 그대로 보여줌으로써 모집단에 대해 가정을 하거나 추정할 필요가 없는 빅데이터는 제기된 문제에 따라서 표본 데이터가 지니는 표본오차의 한계점을 극복하기도 한다. 다만, 제기된 문제와 데이터의 조건이 정확히 일치하지 않는다면 빅데이터라고 해서 반드시 모집단 전체를 반영하는 데이터라고 할 수는 없으며, 이 경우 모집단을 예측하는 데 있어 왜곡이 발생하게 되므로, 주어진 문제와 데이터를 매칭시키는 연습은 이 책에서 중요하게 다룰 내용이다.

두 번째 이유는 미국 대학에서 강의하는 저자는 학기마다 새로운 학생들과 빠르게 공감대를 쌓는 편인데, 이 과정에서 메이저리그에 대한 지식은 공감대 형성에 많은 도움이 되기 때문이다. 뉴저지에서 가르쳤던 학생들의 경우 지역적으로 인접해 있는 필라델피아 필리스, 보스턴 레드삭스, 뉴욕 양키스 등 동부지역의 야구팀에 관심이 많았고, 미시간에서 만나는 학생들은 당연히 디트로이트 타이거스, 피츠버그 파이리츠, 토론토 블루제이스 등 지역 팀에 대한 애정이 깊다. 어려서부터 살아오지 않은 타지에서 지역 야구팀을 관심 있게 지켜보고, 매년 바뀌는 선수들의 이름을 외우는 것이 쉬운 일은 아니다. 대신에 수업을 준비하면서, 지역 야구팀에 대한 지식이 자연스럽게 쌓이고 학생들과의 심리적 거리감도 빠르게 좁혀짐을 느낀다. 미국에서 일정 시간 거주할 계획이 있거나 거주하고 계신 분이라면 이 책은 예상 밖의 도움이 될 수도 있겠다.

세 번째 이유는 통계분석 도구 때문에 야구 이야기를 강의 속으로 가져왔다. 학위과정을 거치면서 매우 다양한 통계 프로그램들을 접했다. 처음에는 미니탭으로 시작해서 새로운 과목을 듣게 되면서 SPSS를 다시 배워야 했고, 필요에 따라 SAS도 사용했다가 특정 분석을 위해 M-plus를 사용했던 적도 있으며, 계량경제모델을 이용한 연구를 하면서 STATA를 최근까지 주로 사용해왔다. 수업별로 왜 다른 통계 프로그램을 사용해야 하는가에 대한 의문과 함께, 재학기간 동안에는 학교가 지원해주는 통계 프로그램을 무료로 사용할 수 있지만, 졸업하면 개인적으로 구매해서 사용하기에는 상당한 고가이기 때문에 비용 부분이 많이 부담된다. 이런 고민 속에서 알게 된 통계언어인 R은 나에게 모든 도구가 구비된 평생 사용할 수 있는 공구함이나 마찬가지였다. 대부분의 통계 프로그램이 폐쇄형이라서 회사가 자체 개발하고 회사 소속 프로그래머들이 관리하고 업데이트를 하면서, 필요한 경우 업데이트된 프로그램을 추가 비용을 내고 구입해야 한다. 반면, R의 경우 전 세계의 분석가들이 정해진 프로세스를 거쳐서 R에 새로운 기능을 추가하는 패키지를 만들고 사용자들은 언제든지 새로운 패키지를 무료로 추가할 수 있는 개방형 플랫폼 방식을 채택하고 있기 때문에, 그 성장 가능성은 무한하다. 이 책에서 사용할 야구 데이터도 패키지화되어 있어서, 야구와 R은 그야말로 최고의 조합이다.

R을 통계분석 프로그램으로만 생각하면, 지극히 일부만 활용하는 것이다. 데이터 분석뿐만 아니라 오픈소스 프로그램인 MYSQL과 연계되어 인터넷을 통해 저장된 데이터가 쌓여 있는 데이터 서버에 R이 접속해서 실시간 분석이 가능하며, 사물인터넷 같은 빅데이터를 생성하는 도구들과도 연계성이 좋아 R은 데이터 가치 사슬과 비즈니스 플랫폼의 중심 역할을 한다. IBM, 오라클, 마이크로소프트사 같은 대형 IT 회사들도 비즈니스 솔루션 프로그램 패키지에 R을 연동시켜 중소기업에 서비스를 제공한다. R과 구글의 만남은 뛰어난 비주얼

분석방법을 제시한다. R은 누구에게나 무료로 열려 있는 프로그램이라는 점이 큰 매력이지만, 개방형 분석 플랫폼이어서 여타 통계 프로그램에 비해 인터페이스 구성이 세련되지 않고, R 프로그래밍 방법에 익숙해질 때까지 시간이 필요하다는 단점이 있다. 지금은 단점이라고 말하지만, 몰입하기 시작하면 문제를 해결할 때마다 느끼는 짜릿한 흥분감과 함께 찾아오는 분석에 대한 자신감을 느낄 날이 멀지 않다.

저자의 기대와는 달리, R을 몇 번 시도하다가 수업을 포기했던 학생들이 없었던 건 아니다. 야구를 생각하고 쉬운 마음으로 수강신청을 했다가 데이터, 분석, 코딩을 이야기하니, 아마도 마음의 준비가 안 되어 있었던 것 같다. 이 책을 읽는 독자라면 배우는 과정에서 발생하는 비경제적 비용을 감당할 준비가 됐으리라 믿는다. 코딩하면서 발생하는 오류에 대한 인내력, 단번에 풀리지 않아 고민하게 만드는 시간과 노력에 비해 얻게 될 가치는 월등히 높다는 사실을 개인적 경험뿐만 아니라 학생들의 피드백을 통해 잘 알고 있다. 이 책의 마지막까지 손을 놓지 않고 천천히 따라온다면 학생들은 졸업 전에, 직장인이라면 조직에서 자신만의 차별화된 역량을 키울 수 있는 기회가 될 것이다.

분석 공부 중도에 포기하지 않는 방법: 나만의 데이터 만들기

야구라는 스포츠가 매일 만들어내는 데이터만큼 쉽고 재미있게 이해할 수 있는 데이터는 흔치 않다. 메이저리그에서 한국인 선수가 활동하고 있거나 관심이 있는 선수가 뛰고 있는 팀을 선택해서, 그 팀의 데이터를 뚫어져라 쳐다보고 있으면 숫자 뭉치들이 의미 있는 정보로 보일 수 있다. 비교가 가능할 때 전체를 볼 수 있는 안목이 생기고 호기심이 발동하기 때문에 복잡해 보이는 데이터 속에서 관심 있는 선수를 기준으로 잡고, 가까이는 같은 팀 소속 동료 선수들과 공격능력을 비교해보고, 멀게는 다른 시대에 뛰었던 선수들과도 비교할 수 있다. 경영학의 성과 피드백performance feedback 이론에 따르면, 의사결정자는 현재 역량에 기반한 절대적인 기준치를 적용하기보다는 경쟁팀의 현재 성적이나 자신들의 과거 성적을 주요 기준으로 설정해서 비교하며, 비교할 수 있는 상황에서 좀 더 적극적으로 대안을 모색하는 것으로 알려져 있다. 마찬가지로 데이터 분석에 입문할 때도 이유 있는 기준이 있어 비교할 수 있다면, 남들이 보지 못한 부분을 찾아내고 의미 있는 질문을 스스로에게 던지는 적극적 관심은 자연스럽게 나타난다. 분석 공부는 자신이 관심 있는 선수의 기록을 모으는 것에서부터 시작된다.

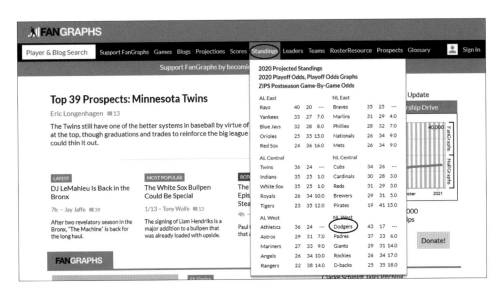

그림 1.1 팬그래프닷컴 메인 화면

팬그래프닷컴(www.fangraphs.com)은 언급된 목적에 가장 적합하고 손쉽게 활용할 수 있는 야구 전문 사이트이며, 필요한 정보를 목적에 맞게 분리해서 살펴볼 수 있도록 디자인된 인터페이스가 큰 강점이다. 그림 1.1의 둥근 실선 안에 있는 Standings 탭[2]에 마우스를 가져다 놓으면 위에서 아래로 펼쳐지는 톱다운[top-down] 메뉴가 생성된다. 메뉴에서 박찬호, 최희섭, 류현진 선수들이 활약했던 내셔널리그[NL] 서부지구 소속 LA 다저스[LA Dogders]를 선택해보자. 개인적으로 선호하는 팀이 있다면 동일한 방식으로 찾을 수 있다. 메뉴에서 알 수 있듯이 메이저리그는 아메리칸리그[American League]와 내셔널리그[National League]라는 2개의 리그로 구성되어 있으며, 각 리그에는 서부, 중부, 동부라는 3개의 지구[division]가 있다. 각 지구는 5개

---

2   탭은 웹사이트의 전체 항목을 선택할 수 있도록 구성해놓은 선택판이다.

의 팀으로 구성되어, 템파베이 레이스와 애리조나 다이아몬드백스가 메이저리그에 합류한 1998년 이후 총 30개 팀이 유지되고 있다. 각 팀은 주전선수로 투수를 포함해 시즌 전 25인 로스터(출전명단)를 만들기 때문에, 시즌 개막 시점 메이저리그에 등록되는 총 주전선수는 750명이다.

따라서 매년 시즌이 시작되면 메이저리그 소속 선수의 모집단^{population}은 750명으로 구성되고, 만약 그중 일부 선수의 데이터를 가지고 모집단을 추론한다면 일부 선수의 데이터는 표본^{sample}이다. 모집단은 분석 예측하는 전체 대상이기 때문에 분석 목적에 따라 모집단은 달라진다. 만약 2020년도 LA 다저스의 시즌 개막 출전선수가 연구대상이라면 LA 다저스 25인 로스터에 등재되어 있는 선수들만이 모집단이 되며, 2020 시즌 메이저리그 전체가 조사대상이라면 30개 팀에 등록되어 있는 전체 선수가 모집단이다. 모집단과 함께 항상 같이 등장하는 단어가 모수^{parameter}다. 모수는 모집단의 특징을 수치로 표현한 대푯값이다. 예를 들어 모집단의 평균과 각 데이터가 평균에서 벗어나 있는 정도를 보여주는 모집단의 표준편차가 모수이며, 메이저리그 선발 엔트리에 포함된 750명 전체의 특징을 반영하는 값이다.

메이저리그의 경우 단일 시즌만 한정하면 모집단의 규모가 작아서 참값을 알기가 쉽지만, 미국 동부지역 아마추어 및 프로야구팀을 모두 포함한다든지, 국가 수준으로 범위를 확대해 한국의 모든 야구팀을 분석해야 한다면, 모집단 전체 데이터 수집의 한계로 모수 파악이 불가능한 경우가 일반적이다. 따라서 모집단의 참값을 파악하기 위해 모수를 추정^{inference}하는 방법이 대안이 되며, 전체 모집단에서 추출한 표본의 통곗값^{statistics}을 이용해 모집단의 모습을 추정한다. 모수를 올바르게 추정하기 위해서는 모집단에서 편향 없이 표본을 임의로 추출해야 한다. 예를 들어, 메이저리그 선수들의 타점을 추정할 때 전체 선수를 특정 팀에서 편향되지 않게 60명만 표본추출해서 그들의 타점 평균과 표준편차를 구하는 방법이 가장 간단한 방법이다. 메이저리그에서 모집단은 메이저리그 30개 팀에 소속되어 있는 모든 선수를 일컫는 것이고, 각 팀에서 2명씩 골고루 편향 없이 무작위로^{random} 뽑은 소규모 그룹은 표본이 된다. 공부를 하다 보면 무작위로 선택돼야 한다는 표현을 많이 듣게 되는데, 무작위적 선택의 반대말이 '수학적으로 패턴화된 선택'이라고 생각해보면 쉽게 이해할 수 있다. 다음과 같이 7개의 수로 구성된 2개의 집합이 있다.

첫 번째 집합: (1, 2, 5, 7, 9, 10, 12)

두 번째 집합: (0, 1, 1, 2, 3, 5, 8)

첫 번째 집합은 분명 아무런 패턴을 찾을 수 없는, 무작위적으로 모여 있는 표본이다. 두 번째 집합은 패턴이 없는 것 같아 보이지만, 선행하는 두 숫자의 합이 다음 수가 되는 피보나치^Fibonacci 수열이다. 개별 숫자가 앞 또는 뒤로 연관되어 있는 형태는 패턴이 있어서, 무작위로 구성된 숫자의 집합이 아니다. 첫 번째 집합처럼 임의로 선택된 수들의 집합을 임의 변수^random variable라고 부른다. 교수님들이 임의 변수를 습관처럼 반복해서 언급할 때, 복잡하게 생각하지 말고 분석할 때 사용해도 좋은 데이터라는 의미로 받아들이면 된다.

공격 데이터인 타율이든 투수력 데이터인 방어율이든 선수들의 개별 기록은 다른 선수들의 기록과는 독립적으로 생성되며, 월등히 뛰어나거나 뒤처지는 선수의 기록보다 중간 수준의 성적들이 가장 빈도가 높은 프로야구의 데이터 특성상, 하나의 변수를 가지고 다른 변수를 예측하는 다변량분석에 특히 적합하다. 메이저리그 경기 기록을 제공하는 팬그래프닷컴 fansgraphs.com에 메이저리그 등록 전체 선수의 공격, 수비, 피칭 기록들이 잘 관리되어 있어서 분석에 필요한 변수를 수집하는 것은 간단하다. 예를 들어, LA 다저스 소속 선수의 2015년 공격 데이터 전체를 수집해서 분석해야 한다고 가정해보자. 그림 1.2에서 ①번으로 표시된 선수통계^Player Stats는 메이저리그 전체 선수들의 모든 개인 기록 데이터 중에서 ②를 통해 타자의 공격^Batting 기록만 열람하는데, 그중에서 ③번으로 표시된 항목을 통해 다저스^Dogers로 맞춰주면 LA 다저스 타자들의 공격 기록이 제공된다.

①번 표시 옆에 있는 팀통계자료^Team Stats에는 해당 연도 메이저리그에 등록된 30개 팀 데이터 성적이 저장되어 있다. 개별 선수자료의 경우 HR(홈런), R(득점), RBI(타점) 등 선수 개인의 성적을 확인할 수 있으며, 팀통계자료의 경우 팀승리, 팀타율, 팀출루율, 팀홈런 등 개인의 성적을 합산하고 필요에 따라서는 평균을 구해낸 자료들이다. 팀통계자료 오른편으로는 리그 수준의 데이터^League Stats가 있어서, 내셔널리그와 아메리칸리그의 리그 간 효과를 분석

에 사용할 수 있는 데이터가 제공된다.

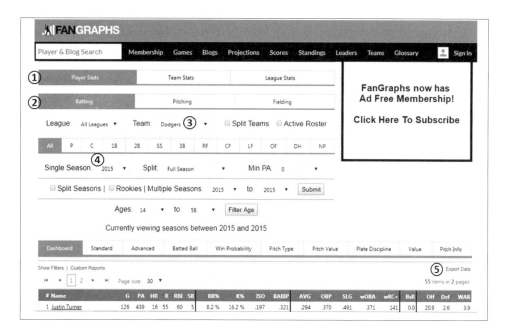

그림 1.2 팬그래프닷컴 선수공격스탯 화면

메이저리그가 처음으로 만들어진 1871년부터 최신 연도까지 다양한 변수로 구성된 데이터가 제공되어 있기 때문에, 다년도에 기반한 시계열 분석과 패널 데이터 분석[3]에도 매우 적합하다. 그뿐 아니라 리그에 팀이 속하고 팀에 개인이 속하기 때문에, 통계모델링에 익숙한 독자의 경우 패널 데이터 기반 다차원(개인, 팀, 리그) 분석을 실행하는 데 적합한 데이터라는 점도 주목할 것이다. 패널 데이터는 석박사과정에서 접하게 되는 계량경제학과 밀접한 관계가 있어서, 통계에 대한 기본적 이해를 쌓은 후에 별도로 공부하는 것이 좋다. 이 책에서는 계량경제학에 기반한 모델링을 6장에서 설명한다.

---

3   시계열 분석은 하나의 변수가 시간이 지나면서 변화되는 패턴을 분석하고 패턴을 예측하는 것이 목적이며, 패널 데이터 분석은 여러 개의 변수가 시간이 지나면서 발생하는 패턴의 변화를 파악할 수 있다.

④번으로 표시된 연도를 조정함으로써 관측하고 싶은 특정 연도의 데이터를 호출하는 것도 가능하다. 다양한 조정을 통해 ④번 바로 아래 열에 위치한 Submit^{제출} 버튼을 클릭하며 최종적으로 원하는 데이터가 화면상에 나타났는지 확인하고, ⑤번 표시 Export Data^{데이터 불러내기}를 클릭하면, 나만의 데이터인 2015 시즌 LA 다저스의 선수 개별 공격 데이터 엑셀 파일이 컴퓨터의 '다운로드' 폴더에 자동으로 저장된다. 일반적으로 알고 있는 엑셀 파일이라기보다는 엑셀 파일을 닮은 csv 파일 형태로 제공된다. 이 책에서 다룰 R뿐만 아니라 그 밖의 통계 프로그램에서도 사용되는 csv 파일은 txt 파일과 함께 분석에 가장 일반적으로 사용되는 파일이다. 엑셀(xlsx) 파일도 직접 불러올 수 있기 때문에, 엑셀 파일로 저장해도 무방하다.

변수를 알아야 분석이 보인다

야구 데이터는 선수와 팀이 보유하고 있는 능력에 대한 측정값^{measure4}이며, 대부분이 정량 데이터다. 정량은 타율, 타점, 홈런, 도루, 출루율처럼 선수의 능력을 수치화해 빈도와 비율로 표시할 수 있기 때문에, 선수 간에 우열을 가릴 수 있다. 타율처럼 하나의 지표로 선수의 우열을 가릴 수 있는 데이터가 모여 있는 집합을 변수라고 부른다. 결론적으로 말하면, 변수는 데이터 분석의 주인공이다. 변수의 형태에 따라 사용해야 할 데이터 분석방법도 달라지기 때문에, 야구경기에서 생성되는 변수 중심으로 이해하면 데이터 분석을 보는 시각이 쉽게 확장된다.

연속 변수

타율, 출루율 등 비율 형식의 공격 데이터는 소수점 이하로 표시되어, 어떤 선수가 공격 면에서 더욱 우월한지 쉽게 비교할 수 있게 해주는 변수다. 소수점 이하로 표시할 수 있는 데이터의 집합으로, 타율을 예로 든다면 0.327, 0.333, 0.278 같은 소수^{decimal}들의 집합이 연

---

4   영어에서 '측정하다'라는 뜻의 동사는 'measure'다. 'measure'가 명사로 사용되면, 측정값을 의미한다. 175cm는 키의 측정값이다. 키를 측정하는 행위를 표현하는 명사는 'measurement(측정)'다.

속 변수다. 수체계에서 실수real number는 분수로 나타낼 수 있는 유리수rational number와 원주율이나 오일러의 수처럼 소수점 이하 수들이 패턴 없이 끝없이 이어지는 무한소수 형태의 무리수irrational number로 구성되는데, 야구의 기록들 중에서 타석 대비 안타인 타율(= $\frac{안타}{타석}$) 같은 많은 기록이 분수의 형태에서 시작됐다는 차원에서 연속 변수에 있는 각각의 소수점으로 표시된 데이터들은 유리수에 속하는 유한소수(0.25)와 무한소수(0.333…)로 구성되어 있다.

  타율이나 방어율은 하나 둘 셋 카운트count한다기보다는 측정measure한다고 말하는 것이 적합하다. 좀 더 가까운 예로 선수들의 몸무게와 키가 있다. 연속 변수는 구체적으로 한 선수의 능력이 다른 선수의 능력과 얼마나 차이가 나는지 정확히 보여준다. 개인적으로는 연구에 사용할 수 있는 연속 변수를 찾아낼 때 희열을 느끼는데, 가장 쉽게 적용할 수 있는 회귀분석은 예측하려는 변수인 종속 변수dependent variable가 연속형일 때 가장 왜곡 없는 예측결과를 가져다주기 때문이다.

이산 변수

홈런처럼 셀 수 있고(예를 들어 27, 35, 56), 양의 정수와 0으로 표시되는 비연속 데이터의 집합이 이산 변수다. 연속 변수에 가까운 형태로, 하나 둘 셋 넷처럼 카운트할 수 있으며, 홈런수, 삼진수 등이 가장 대표적인 예다. 이산 변수와 연속 변수를 구분해야 하는 이유는 타율 같은 연속 변수의 경우 가장 대표적인 통계분석방법인 회귀분석에 사용될 수 있는 반면, 카운트를 하는 비연속 변수인 이산 변수가 연구대상이면, 때로는 푸아송poisson 같은 알고리즘을 갖는 분석모델이 필요할 수도 있어서 변수가 이산 변수인지 아니면 연속 변수인지 구분해야 한다. 하지만 중심극한정리central limit theorem에 따라서 이산 변수를 구성하고 있는 데이터가 30개가 넘을 경우 그림 1.3과 같이 평균에서 발생빈도가 가장 높고 양옆으로 퍼지면서 빈도수가 줄어드는 종 모양의 정규분포 특성을 갖는다고 가정할 수 있어서, 연속 변수와 같이 회귀분석의 종속 변수로 사용할 수 있다. 정규분포와 중심극한정리에 대해서는 4장 '상관관계는 인과관계가 아니다'에서 확률이론과 함께 자세히 설명한다.

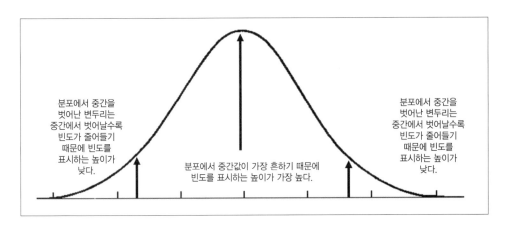

분포에서 중간을 벗어난 변두리는 중간에서 벗어날수록 빈도가 줄어들기 때문에 빈도를 표시하는 높이가 낮다.

분포에서 중간값이 가장 흔하기 때문에 빈도를 표시하는 높이가 가장 높다.

분포에서 중간을 벗어난 변두리는 중간에서 벗어날수록 빈도가 줄어들기 때문에 빈도를 표시하는 높이가 낮다.

그림 1.3 종 모양의 정규분포

명목 변수

LA 다저스 시절 내셔널리그 소속이었던 류현진 선수는 2015 그리고 2016 시즌 부상자 명단에 올라 있어서 등판할 기회가 거의 없었다. 아메리칸리그 소속을 1로 표시하고 그렇지 않으면 0으로, 부상선수를 1로 표시하고 그렇지 않을 경우 0으로 표시한다면, 2016 시즌 류현진 선수의 부상 여부와 소속을 데이터로 표 1.1과 같이 표시할 수 있다. 명목 변수이자 구체적으로는 두 가지 결과만을 보여주는 이분 변수binary variable가 된다.

표 1.1 이분 변수 구분

	리그 소속 (AL = 1; NL = 0)	부상 여부 (부상 = 1; 정상 = 0)
류현진 선수	0	1

비슷하게 3개 이상의 결과로 표시해야 할 경우도 많으며, 이 경우 이분 변수로 표현할 수 없다. 예를 들어 메이저리그 야구팀이 소속된 지구division를 표시해야 한다면 동부리그를 0, 중부리그를 1, 서부리그를 2로 지정할 수 있으며, 3개 이상의 결과를 갖는 명목 변수를

요인 변수factor variable라고 한다. 부상 여부와 소속된 지구는 숫자로 표시할 수 있으나, 그 숫자의 차이는 전혀 의미가 없다. 이런 종류의 데이터를 질적 또는 범주형categorical 데이터라 부른다. 범주형 데이터가 보기에는 간단해도 통계분석의 결과를 의미 있고 현실감 있게 해석하는 데 매우 효과적이다. 예를 들어, 홈런과 관중수 증가와의 관계에서 홈런이 많은 팀일수록 해당 팀의 경기를 보기 위해 관중들이 더 많이 경기장을 찾는다는 가설에는 별로 이견이 없다. 하지만 그 홈런의 효과가 아메리칸리그보다 내셔널리그에서 더 크거나 또는 적다는 사실 확인은 구단을 운영하고 마케팅을 담당하는 관계자에게 중요하다. 따라서 리그의 차이를 이분 변수로 표시한다면 각각 다른 리그별 홈런 한 방이 관중을 끌어들이는 효과를 구분할 수 있다.

서열 변수

야구 데이터에서 서열 변수를 찾기는 쉽지 않다. 예를 들어 야구장을 찾아온 팬들에게 뉴욕 양키스를 얼마나 좋아하는지 알아보기 위해 설문조사를 실시해 정말 좋아한다면 5를, 싫어한다면 1을, 좋아하지도 싫어하지도 않는다면 3으로 평가항목을 측정했다면, 팬들의 특정 팀 선호도를 서열화해 평가한 것이다. 타율 같은 연속 변수와 홈런 같은 이산 변수를 포함하는 양적 변수와는 달리 서열 변수에서 1과 3의 차이가 의미하는 바는 전혀 없고, 단지 3이 1보다는 선호도가 높음을 알려줄 뿐이다. 그림 1.4는 앞서 설명한 변수들의 유형을 질적 변수와 양적 변수로 나누어 정리한 내용이다.

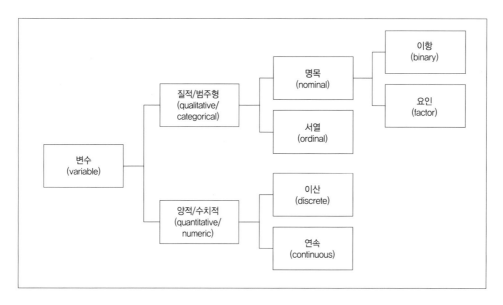

그림 1.4 변수의 특징으로 정리한 유형

데이터 분석에서 변수의 형태를 이해하는 것이 중요한 가장 큰 이유는 예측하고자 하는 종속 변수의 형태에 따라 사용할 수 있는 분석 도구가 달라지기 때문이다. 타율 같은 연속 변수를 예측하려면 회귀분석을 사용할 수 있지만, 우승 여부를 가리는 이항 변수를 예측하고자 할 때는 회귀분석 대신에 로지스틱 회귀분석이 적합한 분석모델이 된다. 분석모델의 선택뿐만 아니라 필요에 따라 이산 변수인 홈런수를 가지고 한 시즌에 홈런을 20개 이상 친 선수와 그렇지 않은 선수 두 그룹으로 구분하는 이항 변수로 나눌 수도 있어야 하며, 전체 30개의 메이저리그팀을 6개의 지구로 구분한 요인 변수로 전환해야 하는 작업이 빅데이터 분석에서 많기 때문이다.

데이터 구조를 파악하다

단 하나의 데이터datum만으로는 의미 있는 해석을 할 수 없다. 어떤 선수의 0.265라는 타율 데이터는 의미가 없지만, 같은 팀 소속 동료들의 타율과 합쳐서 제시되는 타율 데이터 집합은 팀타율의 평균, 최솟값, 최댓값, 최빈값, 그리고 개별 선수의 타율이 평균으로부터 벗어나 있는 정도인 표준편차 등 많은 정보가 제공되기 때문에 의미가 있다. 예를 들어 2016 시즌 시애틀 마리너스에서 이대호 선수가 친 14개 홈런은 데이터 하나^{datum}이고, 시애틀 마리너스 선수들 각각이 만든 홈런의 집합은 홈런 변수가 된다. 홈런 데이터는 서로 독립적이며 구성은 특정 패턴을 따르지 않고 임의로 생성되어 확률에만 의존하는 임의 변수가 된다. 반면, 13 더하기 1은 14, 14 더하기 1은 15와 같이 패턴이 있는 데이터의 집합이라면 계산 변수$^{mathematical\ variable}$다. 패턴이 없는 임의 변수를 사용할 경우에만 편향 없는 분석이 가능하기 때문에, 데이터 간의 독립성은 데이터 분석의 필수조건이다.

물론 데이터의 집합인 임의 변수 하나만 이용해 분석하는 것도 한계가 있다. 예를 들어 타율이라는 변수만으로는 최솟값, 최댓값, 평균, 중간값, 최빈값, 표준편차 등 변수 자체의 특징을 보여주는 통곗값을 찾거나 막대그래프, 히스토그램 등의 간단한 시각화 작업 정도만 가능하다. 하지만 타율 변수에 선수의 나이^{age} 변수를 추가한다면 나이의 변화에 따른 타율 변화를 추적해 두 변수 간의 관계식도 찾을 수 있으며, 관계식에 나이를 대입해 타율을 예측하는 등 활용범위는 넓어진다. 선수의 타율, 타점, 홈런 등 공격력 변수만으로 구성된 테이블은 공격 테이블이 되고, 수비력 변수들은 수비 테이블에, 키나 몸무게처럼 개별 선수의 특징은 개인특성 테이블에 체계적으로 저장되며, 체계적으로 구성되어 특정 데이터를 요구받았을 때 언제든지 맞춤형 데이터를 제공할 수 있는 체계화된 데이터의 저장고가 데이터베이스^{database}다. 테이블이라는 단어가 익숙하지 않다면, 수직으로 나열된 열^{column}과 수평으로 정렬된 행^{row}으로 구성된 엑셀 파일의 워크시트를 생각하면 된다. 수직과 수평으로 나열된 정형 데이터$^{structured\ data}$에서 수직으로 구성된 열은 변수를 대변하고, 수평으로 구성된 행은 한 선수의 기록들을 보여주는 관측자료다.

표 1.2는 2016년도 강정호 선수가 활약했던 피츠버그 파이리츠의 선수 9명을 타석수 기준으로 나열했다. 이름, 타석, 홈런, 득점, 타점, 도루, 타율 등 7개의 열과 9개의 행으로 구성된 테이블이다.

표 1.2 피츠버그 파이리츠 주전선수 공격 테이블의 구성

이름	타석	홈런	득점	타점	도루	타율
Andrew McCutchen	675	24	81	79	6	0.256
Gregory Polanco	587	22	79	86	17	0.258
Jordy Mercer	584	11	66	59	1	0.256
Starling Marte	529	9	71	46	47	0.311
Josh Harrison	522	4	57	59	19	0.283
David Freese	492	13	63	55	0	0.27
John Jaso	432	8	45	42	0	0.268
Francisco Cervelli	393	1	42	33	6	0.264
Jung Ho Kang	370	21	45	62	3	0.255

행렬은 예전 교과과정에서는 가장 먼저 나왔던 단원으로 기억하는데, 시험문제를 풀기 위해 학창시절에 배우긴 했지만 마이크로소프트 엑셀이 대중화되기 이전이라 실생활에서 어떻게 사용되는지 알려줬던 사람은 없었던 것 같다. 수학 선생님께서 알려줬을 수도 있지만, 당시에는 이해하지 못했을 가능성이 크다. 야구 데이터를 분석하다 보면, 행렬을 고등학교 때처럼 외우지 않아도 자연스럽게 체험하면서 익숙해진다. 우선 명칭을 확실히 해두자. 표 1.2의 테이블처럼 각종 공격 변수들로 이뤄진 데이터가 바로 '공격 테이블'이 되고, 공격 테이블에 있는 특정 데이터의 위치를 다음과 같이 약속된 방법으로 표기한다.

$$X_{ij} = i번째 \; 행과 \; j번째 \; 열에 \; 있는 \; 데이터$$

X는 특정 데이터를 의미하고, X 우측에는 아래첨자 i와 j가 있다. 해석하면 i번째 행과 j번째 열에 있는 관측값을 가리킨다. 데이터 초보자의 경우 엑셀로 데이터를 수집할 때 변수를 상하 수직으로 나열해야 할지, 아니면 좌우 수평으로 정렬해야 할지 고민할 수 있다. 표 1.2 피츠버그 파이리츠팀의 공격 테이블에서처럼 데이터 정렬의 기본은 수직으로 동일한 변수 데이터를 나열하고 좌우 수평으로 개별 선수의 기록들을 배치해 하나의 관측값을 만든다. 관측값observation은 한 행에 특정 선수 개인의 성적 데이터들이며, 관측값이 많을수록 많은 선수의 기록이 테이블에 존재하는데, 표 1.2의 테이블에는 9개의 관측값이 있다.

3행 4열에 있는 데이터를 X_{34}라고 표시하며, 해당 데이터는 66이다. 테이블에서 8번째 선수(Francisco Cervelli)와 9번째 선수(Jungho Kang)의 타점과 도루 데이터만을 취하고자 하면 $[X_{85} : X_{96}]$으로 표시하면 된다.[5]

그림 1.5는 앞에서 소개한 데이터베이스 구성요소를 체계화한 데이터의 구성체계다. 이 책에서는 야구 데이터를 설명하지만, 여러분이 현재 다루고 있거나 다루게 될 많은 데이터가 정형 데이터 구조체계를 지니게 될 것이다. R 프로그램은 해당 체계를 따르기 때문에, 자신이 분석하려는 데이터가 어디에 위치하고 있는지 파악하고 필요에 따라서는 위치를 알려줄 수 있도록 데이터 구조를 정확히 이해해야 한다.

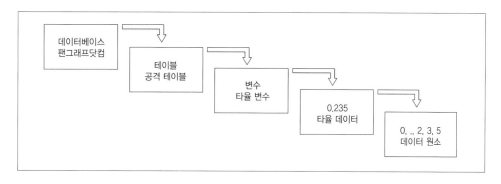

그림 1.5 데이터의 구성체계

그림 1.5에서 설명하지 못한 부분은 데이터 원소다. 데이터를 원소 단위[6]로 분리할 수 있다면 필요할 때 데이터를 유동적으로 변형해 분석에 용이한 형태로 만드는 데 매우 도움이 된다. 예를 들어 소수점 세 번째 이하 자리를 제거하고 나머지 데이터만 생성하고 싶을 때, 0.283 중에서 가장 마지막 원소인 3을 제거해 0.28만 남길 수가 있다. 타율의 소수점 둘째 자리까지만 이용해서 시즌에 2할 8푼대를 쳤던 선수들의 기록을 수집해야 한다면 알아둬야 하는 단위가 된다.

---

5   R에서 대괄호의 사용은 매우 중요하다. X를 둘러싸고 있는 대괄호 [ ]에 대해서는 2장의 '괄호 사용법' 절에서 자세히 설명한다.

6   데이터를 정리하고 원하는 변수를 정리하기 위해 반드시 데이터 원소를 활용해야 한다. 자세한 설명은 5장의 '데이터를 분리해 필요한 부분만 취하다: 스트링 변수' 절에서 찾을 수 있다.

여러분이 가지고 있는 변수의 특징

분석에 필요한 데이터가 있다고 자신이 알고 있는 분석모델만을 적용해 예측하려 한다면 많이 성급해 보인다. 혹시 여러분이 알고 있는 분석모델이 선형회귀분석 하나밖에 없다면 더더욱 그렇다. 어떤 통계 프로그램이든, 투입될 데이터와 분석 코딩만 있으면 결과는 언제든지 분석자의 눈앞에 제시된다. 최근에는 개인들의 분석능력이 높아져, 많은 사람이 눈앞에 제시된 결과도 목적에 맞게 잘 해석한다. 문제는 보유하고 있는 데이터를 자신이 알고 있는 분석모델에 적용해도 괜찮냐는 고민을 하지 않았다는 점이다. 일반적으로 가장 먼저 배우는 선형회귀분석으로 처리할 수 있는 데이터는 생각보다 많지 않다. 이 상황에서는 가지고 있는 변수들의 특징과 데이터들이 시간적으로 그리고 공간적으로 어떻게 생성됐는지를 이해하고, 데이터의 특징과 분석 대상의 현실상황까지 고려해서 분석모델을 선정하는 것이 올바른 접근법이다. 이번 절에서는 약간의 R 코딩과 함께 곁들여서 설명하는데, R이 처음인 독자는 1장의 'R 설치하기' 절과 2장 '메이저리그 데이터 마이닝'을 먼저 읽고 다시 시도하면 쉽게 따라올 수 있다.

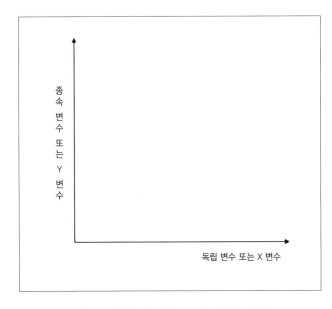

그림 1.6 종속 변수와 독립 변수의 그래프상 위치

변수에 담겨 있는 데이터의 특징인 중심경향성과 분포범위를 파악해서 분석할 데이터의 특징을 이해하면 분석모델을 결정하는 데 도움이 된다. 그래프의 수직축을 구성하는 종속변수 분포특징은 통계분석기법을 정해주는 결정적 역할을 하며(그림 1.6 참조), 변수에 있는 데이터들이 얼마나 중심에서 떨어져 있느냐에 따라 분석에 사용할 변수들의 활용 가치를 판단할 수 있다. 참고로 그래프에 있는 축은 하나의 차원이며, 수평축과 수직축은 서로 90도를 이루는데 수직관계는 두 차원이 전혀 관계가 없음을 의미한다. 수학적으로 말하면 두 선의 관계 정도를 보여주는 코사인cosine이 90도가 된 상태이며 값은 0이라는 의미와 일치한다.

종속 변수에 있는 데이터가 평균으로 모이는 중심화 경향성, 분포된 범위, 그리고 분포 모양에 집중해서 데이터의 특징을 피츠버그 파이리츠 선수들의 공격 테이블로 이해한다. 2016년도 피츠버그 파이리츠에서 가장 출전 빈도가 높았던 타자 9명의 이름, 홈런, 타율이라는 세 가지 변수로 구성된 표 1.3의 테이블을 살펴보자.

표 1.3 피츠버그 파이리츠 주전선수 이름, 홈런, 타율 변수만을 추출한 테이블

name	HR	AVG
Starling Marte	9	0.311
Josh Harrison	4	0.283
David Freese	13	0.27
John Jaso	8	0.268
Francisco Cervelli	1	0.264
Gregory Polanco	22	0.258
Andrew McCutchen	24	0.256
Jordy Mercer	11	0.256
Jung Ho Kang	21	0.255

표 1.3의 공격 테이블은 메이저리그 데이터를 제공하는 외부 웹사이트에서 R로 불러올 수도 있고, R에서 직접 코딩해 만들 수도 있다. 직접 만드는 방법을 선택하면 다음 코드와 같이 이름(name), 홈런(HR), 타율(AVG) 변수를 생성한다. 첫 번째 행은 선수들의 이름을 한 집

합으로 묶는다는 'concatenate'의 약어인 명령어 c()를 이용해 각 선수들의 이름을 집합시켜 name이라는 변수를 만든다. 두 번째 행은 선수들이 친 홈런의 개수를 집합으로 묶은 변수 HR에 저장했다. 첫 번째 행과의 차이점은 두 번째 홈런 변수를 구성하는 데이터가 숫자라는 데 있으며, 숫자의 경우 따옴표는 필요 없다. cbind() 명령어는 앞에서 만든 세 변수를 합쳐서 순서대로 피츠버그의 약자인 pit 변수에 저장한다. pit에 어떤 변수가 포함됐는지 확인하기 위해 pit를 타이핑한다.

```
name<-c("Marte","Harrison","Freese","Jaso","Cervelli",
        "Polanco","McCutchen","Mercer","Kang")
HR<-c(9,4,13,8,1,22,24,11,21)
AVG<-c(0.311,0.283,0.27,0.268,0.264,0.258,0.256,0.256,0.255)
pit<-cbind(name,HR,AVG)
pit
```

```
      name          HR    AVG
 [1,] "Marte"       "9"   "0.311"
 [2,] "Harrison"    "4"   "0.283"
 [3,] "Freese"      "13"  "0.27"
 [4,] "Jaso"        "8"   "0.268"
 [5,] "Cervelli"    "1"   "0.264"
 [6,] "Polanco"     "22"  "0.258"
 [7,] "McCutchen"   "24"  "0.256"
 [8,] "Mercer"      "11"  "0.256"
 [9,] "Kang"        "21"  "0.255"
```

참고로 위의 cbind() 함수는 세 변수를 간단하게 묶었을 뿐이지 9개 행과 3개 열을 가진 완변한 테이블로 인식하지는 못한다. 실제 str(pit$HR)을 통해 홈런 변수 정보를 확인해보려고 하면 에러 메시지를 통해 HR 변수와 pit 테이블의 체계가 잡혀 있지 않음을 알 수 있다. 따라서 다음 코드로 정확하고 좀 더 간단하게 테이블을 구성할 수 있다.

```
pit<-data.frame(name, HR, AVG)
```

데이터 중심화 경향

수직으로 구성된 열에는 이름 변수처럼 문자로 된 정성적 변수도 있지만, 야구 데이터의 대부분은 홈런처럼 카운트하거나 타율처럼 측정할 수 있는 정량적 변수가 훨씬 많다. 정량적 변수로 분류되는 타율의 경우 팀 또는 리그 중간 수준의 기록에 가장 많은 선수가 몰려 있어서 타율관측 빈도가 가장 높으며, 타율이 중간을 벗어나면서 빈도수가 줄어드는 현상을 데이터 중심화 경향성이라고 한다. 팀의 모든 선수가 일류 타자가 될 수 없듯이, 측정되는 선수들의 타격능력은 중간 지점에 모이며, 그 지점이 팀타율 산술평균^{mean} 또는 팀타율 기댓값$^{expected\ value}$이다. 팀의 기댓값이라 불릴 만큼 빈번한 구간이기 때문에 종종 최빈값^{mode}이 기댓값을 대신하기도 하며, 중앙값^{median}도 산술평균만큼 팀의 특성을 보여주는 데 훌륭한 대푯값 역할을 한다. 피츠버그 파이리츠 타자 9명의 타율을 순서대로 나열했을 때, 집합의 중앙에 있는 타자의 타율이 중앙값을 나타낸다. 위의 경우는 프란시스코 체르벨리^{Francisco} ^{Cervelli} 선수의 타율 0.264가 9명의 타율에서 가장 중심인 5번째에 위치하고 있다.

산술평균과 중앙값이 비슷하기도 하지만 때로는 상당히 다르게 나타나기도 하는데, 팀에서 특정 타자가 시즌 중에 지나치게 뛰어난 타격감을 보여주거나 또는 매우 저조한 성적을 보여줌으로써 기댓값을 크게 올리기도 하고 낮추기도 해서, 산술평균을 왜곡하는 이상치^{outlier}[7]가 되는 경우가 많다. 이 경우 중앙값을 적용하면 이상치가 전체 평균에 영향을 미치는 왜곡 효과를 제거하는 데 도움이 된다. 명령어 mean()과 median()을 이용해 타율 변수의 중심을 다음과 같이 구했다. 타율의 중앙값 결과는 9명의 선수 중 5번째인 프란시스코 체르벨리 선수의 타율이며, 산술평균과는 거의 차이 나지 않는다는 점을 고려하면 이상치로 여겨질 만한 선수 데이터가 포함된 것 같지는 않다.

```
mean(AVG)
[1] 0.269
median(AVG)
[1] 0.264
```

---

7   이상치에 대한 자세한 설명은 5장의 '모델에 영향을 주는 이상치를 찾아라' 절에서 자세하게 다룬다.

R에서 최빈값을 알려주는 목적으로 mode라는 명령어가 있지는 않다. 최빈값의 개념은 데이터의 분포와 직접적인 관련이 있고 발생빈도의 분포를 시각화한 히스토그램은 매우 중요한 개념이다. 그림 1.7은 2001부터 2015년까지 활약했던 메이저리그 선수들의 타율 빈도를 히스토그램으로 그렸다. 관측기간 동안 평균타율은 0.255 정도이며, 이를 기준으로 평균보다 잘하는 선수와 못하는 선수가 구분된다. 타율 0.255 주위로 가장 많은 타자가 존재하고 있으며, 평균을 벗어나면서 조금씩 선수들의 수가 줄어드는 분포 형태다. 가장 높은 부분은 최빈값^{mode}이며, 왼쪽 가장자리가 최솟값, 오른쪽 가장자리가 최댓값이다. 타율처럼 균형 잡힌 정규분포를 띨 경우 평균은 산술평균^{mean}, 중간값^{median}, 최빈값^{mode}이 일치하거나 서로 가까워지지만, 정규분포가 아닌 형태의 특성을 갖는 데이터의 경우 3개의 값이 달라진다.

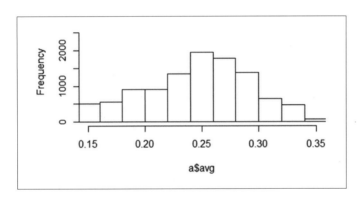

그림 1.7 2001부터 2015 시즌까지 메이저리그 타율 분포

데이터의 분포범위

필라델피아 필리스 선수들은 2015 시즌, 그림 1.8에서 보여주듯 저조한 홈런을 기록했다. 필리스는 2008년 월드시리즈에서 우승컵을 거머쥔 이후 특정 투수와 장타가 좋은 특정 타자에게 과도한 연봉을 지급함으로써, 팀의 연봉 수준과는 달리 저조한 팀성적으로 팬들의 실망이 크다. 2015 시즌 홈런 테이블에서 확인할 수 있듯이 30개 이상의 홈런을 기록한 선수가 전혀 없으며, 2016 시즌은 지구 4위를 차지하고, 2017년에는 내셔널리그 동부지구 꼴

찌로 시즌을 마무리했다.

선수	홈런	
Ryan	23	●
Maikel	14	
Jeff	13	
Cody	12	●
Darin	12	
Cameron	9	
Odubel	8	
Freddy	7	●
Andres	7	
Cahse	5	
Domonic	5	●
Aaron	5	
Carlos	2	
Cesar	1	●
Ben	1	
홈런평균	8.267	

그림 1.8 2015 시즌 필라델피아 필리스 선수들의 홈런기록

　어떤 팀이 좋은 팀이냐에 대한 정의는 내리기 어렵다. 특정 선수의 맹활약으로 뛰어난 팀성적을 만들어낸 팀이 좋은 팀일 수도 있고, 모든 선수가 골고루 활약하면서 뛰어난 팀성적을 만들어낸 팀이 좋은 팀일 수도 있다. 시즌당 162 게임을 치르는 정규시즌에 특정 선수에게 의존해서 좋은 결과를 만들어내기는 힘들다. 하지만 단기 승부를 하는 포스트시즌에서는 한 선수의 맹활약이 의외의 결과를 만들어낸다. 따라서 정규시즌을 고려한다면, 팀의 공격력 평균이 높고 분포의 범위가 작은 경우가 좋은 팀을 보여주는 통계적 특징이 될 것이다. 필리스 홈런 변수를 직접 만들어서 분포를 확인해보자.

```
HR<-c(23,14,13,12,12,9,8,7,7,5,5,5,2,1,1)
```

데이터의 전체 분포는 변수에서 가장 큰 값인 최댓값과 최솟값의 차이다. 이를 위해 변수의 최솟값, 1사분위수, 중앙값, 3사분위수, 최댓값 등 다섯 가지 대푯값과 산술평균을 보여주는 summary() 명령어를 사용한다.

```
summary(HR)

   Min.  1st Qu.  Median    Mean  3rd Qu.    Max.
  1.000    5.000   7.000   8.267   12.000  23.000
```

필라델피아 필리스 팀홈런 최솟값(1)과 최댓값(23)이 지나치게 중심에서 벗어나, 팀 특성을 반영하지 못할 수 있기 때문에, 중심부에 모여 있는 데이터의 분포를 고려하는 것이 의미 있다. 1분위수라고 하는 하위 25%에 위치하는 데이터와 3분위수라는 상위 25%에 위치하는 데이터 값의 차이인 사분범위interquartile range를 활용하면 상위 집단과 하위 집단을 제외하고 팀에서 홈런기록으로 중간에 위치하고 있는 선수들의 분포를 평가할 수 있다. 특히 최상위 또는 최하위 값들이 정상적이지 않은 값으로 의심될 때 사분범위는 더욱 가치 있다. 필라델피아 필리스 선수들의 홈런 테이블에서 산술평균을 제외한 5개의 대푯값을 그림 1.8에 점으로 표시했다.

변수의 범위를 나타내는 또 다른 대표적인 개념으로 분산variance과 표준편차standard deviation가 있다. 변수의 산술평균으로부터 개별 관측값이 떨어져 있는 정도를 편차deviation라고 부른다. 편차의 합은 양의 편차와 음의 편차가 상쇄되어 항상 0이기 때문에 변수의 전체 관측값들이 평균으로부터 얼마나 떨어져 있는지 알 수가 없다. 이를 피하기 위해 각 편차에 제곱을 취하고, 편차 제곱 평균을 구하면 한 팀 선수들이 산술평균으로부터 평균적으로 벗어난 표준화된 범위인 홈런의 분산이 된다. 다만, 홈런의 분산은 0을 피하기 위해 임의적으로 제곱을 한 상태이며, 제곱근($\sqrt{분산}$)을 적용해 다시 정상으로 돌려놓을 때 한 시즌 팀원들이 만든 홈런의 표준편차가 완성된다. 표 1.4에서는 모집단인 필라델피아 선수 15명의 홈런 평균인 8.267에서 개별 홈런이 평균적으로 5.662만큼 벗어나 있음을 알 수 있다.

표 1.4 필라델피아 필리스 팀홈런 분산과 표준편차

선수	홈런	홈런-평균	편차	편차 제곱	분산	표준편차
Ryan	23	23–8.267	14.733	217.071		
Maikel	14	14–8.267	5.733	32.871		
Jeff	13	13–8.267	4.733	22.404		
Cody	12	12–8.267	3.733	13.938		
Darin	12	12–8.267	3.733	13.938		
Cameron	9	9–8.267	0.733	0.538		
Odubel	8	8–8.267	−0.267	0.071		
Freddy	7	7–8.267	−1.267	1.604		
Andres	7	7–8.267	−1.267	1.604		
Cahse	5	5–8.267	−3.267	10.671		
Domonic	5	5–8.267	−3.267	10.671		
Aaron	5	5–8.267	−3.267	10.671		
Carlos	2	2–8.267	−6.267	39.271		
Cesar	1	1–8.267	−7.267	52.804		
Ben	1	1–8.267	−7.267	52.804		
홈런 평균	8.267				32.062	5.662

구해낸 분산과 표준편차는 필라델피아 필리스 선수 15명을 모집단이라 가정하고 구해낸 모수들이다. 15명의 선수가 모집단이 아니라 모집단에서 추출한 표본의 표준편차를 구한다면 다음 코드와 같이 간단하게 명령어만 넣어서 구할 수 있겠지만, 표 1.4에서 나온 분산 및 표준편차와는 다르다.

- 15명이 표본이라고 가정했을 경우의 분산

```
var(HR)
[1] 34.35238
```

- 15명이 표본이라고 가정했을 경우의 표준편차

```
sqrt(var(HR))
```
[1] 5.86109

표본의 분산을 구하기 위해서는 각 선수들의 홈런이 선수 15명의 홈런 평균으로부터 벗어나 있는 잔차의 제곱을 모두 더한 값에서 14명으로 나눈 값이 표본의 분산이며, var(HR)이 구해낸 방법이기도 하다.

$$표본의\ 분산:\ s^2 = \frac{\Sigma_{i=1}^{n}(\chi_i - \overline{\chi})^2}{n-1}$$

선수 15명을 모집단이라고 가정했을 때는 14명이 아닌 15명으로 나누어야 한다는 차이점이 있다.

$$모집단의\ 분산:\ \sigma^2 = \frac{\Sigma_{i=1}^{N}(\chi_i - \mu)^2}{N}$$

분모가 달라지는 이유를 이해하기 쉽게 설명한다면, 표본은 모집단의 부분이며 표본의 분산이 모집단의 분산에 비해 체계적으로 적은 편향bias을 보이기 때문에 편향을 보정하는 것이다. 표본에서 나타나는 체계적 편향성을 보정해주도록 표본의 분산을 구할 때 분모에서 표본의 관측값 15명에서 추정하는 모수(여기서는 필라델피아 필리스 팀홈런의 평균)의 개수 1을 뺀 14명을 적용해 표본의 분산을 늘려서 편향되지 않은 모분산의 불편추정량을 구할 수 있다. $n-1$은 표본의 개수가 아닌 자유도degree of freedom라 하며, 4장 '상관관계는 인과관계가 아니다'에서 구체적으로 설명한다. R에서는 표본 분산을 구해주기 때문에, 표본 분산에 $(n-1)/n$을 곱해서 모집단 분산으로 전환할 수 있다.

$$\frac{\Sigma_{i=1}^{n}(\chi_i - \overline{\chi})^2}{\cancel{n-1}} \times \frac{\cancel{n-1}}{n} = \frac{\Sigma_{i=1}^{N}(\chi_i - \mu)^2}{N}$$

이 방법을 코딩에 적용하면 다음과 같으며, 그 결과는 표 1.4에서 제시된 모집단의 분산 및 표준편차와 일치한다.

```
var(HR)*(14/15)
[1] 32.06222
sqrt(var(HR)*(14/15))
[1] 5.662351
```

데이터는 조작되지 않아야 한다

데이터를 분석해서 결과를 해석하고 필요한 조언을 해주는 건 매우 중요한 일이지만, 분석 목적에 적합하도록 여러 변수를 활용해 데이터를 가공하는 기술은 빅데이터 시대에 더욱 중요하고 가치가 높다. 많은 사람의 예상과 달리, 데이터 분석에 요구되는 노력과 시간은 분석을 하기 위해 데이터를 다듬는 시간에 비하면 조족지혈이다(그림 1.9 참조). 경험에 비추어 데이터 분석시간은 전체의 1%도 채 되지 않는다고 해도 과언이 아닐 것이며, 데이터를 다루는 직업을 가진 전문가들은 쉽게 공감할 것이다. 많은 전문가가 데이터과학을 디버깅, 즉 오류를 찾아내고 해결하는 일이라고 말하는데, 저자의 경험상 발생하는 95% 이상의 오류는 데이터를 목적에 맞게 다듬는 준비과정에서 발생한다고 자신 있게 말할 수 있다. 분석에 필요한 데이터를 발굴해서 R로 불러들이고 분석 목표에 맞게 데이터 구조를 바꾸는 과정을 분석만큼이나 중요하게 가르치고 있다.

그림 1.9 데이터과학 전체 프로세스

분석 자체가 어려워서 지치거나 포기하는 일은 없다. 통계 프로그램을 사용할 경우 목적에 맞는 분석 명령어를 투입해 결과를 손쉽게 확인할 수 있기 때문이다. 하지만 성공적인 통계분석결과를 얻어내기 위해 데이터를 준비하는 단계에서 고려해야 할 부분은 수없이 많고, 이 복잡한 과정에서 의도적이지는 않지만 실수가 발생해서 데이터를 훼손하는 경우가 종종 있다. 데이터가 체계적으로 훼손된 경우라면 다시 복구할 수 있지만, 체계 없이 실수가 일어나서 어디서 복구를 해야 할지 알 수가 없는 경우는 매우 난감하다. 결론부터 말하자면, 이 경우 지금까지 모아온 데이터를 과감히 포기하는 결단이 필요하다. 이런 불행한 사태가 발생하지 않도록, 반드시 체계적인 방식으로 데이터에 접근해야 한다. 원본 데이터는 건드리지 않고 코드를 통해 체계적으로 수집하고 정리하면 실수가 발생해도 역추적이 가능해서 언제든지 복구와 검증이 가능하다. 목적에 맞게 데이터를 체계적으로 바꾸는 기능은 Stata, SAS, 엑셀과 비교해서 R이 탁월하다.

데이터를 수집하는 과정에서 실수가 발생했으나 원인을 찾지 못한 채 실수가 발생한 상태로 계속해서 데이터를 모으고 실험한 경우, 그리고 좋은 연구결과를 위해 부분적으로 데이터를 바꾸고 지워버린 경우는 모두 연구물 조작에 해당되며, 연구물 조작에 대한 처벌수위는 계속해서 높아지고 있다. 일반적으로 표절과 연구조작 행위는 당장에 드러나지는 않는다. 표절 논란에 휩싸였던 사람들 대부분의 변명은 단순하다. 작성하는 과정에서 실수가 발생했다는 주장이다. 그 실수를 정확히 들여다보면, 앞에서 언급한 대로 처음에는 참조하기 위해 남의 것을 가져왔다가 글이 수정되고 시간이 지나면서 내가 쓴 글인지 남이 쓴 글인지 모호해질 때 그냥 내가 쓴 글이 되어버린다.

데이터도 마찬가지다. 원본 데이터로 복원이 안 되고, 연구결과물이 다른 연구자가 진행했을 때 반복이 안 되는 경우라면 데이터 조작을 의심받는다. 데이터 관리의 투명성을 확보하기 위해 앞에서 말한 대로 원본 데이터를 절대 건드리지 않아야 한다. 처음에 연구방법 훈련이 덜 된 연구자의 경우 수집한 변수를 엑셀 스프레드시트 한 장에 차곡차곡 모아놓는다. 이 경우 데이터가 점차 커지면서 한눈에 잘 안 들어올 뿐만 아니라 이런저런 기능들을 사용하다 보면 자신도 모르는 사이에 데이터 구성이 변해버리는 경우가 있다. 이런 식으로 데이터를 모으다 보면 나중에는 어디서부터 잘못됐는지 알 수 없고, 이미 많은 시간과 노력을 쏟아부은 훼손된 데이터로부터 벗어나지 못하게 된다. R은 원본 데이터를 건드리지 않으면서 데이터를 체계적으로 묶어내고 또는 분리하여 언제나 원본을 복원하는 데 탁월한 능력이 있으며, 배워두면 의도치 않은 데이터 조작으로부터 자유로울 수 있다.

데이터 분석의 완성: 데이터 가치 사슬

오픈소스는 프로그램의 개발환경이 공개되어 있어서 통계분석 전문가들이 개발에 쉽게 참여하고, 분석환경이 필요한 인터넷 공간에서 다양한 웹 애플리케이션과 결합되면서 적용범위가 빠르게 확대되고 있다. 물론 오픈소스라서 불편한 점도 있다. SPSS나 STATA처럼 특정 기업에서 개발된 통계 프로그램은 몇 번의 클릭으로 통계작업이 가능하게 하고, 특히 인터페이스가 사용하기 편하게 디자인되어 있다. 반면, R의 경우는 오픈소스 플랫폼에서 다양한 사람들이 개발에 참여하고 있어서 다소 투박하다. 초반에는 비슷한 코드에서 투입해야 하는 변수의 순서가 다르기도 하고, 옵션의 위치가 달라서 코딩 오류를 찾아내는 데 어려움을 겪기도 한다. 하지만 오픈소스 프로그램의 장점은 투박함을 금방 잊게 만든다. 상업적 통계 프로그램은 외부 애플리케이션과의 연동이 상당히 취약한 반면, R은 MySQL, PHP 등 다양한 프로그램들과 자유롭게 연동된다. 2021년 현재 마이크로소프트, 시스코, IBM, C3.AI 등 IT 기업들은 R과 연동한 비즈니스 솔루션 패키지를 개발하고, 기업환경에서 데이터 가치 사슬data-value chain 서비스를 제공하고 있다.

데이터 가치 사슬이 R 환경에서 어떤 방식으로 작동하는지 보여주기 위해 다음과 같은 간단한 웹페이지를 만들었다. 그림 1.10의 웹페이지에는 Statistics & Sports 수업에 오신 것을 환영한다는 메시지와 함께 엑셀, R, SPSS, 파워포인트를 얼마나 잘 다루는지 그리고 현재 학점을 묻는 다섯 가지의 질문이 있다. 개념적으로 온라인 업체인 아마존닷컴이나 한국의 대형 온라인 쇼핑몰에서 자신의 개인정보를 웹페이지에 등록하는 것과 다를 것이 없다. 웹페이지를 데이터 서버와 연계하는 순간부터 단순히 비즈니스, 제품, 서비스를 알리는 소극적인 수준에서 벗어나서, 고객의 정보와 소비 패턴에 대한 예측이 가능해서 전략 개발까지 가능하다.

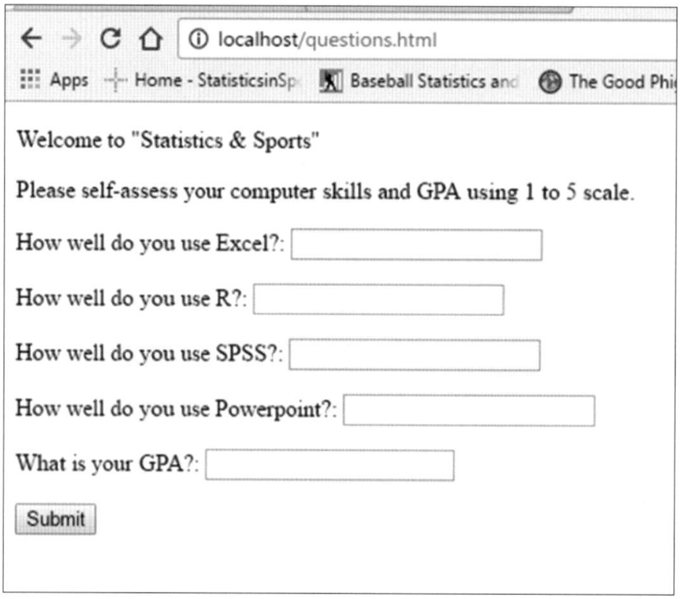

그림 1.10 HTML 언어로 만든 웹페이지

그림 1.10의 화면 주소창에 나타나는 localhost는, 웹사이트와 R이 연동되는 것을 학생들에게 보여주기 위해 도메인은 구입하지 않고 저자의 노트북에 서브를 만들어놓은 상태다. 따라서 실제로 웹브라우저를 통해 해당 페이지가 검색되지 않고, 웹페이지를 통해 들어온 정보가 데이터 서버에 저장되는지 보여주려는 교육 목적으로 사용하고 있다. 학생들이 웹페이지상에서 답변을 하면, 데이터 서버에 MySQL로 미리 만들어놓은 skill 테이블로 엑셀, R, SPSS, 파워포인트, 학점 등 다섯 가지 변수가 시간 순서대로 그림 1.11과 같이 저장된다. 이미 14명의 학생이 다섯 가지 질문에 대해 대답한 상태다.

```
+------------------+
2 rows in set (0.00 sec)

mysql> select*from skill;
+----+-------+---+------+-----+-----+
| id | excel | r | spss | ppt | gpa |
+----+-------+---+------+-----+-----+
|  1 | 5     | 1 | 3    | 5   | 3.2 |
|  2 | 4     | 3 | 4    | 2   | 3.8 |
|  3 | 1     | 4 | 4    | 3   | 3.6 |
|  4 | 4     | 4 | 2    | 5   | 3.1 |
|  5 | 3     | 1 | 2    | 5   | 2.9 |
|  6 | 2     | 1 | 1    | 5   | 2.8 |
|  7 | 3     | 2 | 5    | 3   | 3.1 |
|  8 | 1     | 3 | 3    | 3   | 3.3 |
|  9 | 3     | 4 | 3    | 5   | 3.3 |
| 10 | 4     | 1 | 1    | 4   | 3.2 |
| 11 | 3     | 5 | 3    | 4   | 3.7 |
| 12 | 2     | 5 | 3    | 2   | 3.5 |
| 13 | 3     | 2 | 4    | 2   | 3.4 |
| 14 | 4     | 2 | 1    | 3   | 3.3 |
+----+-------+---+------+-----+-----+
14 rows in set (0.00 sec)
```

그림 1.11 데이터 서버에 저장되어 있는 데이터

데이터 가치 사슬이 완성됐다면, 웹사이트를 통해 유입된 데이터와 R에서 분석이 동시에 처리된다. 그림 1.12처럼 참가자 14명의 데이터를 기반으로 상관관계 산포도scatterplot 매트릭스가 R에서 만들어졌다. 새로운 데이터가 웹사이트를 거쳐 데이터 서버에 추가될 때마다 실시간으로 데이터가 처리되는 간단한 데이터 가치 사슬망의 결과물이다. 회귀분석 코드를 추가하면, 회귀선이나 필요한 정보를 화면상에서 확인할 수 있다.

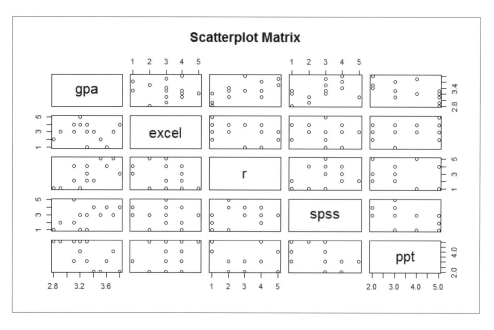

그림 1.12 서버에 저장된 데이터를 R에서 분석한 그래픽 결과

그림 1.12와 같이 데이터 서버에 저장되어 있는 정보에 R이 접속해서 분석 작업을 하는 코드를 다음 페이지에 제시했지만, 지금 당장 이해하는 것은 쉽지 않다. 7장까지 읽고 난 후, 다시 돌아와서 자세히 살펴보고 직접 실행해볼 것을 추천한다. 이 책이 다루는 범위 밖의 내용이라서 웹페이지를 만들고 MySQL 데이터 서버를 구축하는 방법에 대해서는 설명할 수 없지만, 데이터 서버를 구축하기 위해 Bitnami에서 제공하고 있는 WAMP 패키지(https://bitnami.com/stack/wamp)를 설치하면 필요한 서버 관련 프로그램들을 한 번에 설치할 수 있다.[8] 다음 코드는 내 컴퓨터 데이터 서버에 있는 class라는 데이터베이스에 접근하기 위해 dbConnect() 명령문을 사용했다. MySQL을 만들 때 사용했던 비밀번호를 투입하고, skill 이라는 테이블에 있는 모든 데이터를 선택해서 c에 저장한다. skill 테이블에는 id를 포함

---

8   데이터 서버 구축과 관리에 있어 저자는 opentutorials.org 생활코딩 편에서 많은 도움과 영감을 받았다.

해서 총 6개의 변수가 존재하고, 엑셀, R, SPSS, 파워포인트, 그리고 gpa 변수를 이용해 상관관계 매트릭스를 시각적으로 나타낸다.

```
library(RMySQL)
library(dbConnect)
a=dbConnect(MySQL(), user='root',
            password='xxxxxxxx',dbname='class',host='localhost')
b<-"select * from skill;"
c<-dbGetQuery(a,b)
excel<-as.numeric(c$excel)
r<-as.numeric(c$r)
spss<-as.numeric(c$spss)
ppt<-as.numeric(c$ppt)
gpa<-as.numeric(c$gpa)
attach(c)
pairs(~excel+r+spss+ppt+gpa)
```

R 스튜디오와 친구들

공식 웹사이트인 www.r-project.org에서 R을 내려받을 수 있다. 리눅스, 윈도우, 애플 운영체제에서 동일한 인터페이스로 작동하기 때문에 운영체제에 따라 별도로 배워야 하는 불편함은 없다.

The R Project for Statistical Computing

[Home]

Download
CRAN

R Project
About R
Logo
Contributors
What's New?
Reporting Bugs
Development Site
Conferences
Search

R Foundation
Foundation
Board

Getting Started

R is a free software environment for statistical computing and graphics. It compiles and runs on a wide variety of UNIX platforms, Windows and MacOS. To **download R**, please choose your preferred CRAN mirror.

If you have questions about R like how to download and install the software, or what the license terms are, please read our answers to frequently asked questions before you send an email.

News

- **R version 3.5.0 (Joy in Playing)** has been released on 2018-04-23.
- **R version 3.4.4 (Someone to Lean On)** has been released on 2018-03-15.
- **useR! 2018** (July 10 - 13 in Brisbane) is open for registration at **https://user2018.r-project.org**
- **The R Journal Volume 9/2** is available.
- **useR! 2017** took place July 4 - 7 in Brussels **https://user2017.brussels**
- **The R Logo** is available for download in high-resolution PNG or SVG formats.

그림 1.13 R 홈페이지 메인 화면

그림 1.13에서 원으로 표시해둔 Download CRAN을 클릭하면, 국가별로 R을 내려받을 수 있는 페이지로 연결된다. 클랜CRAN이라는 페이지는 R과 관련되어 업데이트된 자료와 코드를 보관하고 있는 전 세계의 R 서버 네트워크다. 해당 페이지에 따르면, 사용자가 있는 가장 가까운 곳의 클랜을 선택함으로써 전 세계적 R 네트워크를 효율적으로 운영하는 데 도움을 줄 수 있다고 한다. 오픈소스 무료 프로그램을 사용하는 만큼 전체 커뮤니티를 위해 룰을 따른다고 생각하면 좋겠다. 운영체제에 맞게 R을 선택하고 Install R for the first time을 클릭해 최신판을 설치하고 프로그램을 실행하면, 그림 1.14와 같은 딱딱한 첫 화면을 만나게 된다.

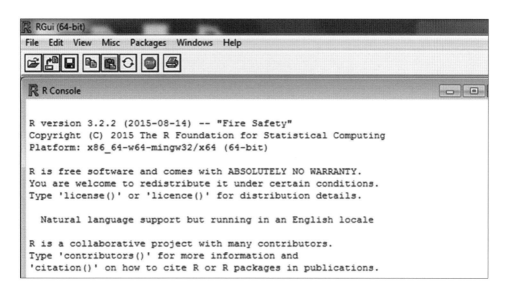

그림 1.14 R 설치 후 프로그램 실행화면

사람들이 자유롭게 사용하고 때로는 개발에 참여하는 오픈형^{open-ended} 통계분석 프로그램인 R과 비교해서, 통계분석 프로그래밍 회사에서 만든 폐쇄형^{close-ended} 프로그램은 처음에 배우기가 용이하고 인터페이스와 프로그래밍 방식이 사용자에게 매우 친근하다는 장점이 있다. 반면에 개방형 무료 프로그램은 다양한 사용자들이 만들어놓은 규약과 문법에 익숙해지는 데 제법 많은 시간과 노력이 든다. 하지만 개발자들의 노력으로 개선되고 있어서, 한 달 정도 사용하다 보면 크게 어려울 것도 없다. R의 편리성을 크게 앞당긴 것은 'R 스튜디오'라는 통합개발플랫폼^{IDE}으로서, 투박한 R에 보기 좋은 분석환경 인터페이스를 제공한다. 일단 R을 설치했다면, www.rstudio.com에 접속해서 다음 방법을 따라 설치해보자.

그림 1.15 R 스튜디오 설치화면

그림 1.15의 상단 첫 번째 박스에 있는 **Download RStudio**를 클릭하고 운영체제에 맞는 프로그램을 설치하면, 파란색 원 안에 R이 있는 바로가기 아이콘이 컴퓨터 바탕화면에 설치된다. R과 R 스튜디오를 설치한 이후에는, R 스튜디오 아이콘만 클릭해도 바로 그림 1.16의 메인 화면으로 접속된다.

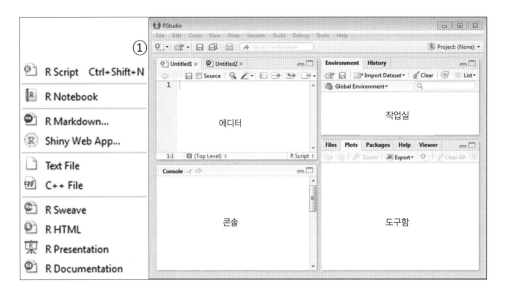

그림 1.16 R 스튜디오 설치 후 프로그램 실행화면

초보자에겐 설치가 말처럼 쉽지 않을 수 있다. 학생들에게 다음 주까지 자신의 랩톱에 설치해오라고 숙제를 내줘도 다양한 문제로 못 했던 경우가 있었다. 그래도 스스로 문제를 해결하고 모두 성공적으로 설치했다는 점에서 여러분도 첫 번째 과제를 해낼 수 있을 것이다. 앞으로의 학습이 쉽고 부드럽게 진행되도록, R 스튜디오 화면구조를 기억해두면 좋다. 화면은 네 부분으로 나뉘는데, 좌측 하단에 있는 공간은 콘솔console이라고 부르며 일회성 코드들은 모두 이곳에 투입하면 된다. 좌측 상단에 있는 에디터editor라고 부르는 창은 일회성 코드들을 모아서 프로그래밍을 하고 저장할 수 있는 공간이다. 이 창은 R 스튜디오를 설치하고 처음으로 오픈할 때는 나타나지 않으나, 그림 1.16의 툴바에서 ①로 표시해둔 아이콘을 클릭하면 에디팅(편집)할 수 있는 공간이 생성된다. 우측 상단은 영어로 'workspace'라고 하기 때문에 그대로 번역해서 작업실이라고 부르며, 현재 R에 업로드되어 있는 모든 데이터의 정보를 제공한다. 마지막으로, 우측 하단 창은 여러 도구들이 담겨 있는 상태를 보여주기 때문에 이 책에서는 도구함이라고 부른다.

R 스튜디오의 네 가지 창은 필요할 때마다 별도로 설명할 것이므로 이번 장에서는 자세히 설명하지 않는다. 대신에 데이터의 분석 목적에 맞게 코드를 프로그래밍하며, 통계결과에 대해 프로답게 보고서를 작성하고, 발표자료를 만들며, 나아가 많은 사람과 결과를 나눌 수 있도록 웹페이지를 만드는 모든 작업이 이뤄지는 공간인 에디터의 주요 부분만 미리 설명한다. 최근 R 마크다운Markdown에서 만들 수 있는 발표자료와 리포트 자료의 세련됨과 편리성이 주목을 받고 있으며, 자신이 만든 웹사이트가 없어도 웹상에서 소개하고 싶은 내용을 R에서 HTML 언어에 대한 이해 없이도 간단하게 웹페이지를 만들어 공유할 수 있는 샤이니웹앱Shiny Web App에 대한 관심이 높아지고 있기 때문에 알아둘 필요가 있다. R 사용이 처음인 분들에게는 어려운 내용일 수 있기 때문에, 일단 이 부분을 뛰어넘어 2장으로 바로 가도 괜찮다. 이 책을 끝까지 다 읽은 후 다시 돌아와서 찬찬히 읽어보거나, 분석결과에 대한 보고서를 내고 발표자료를 만들어야 한다면 그때 읽어보길 권한다.

그림 1.16에서 ①로 표시된 아이콘을 클릭하면 해당 그림 왼편에서 볼 수 있듯이 에디터에서 작업할 수 있는 약 10가지 정도의 프로그램이 나타나며, 그중에서 가장 필수인 스크립트R Script와 노트북R Notebook을 간단히 설명한 후에, R 스튜디오에서 직접 보고서와 발표자료

를 만들 수 있는 R 마크다운과 웹페이지를 만드는 샤이니웹앱을 구체적으로 설명한다. 설명의 통일성을 갖추도록 라만 데이터베이스^{Lahman Database}의 팀테이블에서 추출한 2016 시즌 R(팀득점)과 H(팀안타) 간의 연관된 정도를 보여주는 상관계수와 이를 시각화한 산포도에 대한 코드를 R 스크립트에서 프로그래밍하고, R 노트북에서 프로그래밍한 내용의 결과를 자세히 설명하며, R 마크다운에서 이를 문서화하고 발표자료를 만든 다음, 마지막으로 R 샤이니웹앱을 통해 쌍방향 자료를 만들어 웹상에 공개하는 방법을 소개한다.

R 스크립트

R 분석에서 없으면 안 되는 가장 기본적인 프로그램이다. 단발성 R 코드는 콘솔 박스에 투입되지만, 내용이 길어지고 여러 라인으로 코딩해야 하는 프로그램은 체계적인 작성이 필요하고 향후에 다시 사용할 수 있도록 저장돼야 하므로 에디터에서 작성한다. 이 책에서 소개할 대부분의 코드는 에디터에서 작성되고 실행되며, 프로그래밍된 코드를 저장하기 위해서는 그림 1.17 툴바의 디스크 아이콘을, 실행을 위해서는 **Run** 아이콘을 클릭한다. 나중에 자세히 설명하겠지만, 그림 1.17의 코드는 라만 데이터베이스 팀테이블에서 추출된 2016 시즌 팀들의 득점(R)과 안타(H) 변수를 이용해 상관계수(cor())와 산포도(plot())를 그리는 내용이다.

```
1  library(Lahman)
2  dat<-subset(Teams,yearID==2016,select=c(R,H))
3  cor(dat$H,dat$R)
4  plot(dat$H,dat$R)
5
```

그림 1.17 R 스크립트상에 프로그래밍된 코드들[9]

---

9   이번 코딩을 실행하기 위해서는 Lahman 패키지가 설치되어 있어야 한다. 특히 2016 시즌 데이터는 최근 버전의 패키지가 필요하다. 최근 패키지 다운로드를 위해 install.packages("Lahman")을 콘솔에 타이핑해야 한다.

R 노트북

스크립트에서 만든 프로그램의 결과와 해당 코드 및 설명을 동시에 보여주는, 말 그대로 공책 같은 효과가 있는 에디터다. 분석 제목과 해당 내용을 출력하려는 형태를 그림 1.18에서처럼 바 3개(---)로 연결된 사이에 위치시키고 이를 헤드head라고 한다. 바디body에는 프로그래밍된 코드뿐만 아니라 텍스트 설명을 제공할 수 있으며, 코드의 결과물들이 동시에 제공되기 때문에 전체 내용을 이해하는 데 편하다. 텍스트 설명 사이에 들어가는 R 코드들은 바로 아래에서 보는 것과 같이 `(억음부호 또는 그레이브 악센트)를 3개 먼저 넣고 {r}을 투입함으로써 R 코드가 사용된다는 사실을 노트북에게 인식시킨다. 코드가 끝날 경우에는 다시 억음부호 3개로 타이핑해서 마무리한다.

```{r}
library(Lahman)
dat<-subset(Teams,yearID==2016,select=c(R,H))
cor(dat$H,dat$R)
```

R뿐만 아니라 파이썬Python, C++, SQL 등도 문서 중간에 투입해 결과를 생성할 수 있다.

```{python}
```

그림 1.18에 화살표로 표시해둔 **Preview**를 클릭하면 원하는 형태의 문서(HTML, PDF, 워드)로 전환되며, 이 과정에서 마크다운 언어가 적용된다.

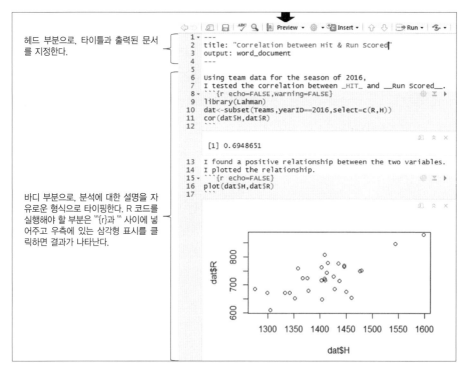

그림 1.18 노트북에서 보여주는 부연설명, 코드, 그리고 분석결과

R 마크다운

R 노트북에서 작성한 결과를 HTML, PDF[10], MS 워드로 전환하는 기능[knit]이 있다. HTML로 전환됐다면 웹상에 분석결과를 올릴 수 있는데, 이 내용은 바로 다음에 소개할 샤이니웹앱을 참조하기 바란다. 마크다운은 간단한 문법으로 보기 좋은 HTML, PDF, 워드 문서로 전환시킨다. 예를 들어 안타[Hit]와 득점[Run Scored]을 이탤릭체로 만들기 위해 문자 주변에 _Hit_ 언더바를 넣어주는 방식이다. 그림 1.18에서 사용한 또 다른 예로 ```{r}에 echo=FALSE와 warning=FALSE를 지정함으로써 사용했던 코드와 경고 메시지를 보고서에 출력하지 않도록 할 수 있다.

---

10 PDF로 전환하기 위해서는 https://miktex.org/download에서 자신의 운영체제에 맞는 Tex/LaTex 시스템을 설치해야 한다.

```
```{r echo=FALSE, warning=FALSE}
library(Lahman)
dat<-subset(Teams,yearID==2016,select=c(R,H))
cor(dat$H,dat$R)
```
```

문서화를 위해 가장 많이 사용하는 워드로 전환하도록 그림 1.18의 화살표가 가리키는 **Preview**를 클릭해 **Knit to Word**를 선택하면 해당 파일을 저장하는 후속 작업을 거친 후 그림 1.19의 워드 문서가 생성된다.

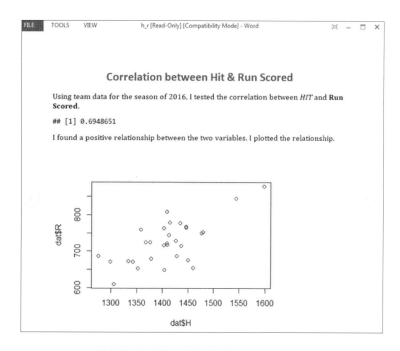

그림 1.19 마크다운 문법이 사용되어 워드로 전환된 문서

표 1.5에서 소개하는 마크다운 필수 문법을 이용해 섹션을 구분하고 글자체를 변경할 수 있다. 좀 더 자세한 문법은 마크다운의 표준화를 진행하고 있는 CommonMark 웹사이트 spec.commonmark.org에서 제공하며, 가장 최근 버전에 접속해서 **Try It**을 클릭하면 원하

는 에디팅을 할 수 있는 마크다운 문법을 찾을 수 있다.

표 1.5 간단한 마크다운 필수 문법

마크다운 문법	내용	마크다운 문법	내용
# chapter	장 제목	_italics_	이탤릭체
## section	섹션 제목	__bold__	볼드체
### subsection	하위 섹션 제목	[](웹 주소)	[] 안이 하이퍼링크로 전환
* item 1	글머리 기호가 있는 세부 항목	`r 명령어`	텍스트 안에서 R 명령어 실행
탭 키 + item2	한 단계 아래의 세부항목	$$공식$$	정제된 형태의 공식

표 1.5에서 소개한 마크다운 코드를 이용해 팀안타와 팀득점의 상관관계 분석결과를 보여주는 문서를 보기 좋게 만들려고 한다. 그림 1.18에서 화살표로 표시되어 있는 Preview를 클릭해 원하는 문서를 선택하거나, 그림 1.16에서 ①로 표시되어 있는 아이콘을 클릭해 그림 1.20과 같이 R Markdown...을 선택한 후, 그림 1.20의 오른쪽과 같이 보이는 팝업된 창에서 Document를 선택하고 원하는 Title을 타이핑하고 문서의 종류인 HTML을 선택하면 된다.

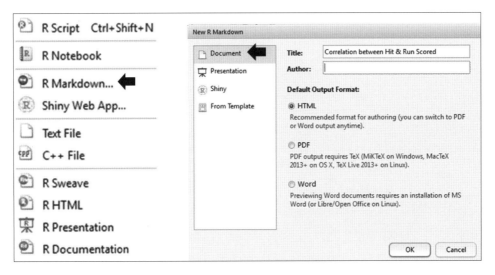

그림 1.20 R 마크다운에서 새로운 문서화 작업 설정

타이틀과 문서 형식을 선택했다면, R 마크다운 에디팅 창이 생성될 것이며, 헤드와 바디로 나누어서 프로그래밍하면 된다. 새로 오픈한 창에는 예제가 제시되어 있지만, 지워버리고 아래에 제시된 코드를 타이핑한다. 줄 사이에 띄어 쓴 부분도 유의해서 타이핑하면 그림 1.21과 동일한 결과가 생성될 것이고, 그렇지 않으면 다른 모양의 결과가 나올 수도 있다.

```
---
title: "Correlation between Hit & Run Scored"
output:
  html_document: default
---

## Purpose
Using team data for the season of 2016,
I tested the correlation between _HIT_ and __Run Scored__.

### Result
```{r echo=FALSE,warning=FALSE}
library(Lahman)
dat<-subset(Teams,yearID==2016,select=c(R,H))
```

Correlation coefficient is `r cor(dat$R,dat$H)`.

Findings
I found a positive relationship between the two variables.

###_Scatterplot_
* I plotted the relationship.

```{r echo=FALSE}
plot(dat$H,dat$R)
```
```

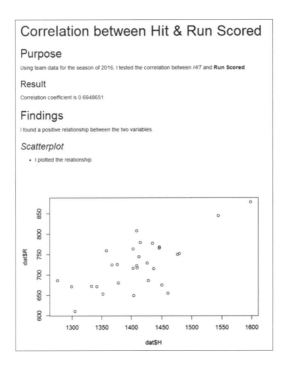

그림 1.21 R 마크다운으로 생성한 HTML 문서

R 마크다운으로 문서뿐만 아니라 발표자료^{presentation}도 만들 수 있다. 그림 1.20에서 화살표가 가리키는 바로 아래 Presentation을 선택하고 Author를 비워둔 상태에서 HTML(ioslides) 형태의 발표자료를 선택한다. 헤드 부분은 R 마크다운이 제시하는 그대로 사용하고, 나머지 바디 코드들은 문서화 작업에 사용했던 동일한 코드를 그대로 가져다 사용하자.

```
---
title: "Correlation between Hit & Run Scored"
output:
  ioslides_presentation: default
---
```

샵 또는 해시태그(#)가 하나(#)인 부분과 2개(##)인 부분은 독립된 한 장의 슬라이드를 할당받지만, 'MLB team data'와 같이 3개(###)인 경우에는 상위 섹션에 포함되어 그림 1.22와 같이 동일한 슬라이드에 나타난다.

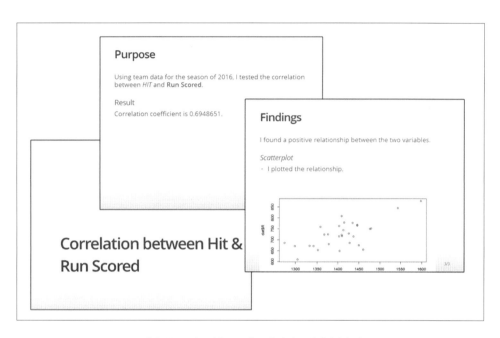

그림 1.22 R 마크다운으로 만든 세 장의 프레젠테이션 자료

샤이니웹앱

R을 포함해서 컴퓨터 언어에 관심을 갖다 보면 자연스럽게 인터넷에도 '나의 집'이 있으면 좋겠다고 생각하게 된다. 자신의 웹사이트를 통해 만들어본 작품들도 전시하고, 좋은 내용은 공유하고, 사람들과 소통도 하고, 자료도 체계적으로 관리할 수 있기 때문이다. 물론 블로그가 어느 정도 니즈를 채워주기는 하지만, 자신이 컨트롤할 수 있는 영역과 활용할 수 있는 능력이 매우 제한적이다. 그렇다고 웹사이트를 만들고 유지하기에는 서버와 클라이언트 관련 언어도 배워야 하고, 필요시에 업데이트도 해야 하며, 특히 유동 IP 주소를 유지하려면 비용도 발생한다.

　이러한 니즈를 해소하기 위해 이번에 소개할 R 스튜디오 에디터는 샤이니웹앱Shiny Web Application이다. 자신이 만든 분석 내용을 타인이 손쉽게 테스트할 수 있는 인터랙티브interactive

분석 도구를 만들도록 에디팅하는 프로그램이다. 쌍방향이라는 것은 여러분의 웹페이지를 방문한 사람이 원하는 변수, 가령 팀안타와 팀득점 변수들을 손쉽게 선택해서 관련 결괏값들이 웹페이지에 보기 좋게 제시되는 것을 의미한다. 좀 더 흥미로운 점은 자신이 만든 인터랙티브 분석 도구를 샤이니웹앱을 통해 무료로 인터넷상에 호스팅할 수 있다는 사실이다. 앞에서 이용했던 예제와 마찬가지로 2016년도 메이저리그 팀안타와 팀득점의 상관관계를 활용해 인터랙티브 분석 도구를 만들어본다.

그림 1.23의 왼편에 있는 Shiny Web App...을 선택해 에디팅할 파일을 저장할 위치를 정하는데, 가장 쉬운 방법은 ui.R 데이터와 server.R 데이터가 반드시 동일한 폴더에 저장되는 것을 요구한다. 참고로 두 파일의 이름을 변경해서는 안 된다. ui.R 파일은 사용자에게 보이는 인터페이스를 담당하고, server.R 파일은 인터페이스 이면에서 데이터 분석을 하는 파일이다. 그림 1.23의 오른쪽과 같이 애플리케이션 이름을 만들고, 2개의 파일을 선택하여, 저장될 디렉토리를 지정해서 Create를 클릭한다.

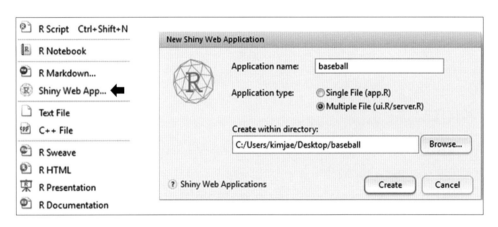

그림 1.23 사이니웹앱에서 애플리케이션 이름과 저장 장소 설정

이번 에디팅에서 반드시 설치해야 할 라이브러리는 library(shiny)와 library(Lahman)이다. 전자는 샤이니웹앱 에디팅 관련 명령어를 인식시켜주며, 후자는 분석할 야구 데이터를 제공받을 수 있게 한다. 미리 install.packages("shiny")와 install.packages("Lahman")

을 콘솔을 통해 투입해서 설치해두자. 또한 두 파일이 저장되는 디렉토리가 기존에 저장됐던 위치와 다르기 때문에, 이번 작업을 위해 setwd()를 통해 새로운 위치를 고정해둔다. 참고로 getwd()는 현재 디렉토리^{wd, working directory}가 어디로 설정되어 있는지 확인할 수 있다.

```
getwd()
setwd("C:/사용자가 원하는 폴더 경로")
```

그림 1.23에서 Create를 클릭하면 에디터상에 ui.R과 server.R, 2개의 창이 만들어진다. 샤이니웹앱 코드를 라인별로 설명하는 것은 이 책의 범위를 넘어서기 때문에, 아래에 제시된 코드를 직접 투입해보고 결과를 확인하면서 직접 체험을 해보자. 다시 말하지만, R이 처음인 분들은 이 책을 먼저 읽은 후 결과를 다양한 경로로 소개할 필요가 있을 때 다시 살펴보기를 추천드린다.

인터페이스 작업을 하게 되는 첫 번째 창: ui.R

```
library(shiny)
shinyUI(fluidPage(
  titlePanel(h2("Correlation between Hit and Run Scored",align="center")),
  sidebarLayout(
    sidebarPanel(
      selectInput("var1","select X variable",choices=c("H"=1,"R"=2,"ERA"=3)),
      selectInput("var2","select Y variable",choices=c("H"=1,"R"=2,"ERA"=3))
            ),
    mainPanel(h4("The correlation coefficient between the two variables is"),
            textOutput("correlation"),br(),
            h4("Scatterplot between the two variables"),
            plotOutput("plot"))
            )))
```

통계 작업을 하게 되는 두 번째 창: server.R

```
library(shiny)
library(Lahman)
dat<-subset(Teams,yearID==2016,select=c(H,R,ERA))
```

```
shinyServer(
  function(input, output)({
    x<-reactive({dat[,as.numeric(input$var1)]})
    y<-reactive({dat[,as.numeric(input$var2)]})
    output$correlation<-renderPrint({cor(x(),y())})
    output$plot<-renderPlot(({plot(x(),y())}))
    }))
```

에디터에 프로그래밍한 후 에디터 우측 상단에 초록색 삼각형 표시로 보이는 **Run App**을 클릭해서 웹브라우저(구글 크롬, 익스플로러, 파이어폭스 등) 새 창에 그림 1.24와 같은 화면이 나타나면 첫 단계는 성공이다. 인터랙티브 특징상 x 변수와 y 변수를 직접 선택하고, 선택에 따라 상관계수correlation coefficient와 산포도scatterplot가 변한다.

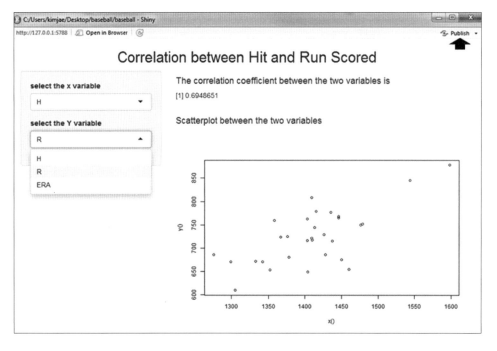

그림 1.24 샤이니웹앱으로 만든 인터랙티브 분석결과

물론 분석 목적에 따라 이 정도의 인터랙티브 분석 도구를 만들어도 활용 가치가 충분하지만, 좀 더 많은 야구인들이 직접 테스트할 수 있도록 인터넷상에 호스팅한다면 더욱 가치가 있을 것이다. 이를 위해 그림 1.24의 우측 상단에 있는 **Publish**를 클릭한다(해당 그림에서 나타나지 않는다면 에디터 화면 우측 상단에도 있다). shinyapps.io를 방문하는 게 처음이라서 계정account이 없다면 지메일gmail을 통해 가입할 수 있으며, 최초에 만드는 계정 이름이 IP 주소의 한 부분이 된다. 저자의 경우에는 ibuyworld를 선택했다. 처음이기 때문에 콘솔에서 `install.packages("rsconnect")`와 `library(rsconnect)`를 실행하고, 간단한 인증 절차를 위해 shinyapps.io에서 주어지는 인증 코드를 복사해 본인의 콘솔 박스에 붙여넣기만 하면 된다. 마지막으로, 호스팅할 ui.R과 server.R이 저장되어 있는 폴더를 다음과 같이 연계해 주면 된다(반드시 본인의 디렉토리로 바꿔줘야 한다는 사실을 잊지 말자).

```
rsconnect::deployApp('C:/Users/kimjae/Desktop/baseball/baseball')
```

저자는 샤이니웹앱을 통해 만든 인터랙티브 분석 도구를 shinyapps.io에 호스팅했으며, 다음 주소로 확인할 수 있다.

```
ibuyworld.shinyapps.io/correlation
```

R 스튜디오가 운영하고 있는 shinyapps.io 서버를 사용하는 것이 완전히 무료는 아니다. 2018년 3월 기준으로 무료 서비스의 경우 위에서 소개한 앱을 5개까지만 서버에 올릴 수 있으며, 한 달 기준으로 자신이 올린 앱이 적극적으로 사용되는 시간이 25시간을 넘으면 자동으로 중단된다.

패키지 없는 R은 앱 없는 스마트폰

R에서 제공되는 패키지를 활용하지 않고는 다양한 분석과 화려한 시각적 결과를 만들어낼 수 없다. 처음에 R을 설치하면 기본적으로 제공되는 패키지가 있는데, 가령 선형모델분석은

별도의 패키지 설치 없이 실행할 수 있는 기본 패키지로 콘솔에 해당 명령어 lm()을 투입하면 분석이 가능하다. 하지만 선형판별분석을 실행하기 위해 lda() 명령어[11]를 투입하면 다음과 같은 에러 메시지가 나타난다.

```
Error in lda(): could not find function "lda"
```

lda()라는 명령어를 찾을 수 없다는 메시지이고, R이 해당 명령어를 인식하기 위해서는 MASS라고 하는 패키지가 필요하다. 비록 MASS라는 패키지의 이름을 모른다고 하더라도, 선형판별분석을 실행하기 위해 필요한 패키지를 구글에 질의하면 MASS라고 알려주기 때문에 실행하려는 분석 도구의 이름을 쉽게 찾을 수 있다. 설치를 위해서는 다음과 같은 명령어를 콘솔에 투입한다.

```
install.packages("MASS")
```

정상적인 경우라면 패키지 MASS가 여러분의 library 폴더에 설치됐을 것이다(그림 1.25 참조). 그리고 설치된 패키지는 R 스튜디오 우측 하단 도구함에 있는 **Packages**패키지 탭에 나타나기 때문에, MASS 패키지가 설치됐는지 직접 확인할 수 있다. R은 대소문자를 구분하기 때문에 코드 투입 시 바뀌지 않도록 주의해야 한다.

---

11   lda( )는 'linear discriminant analysis'의 약자로, R에서는 선형판별분석을 의미한다.

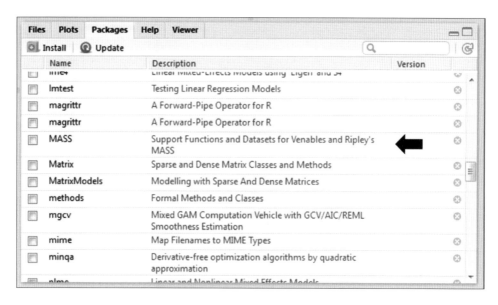

그림 1.25 library에 MASS 패키지가 설치된 상태

선형판별분석을 실행하기 위해 설치된 MASS 패키지를 사용할 수 있도록 라이브러리로 불러들이는 작업이 필요하다.

```
library(MASS)
```

library 명령어를 통해 해당 패키지를 사용 준비해놓은 상태이며, R을 종료하면 다시 library 명령어를 통해 불러들여야 한다. 반면에, 한번 설치된 패키지는 반복적으로 설치할 필요가 없다. 설치가 쉬워 보이긴 하지만, 다양한 이유로 패키지를 내려받지 못하는 경우가 발생한다. R은 버전이 올라가면서 데이터 분석 도구로서 엄청난 파워를 자랑하지만, 예상치 못한 에러가 발생하기 때문에 가장 최근 버전의 치명적인 문제점을 보완하는 패치 버전이 나온다. 그 치명적인 문제점은 패키지를 설치하는 과정에서 발생할 수 있다. 물론 패치를 통해 개선도 되고 새로운 버전이 나오면 해결되겠지만 패키지 설치는 다양한 이유로 문제가 발생할 수 있어서, 패키지가 어떻게 자신의 컴퓨터에 설치되는지 기본 프로세스를 이해한다면 문제가 발생할 때 install.packages() 코딩 없이 직접 수작업으로 내려받을 수 있다.

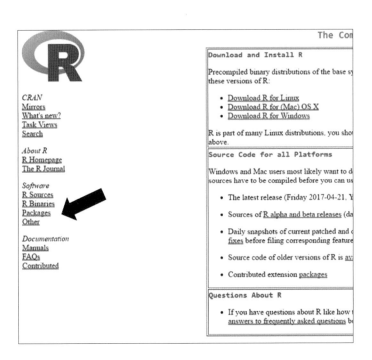

그림 1.26 설치할 수 있는 패키지(Packages)가 제공되는 웹페이지

R 홈페이지 cran 화면으로 접속하면, 그림 1.26에서 화살표가 가리키고 있는 좌측의 **Packages** 링크를 클릭한다. 주소는 cran.r-project.org로, 메인 화면인 www.r-project.org의 주소와는 조금 다르다. 2021년 1월 기준으로 16,939개의 패키지가 있으며, 3년 전인 2017년 11월보다 5,000개 이상의 패키지가 늘어나 있다. 다음 링크를 클릭하면

Table of available packages, sorted by name

알파벳순으로 나열되어 있는 모든 패키지를 눈으로 확인할 수 있으며, 설치하고자 하는 MASS 패키지를 찾아서 클릭한다. 해당 패키지를 간단하게 소개하는 글과 함께, 컴퓨터의 운영체제에 맞게 설치할 수 있도록 패키지를 제공하고 있어서, 본인의 컴퓨터 사양을 이해하고 그에 맞는 패키지를 설치해야 한다. 저자의 경우에는 윈도우용 MASS 패키지를 선택했다(그림 1.27 참조).

```
MASS: Support Functions and Datasets for Venables and Ripley's MASS

Functions and datasets to support Venables and Ripley, "Modern Applied Statistics with S" (4th edition, 2002).

Version:            7.3-47
Priority:           recommended
Depends:            R (≥ 3.1.0), grDevices, graphics, stats, utils
Imports:            methods
Suggests:           lattice, nlme, nnet, survival
Published:          2017-04-21
Author:             Brian Ripley [aut, cre, cph], Bill Venables [ctb], Douglas M. Bates [ctb], Kurt Hornik [trl] (p
                    (partial port ca 1998), David Firth [ctb]
Maintainer:         Brian Ripley <ripley at stats.ox.ac.uk>
Contact:            <MASS@stats.ox.ac.uk>
License:            GPL-2 | GPL-3
URL:                http://www.stats.ox.ac.uk/pub/MASS4/
NeedsCompilation:   yes
Citation:           MASS citation info
Materials:          NEWS
In views:           Distributions, Econometrics, Environmetrics, Multivariate, NumericalMathematics, Psychon
CRAN checks:        MASS results

Downloads:

Reference manual:       MASS.pdf
Package source:         MASS_7.3-47.tar.gz
Windows binaries:       r-devel: MASS_7.3-47.zip, r-release: MASS_7.3-47.zip, r-oldrel: MASS_7.3-47.zip
OS X El Capitan binaries: r-release: MASS_7.3-47.tgz
OS X Mavericks binaries: r-oldrel: MASS_7.3-47.tgz
```

그림 1.27 MASS 패키지 설치를 위해 사용자가 필요로 하는 파일

　파일은 압축파일로 다운되고, 해당 압축파일을 오픈하면 MASS 패키지 파일이 저장되어 있다. R 웹사이트에서 패키지를 내려받았다고 해서 바로 사용할 수 있는 것은 아니고, 해당 파일을 R 프로그램의 library 폴더로 이동하고 나면 수작업으로 패키지를 완전히 다운로드한 것이다(그림 1.28 참조). 이후로는 사용을 위해 library(MASS)만 투입해도 판별분석을 사용할 수 있다.

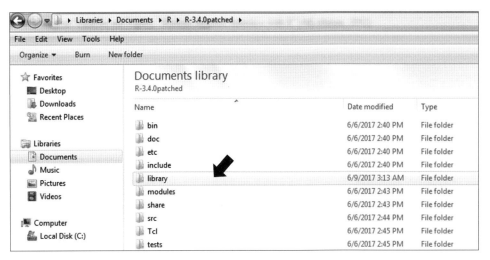

그림 1.28 설치할 패키지를 옮겨야 하는 폴더

대부분의 패키지는 무리 없이 install.packages()로 내려받을 수가 있다. 다만 이해하기 어려운 에러 메시지가 다운로드 과정에서 발생했다면, 번거롭지만 수작업으로 패키지 문제를 해결할 수 있다는 사실을 알아둘 필요가 있다.

정리하며

빅데이터 시대를 이끌어가고 있는 강력한 파워 중 한 축은 오픈소스 애플리케이션과 인터넷 이곳저곳에 다양하게 흩어져 있는 대용량의 데이터들이다. 데이터와 애플리케이션이 연계되는 것도 흥미롭고 애플리케이션끼리 연계되어 새로운 기능을 경험해보는 것은 자신에게 소중한 자산이 된다. 가장 먼저 설치해야 할 오픈소스 프로그램은 R과 R 스튜디오이며, 데이터 분석에서 한 발짝 더 나아가고 싶다면 서버를 담당하고 있는 애플리케이션인 MySQL을 설치하고 유튜브 비디오를 보면서 폭넓은 데이터 활용법에 좀 더 익숙해지기를 추천한다. 데이터 작업은 관심과 열정만으로 경제적 비용을 발생시키지 않고 창의적으로 진행할 수 있다. 이런 노력을 통해 데이터 가치 사슬을 완성하고 다양한 변수를 확보한다면 4차 산업시대가 새롭게 보일 것이라 확신한다.

2

메이저리그 데이터 마이닝

제법 많은 학생이 데이터 분석 수업을 수강하기 전에 비슷한 것을 물어본다. "교수님, 수업이 많이 어렵나요?" "수학을 잘하지 못하는데 들을 수 있나요?" "수업을 들으려면 뭐가 필요한가요?" 이 모든 질문에 대해 저자의 답은 언제나 한결같은데, 바로 "그릿grit"이다. 경험상 데이터 분석에 1%의 노력과 시간이 들어간다면 데이터를 마이닝하고 가공하는 데는 99%가 요구된다. 이 길고 지루한 과정에서 이해하지도 못할 에러 때문에 화가 치솟기도 하고, 막상 찾고 보면 허탈감이 밀려오지만, 하나씩 해결해가는 디버깅 희열의 경지에 이르게 하는 것은 결국 중도에 포기하지 않겠다는 끈기와 반드시 풀고 말겠다는 열정, 바로 그릿이었다. 이번 장에서는 그 중독에 쉽게 빠져들도록 빅데이터 분석에 필요한 데이터를 다듬는 몇 가지 방법을 소개한다.

마이닝의 개념

학부에서 들었던 통계학 수업은 분석에 필요한 데이터가 있음을 가정하고 예제 데이터가 주어졌으며, 수업의 시작과 끝은 분석과 해석이었다. 하지만 실제로는 필요한 데이터를 준비하는 일이 데이터를 분석하는 일보다 훨씬 어렵고 많은 시간이 소요된다. 현실에서 분석보다 더 중요한 작업은 분석에 필요한 데이터를 발굴하고, 분석 목적에 맞게 발굴된 데이터를 추출해서, 분석 가능한 형태의 데이터로 변형하는 작업들이다. 변형된 데이터를 이용해 변수 간의 상관관계를 추정하기도 하고, 유사한 특성을 가진 집단으로 묶기도 하며, 변화 패턴을 찾아서 예측하는 등 분석과 해석 작업이 그 뒤를 잇는다. 데이터의 발굴에서부터 시작해 해석으로 이어지는 이러한 일련의 과정을 데이터 마이닝이라고 부른다. 빅데이터 시대의 데이터과학에 접근하는 데 필요한 건 분석과 해석만을 전문으로 하는 소극적인 분석가가 아니라, 분석의 목적을 이해하고 필요한 데이터를 발굴해서 목적에 맞게 데이터를 가공하는 전략적 마인드와 분석가적 예리함을 동시에 갖춘 사람이다.

메이저리그 야구 데이터는 광대한 데이터가 존재한다는 측면에서 분석 목적에 맞는 야구 데이터베이스^{DB}를 찾아내고, 필요에 따라 각기 다른 DB에서 추출된 테이블을 공통 변수를 통해 묶고, 변수를 변형하는 수집능력이 필요하다. 기존 데이터가 이미 생성되어 있는 야구와 달리, 사물인터넷^{IOT, Internet of Things} 기기들을 이용해 기존에 없던 데이터를 분석 목적에 맞게 획득할 수도 있다. 데이터 획득^{data acquisition}은 이 책의 범위를 벗어난 내용이어서 다루지 않으나, 저자의 블로그에 직접 실험한 내용과 비디오를 업로드해뒀으니 필요한 분들은 찾아보시길 권한다.[1] 이번 장에서는 야구 데이터의 마이닝을 설명하기 위해, R에서 직접 만든 자체 데이터와 R 외부에서 발굴한 데이터를 분석 목적에 맞게 다듬는 방법을 소개한다. 야구를 주제로 분석할 경우 대부분 외부에서 데이터를 가져오지만, 변수와 테이블이 생성되는 방법을 쉽게 이해할 수 있도록 먼저 변수와 테이블을 R 내부에서 직접 만드는 방법을 간단하게 소개한다.

---

[1]   http://ibuyworld.blog.me/221183290306

간단한 데이터 내 손으로 직접 만들기

표 2.1에는 다섯 선수의 타율 정보가 있으며, 정보를 수작업으로 R 스튜디오 좌측 하단 콘솔창에 투입해서 분석의 기본 단위인 변수를 만든다. 티칭 경험상 대형 데이터를 불러들이는 것보다 학생들이 직접 데이터를 투입할 때 변수에 대한 이해가 빨랐기 때문에 반드시 직접 투입해보기를 바란다. 데이터 투입 방법은 볼링그린주립대학교 통계학과 제임스 앨버트 James Albert 교수님이 저술하신 『Analyzing Baseball Data with R』[2]에도 소개되어 있고, 많은 R 입문서[3]나 구글 검색으로 쉽게 찾을 수 있어서 중복을 피하기 위해 매우 간략히 다룬다.

표 2.1 선수들의 타율기록

	Eric	John	Steven	Keith	Kim
타율	0.280	0.257	0.312	0.266	0.295

R에 변수를 인식시키도록 타율이라는 변수에 5개의 타율 데이터가 순서대로 나열되는 코딩이 필요하다. 다섯 선수들의 타율 데이터를 다음과 같이 코딩한다.

```
a<-c(0.280,0.257,0.312,0.266,0.295)
```

위의 코드에서 c()는 괄호 안에 있는 숫자들을 묶어서 5개의 데이터로 구성된 벡터를 a에 담는 명령어다. a는 데이터를 담아내기 위해 사용자가 만든 그릇의 이름으로, 원하는 대로 변경할 수 있다. 의미 있는 이름을 사용한다면, 프로그래밍이 끝난 후 다시 살펴보더라도 쉽게 이해하는 데 도움이 된다. 수학의 벡터는 통계의 변수로 그리고 엑셀의 세로축column과 같다. 위의 코드를 R 스튜디오의 좌측 하단에 위치한 콘솔에 투입하면, 우측 상단의 작업실 화면에 a 변수가 5개의 데이터로 구성됐다는 정보가 뜬다. 콘솔 박스에 a라고 치면, a에 저장되어 있는 결과를 준다.

---

2   Marchi, M., & Albert, J. (2013). *Analyzing baseball data with R*. CRC Press
3   Crawley, M. (2012). *The R Book*. 2nd Edition. Wiley

```
a
```

```
[1] 0.280 0.257 0.312 0.266 0.295
```

반면에 숫자로 구성된 변수가 아닌 문자로 구성된 변수도 생성 가능하다. 선수의 이름을 보여주는 변수를 만들려면 다음과 같이 따옴표를 사용해야 한다.

```
b<-c("Eric","John","Steven","Keith","Kim")
b
[1] "Eric" "John" "Steven" "Keith" "Kim"
```

현재 a 변수에는 선수들의 타율 정보가, b라는 변수에는 선수들의 이름이 저장되어 있다. 참고로 문자 데이터에 따옴표를 사용하지 않은 아래의 경우

```
c<-c(Eric,John,Steven,Keith,Kim)
```

Eric, John, Steven, Keith, Kim이라는 5개의 데이터가 아닌, 변수를 묶어서 c라는 그릇에 담으라는 의미여서 따옴표의 차이는 매우 크다. 현재로서는 R에 Eric, John, Steven, Keith, Kim이라는 변수가 인식되어 있지 않은 상태라서 다음과 같은 에러 메시지가 발생한다. 첫 번째 변수인 Eric을 찾을 수 없다는 내용이다.

```
Error: object 'ERIC' not found
```

대신에 앞에서 만들어놓은 변수 a와 b를 묶어서 새로운 테이블 c로 만들 경우에는 따옴표가 필요 없으며, 물론 에러 메시지도 발생하지 않는다. 결과는 두 변수에 있는 모든 데이터가 순서대로 변수 c에 쌓인다.

```
c<-c(a,b)
c
```

```
[1] "0.28"    "0.257"   "0.312"   "0.266"   "0.295"   "Eric"    "John"    "Steven"
"Keith"   "Kim"
```

앞에서 설명한 소규모 데이터와는 달리 큰 규모의 데이터를 처리해야 하는 경우, 직접 타이핑을 해서 데이터를 투입할 수 없다. 20명 정도의 고객 정보를 손으로 투입한다고 해도 상당한 집중력과 반복작업이 요구되며, 투입과정에서 실수가 발생할 수도 있다. 따라서 데이터 수가 증가하면 수작업으로 데이터를 투입하기보다는 필요한 외부 데이터를 R로 불러들이는 것이 일반적이다.

데이터를 R로 불러올 때 알아두면 좋은 정보

대용량의 데이터를 다뤄야 하는 빅데이터 시대에, 분석을 위해 좋은 데이터를 발굴하고 오류 없이 불러들이는 작업은 중요하다. 예를 들어, 1기가바이트^{GB}에 이르는 대형 데이터가 있다고 가정하자. 영화 90분짜리 파일 용량이 2기가 정도 됨을 고려하면 요즘 시대에 큰 파일이라고 부르기도 그렇지만, 사람이 하나하나 읽을 수 있는 규모는 아니다. 이런 자료를 내려받게 되면 우선 하드디스크에서 1GB 공간을 차지하게 된다. 내려받은 파일을 R 프로그램으로 불러들여 컴퓨터 메모리^{RAM}에 저장하면 1GB를 초과하는 메모리가 소모된다. 자신의 컴퓨터 여유 메모리 용량보다 규모가 큰 데이터를 처리할 경우 컴퓨터 작업이 끊기거나 멈출 수 있기 때문에, 사용하는 컴퓨터의 메모리 용량을 미리 알고 있으면 이런 일을 사전에 방지할 수 있다. 메모리 용량을 알기 위해 노란색 폴더 모습의 파일 탐색기^{File Explore}를 클릭한 후, 창이 나타나면 **내 컴퓨터** 또는 This PC라는 항목에 마우스를 가져다 놓고 마우스 오른쪽 버튼을 클릭한다. 이때 나타나는 메뉴화면 맨 아래의 **속성**^{Properties}을 클릭해보자(그림 2.1 참조).

그림 2.1 메모리 크기 확인방법

  속성Properties을 클릭하면 그림 2.1의 우측 화면처럼 자신의 컴퓨터 사양을 확인할 수 있다. 저자의 컴퓨터에 설치되어 있는 메모리 용량은 16GB이며, 고화질 게임을 하지 않는 경우 16기가 정도면 불편함이 없다. 500KB 이미지 파일 2,100장 규모인 1GB 데이터를 사용하는 경우도 여유 메모리 용량이 충분히 커서 이미지 데이터들을 대기시킬 수 있다. 컴퓨터의 메모리 총 용량과 여유 용량을 확인하기 위해 **Ctrl + Alt + Del** 키를 동시에 눌러서 나오는 화면의 **작업 관리자**task manager를 클릭하면, 그림 2.2와 같은 창이 뜬다. 애플 사용자의 경우 좌측 상단에 있는 사과모양 아이콘을 클릭해 본인 컴퓨터의 정보를 확인할 수 있다. 메모리memory의 총 용량은 약 16GB, 여유 용량available memory은 약 9.8GB로, 1GB 데이터를 임시로 저장하는 데 문제가 없다.

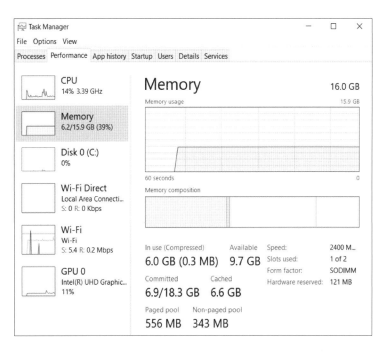

그림 2.2 메모리 크기 확인방법

문제는 아무리 메모리가 충분하다고 해도 데이터 규모가 커질수록 연산처리해야 할 업무가 많아지고, 데이터를 순서대로 직렬처리하는 중앙처리장치인 CPU에서 병목현상이 발생한다는 점이다. 5장 '비교와 구분'에서 활용해볼 딥러닝 분석처럼 네트워크 노드(또는 네트워크의 연결점) 간 최적의 가중치들을 구하기 위해 수많은 연산을 할 때면, 연산시간이 길어져서 그림 2.3의 우측 상단에 보이는 둥근 점이 오랫동안 나타나면서 한참을 대기해야 한다.

그림 2.3 연산 시 발생하는 둥근 점

빅데이터를 사용하는 분석가들은 연산시간을 단축하기 위해 CPU와 함께 데이터를 병렬

처리하는 그래픽처리장치 GPU를 설치하기도 한다. 병렬처리는 데이터를 순서대로 처리하지 않고 전체 데이터를 나누어서 동시에 연산을 실행하므로, 그만큼 시간이 줄어드는 효과가 있다(그림 2.4 참조).

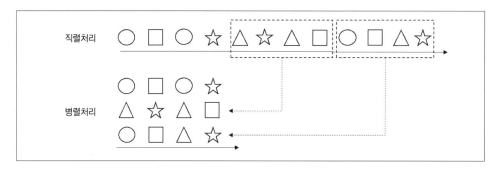

그림 2.4 CPU의 직렬처리와 GPU의 병렬처리

인터넷에서 만난 팬그래프닷컴 데이터를 R로 불러오기

1장에서 소개한 팬그래프닷컴 데이터 접속방법을 이용해 2016 시즌 메이저리그 한 팀을 선정하고 소속 선수들의 공격 데이터를 Export Data를 통해 내려받으면, csv 형태로 컴퓨터 다운로드 폴더에 자동으로 저장된다. 2016 시즌 한 게임이라도 메이저리그에서 뛴 선수라면 데이터에 포함되기 때문에, 한 팀당 타자 기준으로 적게는 30명에서 많게는 40명 정도의 관측자료가 나온다. 저장되는 파일은 엑셀 파일과 매우 유사한 형태인 csv[comma delimited] 형태이며, 이 외에 Text[Tab delimited] 형태도 데이터 분석에서 가장 많이 사용되므로 text 파일로 저장해도 언제든지 R에서 활용할 수 있다(그림 2.5 참조).

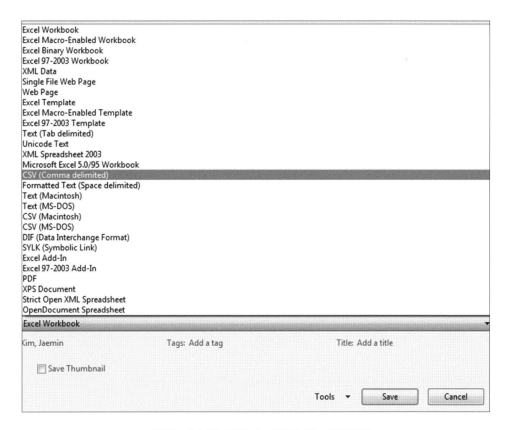

그림 2.5 데이터를 저장할 때 사용할 수 있는 파일 확장명

컴퓨터에 저장된 파일을 R로 불러들이는 방법은 여러 가지다. 첫 번째는 파일이 저장되어 있는 위치를 대략적으로 알지만 저장되어 있는 폴더의 정확한 디렉토리를 모를 경우 검색 창을 띄워서 csv 파일을 찾는 방식이다.

```
batting<-read.csv(file.choose(),header=TRUE)
```

read.csv()는 csv 파일을 R로 불러들이는 명령어로, 불러들일 파일의 정확한 위치를 모르기 때문에 file.choose()를 사용해 직접 찾겠다는 내용과 header=TRUE를 사용해 테이블의 첫 번째 행은 변수의 헤더(타이틀 또는 이름)라고 지정한다. 이렇게 찾은 테이블을 batting

이라는 이름의 그릇에 저장한다. 파일이 어디에 있는지 아는 경우에는, 다음과 같이 파일이 있는 구체적인 디렉토리를 직접 투입하면 된다.

```
batting<-read.csv("C:/Users/Desktop/파일이름.csv")
```

바로 위에서 소개한 방식인 코딩을 해서 데이터를 불러오는 방식보다는, R 스튜디오 4개의 서브스크린 중 우측 상단의 환경 화면에 있는 Import Dataset를 클릭해서 찾는 방식이 R을 처음 대하는 사용자들에게 편하면서 가장 일반적이다(그림 2.6 참조). 자신이 원하는 파일을 컴퓨터에서 찾을 수 있는 팝업 창이 뜬다.[4]

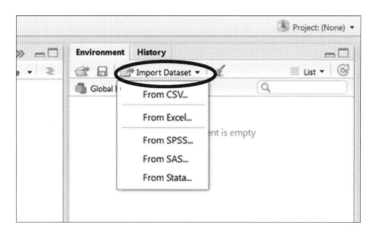

그림 2.6 외부 데이터를 불러들이는 과정

그림 2.7은 불러들인 데이터Import Dataset에 대한 정보를 제공한다. 우측 상단에 위치하고 있는 Browser...파일 검색 키를 통해 찾은 파일 위치가 ①에 있는 주소 창에 나타난다. 바로 아래의 Data Preview 섹션에서는 데이터의 구조를 직접 눈으로 확인할 수 있는데, 특히 주의해야 할 점은 첫 번째 행이 데이터 변수 이름인지 아니면 변수 이름 없이 데이터가 바로 시작되

---

4 버전이 R3.5 이상이라면 Import Dataset을 클릭해서 나오는 메뉴에서 From CSV가 안 보일 수도 있다. From Text(readr) 또는 From Text(base)를 클릭해서 CSV 파일을 불러들일 수 있다.

는지 확인하는 것이다. 그림 2.7의 경우 ②에 있는 첫 번째 행처럼 변수 이름으로 시작되면, ③에 위치한 First Row as Names^{첫 행이 변수의 이름인가} 질문 항목은 반드시 체크가 되어야 한다. 첫 번째 행부터 변수 이름 없이 데이터가 시작되는 경우가 있다. 메이저리그 대표 데이터 중 레트로시트^{Retrosheet} 데이터가 여기에 해당되며, First Row as Names가 체크 표시되어 있지 않아야 한다. 체크가 되면, 첫 번째 행의 데이터가 변수 이름 역할을 하기 때문에 정상적인 분석이 실행되지 않는다.

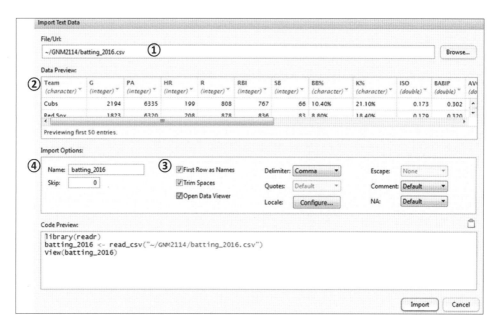

그림 2.7 데이터를 불러오는 팝업 화면

추가로 눈여겨봐야 할 부분으로, Import Options ④번에 있는 파일명을 다른 이름으로 바꾸는 것을 고려해볼 수 있다. 위의 창에서 나타난 데이터의 파일명은 batting_2016이며, 다른 이름을 투입하면 테이블명이 바뀐다. 이름을 바꿀 경우 복잡하고 긴 이름은 피할 것을 추천한다. 추후 코딩 작업을 할 때 파일 이름을 사용해야 하는 경우가 많은데 그때마다 복잡하고 긴 테이블명을 투입하는 것은 귀찮기도 하고, 철자를 틀려서 자주 에러가 발생한다. 개인적으로는 a 또는 b처럼 매우 짧은 테이블명을 선호하지만, 나중에 다시 테이블명을 볼 때 무엇이었는지 기억하기 힘들다면 그 또한 좋은 이름이 아니므로, 짧으면서도 쉽게 인식할 수 있는 테이블명을 쓰면 좋다.

마지막으로 그림 2.7의 가장 아래에 있는 Import 버튼을 누르면, 그림 2.8과 같이 R 스튜디오 메인 화면 우측 상단의 환경에서 batting_2016 테이블에 30개의 관측자료와 20개의 변수가 있다는 테이블 정보를 확인할 수 있고, 동시에 데이터 사용 준비가 된다.

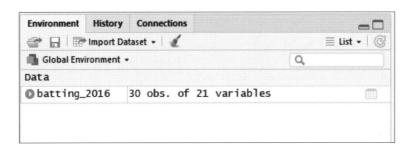

그림 2.8 테이블 정보를 보여주는 환경 화면

팬그래프닷컴을 사용해 계속 진행해도 되지만, 필요한 데이터를 외부 웹사이트에서 불러들여야 하기 때문에, 아마도 빅데이터를 분석 목적에 맞게 R에서 손질하는 연습을 한다는 차원에서 최적의 방법은 아니라고 생각된다. 물론 앞에서 소개한 외부 데이터를 불러들이는 방법을 반드시 숙지해야 하는 이유는, 여러분이 실제로 인터넷에서 내려받아 사용하는 방법은 팬그래프 방식과 동일하기 때문이다. 대신에 빅데이터 손질 훈련을 위해 좀 더 간단한 방법을 소개한다. 지금부터는 패키지 처리된 라만 데이터를 이용할 것이다.

빅데이터에서 필요한 데이터 분리하기

메이저리그의 장구한 기록을 담고 있는 라만 데이터를 이용하면 규모가 큰 데이터를 분석 목적에 맞게 정리하는 법을 쉽게 배울 수 있다. 라만 데이터 측에서 자신들이 제공하는 데이터와 데이터 결과를 사용할 수 있도록 허락하고 있다는 점에 대해 매우 감사하게 생각한다.

라만 데이터를 R에서 한 번도 사용해본 적이 없다면, 라만 데이터 패키지를 설치해야 한다. 설치를 위해 콘솔에 다음 명령어를 투입해보자.

```
install.packages("패키지 이름")
install.packages("Lahman")
```

라만 데이터는 install.packages("Lahman")만 타이핑하면 설치된다.[5] 한번 설치된 패키지는 반복해서 설치할 필요가 없다. 컴퓨터를 종료했을 경우, 재부팅하고 R을 다시 작동시켜도 한번 설치된 패키지는 계속해서 컴퓨터에 저장되어 있다. 하지만 설치되어 있다고 해서 사용할 수 있는 것은 아니다. R을 작동시킬 때마다 컴퓨터에 저장되어 있는 패키지를 R에 있는 라이브러리로 옮겨줌으로써 패키지를 사용 대기해놓는 작업이 필요하며, 그 명령어는 다음과 같다.

```
library(Lahman)
```

라만 데이터베이스의 경우 28개의 하위 테이블이 존재하고 있기 때문에 특정 테이블, 예를 들어 공격batting 테이블에 대한 정보를 확인하고 테이블을 직접 눈으로 확인하기 위해서는 두 가지 명령어가 필요하다.

```
data("Batting")
View(Batting)[6]
```

R 스튜디오에서 그림 2.9와 같이 4개의 창에서 변화가 나타난다.

---

5   'Lahman'에서 L은 반드시 대문자로 입력해야 한다. R 코딩에서는 대소문자를 구분하기 때문에 그 점이 다소 까다롭다.

6   여타 명령어와 달리 View( )는 대문자 V를 사용해야 한다. R을 처음 사용할 때 느끼는 불편한 점의 대표적인 예라고 볼 수 있다.

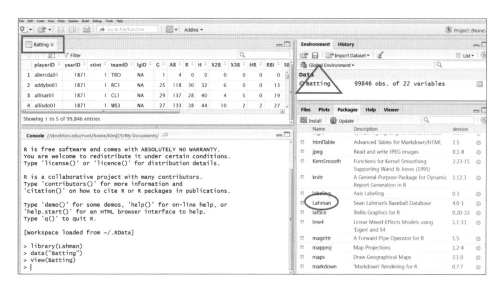

그림 2.9 R 스튜디오의 메인 화면

install.packages("Lahman")을 이용해 해당 패키지를 내려받으면 우측 하단 화면에 원으로 표시해둔 Lahman 패키지가 설치된 것을 확인할 수 있다. 다시 콘솔 박스로 가서 data("Batting")과 View(Batting) 명령어를 타이핑하면 우측 상단에 삼각형으로 표시해 둔 Batting 데이터가 준비되고 테이블에 대한 구체적인 정보를 제공한다.

99846 obs. of 22 variables

해당 데이터는 22개의 변수와 99,846개의 관측량으로 구성된 공격 테이블이다. 최근에 라만 데이터를 설치했다면 관측값인 obs는 저자가 제시한 숫자와 다를 수 있다. View(Batting)을 통해 삼각형 부분뿐만 아니라 좌측 상단의 사각형으로 표시된 부분에서 22개의 변수와 99,846개의 관측값으로 정렬된 테이블을 직접 눈으로 확인할 수 있다.

라만 데이터에서 가장 많이 사용되는 테이블은 Master(선수들의 신상 정보), Batting(타격), Pitching(투수력), Fielding(수비력) 정도다. 이 중에서 선수들의 경기 기록을 확인하기 위해 반드시 필요한 선수들의 식별 표시인 ID는 Master 테이블에서 찾을 수 있다. Master 테이블을 눈으로 확인하기 위해서는 data(Master) 명령어 없이도 View(Master)를 타이핑하면 전체 데이터를 직접 확인할 수 있다. 하지만 Master 테이블에는 18,589개의 방대한 관측자료가 있기 때문에 필요한 자료를 눈으로 파악하기는 힘들다. 따라서 검색 창을 활용하면 필요한 데이터만 불러낼 수 있다. 예를 들어 LA 다저스 에이스 투수인 클레이턴 커쇼의 투수 성적을 확인할 경우에는, Master 테이블로 가서 커쇼 선수의 이름(Clayton) 또는 성(Kershaw)을 그림 2.10의 오른쪽 끝에 있는 검색 창에 투입하고 ID를 확인하는 것이 첫 번째 단계다. 메이저리그 역사상 'kershaw'라는 검색어를 가진 모든 선수의 정보가 나온다.

View(Master)

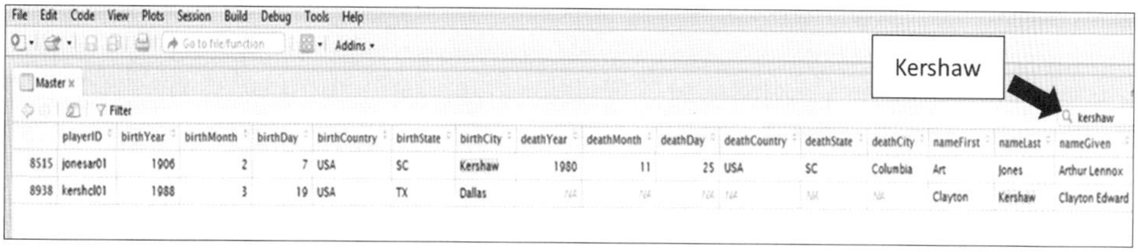

그림 2.10 선수의 개별 ID를 확인하는 방법

'kershaw'라는 단어와 관련이 있는 선수가 메이저리그 기록에 한 명 더 있다. 자세히 보면 그는 1906년도에 태어났던 아트 존스Art Jones라는 선수로, 태어난 도시 이름이 사우스 캐롤라이나에 있는 Kershaw였기 때문에 검색결과에 나왔다. 검색하고자 하는 선수의 이름이 흔한 경우에는 여러 명이 동시에 검색되기 때문에, 각 선수들의 기록을 확인하고 playerID를 확인할 필요가 있다. 라만 데이터베이스에서 공통적으로 사용되는 변수인 playerID만 있으면 언제든지 선수의 기록을 다른 테이블에서 찾아볼 수 있다. 결국 Master 테이블은 선수의 기본적인 정보뿐만 아니라 다른 테이블에 있는 특정 선수의 정보를 찾는 데 필요한 playerID를 제공하는 역할을 한다. 그림 2.10의 화면에서 찾아낸 커쇼 선수의 playerID는 kershcl01이며, 투수로서 만들어낸 통산기록을 얻기 위해 Pitching 테이블로 이동해서 그의 ID를 투입한다.

```
View(Pitching)
```

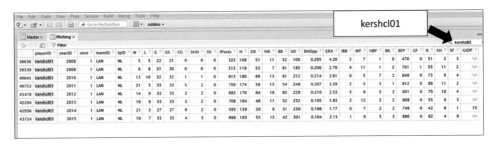

그림 2.11 개별 ID를 통해 선수의 통산 성적을 확인하는 방법

　kershcl01을 검색 창에 투입해서 얻은 데이터는 2008년부터 2015년까지 커쇼 선수의 통산기록이다(그림 2.11 참조). 복잡한 프로세스를 거치는 위의 방법으로 커쇼 선수만의 데이터를 추출해내는 것은 불편하기 때문에, 다음과 같이 별도로 특정 선수의 데이터베이스를 얻기 위해 코딩해놓으면 한 번의 코딩만으로 커쇼 선수의 데이터를 추출해 분석할 수 있다.

- LA 다저스 투수 클레이턴 커쇼 선수의 데이터

```
a<-subset(Pitching, playerID=="kershcl01")
```

또는

```
a<-Pitching[Pitching$playerID=="kershcl01",]⁷
```

7　대괄호 속의 달러 표시($)는 Pitching 테이블 속에 있는 playerID 변수의 위치를 의미하는 것으로, $ 표시 뒤에 있는 변수는 $ 표시 앞에 있는 테이블 소속임을 의미한다.

- 자신이 찾는 메이저리그 특정 투수의 데이터를 b에 저장하는 방법

```
b<-subset(Pitching, playerID=="투수 ID 투입")
```

또는

```
b<-Pitching[Pitching$playerID=="투수 ID 투입",]
```

- 자신이 찾는 메이저리그 특정 타자의 데이터를 c에 저장하는 방법

```
c<-subset(Batting, playerID=="타자 ID 투입")
```

또는

```
c<-Batting[Batting$playerID=="투수 ID 투입",]
```

이 장 후반부에 자세히 설명하겠지만, 코딩에서 괄호는 중요한 역할을 한다. 대괄호 [],
중괄호 {}, 소괄호 ()는 목적에 따라 다르게 사용된다. 간단하게 설명하자면, 대괄호는 전
체 데이터에서 특정 부분을 지정할 때 사용한다. 대괄호 속의 내용을 살펴보면, Pitching
테이블에 있는 playerID라는 변수에서 kershcl01이라는 명칭과 동일한 playerID를 만날
경우 그 선수의 변수를 모두 가져오라는 명령어다. 대괄호는 [행,열]로 구성되는데, 행은
kershcl01에 해당되는 행을 의미하고 비어 있는 열은 테이블에 있는 모든 열을 의미하기 때
문에 해당 선수의 모든 변수를 가져온다. 즉, 다른 선수의 데이터는 필요 없고 커쇼 선수만
의 모든 데이터를 가져오라는 지정을 대괄호 안에서 한다.

```
a<-Pitching[Pitching$playerID=="kershcl01",]
```

작업했던 코딩과 데이터 정보 저장하기

필요한 코드를 머릿속에서 꺼내어 사용하면 가장 좋겠지만, 코드를 외운다는 건 사실상 불가능하고 저자의 경우에도 필요할 때마다 구글에 물어본다. 더욱 편하고 좋은 방법은 사용했던 코드를 꺼내서 재활용하는 것이다. 경험상 분석 프로젝트 하나에 10줄 정도로 간단하게 끝낼 수 있는 코딩 작업은 흔치 않으며, 논문 한 편의 통계분석을 위해 프로그래밍했던 코드가 200줄이 넘어갔던 적도 있었다. 따라서 후속 작업을 위해서라도 프로그래밍한 스크립트를 저장하고, 필요할 때 불러내서 재사용하는 방식이 필요하다. 클레이턴 커쇼 선수의 경기 기록을 담은 테이블을 만들기 위해 콘솔에서 일회성으로 코딩하는 대신, 좌측 상단 화면인 스크립터에서 확장명이 R인 파일로 프로그래밍하고 저장해서, 필요할 때마다 꺼내서 사용할 수 있다. 그림 2.12의 좌측 상단에 원으로 표시한 아이콘을 클릭하면 첫 번째 메뉴에 R Script 항목이 나온다.

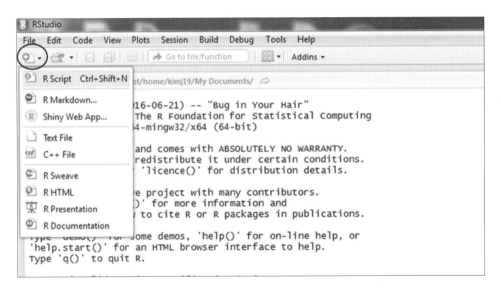

그림 2.12 스크립터 불러내기

그림 2.13에서 보는 것과 같이 스크립터에 3줄짜리 프로그램을 만들어서, 실선으로 표시

된 원에 있는 Run 버튼을 눌러 코드를 실행하면, 우측의 환경 화면에 2개의 데이터 정보가 제시된다. 테이블과 변수들 정보가 알파벳순으로 나타나며, a의 경우 8개의 관측값과 30개의 변수를 가진 테이블로 클레이턴 커쇼 선수의 테이블이다. 바로 아래에 위치한 Pitching 테이블은 44139개의 관측값과 30개의 변수가 있는 대형 테이블임을 알 수 있다.

그림 2.13 스크립터와 데이터 저장하기

왼쪽의 점선 원 안에 보이는 디스켓 모양의 아이콘을 클릭하면 프로그래밍된 3줄짜리 스크립트가 확장명 R로 저장이 된다. 오른편에 있는 2개의 테이블을 저장하기 위해 우측 상단의 환경 화면에서 점선 원 안에 있는 디스켓 아이콘을 클릭하면 마찬가지로 저장이 된다. 이번 경우에는 오른편에 있는 2개의 데이터를 저장할 필요는 없다. 왼쪽 스크립터만 저장하고 필요할 때 불러들여 실행만 하면 다시 두 테이블이 생성되기 때문에 금방 불러낼 수 있다. 다만, 팬그래프닷컴처럼 외부에서 가져온 데이터를 사용했든지, 제3자에게 자신이 만든 코드를 보내면서 같이 데이터 파일을 송부하면, 받는 입장에서 코드를 실행할 수 있다.

순서가 같은 테이블 합치기: cbind( ) 그리고 rbind( )

원하는 데이터를 수집하고 분석 가능하도록 데이터를 준비하는 것은 간단한 작업이 아니며, 특히 쉽게 구할 수 없는 변수라면 제법 긴 시간이 걸린다. 분석하려는 데이터들의 출처가 다를 경우 수집하는 것도 어려울 뿐만 아니라, 각기 다른 데이터들을 조율해 하나로 결합하는 작업도 쉽지 않다. 하지만 데이터 분석 작업에서 이런 경우는 매우 흔하기 때문에, 분석에 필요한 테이블을 만들고 합치는 과정은 반드시 이해해야 한다. 잠시만 대형 데이터에서 벗어나서, 쉬운 이해를 위해 자체적으로 데이터를 만들어보자. 표 2.2에는 다섯 선수의 타율 정보가 있다.

표 2.2 선수들의 이름 및 타율 변수

이름	선수 A	선수 B	선수 C	선수 D	선수 E
타율	0.280	0.257	0.312	0.266	0.295

명령어 c()를 이용해 선수들의 이름을 변수 a에 저장하고 그들의 타율을 변수 b에 저장하도록 다음과 같이 코딩했다. 단, 타율 변수처럼 숫자로 구성된 변수는 다음 코딩처럼 따옴표가 필요하지 않지만, 문자로 구성된 변수는 반드시 각 데이터에 따옴표가 요구된다는 점을 주의하자.

```
a<-c("A","B","C","D","E")
b<-c(0.280,0.257,0.312,0.266,0.295)
```

두 변수를 하나의 테이블로 통합하려면, cbind()라는 명령어로 c라는 새로운 이름의 테이블을 만들어 5개의 관측자료를 담는다. 괄호 안에 들어가는 변수 이름 순서대로 결과 테이블이 만들어지기 때문에, 선수의 이름 변수가 나타나고 다음으로 타율이 나타났다.

```
c<-cbind(a, b)
c
      a    b
[1,] "A" "0.28"
[2,] "B" "0.257"
[3,] "C" "0.312"
[4,] "D" "0.266"
[5,] "E" "0.295"
```

5개의 행과 2개의 열로 이뤄진 테이블 c에는 선수들의 이름 변수 a와 해당 선수의 타율 변수인 b가 담겨 있다. 출력된 테이블 첫 번째 이름 열[8]에 놓여 있는 [1,]이라는 표시의 1은 첫 번째 행을 의미하고, 콤마(,) 이후에 아무런 숫자가 제시되지 않은 것은 1행에 있는 모든 열을 의미하기 때문에, "A"와 "0.28"을 가리킨다. 이 테이블은 제3자가 읽을 때 변수 a와 b가 무엇인지 알 수가 없다는 문제가 있으므로, 문제 해결을 위해 colnames() 명령어로 변수의 이름을 변경할 수 있다.

```
colnames(c) <- c("player","avg")
c
     player avg
[1,] "A"    "0.28"
[2,] "B"    "0.257"
[3,] "C"    "0.312"
[4,] "D"    "0.266"
[5,] "E"    "0.295"
```

만들어놓은 테이블 c에 선수의 나이가 기록된 테이블을 결합하는 작업을 해보자. 다섯 선수의 나이는 테이블 c와 순서가 일치한다고 가정하자(표 2.3 참조).

표 2.3 다섯 선수의 나이 변수

나이	26	23	31	27	24

나이 데이터를 모아서 age 테이블에 저장하고, cbind() 명령어를 사용해 기존 테이블 c와 새로운 테이블 age를 세로로 합쳐 d라고 하는 통합 테이블을 만들었다.

```
age<-c(26, 23, 31, 27, 24)
d<-cbind(c,age)
d
     player avg      age
```

---

8   실제 열로 간주되지 않지만, 형식상 가장 앞에 놓이는 열이기 때문에 이름 열이라고 부른다.

```
[1,]  "A"  "0.28"   "26"
[2,]  "B"  "0.257"  "23"
[3,]  "C"  "0.312"  "31"
[4,]  "D"  "0.266"  "27"
[5,]  "E"  "0.295"  "24"
```

필라델피아 필리스 선수들의 게임출장수^G, 타석수^{PA}, 홈런수^{HR}, 득점^R 등 네 가지 변수가 저장되어 있는 테이블에, 추가로 타점^{RBI} 변수를 합치려고 한다. 우선, 추가할 타점 변수의 데이터들이 기존 네 가지 변수와 동일한 순서로 나열됐는지 확인해야 한다. 동일한 순서라는 기준은 2개의 테이블 각각의 행에 있는 데이터가 동일 선수의 기록이면 동일 순서다. 만약 타점 데이터가 기존 데이터와 단 하나라도 일치하지 않아서 같은 행에 있는 데이터가 같은 선수의 기록이 아니라고 의심된다면, cbind()를 사용해 두 테이블을 결합할 경우 왜곡된 통합 테이블이 생성되어, 의도치 않은 데이터 조작에 휘말릴 수 있다. 그림 2.14는 다행히도 모든 타점 변수가 다른 테이블의 순서와 일치하는 경우라서 cbind()를 사용해도 무방하다.

phillies 테이블					rbi 테이블		phillies_1 테이블				
name	출장수	타석	홈런		타점		name	출장수	타석	홈런	타점
Maikel Franco	80	335	14		50		Maikel Franco	80	335	14	50
Andres Blanco	106	261	7		25		Andres Blanco	106	261	7	25
Freddy Galvis	151	603	7		50		Freddy Galvis	151	603	7	50

그림 2.14 관측값의 순서가 동일한 2개의 테이블을 세워서 합치기

```
phillies_1<-cbind(phillies,rbi)
```

통합 테이블을 phillies_1이라는 이름으로 저장했다. 비슷한 명령어로 rbind()의 'r'은 행^{row}을 의미하고, 수평으로 구성된 관측값을 합치는 명령어다. cbind()는 변수를 추가하는 데 사용되며, rbind()는 관측값을 추가하는 데 사용된다. 그림 2.15와 같이 동일한 변수가

동일한 순서로 구성된 2개의 테이블이 하나는 2016년 공격 데이터를, 다른 하나는 2017년 공격 데이터를 갖고 있다면, `rbind()`를 이용해 2017년 데이터를 2016년 데이터 아래로 붙여넣어 관측량이 증가되는 효과가 발생한다.

name	yearID	타율	홈런
Player A	2016	0.320	18
Player B	2016	0.265	6
Player C	2016	0.288	22

name	yearID	타율	홈런
Player D	2017	0.245	4
Player E	2017	0.233	15
Player F	2017	0.301	25

name	yearID	타율	홈런
Player A	2016	0.320	18
Player B	2016	0.265	6
Player C	2016	0.288	22
Player D	2017	0.245	4
Player E	2017	0.233	15
Player F	2017	0.301	25

그림 2.15 변수의 순서가 동일한 2개의 테이블을 눕혀서 합치기

앞에서 사용한 변수 a와 변수 b를 가로로 정열해 2개의 변수를 상하로 결합하는 코드는 다음과 같다. [,1]은 테이블의 첫 번째 열에 있는 모든 데이터를 가리키며, "A"와 "0.28"이 해당된다.

```
a<-c("A","B","C","D","E")
b<-c(0.280,0.257,0.312,0.266,0.295)
f<-rbind(a,b)
f
  [,1]   [,2]    [,3]    [,4]    [,5]
a "A"    "B"     "C"     "D"     "E"
b "0.28" "0.257" "0.312" "0.266" "0.295"
```

순서가 다른 테이블 합치기: merge()

지금까지는 모든 테이블에서 A, B, C, D, E 선수들의 데이터가 서로 순서에 맞게 나열되어 있어서 간단하게 합칠 수 있었다. 하지만 현실에서는 표 2.4와 표 2.5처럼 서로 순서가 맞지 않는 경우가 일반적이다. 이 경우 2개의 테이블에서 공통적으로 존재하는 변수를 찾아서 연결하는 작업이 필요하다.

표 2.4 선수들의 이름 및 타율 변수

이름	선수 A	선수 B	선수 C	선수 D	선수 E
타율	0.280	0.257	0.312	0.266	0.295

선수들의 이름과 타율을 보유한 표 2.4를, 이름과 나이 변수를 보유한 표 2.5와 합쳐서 이름, 타율, 나이 변수를 보유한 통합 테이블을 만든다.

표 2.5 선수들의 이름 및 나이 변수

이름	선수 C	선수 D	선수 E	선수 B	선수 A
나이	26	23	31	27	24

이번에는 matrix() 명령어로 이름과 타율 변수를 갖는 테이블을 한 번에 만든다. 매트릭스는 행과 열로 구성된 다차원 데이터 집단이라서, 여러 데이터를 이용해 2차원인 테이블을 다음과 같이 만들 수 있다. ncol=2는 열^{column}의 수가 2개임을 지정하기 때문에 새로 만들 테이블 d에는 괄호 안에 있는 10개의 데이터 중 첫 반은 첫 번째 열에, 마지막 반은 두 번째 열에서 나타난다.

```
d<-matrix(c("C","D","E","B","A",26,23,31,27,24),ncol=2)
d
     [,1] [,2]
[1,] "C"  "26"
[2,] "D"  "23"
```

```
[3,] "E"  "31"
[4,] "B"  "27"
[5,] "A"  "24"
```

테이블이 만들어지면 변수의 이름을 변경한다.

```
colnames(d) <- c("player","age")
    player age
[1,] "C"  "26"
[2,] "D"  "23"
[3,] "E"  "31"
[4,] "B"  "27"
[5,] "A"  "24"
```

이미 앞에서 이름과 타율을 가진 테이블 c를 만들어놓은 상태다.

```
colnames(c) <- c("player","avg")
c
    player avg
[1,] "A"  "0.28"
[2,] "B"  "0.257"
[3,] "C"  "0.312"
[4,] "D"  "0.266"
[5,] "E"  "0.295"
```

미리 만들어놓은 테이블 c와 매트릭스 명령어를 활용해 만든 테이블 d는 선수들의 순서가 달라서 cbind()로 합칠 수 없지만, 공통 변수 player가 있어서 merge() 명령문을 통해 두 테이블을 다음과 같이 병합할 수 있다. 괄호 안에는 병합할 두 테이블을 지정하고, 테이블에 공통적으로 존재하는 변수를 by=로 정의한다.[9] 결과는 by를 통해 설정된 공통 변수 player로 2개의 다른 테이블을 매칭해서 동일 선수의 데이터를 하나의 행에 정렬한다.

---

9   by에서 등호(=)는 하나만 사용한다.

```
e<-merge(c,d,by="player")
e
 player  avg age
1    A  0.28  24
2    B 0.257  27
3    C 0.312  26
4    D 0.266  23
5    E 0.295  31
```

이번에는 팀 수준의 데이터 병합 작업을 해보자. 팀공격 데이터와 팀투수력 데이터를 연결해 하나의 통합 테이블로 만들려고 하면, 각 테이블의 열을 묶어버리는 cbind() 명령어가 가장 좋아 보인다. 하지만 표 2.6의 팀공격 테이블은 토론토 블루제이스Blue Jays로 시작하고 팀피칭 테이블은 시카고 컵스Chicago Cubs로 시작하므로, cbind() 명령어를 사용하면 전혀 관계가 없는 팀들끼리 묶이는 잘못된 통합 테이블이 만들어질 것이다. 참고로 표 2.6의 왼쪽 테이블은 팀타율AVG, 홈런HR, 득점R을 보여주는 공격 테이블이며, 오른쪽의 테이블은 팀방어율ERA, 피홈런HRA, 포볼BBA을 보여주는 투수력 테이블이다.

표 2.6 팀의 공격 테이블과 투수력 테이블

Team	AVG	HR	R
Blue Jays	0.269	232	891
Giants	0.267	136	696
Dodgers	0.250	187	667

Team	ERA	HRA	BBA
Cubs	3.36	134	407
Dodgers	3.44	145	395
Pirates	3.21	110	453

예를 들어 첫 번째 공격 테이블이 a이고 두 번째 투수력 테이블이 b라고 지정되어 있다면, 2개의 테이블을 cbind() 명령어를 이용해 하나로 통합할 수 있다.

```
c<-cbind(a,b)
```

동일한 행에는 반드시 같은 팀의 데이터가 나열되어 있어야 하지만, 표 2.7에서 확인되듯이 첫 번째 행은 토론토 블루제이스와 시카고 컵스가 뒤섞여 있으며, 두 번째 행은 샌프란시스코 자이언츠와 LA 다저스가 섞여 있기 때문에, 데이터 분석용 테이블로 활용할 수 없다.

표 2.7 두 테이블이 잘못 합쳐진 경우

Team	AVG	HR	R	Team	ERA	HRA	BBA
Blue Jays	0.269	232	891	Cubs	3.36	134	407
Giants	0.267	136	696	Dodgers	3.44	145	395
Dodgers	0.250	187	667	Pirates	3.21	110	453

cbind()는 두 대상이 동일한 관측자료를 보유하고 순서가 일치할 때 사용할 수 있는 명령어이기 때문에, 복잡한 데이터를 하나로 연결해야 하는 현실에서 쉽게 사용할 수 있는 명령어는 아니다. 대신 2개의 테이블에 공통 변수가 있을 경우 이를 기준으로 유연하게 합치는 방법이 필요하며, 공통 변수를 기반으로 두 테이블을 묶는 merge() 명령어를 사용해야 한다. 두 테이블에 공통적으로 존재하는 변수인 Team을 이용해 다음 명령어로 통합하면 된다.

```
c<-merge(a,b,by="Team")
```

여섯 가지 모든 변수가 각 팀별로 올바르게 기록되어 있다. R이 자동으로 맞추기 때문에 사람이 하는 경우에 비해 실수가 발생하지 않아서, 신뢰성 있는 테이블을 만들 수 있다 (표 2.8 참조).

표 2.8 두 테이블이 정확하게 합쳐진 경우

Team	AVG	HR	R	ERA	HRA	BBA
Blue Jays	0.269	232	891	3.80	173	397
Giants	0.267	136	696	3.72	155	431
Dodgers	0.250	187	667	3.44	145	395

양적 변수를 명목 변수로 바꾸기

앞에서 선수의 이름과 타율 그리고 나이가 병합된 테이블 e의 나이 변수는 정수^{integer}인 셀 수 있는 이산 변수다. 나이를 이산 변수로 사용할 수도 있지만, 가령 25세를 기준으로 25세 보다 나이가 많은 선수 집단과 25세 또는 25세보다 어린 선수 두 집단으로 나누어 집단별 특징을 구분하는 것도 의미가 있다. 이 경우 나이가 25세를 초과하는 선수에게는 1을 부여하고 25세 이하에게는 0을 부여해, 1과 0 두 가지 값을 갖는 명목 변수의 한 종류인 이항 변수로 만들 수 있다. 변수의 유형을 바꾸는 것이 중요한 이유는 실제 데이터를 다루면서 연속 변수를 이항 변수로 변환해 조건(예: 나이)이 다른 그룹 간 비교를 할 수 있기 때문이다. 다음은 병합된 테이블 e 코딩을 정리했다.

```
a<-c("A","B","C","D","E")
b<-c(0.280,0.257,0.312,0.266,0.295)
c<-cbind(a, b)
colnames(c) <- c("player","avg")
d<-matrix(c("C","D","E","B","A",26,23,31,27,24),ncol=2)
colnames(d) <- c("player","age")
e<-merge(c,d,by="player")
  player  avg age
1      A 0.28  24
2      B 0.257 27
3      C 0.312 26
4      D 0.266 23
5      E 0.295 31
```

나이의 경우 이산 변수이며, 간단한 부등호를 이용해 이산 변수를 이항 변수로 바꾸는 방법이 있다. 일단 변경하기에 앞서, 테이블 e에 있는 age 변수가 정수로 인식되는 수치^{numeric} 변수인지 확인을 해야 한다. 다른 형태의 변수로 인식된다면 전환하는 과정에서 에러가 발생하므로, 확인하기 위해 테이블의 구조를 확인하는 str(테이블 이름)을 사용한다.

```
str(e)
'data.frame':  5 obs. of  3 variables:
 $ player: Factor w/ 5 levels "A","B","C","D",..: 1 2 3 4 5
 $ avg   : Factor w/ 5 levels "0.257","0.266",..: 3 1 5 2 4
 $ age   : Factor w/ 5 levels "23","24","26",..: 2 4 3 1 5
```

e 테이블의 age(나이) 변수는 겉보기와 달리 속성이 수치^{numeric}가 아닌 요인^{factor} 변수로 인식되므로 사용해야 할 >$^{greater\,than}$ 기호를 사용할 수 없다. as.numeric() 명령어를 사용해 테이블 e에 있는 age 변수의 속성을 숫자로 인식시켜 테이블 e를 확인해보면 기대하던 나이가 나타나지 않는다.

```
e$age<-as.numeric(e$age)
e
  player    avg age
1      A  0.28   2
2      B 0.257   4
3      C 0.312   3
4      D 0.266   1
5      E 0.295   5
```

이미 요인 변수로 인식되어 있던 상태에서 수치 변수 형태로 변환하면, 나이 변수에는 나이별로 클래스를 구분해놓은 값들만 나타날 뿐이다. 요인 변수 속성을 문자 변수로 전환 후 다시 한번 수치 변수로 전환하는 방식을 추천한다. 나이 변수에서 25가 넘으면 1로, 아니면 0으로 이분화하는 ifelse() 명령어를 적용하고 새로운 변수인 g에 저장한다.

```
e$age<-as.numeric(as.character(e$age))
g<-ifelse(e$age>25,1,0)
g
[1] 0 1 1 0 1
```

달러 표시($)는 사용할 대상 변수가 어디에 위치하는지 특정하는 기능이다. 나이 변수는 통합 테이블 e에 포함된 상태다. age<-as.numeric(as.character(age))라고 코딩을 하

면, R은 age 변수를 찾아내지 못한다. 대신에 e$age라고 위치를 정의해서 age 변수가 테이블 e에 속해 있다고 알려주면 e 테이블을 통해 age 변수를 찾아낸다. 이항 변수를 만드는 ifelse() 명령어도 기억해야 한다. 25보다 크다면 1을, 그렇지 않다면 0으로 표시할 것을 지정하는 명령문으로, 0과 1이 아닌 다양한 결과를 지정할 수 있다. e 테이블 age 변수가 25보다 크다면 blue라고 지정하고, 그렇지 않다면 black이라고 표시한 이항 변수 i를 만들 수도 있다.

```
i<-ifelse(e$age>25,"blue","black")
i
[1] "black" "blue"  "blue"  "black" "blue"
```

새로 만들어진 테이블 g와 통합 e 데이터는 순서가 일치하므로 cbind()를 이용해 합치면, 테이블 h에는 저장되어 있는 선수 이름, 타율, 나이와 새롭게 만들어진 이항 변수 g가 더해진다.

```
h<-cbind(e,g)
h
  name  avg age   g
1    A 0.28  24    0
2    B 0.257 27    1
3    C 0.312 26    1
4    D 0.266 23    0
5    E 0.295 31    1
```

괄호 사용법

괄호는 대소문자 구분만큼 중요하다. 괄호가 사소해 보일지 모르지만, 잘못 사용된 괄호는 전체 프로그램의 오작동을 일으킬 수 있고, 복잡하게 프로그래밍된 코드에서 오류가 있는 괄호를 찾는 것도 힘들다. 괄호의 기능을 정확히 이해하면 프로그래밍이 즐거워진다.

소괄호 ( )

미국식 영어로는 'parenthesis'이고, 영국식 영어로는 'bracket'인 소괄호에는 앞에서 본 것과 같이 명령어에 영향받는 데이터를 지정하거나 명령어와 관련 있는 필수요소나 추가 요소(옵션)가 들어간다. 예를 들어, merge()의 명령 대상은 괄호 안에 있고 by=는 merge 명령어의 필수요소다. 표 2.9에 있는 2개의 테이블을 병합해보자.

표 2.9 팀의 공격 테이블과 투수력 테이블

a 테이블

Team	AVG	HR	R
Blue Jays	0.269	232	891
Giants	0.267	136	696
Dodgers	0.250	187	667

b 테이블

Team	ERA	HRA	BBA
Cubs	3.36	134	407
Dodger	3.44	145	395
Pirates	3.21	110	453

```
c<-merge(a,b,by="Team")
d<-cbind(a,b)
```

첫 번째 merge() 명령어는 후속 괄호 안에 있는 모든 내용에 영향을 미친다. 괄호 안의 내용은 테이블 a, 테이블 b, 그리고 두 테이블에 공통으로 있는 공통 변수 Team을 소개하고, 테이블과 변수들은 merge 명령어에 따라 병합되어, c라는 새로운 통합 테이블로 들어간다. 두 번째 cbind() 명령어는 후속 괄호에 있는 테이블 a와 테이블 b의 변수들을 있는 그대로 합쳐서 d에 저장한다. 명령어가 요구하는 조건들을 다 알 수는 없지만, 구글 서치를 통해 기존 사용자들이 사용한 해결방법에서 힌트를 얻을 수도 있고, R에서는 help("명령어")를 콘솔 박스에 타이핑하면 필요한 가이드라인이 우측 하단 툴박스에 자세히 소개된다. 연습을 위해 다음 명령어를 입력해보자.

```
help("merge")
```

중괄호 { }

중괄호^{curly bracket}는 분석자가 필요에 따라서 자신이 만든 공식을 반복적으로 적용해야 할 경우에 공식을 프로그래밍해서 투입값만 넣어주면 공식을 추가하지 않더라도 결괏값을 제공하는 기능이다. 예를 들어, 타율은 홈런을 포함한 안타^H를 타석^{AB}수로 나누는 공식을 이용해 구한다. 안타는 10개, 타석에 들어선 수는 35개일 때 타율은 0.286이 된다.

$$AVG = \frac{H}{AB}$$

```
a<-function(H,AB){H/AB}
```

function(){}을 이용해 a에 공식을 만들어놓은 뒤에는, a(안타수, 타석수)만 투입하면 쉽게 타율값을 구할 수 있다.

```
a(10,35)
[1] 0.2857143
a(17,55)
[1] 0.3090909
a(14,57)
[1] 0.245614
```

타율 공식은 매우 간단하지만 앞으로 소개할 출루율, 장타율 공식은 많이 복잡하기 때문에, 한번 공식을 설정해놓으면 필요한 데이터 투입만으로 값을 만들 수 있다. function은 소괄호와 함께 중괄호를 반드시 동반한다. 중괄호 안에는 자신만의 공식을 투입하며, 소괄호에 들어 있는 데이터가 중괄호에 있는 공식에 대입되어 결과가 나오게 하는 함수 명령어다.

```
function(){}
```

대괄호 [ ]

대괄호squared bracket는 전체 데이터베이스에서 특정 부분에 있는 변수 또는 관측값을 지정하며, 가령 [1,3]의 경우 첫 번째 행 세 번째 열에 있는 데이터를 의미한다. 표 2.10은 메이저리그팀들의 공격 테이블과 투수력 테이블을 합쳐서 만든 통합 테이블이다. 첫 번째 행은 변수들의 이름을 나타내므로 테이블 매트릭스에서 제외되고, 테이블에서 첫 번째 행은 토론토 블루제이스의 타율AVG, 홈런HR, 득점R, 방어율ERA, 피홈런HRA, 피포볼BBA을 보여주는 관측값이 된다.

표 2.10 통합 테이블

Team	AVG	HR	R	ERA	HRA	BBA
Blue Jays	0.269	232	891	3.80	173	397
Giants	0.267	136	696	3.72	155	431
Dodgers	0.250	187	667	3.44	145	395

따라서 통합 테이블의 매트릭스 구조는 3행 7열의 구조로 되어 있으며 [1,]는 1행에 있는 모든 데이터를 가리킨다. 마찬가지로 [,2]는 두 번째 열인 AVG에 있는 모든 데이터를 의미한다. 콤마 앞뒤로 있어야 할 숫자가 없다면 해당 행과 해당 열에 있는 모든 데이터를 지정한 것이다. 샌프란시스코 자이언츠의 팀홈런 데이터를 선택하고 싶다면 두 번째 행 세 번째 열인 [2,3]으로 표시할 수 있다. 통합 테이블의 이름을 a라고 하자. 테이블 a에 있는 변수 Team에서 Giants라는 단어와 일치하는 관측값이 갖는 모든 데이터를 b에 담으라는 명령문은 다음과 같다.

```
b<-a[a$Team=="Giants",]
```

앞에서 클레이턴 커쇼 선수의 통산 데이터를 모았던 코딩도 대괄호 안에 콤마가 사용됐다는 점을 기억할 필요가 있다.

```
a<-Pitching[Pitching$playerID=="kershcl01",]
```

대괄호에 둘러싸여 있는 [a$Team=="Giants",] 부분은 전체 데이터 중에서 특정 부분을 가리킨다. 콤마 이후에 아무런 정보가 없기 때문에, 테이블 a에 있는 Team 변수 중 Giants에 해당되는 모든 데이터를 의미한다.

결측값 제거하기

외부에서 가져오는 데이터를 2차 데이터라고 한다. 다른 연구기관에서 만들어놓은 데이터를 자신의 연구에 맞춰 사용하다 보면 직접 모은 데이터가 아니라서 여러 문제점이 발생한다. 그중에서 처리하기 어려운 부분은 결측값$^{missing\ value}$이 왜 발생했는지 파악하고 결측값을 어떻게 처리할 것인가에 대한 결정이다. 결측값이 체계적으로 발생한 것인지 아니면 임의로 발생했는지를 먼저 확인하고, 결측값이 있는 관측값 전체를 버릴 것인지 아니면 대체^{imputation}할 수 있는지 결정한다. 결측값 하나 때문에 관측값 전체를 포기할 경우에는 과도한 데이터 손실이 발생해, 살릴 수 있는 관측값의 다른 변수도 포기해야 하는 희생이 따른다.

예를 들면, 야구팀의 성적이 관중 동원에 미치는 영향은 팀과 팬 사이의 친밀도에 따라 결정될 수 있다고 가설했다고 하자. 조절 변수[10]로 사용할 팬과의 친밀도 변수가 샌프란시스코 자이언츠팀에서만 결측값이 생겨서 해당 팀 데이터 전체를 지울 경우, 해당 팀의 독립 변수인 야구팀의 성적, 종속 변수인 관중 동원, 그리고 여러 통제 변수로 사용될 데이터들은 살릴 수도 있음에도 불구하고 같이 제거되어, 친밀도를 측정하는 조절 변수가 필요하지 않은 다른 모델의 관측량을 낮추는 부정적인 결과가 발생한다. 이러한 사태를 막기 위해 부분적으로 지우는 순차적 제거$^{pairwise\ deletion}$ 방식은 조절 변수를 필요로 하지 않는 모델에서는 샌프란시스코 자이언츠의 관측값을 추가하고 친밀도를 모델에 투입해야 하는 조절모델의 경우에만 샌프란시스코 자이언츠 관측값을 제거하는 방법이다. 참고로 흔하지는 않지만 제거

---

10 조절 변수는 분석에서 독립 변수와 종속 변수 간의 주요 관계를 변화시키는 변수를 의미하며, 6장 '모델링'에서 자세히 설명한다.

방법과는 달리 결측값을 대체^{imputation}하는 방법도 있다. 결측값이 주변 값들을 활용해 예측값으로 결측값을 대신함으로써 데이터를 버리지 않고 살리는 방법이다. 최근 머신러닝 덕분에 대체방법이 주목을 받고 있다.

결측값을 갖는 데이터 중에는 결측될 수밖에 없는 특별한 이유가 존재하는 경우가 생각보다 많다. 따라서 결측값을 갖는 관측값의 그룹과 그렇지 않은 그룹 간에 특별한 차이가 있다면, 이유를 확인하지 않고 대쳇값을 투입하거나 결측값이 있는 케이스를 제거한다면, 최종 통계 결과는 왜곡될 수 있다. 분석에서 대체를 했거나 제거를 했다면, 결측이 체계적으로 발생한 것이 아니라 임의적으로 발생했다는 타당한 이유가 있어야 한다. 임의적으로 발생된 결측값을 제거하기 위해, 다음과 같이 a라는 테이블에서 결측치를 갖는 관측값을 제거하고 새로운 테이블 b에 저장한다.

```
b<-na.omit(a)
```

조건문 사용하기

빅데이터처럼 큰 데이터가 주어졌을 경우, 관측자료의 일부분을 사용하거나 일부 변수만을 사용해야 할 때가 많다. 2017 시즌 메이저리그 우승팀 휴스턴 애스트로스의 주역 호세 알투베^{Jose Altuve}와 2016 시즌 우승팀인 시카고 컵스의 주역인 벤 조브리스트^{Ben Zobrist}의 공격력 비교를 위해 라만 데이터베이스 전체 데이터에서 두 선수의 데이터만 추출한다. 일단 두 선수를 비교하기 위해서는 선수를 식별해주는 playerID를 이용해 두 선수의 데이터를 선별적으로 모을 수 있다. playerID는 앞에서 설명했듯이 Master 테이블에서 찾을 수 있다.

```
library(Lahman)
View(Master)
```

각 선수의 성^{last name}을 테이블 우측 상단에 있는 검색 박스에 투입해서 playerID를 찾아냈다. 휴스턴 아스트로스 알투베 선수의 ID는 altuvjo01이며, 시카고 컵스의 조브리스트 선

수의 ID는 zobribe01로 확인됐다. 이 정보와 subset() 명령문을 이용해 해당 ID에 해당하는 모든 정보를 모아서 a라는 테이블에 저장한다. 아래 subset() 명령문 괄호 속에 복잡해 보이는 조건문들이 투입되고, 괄호 안에서 수직으로 그어진 버티컬 바^{vertical bar}(|)는 OR 조건으로, A 또는 B 조건을 의미한다. Batting 테이블에 있는 playerID 변수가 altuvjo01 또는 zobribe01에 해당되는 모든 데이터를 가져오라는 조건 명령문이다.

```
a<-subset(Batting,playerID=="altuvjo01"|playerID=="zobribe01")
```
[11]

다음 조건문의 경우는 a에서 얻은 부분 데이터에서 추가적으로 2012년부터 2016년까지 5년간의 데이터만을 모으는 코딩이다. 괄호 속에는 추가된 AND(&) 조건으로 yearID 변수에서 2011년보다는 크면서 2017년보다는 작아서 두 조건을 모두 만족하는 2012, 2013, 2014, 2015, 2016 시즌의 경기 기록을 모은다. 기호 &를 앰퍼샌드^{ampersand}라고 부른다.

```
b<-subset(a,yearID>2011&yearID<2017)
```

이번에는 '그것 말고 모두' 조건인 부정조건^{negation}을 살펴본다. 이전 코딩과 달라진 점은 추가 조건문에 달려 있는 느낌표(!)다. 분석하자면 2014년과 2015년도 데이터는 포함시키지 말고 두 선수의 나머지, 즉 2012, 2013, 2016년 공격 데이터로 구성된 데이터 c를 새롭게 만든다.

```
c<-subset(b,!(yearID==2014|yearID==2015))
```

지금까지는 playerID와 yearID 등 변수조건을 이용해 R이 모아야 하는 관측값들을 정했다. 마지막으로 조건문은 아니지만, 이번에는 두 선수의 홈런^{HR}과 3루타^{X3B}를 비교하기 위해 선수의 playerID와 해당 변수 2개만 그림 2.16과 같이 모을 수도 있다.

---

[11] subset이라는 명령어 없이도 같은 결과를 만들 수 있다.

```
a<-Batting[Batting$playerID=="altuvjo01"|Batting$playerID=="bryankr01", ]
```

```
d<-subset(c,select=c("playerID","HR","X3B"))
```

playerID	HR	X3B
altuvjo01	7	4
zobribe01	20	7
altuvjo01	5	2
zobribe01	12	3
altuvjo01	24	5
zobribe01	18	3

그림 2.16 최종 테이블에 수집된 데이터

계속 사용할 테이블 고정하기

계속해서 사용해야 할 테이블의 경우 특별한 명령이 있을 때까지 계속해서 해당 테이블을 사용하라는 지시를 내리면 분석 작업을 편안하게 할 수 있다. Batting 테이블에 타율(AVG) 변수를 계속 사용해야 한다면, Batting$AVG처럼 Batting$를 반복해 사용하는 것은 불편하다. attach(Batting)으로 설정하면, 이후에 사용되는 모든 변수는 테이블 Batting에서 나왔다고 인식되어, 이후부터는 Batting$를 사용할 필요가 없다.

```
attach(테이블 이름)
attach(Batting)
```

예를 들어 2015년 팀공격 데이터 이름이 Team_2015라면 해당 테이블 홈런 변수의 평균을 구하기 위해 mean(Team_2015$HR)을, 표준편차를 위해서는 sd(Team_2015$HR)과 같이 변수명 앞에 변수가 속한 테이블 이름을 매번 넣는 것은 번거롭다. 대신에 attach(Team_2015) 명령문을 통해 앞으로 동일한 테이블을 계속해서 사용하겠다고 지정해두면 mean(HR) 평균을 구하거나 sd(HR) 표준편차를 구하는 데 테이블 이름 Team_2015를 생략할 수 있다. 하지만 여러 테이블들을 attach하다 보면 같은 이름의 변수들이 섞여서 결과가 뒤섞이는 문제가 발생한다. attach해놓았던 데이터를 더 이상 사용하지 않는다면 detach()로 처리해 문제를 해결할 수 있다.

```
attach(Team_2015)
detach(Team_2015)
```

하지만 attach-detach 방식보다 더 일반적으로 사용되는 코딩 방식은 with()다. 가령 with(Team_2015, mean(HR))은 mean(Team_2015$HR)과 동일한 결과를 제시하는데, 만약 동일한 테이블에 있는 여러 변수들을 다음과 같이 사용하는 경우라면 매우 편리하다.

```
with(Team_2015, H/AB)
```

추가로 공유하고 싶은 마이닝 기법들

다소 이해하기 어려운 내용일 수도 있어서, 이번 2장 '메이저리그 데이터 마이닝'에서 소개하기보다는 이 책의 중간중간에 야구 이야기와 함께 사용되는 마이닝 기법들이다. 연구 논문을 쓰기 위해 며칠 밤을 연구해서 찾아내고 습득한 내용이기 때문에, 분석결과를 내야 하는 분석가 또는 연구자에게 도움이 되리라 생각한다.

- 라이브러리 plyr로 패널별 집계하기
  정확한 추정과 예측은 패널로 구성된 패널 데이터에서 나온다. 패널을 이해하고 각 패널별로 원하는 통곗값을 찾는 것은 새로운 생각의 길을 열어준다. 메이저리그를 거쳐온 수많은 선수들을 이용해 매년 시즌 평균과 표준편차를 구한다고 가정하자. 1871년부터 선수들의 기록들이 쌓여왔다는 사실을 감안하면 140번 이상의 반복 작업을 해야 한다. 이러한 어려움을 몇 줄의 코드로 정리한다.

참조내용: 5장의 '메이저리그 140년 역사의 원동력: 표준편차의 힘' 절

- 라이브러리 plyr로 패널 데이터 만들기

  이전 기록이 현재의 기록에 영향을 미치는 자기상관은 다른 변수들과의 관계를 측정하는 데 소음을 일으킨다는 문제점이 있다. 소음을 제거하기 위해 한 시점 이전의 기록을 지금의 통제변수로 사용할 수 있도록 체계적으로 변경하는 작업을 약간의 코드로 정리한다.

  참조내용: 5장의 '메이저리그 140년 역사의 원동력: 표준편차의 힘' 절

- 스트링string 활용하기

  소수점을 중심으로 소수점 뒤에 위치한 숫자만 취해야 할 경우, 전화번호에서 지역번호만 추출할 경우, 선수들의 미들 네임만 추출해야 할 경우 등 분석 목적에 따라 데이터를 자르고 조합하고 변형하는 능력이 마이닝에 꼭 필요하다.

  참조내용: 5장의 '데이터를 분리해 필요한 부분만 취하다: 스트링 변수' 절

정리하며

복잡한 코딩을 외워서 사용할 필요는 없다. 데이터를 마이닝하고 분석하는 과정에서 무엇을 해야 하는지 이해하고 있으며 해야 할 작업을 구글에 간략한 정도로 설명할 수 있는 수준이면, 자신이 원하는 코드는 어렵지 않게 찾을 수 있다. R을 사용하는 세상의 구글러들은 여러분이 겪게 될 고민들을 이미 겪었고, 그 해결법을 구글 검색상에 고스란히 남겨놓았다. 다만, R은 통계 프로그램이 아닌 언어이기 때문에 기본적인 언어 문법과 빈도 높게 사용되는 명령어를 다른 자료를 참조하지 않고 코딩할 수 있는 정도라면 R 강의도 할 수 있다. 코딩을 할 때마다 피할 수 없는 것이 에러이긴 하지만, 생각보다 대단한 에러도 없고 해결되지 않는 에러도 없다. 경험상 에러의 90% 이상은 대소문자 미구분, 띄어쓰기 미사용, 등호 표시 사용 오류 등 사소한 곳에 있으니 인내하고 이성만 유지하면 자연스럽게 해결된다.

3

선수의 능력은
어떻게 측정할 것인가?

과학적 영역에 들어오기 위해 반드시 답해야 할 질문이 있다. "측정 가능한가?" 키는 자로, 몸무게는 체중계로 간단히 잴 수 있지만, 눈에 보이지 않는 것들을 측정하기란 쉬운 일이 아니다. 선수의 능력은 무엇으로 재는가? 선수의 능력을 측정할 도구는 믿을 만한가? 측정도구가 원래 측정하려는 내용을 측정하는가? 결론적으로 말하면 세상에는 완벽하게 측정할 수 있는 도구는 없지만, 측정도구의 오류는 여러분이 해당 분야를 알고 있는 만큼 줄일 수 있다.

과학적 측정

야구에서 선수 개인의 능력이 팀승리에 공헌하는 정도는 축구나 농구처럼 팀 전체의 조화가 요구되는 경기보다 월등히 크다. 같은 이유로 여타 스포츠보다 야구에서 개별 선수의 능력을 분석하고 평가하려는 시도가 더 많으며, 과학적 측정을 위해 구단별로 많은 예산이 분석 작업에 할애되고 있다. 선수시장뿐만 아니라 다양한 분야에서 우리가 상상하지 못한 대상물을 평가하고 가치를 측정하는 직업들이 존재한다. 기업의 가치를 평가하는 직업, 부동산의 가치를 평가하는 직업, 예술작품을 평가하는 직업 등 시장이 있는 곳이라면 거래품을 감정해 적정 금액을 찾아주는 그룹이 존재하며, 해당 분야에 대한 전문성이 있다고 사회로부터 인정받았기 때문에 그들의 평가가 신뢰성을 갖게 되고, 기업, 부동산, 예술작품과 같이 소비자 권장가격이 없는 대상물들이 활발하게 거래되는 데 중요한 역할을 한다. 결국 시장의 원동력은 거래되고 있는 상품가격에 대한 신뢰이고, 신뢰는 평가가 객관적으로 이뤄져 판매자와 거래자 간에 밑지는 거래가 아니라는 안심에서 온다. 2008년 월스트리트 발 금융위기도 금융상품에 매겨진 가격을 믿지 못했던 투자자들의 투자심리가 위축된 결과라는 측면에서, 거래품을 객관적으로 평가할 수 있는 전문가들의 존재는 시장의 활력에 긍정적인 영향을 미친다. 그렇다면 전문성은 어디서 오는가?

전문가 집단에 들어가기 위해서는 자격시험을 통과해야 한다는 진입장벽이 존재한다. 물론 자격시험은 필수조건일 순 있지만, 전문성의 충분조건이 될 수는 없다. 장벽을 넘은 이후에 경험이 쌓이면서 대상을 볼 줄 아는 안목, 해당 분야의 메커니즘을 학습하면서 길러지는 일반화 능력과 통찰력, 그리고 다양한 사람들을 만나면서 쌓이는 인맥과 소문의 진위 여부를 판별해내는 노하우 등은 아무리 똑똑한 신규 진입자들이라 해도 단시간에 모방할 수 없는 것으로, 시장이 인정해주는 능력이다. 하지만 전문적 지식이 과학적 지식이라고 생각하면 오산이다. 과학적 지식이 되려면 전문가가 오랫동안 쌓아온 노하우를 젊은 진입자들이 똑같은 방식으로 시도했을 때 같은 결과를 만들어낼 수 있고, 결과가 다르다면 왜 다른지 객관적인 분석이 가능해야 하지만, 사실 그렇지 않다. 영화 〈머니볼〉에서도 오클랜드 애슬레틱스의 기존 경험주의 의사결정자들과 통계적 관점으로 야구를 바라보는 신진 실증주의 의사결정자들 사이의 갈등을 통해 전문지식이 과학적 지식은 아니라는 사실이 잘 드러난다.

경험과 노하우 덕분에 더욱 예리해지는 전문성은 전문가들에게 모든 사건에 대한 균등한 관심보다는 특정 사건에 더 집중하는 선택적 관심selective attention을 갖도록 해서, 특정 요인에 대해 높은 가중치를 두면서 나머지 부분에 대해서는 가중치를 거의 두지 않는 관심의 편중성이 두드러진다. 경험주의 성향을 띠는 전통적인 스카우트들도 타자가 호쾌하게 터뜨리는 안타와 장타에 매료되어, 중요한 효과가 있음에도 불구하고 상대적으로 눈에 띄지 않는 포볼이나 몸에 맞는 볼에는 가중치를 덜 두는 경향을 보이기도 한다. 2017년 현재 메이저리그 30개 팀들 간에 정도의 차이는 있으나 모든 팀이 빅데이터를 기반으로 의사결정을 내리고 있다.[1] 새로운 의사결정 방식이 전문가들이 빠질 수 있는 선택적 관심의 함정을 넘어서 데이터를 입수하고 분석하고 해석할 수 있는 능력이 있다면, 과거 오랜 시간을 거쳐 쌓아온 전문성에 기반을 두면서 내리던 의사결정을 비전문가들도 재현할 수 있는 과학 기반 사회로 넘어가고 있다. 빅데이터 시대에는 특정 분야에 전문성이 없던 신진 그룹들도 분석역량을 통해 빠르게 진입장벽을 뛰어넘고 핵심 그룹으로 도약할 수 있는 가능성이 높아지고 있다. 이런 이유에서 3차 산업시대가 특별한 지식을 갖춘 전문가들이 활약할 수 있었던 지식산업의 시대였다면, 4차 산업시대는 전문성은 미비하더라도 데이터를 수집하고 분석해서 의사결정을 과학적으로 할 수 있는 비전문가의 학습시대라고 불리기도 한다.

측정의 신뢰도

유명한 가치평가 기관에서 결과를 제시했다고 해서 신뢰성이 높다고 말할 수 있는 건 아니다. 누가 평가했느냐보다는, 모든 요인을 고려하는 균등 관심에 기반한 신뢰성과 타당성이 높은 과학적 측정과정이 확보돼야 한다. 저자는 어떤 과목을 강의하더라도 개념 측정의 신뢰도와 타당성은 강조한다. 특히 학부생들이 이 낯선 개념을 이해하기란 쉬운 일이 아닐 수 있지만, 인턴이나 아르바이트 등 채용 인터뷰 경험을 자주 겪은 학생들일수록, 채용과정에서 평가자들이 자신을 공정하게 평가했는지에 대한 의문을 많이 가지면서 자연히 측정도구의 신뢰성과 타당성에 대해 관심이 높았다.

측정도구의 신뢰도란 능력을 측정하는 도구가 객관성을 갖고 있음을 의미한다. 높은 신뢰성이 있는 측정도구를 사용하면 어떤 시점이나 상황에서도 대상을 정확히 측정하고 측정

1   Baumer, B. (2015) In a moneyball world, a number of teams remain slow to buy into sabermetrics. ESPN. Retrieved from http://espn.go.com/espn/feature/story/_/id/12331388/the-great-analytics-rankings#mlb-tam

시점마다 큰 차이가 없는 결과를 제시할 수 있는 반면, 신뢰성이 낮은 측정도구는 평가하는 대상이 같아도 측정시점과 평가하는 사람이 다를 때 결괏값이 크게 차이가 나서 결과에 대한 신뢰성이 떨어진다. 측정의 결과가 평가자와 시점에 관계없이 비슷하다면 측정은 선수의 진정한 능력에 가깝게 평가가 된 것이며, 그렇지 않다면 측정과정에서 측정오류가 발생했다고 볼 수 있다.

측정값 = 진정한 능력 + 측정오류

다음 질문들은 측정도구의 신뢰도를 이해하는 데 도움이 될 것이다. 비슷한 상황에서 측정된 변수를 반복 적용하면 같은 결과가 나오는가? 예를 들어, 〈머니볼〉에서 나왔던 오클랜드 애슬레틱스의 2001년도 팀의 홈런수가 2002년에도 비슷하게 나오는가? 그래서 2002년도 팀홈런수를 추정하기 위해 전년도 홈런수를 사용해도 좋은가? 이러한 질문들은 팀홈런지표에 대한 신뢰도와 관련이 있다. 그러면 신뢰도가 높은지 낮은지를 평가하는 기준은 무엇인가? 그 답은 일관성이다. 일관성은 테스트할 때마다 반복되는 결과를 의미한다. 같은 지표를 이용해 여러 방법으로 측정하거나 같은 지표를 이용해 다른 시점에 측정했음에도 불구하고 측정결과가 동일한 값으로 나타났을 때, 측정된 지표에 대해 신뢰감이 높아진다. 아무리 신뢰도가 높은 지표라고 하더라도 사람을 대상으로 하는 조사방법에서는 관측시기, 관측담당자, 관측방법 등이 달라지면서 측정결괏값이 일치하지 않는 비표본오차nonsampling error[2]가 발생한다. 측정값에는 진정한 값을 둘러싸고 체계적으로 잘못 측정하고 있는 편향성bias과, 측정방식에는 잘못이 없지만 응답자의 반응이 조금씩 다른 비체계적 측정오류인 분산variance이 존재하기 마련이다.

측정오류 = 체계적 편향 + 비체계적 분산

측정의 신뢰도를 설명할 때는 과녁에 꽂힌 화살에 비유할 때가 많다(그림 3.1 참조). 예를 들어, 야구 전문가 5명에게 2017 시즌 LA 다저스 류현진 선수의 재활치료 후 활약 정도를

---

2 비표본오차라는 이름에서 느껴지듯이 표본오차도 존재한다. 표본을 사용하기 때문에 모집단의 평균에서 벗어날 수밖에 없는 오차다. 4장 '상관관계는 인과관계가 아니다'에서 자세히 다룬다.

1에서 5가 있는 평가표를 이용해 측정해달라고 했다고 가정해보자. 2013~14 시즌 전성기 때의 기량에는 다소 못 미치지만 수술을 마치고 성공적으로 복귀한 점을 감안해 5명이 모두 4점을 줬다면, 5명의 평가자 간 측정 분산도 적고 수술을 마친 요인을 감안한 것이 질문의 의도와 일치하기 때문에 편향이 없는 것으로 볼 수 있다. 이 경우 좌측 과녁의 케이스로 질문의 신뢰성이 높고 편향이 적어서 정확도^{accuracy}가 높다.[3] 반면에 메이저리그에서 활약하는 한국인 선발투수라는 점이 5명의 전문가들이 후한 점수를 주게 된 이유라면 분산 정도는 적어서 신뢰성은 매우 높으나, 질문과 관계없는 요인이 고려되어 전체적으로 편향된 측정이 발생한 결과 정확도가 떨어졌다. 이 경우는 두 번째 과녁에 해당되며, 측정의 정확성을 높이기 위해 관용^{leniency}이 개입될 여지를 없앨 수 있는 질문으로 변경하든지 아니면 전문가 구성단을 좀 더 객관적으로 평가할 수 있는 평가자로 교체할 수 있다. 마지막으로 평가자 5명 중 2명은 3점, 1명은 4점, 그리고 마지막 2명은 5점을 평가함으로써 편향은 발생하지 않았지만, 각 평가자들의 측정치가 평균으로부터 벗어난 분산의 정도가 커졌다. 이 경우 측정의 신뢰성은 낮고, 정확성 또한 중간 수준 정도로 볼 수 있다.

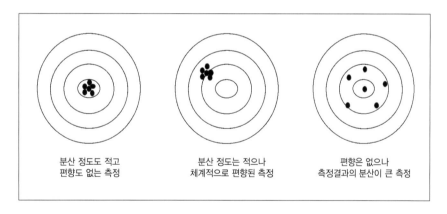

분산 정도도 적고
편향도 없는 측정

분산 정도는 적으나
체계적으로 편향된 측정

편향은 없으나
측정결과의 분산이 큰 측정

그림 3.1 측정의 분산 정도와 편향성의 차이

---

3 Neurendorf, K.A. (2017). *The content analysis guidebook*. 2nd Edition. SAGE.

측정지표의 분산 정도와 편향을 확인하기 위해 한 명의 평가자가 일정 시간을 두고 같은 선수를 반복적으로 평가하는 검증 재검증^{test-retest} 신뢰도 측정방법은 야구 데이터로 분석할 때 쉽게 활용할 수 있는 방법이다. 각기 다른 두 시점에 같은 지표를 이용해 대상을 측정하는 방법으로, 예를 들어 메이저리그 선수들의 2016년 홈런지표와 2015년 홈런지표들이 유사하다면 해당 지표는 높은 신뢰성을 가질 것이며, 그렇지 않다면 낮은 신뢰성을 갖는 것으로 볼 수 있다. 통계적으로 말하자면 $t-1$ 시점의 홈런과 t 시점의 홈런 간 상관관계를 확인하는 방식이 변수의 신뢰도를 확인하는 가장 일반적인 방법이다. 하지만 시점이 다른 홈런지표 간의 상관관계만을 평가한다면, 신뢰성의 높고 낮음에 대한 기준이 모호하다. 이 문제를 해결하기 위해 타율, 타점 등 공격지표들의 전년도와 현재 연도 간의 상관관계와 비교해서 어떤 공격지표가 가장 신뢰성이 높은지 확인할 수 있다. 야구를 이용한 검증 재검증 신뢰도 측정방법은 벤저민 바우머^{Benjamin Baumer}와 앤드루 짐발리스트^{Andrew Zimbalist}의 저서 『세이버메트릭스 레볼루션』에 왜 삼진이 타율에 비해 신뢰성이 높은 지표인지 자세히 설명되어 있다.[4]

라만 데이터 Batting 테이블을 이용해 2014년 메이저리그 타자들의 개인성적과 2015년 개인성적에 대해 각각 테이블을 만든 후, merge() 명령어를 이용해 선수들의 playerID를 기준으로 테이블을 통합했다. 동일한 변수를 갖는 2개의 테이블을 통합하면, 동일한 이름의 변수를 2014년과 2015년도로 구분하도록 첫 번째 시즌 변수에 x를, 두 번째 시즌 변수에 y를 부여해 두 연도의 데이터를 구분한다는 점을 주목하자. 통합된 테이블 c에서 두 시즌 모두 10타석을 넘는 선수들만 상관관계 테스트에 포함시켰다.

```
library(Lahman)
a<-subset(Batting,yearID==2014)
b<-subset(Batting,yearID==2015)
c<-merge(a,b,by="playerID")
d<-c[c$AB.x>10&c$AB.y>10,]
```

4 『세이버메트릭스 레볼루션: 통계는 어떻게 야구를 비즈니스로 바꾸는가?』(2015, 한빛비즈)

참고로, 마지막 줄 코드를 with() 명령어를 사용해서 다음과 같이 더욱 간단히 코딩할 수 있다.

```
d<-with(c, c[AB.x>10&AB.y>10,])
```

with로 사용할 테이블을 고정하면 매번 $를 사용해서 테이블 지정을 반복할 필요가 없다.

첫 번째 상관관계 테스트는 2014년 홈런(c$HR.x)과 2015년 홈런(c$HR.y) 간의 상관관계이며, 두 번째는 타율(d$H.x/d$AB.x) 상관관계 분석이다. 상관관계는 두 변수 간의 연관된 정도를 보여주는 것으로, 가장 높은 연관성은 1 또는 −1인 반면, 비연관성은 0을 의미한다. 1에 가까울수록 2014년도 홈런과 2015년도 홈런은 매우 높은 양의 상관성을 보이는 반면, −1의 경우 2014년 홈런개수가 높았을 때 2015년 홈런개수가 낮은 반대의 연관성이다.

```
with(d, cor(HR.x, HR.y))
[1] 0.6804912
with(d, cor(H.x/AB.x, H.y/AB.y))
[1] 0.4868565
```

2014년도와 2015년도 홈런지표와 타율지표의 상관관계를 살펴본 결과, 홈런지표가 타율지표보다 상관관계가 높으며, 개인홈런 변수가 개인 타율 변수보다 신뢰성 있다고 해석된다. 합리적인 이유로는 홈런에 필요한 선수들의 파워는 1년마다 크게 바뀌지는 않지만 타율성적은 여러 이유로 영향을 받기 때문에 매년 변화폭이 큰 것으로 추정된다. 홈런으로 내년 시즌 홈런을 예측하는 것이 좀 더 신뢰성 높은 예측이지만, 홈런이 타율보다 팀승리에 기여한다는 확대해석은 금물이다.

영화 〈머니볼〉에서 보는 신뢰도가 높은 지표의 활용 케이스

〈머니볼〉을 보면 단장 역을 맡고 있는 브래드 피트가 분석보좌 역과 함께 복잡하게 숫자가 널려 있는 화이트보드 앞에서 대화를 나누는 장면이 나온다. 그 장면에서 사무실 벽에 걸려 있는 화이트보드에는 2001년도 아메리칸리그 서부지구에서 오클랜드가 포스트시즌에 진출할 때 보유하고 있던 실제 수치와 그 공식이 첫 번째 행에 나온다.

$$\text{오클랜드(2001):} \quad \frac{884^2}{884^2 + 645^2} = 0.6525 \text{(2001년도 실제 승률은 0.6296)}$$

884는 2001년도 오클랜드의 실제 팀득점을, 645는 실제 팀실점을 가리키며, 다음 공식에 대입해서 이론 승률을 구했던 것이다. 오클랜드의 2001년 실제 승률은 62.96%였으며, 공식에 득점과 실점을 투입해서 나오는 예측값 0.6525와 제법 가까운 값이 나왔다. 결국 기대 승률을 예측하는 데 득점과 실점이 중요한 역할을 하기 때문에 역으로 2002년 포스트시즌에 진출할 수 있는 득점과 실점을 계산할 수 있다는 주장이다.

$$\frac{\text{득점}^2}{\text{득점}^2 + \text{실점}^2} = \text{기대 승률(\%)}$$

공식의 왼쪽 항에 있는 분수식을 논리적으로 이해할 필요는 없다. 경험적으로 득점[run scored]과 실점[run allowed]을 이렇게 구성했을 때 실제 승률과 가장 비슷한 기대 승률이 나왔다는 경험적 발견이기 때문이다. 2001년에 884 득점과 645 실점을 기록한 오클랜드는 5할 승률을 훌쩍 넘는 63% 승률을 보여준다. 가볍게 지구 1위로 포스트시즌에 진출했지만, 다가오는 2002년 시즌은 분위기가 달랐다. 기존 선수들의 이탈로 진출 가능성에 대한 예측을 보수적으로 할 수밖에 없는 상황에서, 월등한 성적으로 1위를 하기보다는 겨우 1위를 하는 데 초점을 맞춘다. 2001년도 6개 지구에서 1위로 진출한 팀들의 승률 평균이 약 61%임을 확인하고, 2002년도 지구 1위로 진출하기 위해 필요한 득점과 실점을 영화 〈머니볼〉에서는 다음과 같이 예측했다.

$$\text{오클랜드(2002 예측):} \quad \frac{814^2}{814^2 + 645^2} = 0.6142$$

예측에는 합리적인 가정[assumption]이 들어갈 수밖에 없는데, 흥미로운 부분은 2001년도 실점(645)이 2002년도에도 반복될 것이라는 가정이다. 과연 합리적인 가정인가? 실제 실점은 공격력 지표인 득점보다는 변동성이 덜하기 때문에 종종 전년도와 유사한 수준의 팀실점이 발생하는 경향이 있다. 물론 5 선발 투수까지 구성이 크게 바뀌지 않았을 경우에는 연도 간 실점 수준은 더욱 유사해진다. 반면에 팀 선발 타자진들이 바뀌지 않았다고 해도 팀득점은 매년 크게 출렁이는 경향이 있다. 그런 의미에서 오클랜드의 분석보좌 역은 실점이 작년과 동일(645점)할 것이라는 가정을 한 상태에서 포스트시즌 진출에 필요한 득점을 공식에 대입해서 814점으로 예측한 것이다.

영화 〈머니볼〉은 부자팀이 아니었던 오클랜드 애슬레틱스가 양키스나 다저스가 거액을 주고 스카웃해오는 거물급 선수들에 대해서는 관심을 끊고, 814라는 목표 팀득점에 기여할 수 있음에도 불구하고 기존 스카우트의 관심에 들어오지 않아 저평가된 선수의 능력을 득점과 상관관계가 높은 지표를 개발하고 적용해가는 이야기이며, 성공적이었던 2002 시즌 오클랜드의 분석 메커니즘은 생각보다 오랫동안 회자되고 있다. 814 팀득점이라는 목표 설정이 가능했던 것도 연도별로 변화의 폭이 크지 않아 신뢰성이 높은 수비지표를 예측 공식에 활용한 덕분이다.

측정의 타당도

연구논문을 진행하면서 신경 쓰이는 부분이 한두 군데가 아니다. "이미 연구가 끝난 주제인가?", "이론에서 가설이 논리적으로 도출되었나?", "데이터는 모집단의 대표성을 왜곡 없이 갖는가?", "분석방법과 데이터 그리고 이론이 모두 일치하는가?", "연구가 이론계나 현실계에 어떤 도움을 주는가?"라는 질문들을 끊임없이 묻고 답해야 한다. 특히 측정 변수들이 정말로 연구자가 궁금해하는 질문에 답을 줄 수 있는가에 대한 고민은 프로젝트가 끝날 때까지 생각하고 또 생각한다. 결국 측정지표의 타당성validity에 대한 고민이다. 이론의 개념과 그 개념을 측정하는 지표의 일치 정도이며, 일치 정도가 큰 경우 타당도가 높은 지표다. 측정하는 것이 원래 측정하려는 것과 가까울수록 타당도가 높으며, 타당성이 높은 측정을 위해 복잡하게 얽혀 있는 현상들을 풀어내고 정리해 관찰될 수 있는 구성개념으로 도출할 수 있는 능력이 있어야 한다. 그림 3.2는 타자의 능력이라는 광범위한 개념을 측정하기 위해 타율이라는 측정지표를 사용할 수 있는 근거는 타자의 능력을 '런run[5]을 연장하는 능력'이라는 구성 개념으로 정의했기 때문에 가능했음을 보여준다. 런을 가장 쉽게 연장할 수 있는 대표적인 방법이 안타이며, 타석 대비 표준화한 타율은 구성개념을 목적에 맞게 측정한다.

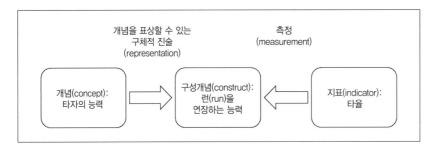

그림 3.2 구성개념의 역할

측정이 불가능한 개념을 연구주제로 선정해서 연역법식의 반증이나 귀납법식의 입증이 불가능한 영역을 다루는 것은 과학의 범주가 아니다. 따라서 분석 시작 전에 관심 있는 특정 개념이 측정 가능한 개념인지를 고민하는 습관이 필요하다. 다행히도 대부분의 야구 개념들은 측정이 가능한 구성개념들이다. 때로는 구성개념이 의미하는 바가 정확히 전달되지 않아서 개념과 지표가 전혀 다른 경우가 발생할 수 있으므로, 구성개념을 명료하게 정의하는 작업이 측정 전에 필요하다. 다음 세 가지는 측정 전에 스스로에게 반드시 물어야 하는 질문들이다. 구성개념이 다르게 해석될 여지는 없는가? 의도된 구성개념을 측정할 수는 있는가? 측정도구는 구성개념을 정확히 반영하는가?

구성개념은 다른 구성개념들과 상호 관련이 있을 경우 더 큰 의미를 가지며, 그 관계는 통계모델로 추정된다. 이와 같이 구성타당도construct validity가 높은 구성개념은 이론이 제시한 대

5　'run'을 어떻게 번역하는 것이 맞는 것일까? run을 굳이 바꾸자면 '루'라고 할 수 있지만, '1루'는 퍼스트 베이스라고 부르듯이 베이스(base)라는 단어가 있다. 그렇다고 run을 득점이라 부를 수 없는 이유는 'run scored'를 득점이라 부르기 때문이다. run에 대한 힌트는 장타율(SLG)에서 얻을 수 있다. 장타율은 타자의 공격생산성을 보여주는 지표. 만약 SLG 0.4짜리 타자가 타석에 들어서면 타석 기대치는 0.4 run이다. 즉, 1루까지 못 갈 기대치다. 어떤 선수가 지금까지 타석에서 한 번도 아웃되지 않고 홈런만 때렸다면 4 SLG가 되며, 타석에 들어서기만 하면 홈런을 칠 거라고 예상받는 SLG의 최대 가능값이다. 즉, SLG가 1이면 선수가 타석에 섰을 때 1 run을 기대받고, 2이면 2 run을, 3이면 3 run을, 4이면 4 run 또는 홈런을 기대받는다. 따라서 run은 베이스와 베이스 간 선수가 뛰어가는 개념적 거리이며, 주자를 러너(runner)라고 하고 러너가 홈으로 들어오면 런이 마침내 홈을 찍어 점수가 난다(run scored).

로 다른 개념과도 잘 연계된다.[6] 예를 들어, 투수들의 자아효능감$^{self\ efficacy}$이 방어율에 어떤 영향을 미치는지 조사하려고 한다. 자아효능감의 구성개념은 어려운 상황을 극복해내고 목표를 달성할 수 있다는 스스로에 대한 믿음이다. 투수처럼 빈번하게 무사 선행주자가 나가 있는 상태에서 자신감을 잃지 않는 것은 꼭 필요한 특성이며, 높은 자아효능감을 가진 마무리 투수들의 성적이 그렇지 않은 투수들보다 좋을 것이라는 가설을 만들 수 있다. 가설 속에는 자아효능감과 성적이라는 두 가지 구성개념이 있고, 연구진들은 통계모델을 통해 구성개념 간의 관계를 추정한다. 구성타당도를 높일 수 있도록 자아효능감의 어느 요소가 투수들의 성적에 영향을 주는지 살펴본다. 일반적인 자아효능감의 구성개념 중에서 정보활용 효능감은 투수들의 성적과 관계가 없겠지만, 통제 효능감은 볼을 컨트롤할 수 있다는 측면에서 자아효능감의 하위 차원$^{sub\text{-}dimension}$ 중 마무리 투수의 성적과 연관되어 타당성이 좋은 구성개념이 된다.

능력과 운의 결과물: 시즌 성적

신뢰성과 타당성이 높은 공격능력지표를 확보하면 팀승리에 기여할 가능성이 높은 선수를 찾아낼 수 있을 것이다. 나아가 경쟁팀이 파악하지 못한 신뢰성 있고 타당성 있는 공격지표를 선수 선발에 적용할 수 있다면 낮은 예산으로도 그 이상의 팀성적을 만들 수 있다는 것이 머니볼식 주장이다. 영화 〈머니볼〉에서 보여주듯, 타구단이 보지 못하고 있어서 저평가된 선수의 능력을 인지하고, 숨은 능력을 정확하게 측정해내는 구단은 저비용으로 승리를 구입할 수 있지만, 문제는 좋은 능력이 반드시 좋은 성적으로 연결되진 않는다는 데 있다. 선수의 성적을 풀어보면 다음과 같이 능력과 운으로 나뉜다.

$$\text{성적}^{Performance} = \text{설명되는 능력}^{Abilty} + \text{설명되지 않는 운}^{Luck}$$

---

6   Singleton Jr., R. A., & Straits, B. C. (2005). Approaches to social research (4th edition). New York, NY: Oxford University Press.

운은 선수의 능력과는 관계없이 성적에 영향을 미치는 부분이다. 선수의 능력보다 성적이 잘 나올 수도 있지만 능력에 비해 성적이 저조할 수 있기 때문에 능력으로 설명이 안 되는 부분을 운이라고 해도 무방하다. 운은 분석하는 사람이 가지고 있는 변수로는 패턴을 잡아낼 수가 없어서 성적을 예측하는 데 도움이 되지 않는 소음^{noise}이다. 세상에 이유 없는 결과는 없다. 이번 시즌 3할을 칠 거라고 예상되던 선수가 실제 2할 5푼을 쳤다면 3할이라는 성적을 예측할 때, 고려하지 않았거나 고려는 했지만 측정할 수 없어서 예측에 포함시킬 수 없었던 눈에 보이지 않는 잠재 변수가 있었음을 인정할 수밖에 없다. 그래서 현실과 100% 일치하는 예측을 제시할 수 없는 예측모델은 엉터리라고 인정하고, 전통적인 방식인 관리자의 경험과 통찰력에 의존하는 편이 낫다고 주장해야 하는가?

인간이 모여서 만든 조직에서 완전한 합리적 의사결정은 없다. 합리적인 사고방식과 의사결정과정이 조금은 있는 듯하다가도, 어느새 조직의 중심세력이 바뀌고 구성원들이 교체되면서 어렵게 유지하고 있던 합리적인 사고방식이 비합리성으로 희석돼버린다. 하지만 합리라고 해서 항상 비합리보다 우월한 것도 아니다. 새로움을 추구하는 것은 비합리가 필요하며, 아무런 데이터가 없는 새로움에 대해 합리를 높이고자 분석을 들이대는 것은 어불성설이다. 하지만 그 새로움조차도 사람들의 의견을 수렴하고 방향을 제시하려면, 최대한 합리적인 예측을 내놓아야 한다. 그렇지 않다면 흔히들 혁신이라 말하는 새로움을 추구한 결과는 대체로 두 가지로 마무리된다. 모두 생각하는 방향이 달라서 앞으로 진전조차 못하고 우왕좌왕하는 조직이 되거나, 이해도 안 되고 마음에도 안 들지만 그렇게 하자고 하니 따라가는 조직이 된다.

완벽한 예측력은 없더라도 소음을 최대한 줄인 예측모델은 조직이 쉽게 소통할 수 있는 도구가 되어, 합리적 자료와 비합리적 감각을 동시에 사용하는 의사결정에서 조금이나마 합리적 자료에 관심을 더 갖도록 유도하는 효과가 있다. 물론 이러한 효과를 기대하기 위해서는 모델에 있는 신호^{signal} 부분을 높이고 소음^{noise}을 낮추는 노력이 필요하다(그림 3.3 참조). 소음을 줄이면서 신호를 높일 수 있는 두 가지 방법을 소개한다.

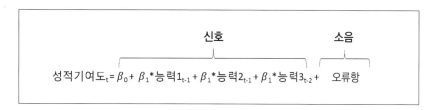

$$\text{성적기여도}_t = \beta_0 + \beta_1 * \text{능력}1_{t-1} + \beta_1 * \text{능력}2_{t-1} + \beta_1 * \text{능력}3_{t-2} + \text{오류항}$$

그림 3.3 신호와 소음의 구분

　첫 번째는 신뢰성과 타당성이 높은 지표를 사용해야 한다. 타자의 진정한 능력을 측정할 때 소음이 많은 지표를 사용하면, 선수의 능력으로 설명할 수 있는 성적의 범위는 좁아지고, 설명되지 못해서 운luck으로 돌리는 소음인 오류항error term 범위가 넓어진다. 성적기여도에 도움이 되는 선수들의 능력을 정확히 측정할 수 있는 지표가 있다면, 해당 지표에 근거해서 선수를 키우고 영입할 경우 팀성적이 개선될 가능성이 높다. 이를 위해 신뢰성이 좋아서 내년에도 반복될 수 있는 지표 중에 성적과 구성타당도가 높아 성적에 직접적으로 영향을 미치는 지표가 야구단의 단장과 감독이 관심을 가져야 하는 변수가 된다.

　공격능력을 대표하는 전통적 지표로 타율AVG7을 많이 사용해왔다. 타율보다 팀의 승리에 직접적으로 기여하는 선수의 득점R, run scored과 타점RBI, run battled in으로 공격력을 평가하면 기본적으로 두 가지 문제에 직면한다. 일단은 득점과 타점에 필요한 선수의 능력은 무엇인가라는 질문에 많은 안타를 만드는 능력을 고려함으로써 결국 하위개념인 타율로 돌아가게 되고, 두 번째는 타자 자신이 홈베이스를 밟아야 하는 득점R과 선행주자를 홈베이스에 밟게끔 하는 타점RBI만을 공격능력으로 측정하면, 점수를 내는 과정에서 예를 들어 1루 주자를 2루로 보내는 경우처럼 안타는 쳤지만 공격능력으로 기록될 수 없는 사각지대가 나타날 수밖에 없다. 이런 이유로 타율은 득점과 타점보다 선수의 능력을 측정하는 데 많이 사용돼왔다. 하지만 타율의 대중적 인기도에 비해 타자가 지니고 있는 진정한 능력치를 반영하느냐에 대한 의문은 꾸준히 제기되고 있다.

7　타율의 계산 공식은 다음과 같다.

$$AVG = H/AB$$

　즉, 안타와 홈런의 총 개수(H)를 볼넷과 사사구를 제외한 타석을 마무리한 총수(AB 또는 At Bat)로 나눈 비율이다.

가장 간단한 논리는 실점을 낮추고 득점을 높일 때 승리 가능성이 가장 높다는 것이다. 득점을 위해 첫째 진루on-base가 필요하며, 두 번째는 주자를 홈으로 불러들이는 타점력RBI이다. 타율AVG의 구성을 살펴보면 안타를 치고 나가는 타구능력에만 초점이 맞춰져 있어, 통계적으로 진루의 25%를 차지하는 데드볼이나 포볼 등 투수의 투구를 골라내는 비안타 출루 능력은 고려되지 않았다. 또 다른 타율의 한계점은 1루타를 치든 3루타를 치든 단 하나의 안타로 인정되기 때문에 실제 1루타와 같은 단타보다 장타가 팀승리에 더 많이 공헌하나 타율AVG에서 그 차이점이 고려되지 않는다. 따라서 타율은 선수 개인별 실제 공헌도를 정확히 잡아내지 못한다는 한계가 있다.

한계점을 극복하기 위해 안타로 인한 출루뿐만 아니라 비안타(사사구 또는 볼넷) 출루까지 고려하는 출루율OBP, on-base percentage[8]을 타율만큼 많이 사용한다. 또한 1루타와 장타의 차이를 두지 않는 기존 지표의 한계점을 극복하기 위해 야구통계 분석가들은 장타율SLG, slugging[9]을 개발, 1루타보다는 2루타에, 2루타보다는 3루타에, 3루타보다는 홈런에 더 높은 가중치를 줌으로써 공격의 효율성을 장타력으로 평가한다. 최근 야구중계에서는 타율, 출루율, 그리고 출루율과 장타율이 합쳐진 OPS(= OBP + SLG) 세 가지 지표를 제공함으로써 야구팬들이 정확하게 선수의 능력치를 이해할 수 있도록 도와주고 있다. 야구 전문가들의 예측 욕구에 따라 좀 더 정교한 지표들이 소개되고 있으므로, 한 지표에만 의존하지 않고 신뢰도와 타당성이 높은 지표들을 예측모델의 변수로 사용함으로써 성적기여도에 대한 신호를 높이고 동시에 소음을 줄일 수 있다.

소음을 줄이고 신호를 높일 수 있는 두 번째 방법은 세상의 모든 현상은 다 측정할 수 있

---

8   출루율의 계산 공식은 다음과 같다.

OBP(on-base percentage) = (안타 + 몸에 맞는 볼 + 포볼)/(타석 + 몸에 맞는 볼 + 포볼 + 희생타)

즉, 홈런을 포함한 안타, 몸에 맞는 볼, 볼넷의 합을 총 타석에 희생타(SF, Sacrifice Flies)를 더한 값으로 나눈 비율이다. 출루율은 일반적으로 타율보다 0.5 정도가 높게 나오지만, 리그에서 가장 높은 출루율을 나타내는 선수의 경우 출루율이 타율보다 1 정도 높게 나타난다.

9   장타율의 계산 공식은 다음과 같다.

SLG = (단타 + 2 * 2루타 + 3 * 3루타 + 4 * 홈런)/타석

즉, 홈런을 포함한 안타에 각기 다른 가중치를 곱하고 합친 값을 타석으로 나눈 비율이다.

다는 헛된 생각에서 벗어나는 것이다. 출루율로 측정된 선수의 선구안과 빠른 발, 타율로 측정된 안타능력, 장타력으로 측정된 파워, 그리고 선수들의 신장과 몸무게는 측정할 수 있는 변수라서 신호 부분에 해당된다. 문제는 분명 선수의 성적기여도에 영향을 미치는데, 측정할 방법이 없는 잠재 변수들도 많다는 점이다. 선수들의 심리적 상태, 성향, 자아효능감, 팀과의 관계, 생활 전반의 만족도 등 분명 성적기여도에는 영향을 미칠 것 같은데, 이러한 잠재 변수를 측정한 지표가 없어서 소음으로 방치할 수밖에 없는 상황이다. 물론 인터뷰나 설문조사를 통해 선수들의 심신을 평가하고 수치화해 예측모델에 넣는 방법은 매우 훌륭한 방법이지만, 모든 현상을 다 측정할 수는 없기 때문에 오류항의 범위가 넓어지면서 모델의 예측력이 떨어진다. 이 문제를 해결하기 위해 6장 '모델링'에서 계량경제학 개념을 빌려 잠재 변수로 인해 발생한 오류항의 효과를 줄이는 방법을 설명한다. 한 가지만 더 추가하자면, 오류항의 영향력을 줄이고자 예측모델에 많은 변수를 측정해서 집어넣는 것도 좋은 생각은 아니다. 모델에 다양한 변수가 있다면 예측력을 높일 수는 있지만, 변수가 지나치게 많아 특정 표본에 맞춤화돼버린 모델은 다른 표본에서는 작동하지 않아서 일반화 능력이 떨어질 가능성이 높다. 모델링에서는 오버피팅overfitting이라고 한다.

공격지표들을 이용한 상관관계

저평가된 선수를 발굴하거나 몸값이 비싼 특정 선수의 뛰어난 능력에 의존하지 않으면서 승리를 챙겨가는 팀의 능력은 빅데이터 분석이 가져다준 결과라고 볼 수 있다. 팀에서 이런 혜택을 챙겨가기 위해서는 구단주, 분석 담당자뿐만 아니라 감독과 코치들 또한 관계를 규명하려는 연구자의 눈으로 야구를 봐야 하는 시점에 도래했다. 물론 야구에만 국한되는 이야기는 아니며, 빅데이터 시대를 살아가는 직장인들도 연구자의 마인드가 필요한 시점이다. 연구자적 마음가짐의 배양을 상관관계 분석에서 시작해보면 좋다.

　변수 간 관계를 보여주는 대표적인 분석으로 상관관계 분석과 인과관계 분석이 있다. 상관관계 분석은 다른 변수 간의 연관성을 보여주며, 기호로는 r이며 상관계수correlation coefficient라고 부른다. 상관계수는 두 변수가 같이 만들어내는 공통된 분산을 분자로 두고, 두 임의 변수 각각이 중심으로부터 퍼져 있는 범위를 표준화한 편차들이 조합되어 만든 전체 범위를 분모로 두기 때문에 두 변수의 연관성 정도가 파악되며, 분자인 공분산 $\mathrm{cov}(x, y)$는 두 변수가 결합되면서 만드는 방향을 결정한다. 공분산 기호가 마이너스가 될 경우 한 변수가 증가할 때 다른 변수는 감소되며, 기호가 플러스가 될 경우 두 변수가 동시에 증가하거나 동시에 감소하는 관계가 된다. 결국 상관관계의 방향을 결정하는 것은 분자인 공분산이다.

$$r_{x, y} = \frac{\mathrm{cov}(x, y)}{\sigma_x \sigma_y}$$

같은 단위를 갖는 변수 간의 관계에 대해서는 의미 있는 해석을 할 수 있지만, 단위가 다른 변수 간에는 단위가 큰 변수에 의해 공분산이 결정될 수 있다는 단점이 있다. 따라서 해석을 용이하게 하기 위해 각 변수의 표준편차 곱을 분모 $\sigma_x \sigma_y$로 두어 단위가 다른 변수들 간의 관곗값을 표준화해서 그들의 상관성을 비교하는 것이 용이해진다. 계산된 상관계수의 최댓값은 +1, 최솟값은 −1이며, 서로 관계가 없을 경우 0에 가깝다.

여러분이 만약 프로야구팀의 스카우터라면 어떤 지표를 이용해 선수를 선별하겠는가? 시즌이 마무리되어 선수들의 한해 성적을 수집할 수 있는 어느 11월 초겨울, 내년도 득점을 끌어올려야 하는 팀에게 적시타를 터뜨려줄 수 있는 타점능력이 높은 선수가 꼭 필요하다. 물론 통계적으로 홈런, 장타율, 출루율 등 타점과 긴밀하게 연계되어 타점을 상승시킬 매력적인 지표들이 많지만, 전년도의 장타율과 출루율이 높아서 높은 계약금과 연봉을 지급하고 스카웃해온 타자들일수록 전년도의 높았던 기록 때문에, 이번 시즌에 더 높은 기록을 내기는 확률적으로 어렵다.

또한 스카웃되어 들어간 팀에서 새로운 선수들과 호흡을 맞추고 새로운 연고지에서 살아가야 하는 어려움도 있고, 많은 사람의 기대에 대한 부담감 때문에 높았던 장타율과 출루율이 오히려 추락할 개연성도 상당히 높다. 그렇다면 어떤 지표를 사용해 다음 시즌 선수들의 타점RBI, Run Battled In을 예측해볼 수 있을까? 해당 질문에 대한 답은 메이저리그에서 팀을 이적한 선수들만의 데이터를 수집해서 새로운 구단으로 이동하기 전의 특정 성적지표와 새로운 구단에서 만들어낸 타점 간의 상관성을 살펴보면 될 것이다.

문제는 상관관계 분석을 위해 반드시 거쳐야 하는 쉽지 않은 전처리pre-processing과정이다.

코드가 복잡하다기보다는 최근 2015~2016년도에 팀을 이동한 선수들만의 데이터를 목적에 맞게 전환할 수 있는 아이디어가 필요하다. 다양한 방법이 있지만, ifelse() 명령어를 이용해 조건에 부합하는 선수들의 데이터를 모았다.

```
library(Lahman)
library(dplyr)
library(plyr)
data<-subset(Batting,yearID>2014&yearID<2017)
data$teamID<-as.character(data$teamID)
data$playerID<-as.character(data$playerID)
a<-arrange(data,playerID,yearID)
```

2015년 그리고 2016년 시즌을 대상으로 이 기간 동안 선수들의 이동을 확인하기 위해 Batting 테이블에서 2시즌만 추출해서 data에 담았으며, playerID와 yearID 변수를 기준으로 정렬해서 a에 담았다. 이렇게 정렬한 이유는 동일한 타자의 전년도인 2015년 소속팀과 2016년 현재 소속팀이 동일한지 여부를 쉽게 비교하기 위해서다.

```
a$p_teamID<-as.character(sapply(1:nrow(a),function(x){a$teamID[x-1]}))
a$p_playerID<-as.character(sapply(1:nrow(a),function(x){a$playerID[x-1]}))
a$p_RBI<-as.numeric(sapply(1:nrow(a),function(x){a$RBI[x-1]}))
a$p_AB<-as.numeric(sapply(1:nrow(a),function(x){a$AB[x-1]}))
a$p_SF<-as.numeric(sapply(1:nrow(a),function(x){a$SF[x-1]}))
a$p_SH<-as.numeric(sapply(1:nrow(a),function(x){a$SH[x-1]}))
a$p_H<-as.numeric(sapply(1:nrow(a),function(x){a$H[x-1]}))
a$same_person<-ifelse(a$playerID==a$p_playerID,"same","different")
b<-a[a$same_person=="same",]
b$moved<-ifelse(b$teamID==b$p_teamID,"no","yes")
c<-b[b$moved=="yes",]
```

동일 타자의 2015년도 데이터와 2016년도 데이터가 동일한 행에 위치하는 경우에만 같은 사람의 데이터임을 인지할 수 있기 때문에, RBI, AB, SF, SH, H 등 필요한 변수의 현재 관측치(2016 시즌)보다 한 시점 앞서는([x-1]) 관측치(2015 시즌)를 2016 시즌 데이터와 동일선상에 배열하는 작업을 코딩했으며, 이 과정을 전체 행에(sapply()) 반복 적용한다. 동일 타자의

2015 시즌 데이터라고 가정했지만, 다른 타자의 데이터가 동일선상에 놓일 수도 있기 때문에 playerID를 통해 동일 선수가 아닌 행은 분석 대상에 포함시키지 않는다. 또한 이번 분석은 전년도 타율이 이적 후 새로운 팀에서 높은 성적으로 연결되는지 확인하는 데 목적이 있기 때문에, 이적 사실이 없는 선수의 기록도 포함하지 않았다.

```
c$p_avg<-with(c,p_H/p_AB)
c$sac<-with(c,p_SF+p_SH)
d<-subset(c,AB>400&p_AB>400)
d$change_rbi<-with(d,RBI/p_RBI)
```

2015 시즌과 2016 시즌 각각 400타수를 초과한 선수들의 데이터만 활용하기로 했다. 타석수가 적은 선수의 경우 기대를 받고 스카웃됐다기보다는 그 반대의 경우일 가능성이 높아서 이번 실험에서 배제했다. 마지막으로, 여러 변수들을 적용해서 2015 시즌 성적, 2016 시즌 희생플레이, 그리고 2016 시즌 성적 변화를 가장 잘 반영하는 타율, 희생번트 및 플라이, 그리고 타율 변화 변수를 만들었다. 참고로, 변수 앞에 붙은 p_는 전년도 'prior'의 앞 철자를 차용했다. 우선 전년도 타율로 이번 시즌의 타점 변화 여부를 예측하는 데 있어서 과연 전년도 타율이 좋은 지표인지 확인할 수 있는 두 변수의 상관관계를 살펴본다.

```
with(d,cor(p_avg,change_rbi))
[1] -0.4890067
```

2015 시즌과 2016 시즌으로 본 전년도 타율과 이번 시즌 타점 변화의 상관계수는 마이너스 결과가 나왔다. 본능적으로는 말이 안 되는 것 같지만, 앞에서 설명했듯이 현실적으로는 전년도 타율이 높을수록 그다음 시즌 공격능력이 그 정도로 높지 않을 가능성이 크고, 타점 또한 전년도에 비해 떨어진 경향이 있음을 데이터는 보여준다. 상관관계 분석은 앞으로 설명할 회귀분석의 기초자료가 될 뿐만 아니라 고급 시각화 작업의 기반이 되므로, 상관관계 산포도를 그리는 데 알아두면 좋은 라이브러리 ggplot2를 이용한 고급 기능들을 소개한다.

```
library(ggplot2)
ggplot(d,aes(p_avg,change_rbi,lgID))+geom_point(size=2,aes(shape=lgID))+
  annotate("text",x=0.3,y=1.6,label="r=-0.49",size=5)+
  stat_smooth(method="lm",col="black")+
  labs(x="Batting Average of Prior Year", y="Change in RBI")
```

ggplot() 명령문의 괄호 안에는 데이터와 보기 좋게(aes) 표현하고 싶은 x 변수, y 변수, 그리고 추가하고 싶은 제3의 변수를 투입해서 기본 형태를 잡아준다. + 기호를 사용해서 필요한 레이어들을 추가해주면 심미적으로 근사하고 기능적으로 많은 정보를 제공하는 그래프를 전달할 수 있다. 그림 3.4에서는 2015 시즌 타율과 2016 시즌 타점 변화 산포도 위에 점모양, 상관계수 정보, 회귀선, 그래프 레이블 등을 올렸다.

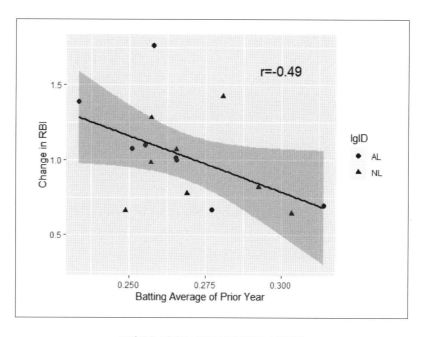

그림 3.4 전년도 타율과 타점 변화율 상관관계

그림 3.4에서는 리그 구분(lgID)을 제3의 변수로 사용해서 각각의 점들이 어떤 리그 소속

의 선수들이 만들어냈는지 보여주기 위해 둥근 점은 아메리칸리그, 세모 점은 내셔널리그로 구분했다. 이번에는 리그 각각에서 상관성 분석을 독립적으로 실시해서 그 효과가 다르게 나타나는지를 확인한다(그림 3.5).

```
ggplot(d,aes(p_avg,change_rbi))+geom_point(size=2)+
  stat_smooth(method="lm",col="black")+facet_wrap(~d$lgID)+
  labs(x="Batting Average of Prior Year", y="Change in RBI")
```

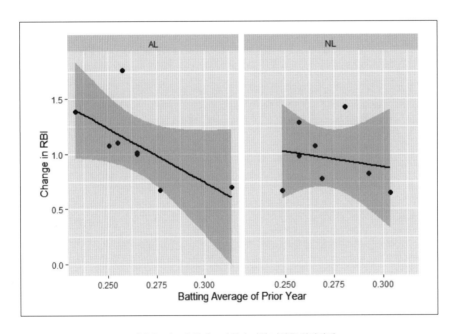

그림 3.5 리그별 전년도 타율과 타점 변화율 상관관계

그림 3.4와 그림 3.5의 산포도에서 이전 시즌의 타율이 높을수록 후속시즌 타점RBI이 줄어드는 것을 알 수 있다. y축이 1인 경우에는 두 시즌 간에 타점 차이가 없으며, 1보다 높은 경우에는 전년도 대비 타점이 올랐음을 의미한다. 이제는 전년도에 희생번트와 희생타를 많이친 선수들이 새 구단으로 이적 후 첫 연도에 만들어낸 타점을 살펴보자.

```
with(d,cor(sac,change_rbi))
[1] 0.5042151
```

　예상과 달리 상당히 높은 관계가 확인되며, 이번 결과는 영입하는 과정에서 희생번트와 희생플라이처럼 중요해 보이지 않는 지표에서도 흥미로운 정보를 찾을 수 있다는 점과 타율 같은 큰 지표에만 관심이 매몰되지 않아야 한다는 의미도 던져주고 있다.

```
ggplot(d,aes(sac,change_rbi,lgID))+geom_point(size=2,aes(shape=lgID))+
  annotate("text",x=4,y=1.6,label="r=0.50",size=5)+
  stat_smooth(method="lm",col="black")+
  labs(x="Sacrifice Flies & Hits", y="Change in RBI")
```

　그림 3.6에서 두 변수가 양의 관계가 있음이 확인되고, 전년도 희생공격이 높은 선수가 새로운 팀에 이적했을 때 타점의 상승률도 높음을 시각적으로 알 수 있다.

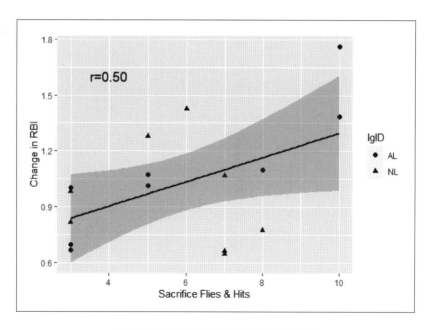

그림 3.6 전년도 희생공격과 타점 변화율 상관관계

2015 시즌과 2016 시즌 팀을 이적한 선수들의 데이터를 통해 전년도 희생플라이와 희생
번트는 의미 있는 힌트를 주고 있다. 상관관계 분석은 변수 간의 관계 강도strength에 대한 힌
트를 줄 뿐 통계적으로 신뢰성이 있는지 판단하는 기준은 제시하지 않기 때문에, 추가 분석
을 진행하기 위한 기초 정보로 활용하면 좋다. 연구물을 발표하는 경우, 대부분의 연구에서
각 변수 간의 모든 상관관계를 한꺼번에 확인할 수 있는 상관관계표correlation table가 공통적으
로 요구된다. 앞에서 소개한 3개의 변수를 이용해 간단한 상관관계표를 만들어본다.

```
install.packages(tableHTML)
library(tableHTML)
e<-with(d,data.frame(change_rbi,sac,p_avg))
colnames(e)<-c("c_RBI","Sacrifice","AVG")
cor(e)
              c_RBI   Sacrifice        AVG
c_RBI     1.0000000   0.5042151 -0.4890067
Sacrifice 0.5042151   1.0000000 -0.4597213
AVG      -0.4890067  -0.4597213  1.0000000
```

패키지 tableHTML을 적용해 with(d,), 즉 d에 있는 3개의 변수를 가져와서 데이터 테이
블을 만든다. with(d,)를 사용하지 않으면, d$change_rbi, d$sac, d$p_avg와 같이 모든 변
수 앞에 변수가 있는 테이블 위치를 지정해야 하기 때문에 비효율적인 코딩이 된다.

```
tableHTML(round(cor(e),3))
```

일반적으로 소수점 2번째 또는 3번째 자리까지만 보여주기 때문에, 명령문 round()로 소
수점 3번째 자리로 반올림을 적용하고, 그 결과를 HTML 방식으로 생성한다. 그림 3.7의
화살표 부분을 클릭하면 새로운 웹 화면에서 테이블이 생성되어 웹사이트에 호스팅할 수
있다.

	c_RBI	Sacrifice	AVG
c_RBI	1	0.504	-0.489
Sacrifice	0.504	1	-0.46
AVG	-0.489	-0.46	1

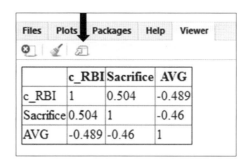

그림 3.7 소수점 3자리로 반올림한 상관관계표

테이블 전체를 선택하고 복사한 후, 엑셀에서 해당 테이블을 특수붙여넣기Paste special를 선택한 뒤 Unicode Text나 Text 형태로 붙여넣으면 엑셀에서 편집이 가능하다(그림 3.8 참조).

	c_RBI	Sacrifice	AVG
c_RBI	1	0.504	-0.489
Sacrifice	0.504	1	-0.46
AVG	-0.489	-0.46	1

그림 3.8 공격지표 상관관계 html 형태의 테이블을 엑셀에서 편집하기

데이터에서 룰을 찾다: 연관성 분석

미국 대학에서 경영전략을 가르치는 저자의 눈에는 보면 볼수록 매력적인 글로벌 기업들이 몇 개 있다. 그중 한 기업을 소개하자면 월트디즈니다. 역사로 따지자면 2018년 시가총액으로 선두에 있는 아마존, 애플, 구글과는 비교하지도 못할 100년에 가까운 세월을 생존해 오면서 세계 어린이들의 머릿속에 강력한 이미지 메이킹을 해왔다. 아이들이 자라서 그들의 자식과 함께 찾아오는, 그래서 끊임없이 성장하고 있는 기업이며, 스포츠 전용 방송사인 ESPN을 소유하면서 메이저리그와 선수들의 몸값에도 큰 영향을 끼치고 있다. 이러한 월트

디즈니에게도 위협이 없는 것은 아니다. 바로 1997년에 설립되어 매년 급성장하고 있는 넷플릭스^{Netflix}다. 초기에는 고객에게 우편을 통해 DVD를 보내주는 사업을 하면서 비디오 유통시장 경쟁자들과는 차별되는 전략을 펼치는 와중에 고객들마다 선호하는 영화가 있고 선호 패턴이 급하게 변하지 않는다는 점을 파악하고, 고객이 원하는 영화를 정확히 예측하고 추천할 수 있는 알고리즘을 개발하기 시작했다. 해당 알고리즘을 개발하기 위해 전 세계 어느 누구나 참여할 수 있는 형태로 알고리즘 콘테스트를 개최해서 넷플릭스 영화추천 서비스의 모델을 개선하고 예측 정확성을 높여왔다. 이에 기반한 추천은 고객을 다른 경쟁사로 이탈하지 못하게 하는 넷플릭스의 핵심역량이 됐으며, 특히 스트리밍 서비스를 통해 스마트폰으로 영화를 보는 수요와 맞물려 이들의 성장은 거침이 없다.

이 알고리즘의 키워드는 연관^{association}이다. 연관 검색어, 연관 추천, 연관 구매 등 연관성만 잘 파악하면 마케팅과 전략에서 사용해볼 만한 적용 분야가 많다. 야구에서도 연관성과 관련된 룰을 찾는다면, 얼마든지 활용할 수 있는 여지가 많다. 야구장을 찾는 개별 관중들의 선호도를 파악할 수 데이터가 있다면 더없이 좋을 것이며, 물론 개인의 신상 정보를 파악할 수 있는 이름, 주소, 전화번호 같은 민감한 변수는 포함시키지 않아도 된다. 기존 야구 데이터와 연계하면 상상하지도 못했던 선호도의 패턴을 저자처럼 데이터를 가지고 놀기 좋아하는 야구팬들이 스스로 찾아주는 클라우드소싱이 일반화될 것으로 본다. 야구장을 직접 찾는 관중 선호와 더불어 다양한 매체를 통해 시청하는 시청자 선호도 데이터가 더 큰 파워를 갖기 위해서는 야구 데이터와의 결합이 필수다. 미국 스포츠 시장에서 팬들을 주목시키기 위해 끊임없이 경쟁하는 야구의 MLB, 미식축구의 NFL, 농구의 NBA 그리고 다양한 스포츠 협회들은 생존하고 번영하기 위한 방안으로 생성되는 데이터를 무료로 개방하고 있다. 매년 3월마다 전미대학체육협회^{National College Athletic Association}는 대학 농구팀 토너먼트를 개최하고 우승팀을 가리는데, 최근에 그들의 모든 경기 데이터를 캐글^{Kaggle}을 통해 공개해서 이번 시즌 우승팀을 예측하는 알고리즘을 만드는 콘테스트를 진행하기도 했다(그림 3.9 참조). 스포츠 시장은 생존으로 '데이터 개방'을 키워드로 활용하고 있다.

그림 3.9 캐글 데이터 컴피티션(www.kaggle.com)

　이번에는 연관성 분석을 소개한다. 변수 간의 관계를 보여주는 상관관계 분석과는 달리 연관성 분석은 변수 안에 있는 개별 관측자료가 여타 관측자료와 어떻게 어울리는지 파악하는 데 주력한다. 포스트시즌이 끝난 후 선수들은 계약에 따라서 같은 팀에 머물거나 새로운 팀을 찾아서 떠난다. 과연 이적시장에서 특정 팀 출신의 선수를 전략적으로 선호하는가라는 질문에 대해 연관성 분석으로 답하려고 한다.

　그림 3.10과 같이 각 선수별로 관측기간 동안 소속됐던 팀들의 약어[abbreviation]를 동일한 행에 모두 나열해야 한다. 첫 번째 행에 있는 aardsda01이라는 playerID를 가진 선수는 뉴욕 양키스[NYA], 뉴욕 메츠[NYN], 그리고 애틀랜타 브레이브스[ATL]에서 관측기간 동안 활동했던 기록이 있다. 각 선수별로 아이템의 수가 다르고 추가되는 열의 수가 자유롭다. 야구가 아닌 넷플릭스의 고객 정보라면, A라는 customerID를 가진 사람이 〈어벤저스〉, 〈스타워즈〉, 〈블랙팬서〉를 본 경우가 되고, 대형마트의 고객 정보라면 특정일에 구입한 물품목록이 될 것이다. 개인들의 아이템 정보가 있는 행을 transaction이라고 한다.

	playerID	1	2	3	4	5	6	7
1	aardsda01	NYA	NYN	ATL				
2	abadfe01	HOU	HOU	WAS	OAK	OAK	MIN	BOS
3	abreubo01	LAA	LAA	LAN	NYN			
4	abreujo02	CHA	CHA	CHA				

그림 3.10 연관성 분석 transaction 테이블 형태

라만 데이터에서 2개의 변수 playerID와 teamID를 추출한 원본 데이터는 그림 3.9와 같은
모양은 아니다(그림 3.11 참조). 2011년부터 여러 번 옮긴 선수들의 playerID가 여러 번 등장
하는 형태다. 해당 데이터는 1870년대 기록부터 담고 있기 때문에, 존재했던 팀들의 약어를
teamID 변수는 모두 기록하고 있어서 지나치게 많은 열이 생성되므로 factor()를 통해 현재
데이터에 있는 30개의 수준level만으로 구성된 teamID 요인 변수를 준비시킨다.

	playerID	teamID
94207	abadfe01	HOU
94208	abreubo01	LAA
94209	abreuju01	HOU
94210	accarje01	BAL

그림 3.11 원본 데이터의 구조

```
library(Lahman)
a<-subset(Batting,yearID>2010&yearID<2016,select=c(playerID,teamID))
a$teamID<-factor(a$teamID)
a$teamID<-as.character(a$teamID)
```

2개의 열로 준비된 데이터에서 동일한 playerID를 갖는 소속팀 정보를 동일한 하나의 행
으로 변경하는 작업을 명령어 dcast()로 할 수 있으며, 이를 위해서는 패키지 data.table이
필요하다. 변경 후에 테이블상에 생성된 NA와 첫 번째 열에 있는 playerID를 모두 제거해
서 csv 형태의 파일로 R 지정 파일 폴더에 저장한다.

```
library(data.table)
move<-dcast(setDT(a)[,idx := 1:.N, by = playerID],
            playerID~idx, value.var=c("teamID"))
move[is.na(move)]<-""
move[,1]<-NULL
write.csv(move,file="move.csv")
```

저장된 파일을 R로 불러들일 때 사용하는 명령어는 read.transactions()이다. 앞에서 설명한 transaction 데이터 형태로 읽을 때 필요한 명령어이며, 연관법칙association rule을 밝혀내는 데 필요한 형태로 인식한다. 이 모든 작업에는 패키지 arules가 필요하다.

```
library(arules)
move<-read.transactions("move.csv",sep=",")
```

move 테이블 결과목록에서는 해당 없음(NA 또는 0)을 나타내는 표시가 대부분인 테이블임을 알 수 있다. 2011년부터 시작되는 관측기간 동안 뉴욕 양키스NYA에서 활동한 선수의 빈도수가 가장 높다는 사실이 확인된다. 관측기간 동안 2개의 다른 팀에서 활동한 케이스가 가장 빈번(1260)했고, 9개의 팀에서 활동했던 선수도 2명 있었다는 사실 역시 알 수 있다.

```
summary(move)
transactions as itemMatrix in sparse format with
 2326 rows (elements/itemsets/transactions) and
 2356 columns (items) and a density of 0.001176995

most frequent items:
    NYA     CHN     TOR     BOS     TEX (Other)
    165     158     158     157     153    5659

element (itemset/transaction) length distribution:
   2     3     4     5     6     7     8     9
1260   596   289   121    46     9     3     2
```

그림 3.12는 이번 테이블에서 등장한 팀들의 빈도를 막대그래프로 보여준다. FLO의 빈도가 다른 팀에 비해 월등히 적은 이유는 2012 시즌부터 팀명 플로리다 말린스를 마이애미 말린스MIA로 변경했기 때문이다.

```
itemFrequencyPlot(move,support=0.01,cex.names=0.6)
```

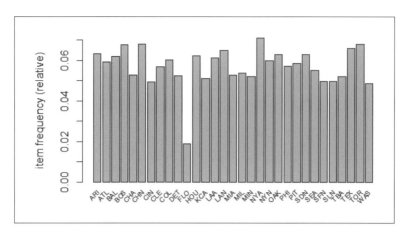

그림 3.12 연관성 분석 테이블에 나타나는 팀 빈도수

명령어 apriori()를 통해 선수들의 팀 간 이동 패턴을 찾는다.

```
pattern<-apriori(move,list(support=0.0015,confidence=0.50,minlen=2))
summary(inspect(pattern))
```

	lhs	rhs	support	confidence	lift	count
[1]	{FLO}	=> {MIA}	0.01074807	0.5681818	10.744642	25
[2]	{FLO,LAN}	=> {MIA}	0.00171969	1.0000000	18.910569	4
[3]	{NYA,PHI}	=> {PIT}	0.00171969	0.5000000	8.551471	4

연관성 테스트에 적용되는 Apriori 알고리즘이 요구하는 연관성 여부의 기준은 통곗값 support와 confidence로 결정된다. support는 해당 아이템(팀)이 선수들 전체 이동에서 차지하고 있는 정도를 나타낸다. 상단 통계결과, 가장 support 지표가 높은 케이스는 FLO에서 MIA로 이동한 경우이며, 총 25건의 케이스로 전체 거래transation의 1%에 해당되는 수준이다. 이 경우는 선수들이 자발적으로 움직인 것이 아니라 팀명이 FLO에서 MIA로 바뀌면서 기록에 남은 것이니 고려하지 않는다.

두 번째 연관성은 FLO와 LAN에서 활동한 선수가 MIA에서 활동하는 경향이며, 총 4건에 해당된다. 물론 FLO와 MIA가 동시에 갖는 거래임을 감안하면 이 또한 팀명 변경으로 발생한 패턴일 가능성이 높다. 마지막 연관성으로 {NYA,PHI}에서 활동한 선수는 PIT에서 활동하는 경향이 있으며, 총 4건에 해당된다. 사실 전체 거래수가 2325개라는 사실을 감안하면, 4개의 동일한 움직임, 즉 4/2325 = 0.0017에 해당하는 데이터만으로 패턴이 있다고 주장하는 것은 문제가 있다. 다만, 머신러닝 기반 연관성 분석을 소개한다는 차원에서 support 기준을 0.0015로 낮췄다. 실제 쇼핑센터나 넷플릭스처럼 충분히 패턴을 가질 수 있는 환경에서는 2%에 해당될 정도로 연관관계가 빈번해서 '우유를 사면 식빵을 산다'처럼 중요하게 여겨야 할 거래가 많다.

```
support = count(NYA, PHI) / 전체 거래수 = 0.0017
```

confidence는 왼편(lhs, left-hand side)에 있는 팀에 대비해서 왼편과 오른편 팀 모두에서 활동한 빈도의 비율이다. 해당 비율이 높다는 의미는 NYA와 PHI에서 활동하면 PIT에서 활동할 경향이 높아 이적시장에서 팀 간에 연관성이 있음을 의미한다. [3]번째 예에서 보면 뉴욕 양키스(NYA)와 필라델피아 필리스(PHI)에서 활동하던 것에 비해 NYA, PHI, 그리고 피츠버그 파이리츠(PIT)에서 모두 활동하는 비율은 50%에 이르기 때문에 팀들 간에 연관성이 있다고 볼 수도 있다.

```
confidence = support(NYA, PHI, PIT) / support(NYA, PHI)
```

알고리즘 개발에서 confidence를 50%로 지정한 이유는 결과에서 보여주는 왼편(lhs)에 있는 팀에서 활동하면 50%의 확률로 오른편(rhs)에서 활동해야 최소한 룰이라고 부를 수 있다고 생각했기 때문이다. minlen=2는 하나의 거래상에 최소한 2개의 아이템이 있어야 한다는 것을 명시함으로써 한 팀에서만 활동한 기록들은 배제했다. 물론 조건에 필요한 수치를 설정하는 것은 전문지식에 기반한 개인적 판단이 요구된다.

마지막으로, 흥미로운 결과인 lift를 이해할 필요가 있다. [3]의 예제를 다시 보면 전체 거래 대비 NYA, PHI, PIT에서 활동하는 빈도(= count(NYA, PHI, PIT) / 전체 거래)를 기준으로 NYA와 PHI에서만 활동하는 빈도비율로 NYA, PHI, PIT의 빈도비율을 나눈 값이 얼마나 큰지 보여주는 지표가 lift다. 쉽게 말하면, NYA와 PHI에서 활동이 PIT에서 활동하도록 하는 데 얼마나 큰 지렛대[leverage] 효과가 있었는지 보여주며, lift가 1이면 두 사건의 발생은 우연이며, [3]의 경우는 우연이라고 하기에는 lift 값이 충분히 크기 때문에 룰로 적용해볼 만한 가치가 있다.

```
lift = confidence(NYA, PHI --> PIT) / support(NYA, PHI, PIT)
```

이번 연관성 분석의 알고리즘과 코드는 『Machine Learning with R』[10]을 참고했으며, 머신러닝과 관련된 좀 더 자세한 이해는 해당 서적을 참고하기 바란다.

선수와 감독의 인적 상관성: 네트워크 분석

2001년 9월 뉴욕 맨해튼에 자리 잡고 있던 국제무역센터 빌딩의 붕괴는 테러리스트의 소행으로 밝혀졌지만, 테러에 가담했던 테러리스트들의 연결망을 보여주는 그들의 인적 네트워크를 파악하고 그 연결고리를 끊었다면 사전에 방지할 수 있었을 것이라는 안타까움이 있었다. 사건 이후 네트워크 분석이 좀 더 심도 있게 연구되어 왔다. 사람으로 구성된 사회에서 지식, 혁신, 정보, 아이디어, 뉴스 등은 사람의 네트워크인 인맥을 통해 전달되고, 인맥의 신뢰성에 따라 전달되는 내용의 질은 달라진다. 2000년대 중반부터 인적 네트워크는 페이스북과 트위터 같은 소셜네트워크를 통해 온라인에서 빠르게 확산되고 있어서, 네트워크 분석을 통해 여론의 방향과 특정 정보의 영향력을 예측하고 분석 목적에 맞게 온라인에서 적극적으로 활용되고 있다. 야구에서도 흥미롭게 적용해볼 만한 내용이 많다. 저자가 진행하고 있는 한 연구는 세이버메트릭스가 메이저리그에서 확산되는 과정을 네트워크 분석을 통해 시각적으로 확인하고, 새로운 프로그램을 확산시키는 데 네트워크에서 중요한 역할을 한 구단관계자를 파악하고 있다.

---

10   Lantz, B. (2015). *Machine Learning with R*. Second Edition. Packt Publishing

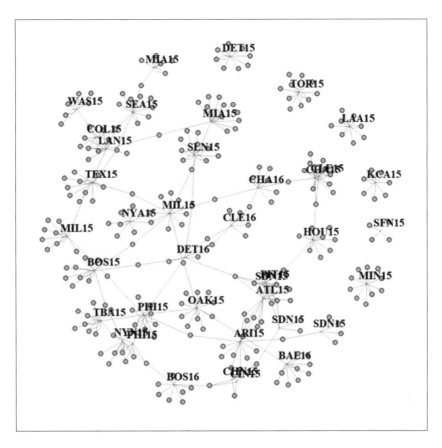

그림 3.13 투수와 감독의 인적 네트워크

야구는 선수와 감독, 그리고 구단직원의 스카우트를 통해 다른 팀의 전략이 쉽게 모방되고 학습되는 스포츠 중 하나다. 이번 절에서는 2015와 2016 시즌 데이터를 이용해 각 팀의 감독과 시즌당 최소 35게임을 초과해서 출전한 팀의 에이스급 투수들이 어떤 관계망을 만들었는지 시각적으로 확인하기 위해 그림 3.13과 같이 관계 네트워크를 그린다. 흰색의 큰 원은 라만 데이터의 Managers 테이블에서 가져온 각 팀의 감독을 의미하고, 감독을 둘러싸고 있는 회색 점들은 Pitching 테이블에서 가져온 각 팀의 투수들이다. 관측된 두 시즌 중 감독이 교체되지 않았거나 에이스 투수들의 팀 이동이 없었다면, 토론토 블루제이스(TOR2015)와 같이 단 하나의 그룹을 가지면서 외부 팀과는 전혀 연결선이 없는 독립 형태를 띤다. 반면에 같은 기간 동안 감독의 교체가 있었거나 에이스급 투수들의 이동이 있었다면 디트로이트 타이거스(DET2015, DET2016)의 경우처럼 2개의 그룹을 가질 수 있다. 많은 선edge과 동일한 2개의 MIL2015 라벨을 갖는 밀워키 브루어스(MIL2015)는 시즌 중 감독이 교체됐을 뿐만 아니라 에이스급 투수들의 이동도 많았음을 눈으로 확인할 수 있다. 네트워크의 하단 부분에 있는 팀들 사이에서도 관측기간 동안 인적 이동이 활발했던 것으로 확인되고, 인적자원의 이동으로 인해 기존 팀에서 사용하던 작전들이 새로운 팀으로 전달될 가능성 때문에, 긴밀한 관계를 갖는 팀들 간에 상당히 유사한 전략이 존재할 것으로 추정된다.

네트워크 분석을 실행할 때는 데이터를 어떻게 구성해야 할지를 가장 먼저 고민하게 된다. 기본적인 형태는 그림 3.14의 좌측에서 제시되는 단순 나열 방식과 우측에서 소개하는 매트릭스 방식이다. 이번 분석에서는 투수 ID를 첫 번째 열에, 해당 투수들이 있던 팀에서 당시에 같이 활동했던 감독들의 ID를 두 번째 열에 배치하는 단순 나열 방식을 채택한다. 이 방식은 데이터 수가 많을수록 데이터를 효율적으로 구성할 수 있도록 한다.

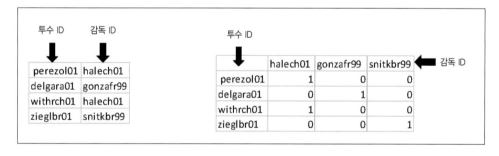

그림 3.14 네트워크 분석을 위한 데이터 배치 방식

Pitching 테이블의 투수 관측값과 Managers 테이블의 감독 관측값끼리 짝을 맺기 위해 투수와 감독이 활동했던 팀과 연도를 paste() 명령문을 이용해 합쳐서 만든 teamyear 변수를 두 테이블에 만들고, 이 공통 변수를 통해 Pitching 테이블과 Managers 테이블을 병합merge해, 같은 시기에 같은 팀에서 활동했던 투수와 감독의 짝을 만들어서 d에 저장했다.

```
library(Lahman)
library(stringr)
```

```
a<-subset(Pitching,yearID>2014&yearID<2017&G>35,select=c("playerID","yearID","teamID"))
a$yearID<-str_remove(a$yearID, '20')
a$teamyear<-paste(a$teamID,a$yearID,sep="")
b<-subset(Managers,yearID>2014&yearID<2017,select=c("playerID","yearID","teamID"))
b$yearID<-str_remove(b$yearID, '20')
b$teamyear<-paste(b$teamID,b$yearID,sep="")
c<-merge(a,b,by="teamyear")
d<-subset(c,select=c("playerID.x","playerID.y"))
colnames(d)<-c("pitcher_ID","manager_ID")
```

익숙하지 않은 네트워크의 기본 용어를 그림 3.15를 통해 미리 이해해두면 좋다. 네트워크를 그리는 데 필요한 패키지는 igraph다. 해당 패키지를 설치하면 graph.data.frame() 명령문을 사용할 수 있는데, 네트워크에서 둥근 부분인 노드node(또는 정점vertex)의 이름 정보와 이름 간의 관계인 링크link(또는 edge) 정보가 생성된다.

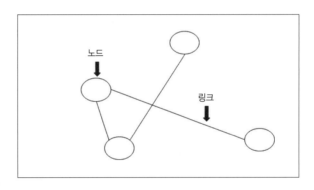

그림 3.15 네트워크 용어 정리

이름 정보는 네트워크의 모든 노드에 출력하면 누구의 노드인지 알 수 있기 때문에 매우 중요한 역할을 하지만, 노드의 수가 매우 많은 경우 이름 정보가 서로 겹치면서 눈으로 식별하기가 불가능해진다. 이를 피하고자 if-else 조건문을 이용해 감독들의 노드에는 소속팀과 연도를 보여주는 teamyear 라벨을 출력해서 어떤 팀의 감독인지 식별할 수 있게 하고, 상당히 많은 투수 노드에는 아무런 라벨을 주지 않는 정보를 v(mlb_network)에 있는 label 항목에 저장해둔다. igraph 패키지에서 name과 label은 기본 항목이기 때문에, label 항목이 지정되지 않으면 노드에 자동적으로 해당 이름이 나타난다. 추가로 %in% 표시는 mlb_network 에 있는 이름들 중에서 b인 감독 테이블의 id에 있는 이름이라면 1이 생성되어 0보다 커서 teamyear 변수를 노드에 출력하고, 그렇지 않은 투수 이름의 노드에는 아무런 라벨을 넣지 않도록 하는 데 필요한 표현법이다.

```
library(igraph)
mlb_network<-graph.data.frame(d,directed=FALSE)
V(mlb_network)$label<-ifelse(V(mlb_network)$name %in% c(b$playerID)>0,
                             as.character(b$teamyear),NA)
mlb_network
IGRAPH 5864c2c UN-- 304 409 --
+ attr: name (v/c), label (v/c)
+ edges from 5864c2c (vertex names):
 [1] zieglbr01--halech01   collmjo01--halech01  chafian01--halech01
 [4] perezol01--halech01   hudsoda01--halech01  hernada01--halech01
 [7] delgara01--halech01   reedad01 --halech01  zieglbr01--halech01
[10] burgoen02--halech01   clippty01--halech01  barreja01--halech01
[13] delgara01--halech01   hudsoda01--halech01  corbipa01--halech01
[16] cunnibr02--gonzafr99  johnsji04--gonzafr99 avilalu01--gonzafr99
[19] grillja01--gonzafr99  vizcaar01--gonzafr99 withrch01--snitkbr99
[22] withrch01--gonzafr99  vizcaar01--snitkbr99 vizcaar01--gonzafr99
+ ... omitted several edges
```

이름name과 라벨label이 준비됐으며, 마지막으로 plot()에 라벨의 크기는 1.5, 라벨의 색 상은 검은색으로 지정했다. 라벨의 폰트를 두꺼운 볼드체인 2로, 라벨은 중심부에서 약간 떨어진 1로 추가 지정했다. 다소 흥미로운 표현방법으로 투수의 노드보다 감독의 노드를 좀 더 작게 하고 색상을 다르게 해서 감독을 눈에 띄게 표시할 수 있다. 투수의 노드 크기를 3으로 하는 반면 감독의 크기를 0으로 줄이기 위해, 바로 위 manager 라인에서 해당 노드가 감독의 이름에 해당하면 1을 제시하므로, 같은 명령문에 있는 1과 더해져서 결괏값이 2가 되며, 투수 이름의 경우는 0으로 지정돼서 결괏값은 1이 된다. manager에 1과 2로 저장된 이항 정보는 노드의 크기인 첫 번째 3을 선택할지 아니면 두 번째 0을 선택할지를 결정하게 되며, 마찬가지로 노드의 색상을 첫 번째 회색gray으로 할 것인지 아니면 두 번째 흰색white으로 선택할지 결정하는 데 사용된다.

```
manager<-V(mlb_network)$name %in% c(b$playerID)+1
plot(mlb_network,vertex.shapes="none",vertex.label.cex=1.5,vertex.label.color="black",
     vertex.label.font=2,vertex.label.dist=1,
     vertex.size=c(3,0)[manager],vertex.color=c("gray","white")[manager])
```

plot()으로 보여주는 최종 네트워크 그래프는 반드시 도구함의 줌^{zoom}을 통해 확인할 것을
권한다.

기술통계와 추정통계의 매개: 히스토그램은 막대그래프가 아니다

히스토그램^{histogram}은 변수의 분산 정도와 변수에 있는 사건들이 발생하는 빈도 정도를 보여
주는 시각화된 자료다. 특정 사건이 얼마나 빈번하게 발생했는지 막대로 표시한 차트이지
만, 막대그래프^{barchart}와는 다르다. 막대그래프는 각 팀이 시즌별로 만들어낸 홈런의 개수를
팀별로 보여주지만, 히스토그램은 팀과는 상관없이 홈런이라는 사건이 30개의 메이저리그
팀에서 얼마나 자주 발생하는지를 막대의 길이로 보여주기 때문에 개별 팀의 정보는 없다.
그림 3.16은 30개 팀의 홈런 정도를 보여주는 막대그래프로, 각 막대에 해당되는 팀의 약자
가 x축에 표시되어 있다.

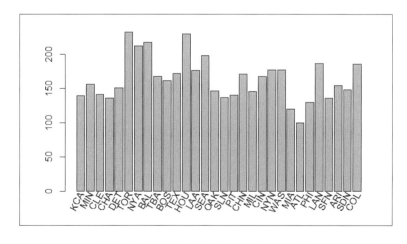

그림 3.16 메이저리그 30개 팀의 시즌 홈런 막대그래프

```
library(Lahman)
a<-subset(Teams, yearID==2015)
b<-barplot(a$HR)
text(b,par("usr")[3],labels=a$teamID,srt=60,adj=c(1,0.5),xpd=TRUE)
```

par("usr")[3]은 팀이름의 위치를 차트의 아랫부분에 두겠다는 옵션으로, [4]를 적용하면 차트의 맨 위에 이름이 위치한다. 또한 srt=60은 팀이름을 60도로 기울이고, adj=c(1,0.5)는 팀이름의 위치를 미세조정하는 옵션이다. 만약 adj=c(0,0.5)로 설정하면 팀이름들이 60도 방향 위쪽으로 출력된다.

히스토그램은 특정 사건이 발생할 확률을 시각적으로 보여주는 기술통계descriptive statistics 이자, 홈런이라는 사건들로 구성된 메이저리그 홈런 모집단의 특성을 추정하는 데 필요한 확률분포를 제시해주는 추정통계inferential statistics의 이론적 기반이기도 하다. 예를 들어, 한 시즌당 선수가 기록하는 홈런수를 사건이라고 하자. 1995년부터 2014년까지 무려 20년 동안 한 팀에서 월등한 기량을 보여줬던 전설적인 타자 데릭 지터Derek Jeter는 통산타율이 3할을 넘으며, 20년간의 활동 중에 14차례나 올스타로 지명되고, 뉴욕 양키스를 다섯 번이나 우승으로 이끈 주역이다. 지터의 연도별 홈런수를 바탕으로 히스토그램을 그리기 전에 예상할 수 있는 모양이 있다. 가장 많은 홈런을 쳤던 연도와 가장 적게 쳤던 연도가 있을 것이며, 20년간 가장 흔하게 기록했던 홈런수는 최댓값과 최솟값 그 중간쯤에 자리 잡는 모양으로, 물론 관측값이 20개밖에 없으므로 데릭 지터의 홈런 분포는 정확한 종 모양의 정규분포 형태를 띠기는 힘들 것으로 예상된다.

데릭 지터의 연도별 홈런수를 사건event이라고 했을 때, 물론 매년 발생하는 사건수는 조금씩 다를 것이고 우연히 두 해 정도 같은 홈런수가 있을 수도 있다. 따라서 홈런수별로 얼마나 자주 사건이 발생했는지 측정한다면, 20년간 홈런수는 매번 달랐기 때문에 홈런수에 대한 빈도를 구하는 것은 관측수가 적을 때 의미 있는 결과를 얻지 못할 가능성이 크다. 대신 구간을 정해서 시즌별 0부터 5개의 홈런을 친 사건, 6부터 10개의 홈런을 친 사건 등으로 구간을 나눈다면, 각 구간에서 나타나는 빈도수의 차이에서 상당한 의미를 찾을 수 있다. 라만 데이터의 Master 테이블에서 찾아낸 데릭 지터 선수의 아이디(playerID) jeterde01로 Batting 테이블에서 데릭 지터의 데이터만 추출한다.

```
a<-subset(Batting,playerID=="jeterde01")
```

새로 만든 테이블 a에는 20개의 관측값과 22개의 변수로 구성된 데릭 지터만의 기록이 저장된다. 20개의 관측값은 그의 MLB 활동연도인 1995년부터 2014년까지의 기록이며, 22개의 변수는 홈런부터 다양한 공격지표들로 테이블 a에 저장됐다.

```
hist(분석 대상 변수의 위치, x축 이름, 차트의 제목, 차트의 눈금 숫자에 대한 방향조절)
hist(a$HR,xlab="Homerun",main="Histrogram of Jeter's HR",las=1)
```

히스토그램 명령어 괄호 속에 데이터의 위치 a$HR을 지정하고, x축에 Homerun이라는 이름을 주고, 세로축인 y축은 Frequency(빈도)로 자동 출력된다. main을 통해 히스토그램의 타이틀을 결정하고, las=1로 y축 표싯값을 돌려 세웠다. 특정 구간을 지정하지 않으면 R에서 최댓값을 고려해서 5단위, 10단위, 20단위, 50단위 등으로 최적의 형태를 자동으로 선정해서 보여준다. 데릭 지터 선수 홈런의 경우도 5단위로 구간이 형성된 히스토그램이 만들어졌다(그림 3.17 참조). 5단위가 아니라 3단위로 나누어진 구간으로 히스토그램을 만들기 위해서는 breaks=seq() 옵션을 추가해 홈런 0개부터 27개까지를 3단위 구간으로 나눌 수 있다. 물론 데릭 지터가 한 시즌에 가장 많이 친 홈런은 24개이기 때문에 27은 존재하지 않지만 여윳값을 두었다.

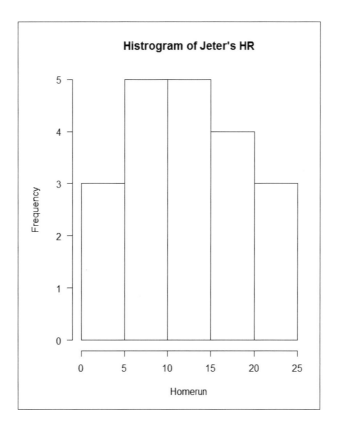

그림 3.17 뉴욕 양키스 데릭 지터 선수의 통산 홈런 빈도를 보여주는 히스토그램

```
hist(a$HR,xlab="Homerun",main="Histrogram of Jeter's HR",las=1,
    breaks=seq(from=0, to=27,by=3))
```

그림 3.18에서 확인되듯이 20년간의 통산 커리어에서 매년 5개부터 20개 정도의 홈런이 일반적이며, 특히 5개에서 15개 사이의 홈런이 가장 빈번한 것으로 확인된다. 데릭 지터가 교타자이기는 하지만 한 시즌에 홈런을 25개 이상 만들어내는 장타자가 아니라는 사실을 알 수 있다. 물론 총 관측자료가 30회가 안 되는 20개라서 중심화 경향성을 적용할 수가 없어 정규분포로 가정할 수는 없지만, 평균을 중심으로 빈도가 줄어드는 정규분포 형태를 닮았다.

정리하며

빅데이터의 파워는 모집단의 특성을 매우 가깝게 표현해낼 수 있다는 점이다. 그런 점에서 숫자로 된 통계자료로 모집단의 특성을 기술할 수 있거나, 데이터의 세련된 시각화로 모집단에 대한 중요 정보를 소개할 수 있는 것은 매우 매력적인 능력이다. R에서는 상상력과 데이터만 있다면, 만들어내지 못할 기술적인descriptive 분석과 시각화 작업은 없다. 그 시작과 중심은 2개의 변수를 2차원의 평면에서 그려내는 상관관계 분석이며, 동시에 상관관계는 지표의 신뢰성과 타당성을 평가하는 데 중요한 개념임을 확인했다.

4

상관관계는 인과관계가 아니다

인과관계causation, 상관관계correlation, 우연coincidence은 2개의 다른 사건이 비슷하게 발생한다는 공통점이 있는데, 어떤 사람은 상관관계를 슬쩍 인과관계로 격상시켜놓기도 하고, 사기꾼은 우연을 마치 인과관계인 것처럼 호도하기도 한다. 어려운 테스트를 거쳐 웬만해서는 흔들리지 않는 관계라고 과학적으로 인정받은 인과관계의 경우, 같은 조건이라면 미래에도 반복될 수 있는 예측능력이 있다. 이 때문에 우연히 발생한 사건들을 모아서 필연인 것처럼 조작하는 비양심적 행위는 시공간을 따지지 않고 인류의 역사와 함께 반복되고 있다.

인과관계의 필수조건

2003년 「베이스볼 리서치 저널」에 실린 'Fair-Weather Fans: The Correlation between Attendance and Winning Percentage'[1]에서는 1973년부터 2002년까지 30년간의 메이저리그 데이터를 활용한 상관관계 분석을 통해 볼티모어 오리올스와 플로리다 말린스를 제외한 나머지 팀에서 관중 동원과 팀성적 간에 양적인 상관성이 존재한다는 사실이 상관관계 계수로 확인된다(표 4.1 참조). 표에서 가장 마지막에 위치한 볼티모어의 경우 더 많은 관중이 찾아와 응원을 해줄수록 팀승률이 나빠지거나(−0.092), 반대로 팀승률이 좋을수록 관중수가 약간 줄어드는(−0.092) 경우라고 해석된다.

표 4.1 팀승률과 관중수의 상관관계

팀	상관관계	팀	상관관계	팀	상관관계
Atlanta	0.925	Minnesota	0.667	Houston	0.505
Cleveland	0.832	New York A	0.598	Texas	0.489
Seattle	0.786	Tampa Bay	0.596	St Louis	0.485
Philadelphia	0.753	San Diego	0.573	Toronto	0.478
New York N	0.752	Los Angeles	0.563	Milwaukee	0.433
Cincinnati	0.724	Montreal	0.557	Anaheim	0.387
San Francisco	0.713	Chicago A	0.541	Colorado	0.303
Oakland	0.692	Pittsburgh	0.539	Arizona	0.079
Detroit	0.691	Boston	0.532	Florida	−0.035
Kansas City	0.677	Chicago N	0.520	Baltimore	−0.092

상관관계는 인과관계가 아니다. 위의 연구에서는 관중수와 팀승률 간에 시간 순서를 두지 않고 시즌이 끝난 후 같은 시점의 데이터를 이용해 두 변수가 서로 연계된 정도만을 확인했다. 높은 팀승률이 많은 관중을 동원했는지, 아니면 많은 관중이 높은 팀승률을 이끌었

---

1   Glass, D. B. (2003). Fair-Weather Fans: The Correlation between Attendance and Winning Percentage. Baseball Research Journal, 32.

는지는 주어진 결과만으로는 알 수 없다. 하지만 연구에서는 두 변수 간의 상관성을 보여주기 위해 상관관계 분석을 했기 때문에, 연구방법론과 연구주제가 맞는다는 측면에서 문제될 것은 없다. 하지만 연구논문이나 분석보고서에서 상관관계 분석을 하고 인과관계로 해석한다면, 연구자가 발견한 통계적 사실을 확대 해석한 것이다. 최근 연구에서 상관관계 분석만을 최종 분석방법으로 사용하는 경우는 드물다. 변수 간의 관계가 강하게 연관됐음은 알 수 있지만 그 연관성이 정말로 신뢰할 만한 수치인지 테스트할 수 있는 검증방법이 없으며, 어떤 원인으로 특정 결과가 발생하는지를 예측하고 싶어 하는 욕구를 상관관계 분석은 충족시켜주지 못한다.

인과관계를 파헤치는 것은 학문적으로 큰 의미가 있다. 상관관계가 인과관계가 되기 위해서는 세 가지 요건이 필요한데, 첫 번째 요건으로 반복적 패턴이 발생해야 한다. 야구에서 나이와 장타율의 관계에 있어서 20대 초반부터 중후반까지는 나이가 들면서 장타율이 증가하는 양의 관계를 보이다가, 30대를 거치면서 장타율이 감소하는 포물선 형태가 대부분의 선수에게 나타난다. 반면에 2000년대 초반 메이저리그에서 한 시즌에 60개 이상의 홈런을 터뜨렸던 장타자들의 나이대가 30대 초중반을 넘어섰다는 사실은 인간의 한계를 극복했다는 찬사를 받았지만, 결국 약물의 힘을 빌려 만들어낸 결과라는 사실이 밝혀지면서 역시 나이와 홈런의 관계는 포물선의 형태임이 다시 한번 확인됐다. 따라서 정상적인 인과관계는 반복적으로 관측돼야 한다.

두 번째로 시간적 순서가 확보돼야 한다. 나이를 한 살 먹는 것이 선행되고 장타율이 후속으로 따라야 한다. 원인이 되는 변수가 반드시 시간상으로 선행하고 결과 변수가 후속적으로 발생해야 인과관계로 인정을 받는다. 세 번째는 그럴듯하지만 실제 논리적으로 설명이 되지 않는 관계non-spurious association는 인과관계가 아니다. 예를 들어, 국가의 초콜릿 소비가 높을수록 인구당 노벨상 수상자가 높아진다는 가설을 제시한 실제 논문[2]이 있었다. 초콜릿이 인지 기능을 높이는 역할을 해서 노벨상 수상자 배출 가능성을 높인다는 주장이었으며, 실제로 매우 높은 상관관계가 나타났다. 하지만 인과관계를 입증하기에는 당연히 어려움이

---

2   Messerli, F. H. (2012). Chocolate consumption, cognitive function, and Nobel laureates. The New England journal of medicine, 367(16), 1562.

많다. 국민의 인지 기능이 아니라, 초콜릿 회사가 여러 사업활동을 통해 소비를 늘리고 그 판매자금을 노벨상 연구에 기부했을 가능성도 열려 있다. 해당 연구에서 초콜릿 소비가 가장 많고 인구당 노벨상을 가장 많이 배출한 국가가 네슬레가 있는 스위스라고 하니, 오히려 초콜릿이 인지 기능 향상에 공헌했다는 이유보다 더 가능성이 있어 보인다. 물론 해당 논문에서도 인과관계와 상관관계를 구분할 것을 꼬집는다.

위에서 소개한 세 가지 조건인 패턴, 시간 순서, 논리적 설명을 충족시키면 상관관계에서 인과관계로 승격한다. 2016년 10월 말 통계 수업을 준비하면서 매우 흥미로운 관계를 발견했다. 2016년은 미국에서 58대 대선이 치러졌던 해로, 선거는 11월 8일에 있었다. 17년 전인 54대 대선으로 돌아가 보면 조지 부시 공화당 후보가 승리하는데, 승리 직전 아메리칸리그의 뉴욕 양키스가 그해 우승한다. 다음 55대 2004 선거에서는 조지 부시가 재선에 성공하고 공교롭게도 아메리칸리그의 보스턴 레드삭스가 챔피언시리즈 우승반지를 낀다. 2008년 메이저리그에서는 필라델피아 필리스 내셔널리그팀이 우승한 직후에 펼쳐진 대통령 선거에서 민주당 후보 버락 오바마가 당선된다. 2012년 민주당 후보인 버락 오바마는 재선에 성공하고, 직전에 펼쳐진 월드시리즈는 내셔널리그팀인 샌프란시스코 자이언츠로 돌아갔다(표 4.2 참조). 2016년 10월 수업시간에 팬그래프닷컴은 2016 시즌 메이저리그 우승 확률이 가장 높은 세 팀으로 토론토 블루제이스(22.7%), LA 다저스(23.8%), 시카고 컵스(27.6%)를 제시하고 있음을 소개했고, LA 다저스와 시카고 컵스가 내셔널리그팀임을 고려할 때 민주당의 힐러리 클린턴과 공화당의 도널드 트럼프가 경쟁하고 있는 58대 대통령의 결과도 예측할 수 있을 것인가에 대한 흥미로운 관계를 수업시간에 소개했다.

표 4.2 월드시리즈 챔피언과 미국 대통령 당선 정당의 상관관계

연도	챔피언팀이 속한 리그	대통령이 된 후보의 정당
2000	아메리칸리그(뉴욕 양키스)	공화당(조지 부시)
2004	아메리칸리그(보스턴 레드삭스)	공화당(조지 부시)
2008	내셔널리그(필라델피아 필리스)	민주당(버락 오바마)
2012	내셔널리그(샌프란시스코 자이언츠)	민주당(버락 오바마)

당시 언론매체의 분위기, 여론조사, 그리고 대선 직전 터져 나오는 트럼프 후보의 다양한 논란거리로 힐러리 클린턴의 손쉬운 승리를 예측하는 분위기였고, 시카고 컵스가 정규시즌 100승 이상을 거둔 최고의 성적을 보여주고 있던 차에, 이번 미국 대선결과와 메이저리그 우승팀 간의 관계 또한 한 번 더 충분히 반복될 수 있을 것으로 예견됐다. 서로 아무런 관련이 없어 보이는 관계가 인과관계causation인지, 아니면 인과관계인 척하는 상관관계correlation인지, 아니면 필연을 가장한 우연coincidence인지 구분하기 위해서는 앞에서 설명한 세 가지 조건을 적용해야 한다. 2000년 이후부터 2016년 대선 이전까지 메이저리그 우승팀의 소속 리그와 미국 대선 승리당의 결과가 일치하는 반복 패턴을 보여주고 있다. 따라서 첫 번째 요건인 반복적 패턴이 충족됐다. 두 번째 시간적 순서는 더욱 절묘하게 충족된다. 보통 월드시리즈 최종 경기가 11월 2일에 치러지고 미국 대선은 11월 8일에 치러지기 때문에 원인과 결과의 시간 순서가 확보됐다. 문제는 마지막 조건인 제3의 변수가 두 사건에 동시에 영향을 끼쳐 발생할 수 있는 그럴싸한 관계가 아님을 입증해야 하는 것인데, 두 사건을 연결하려고 해도 그럴 수 있는 논리가 없다. 내셔널리그팀이 우승할 때 민주당 지지자들이 결집하는가? 내셔널리그팀의 우승이 민주당 지지자들을 결집시켜 민주당 후보에 투표한다는 논리적으로 명쾌한 설명이 없다.

결국 인과관계도 상관관계도 아닌, 인과관계 형태를 띠는 우연일 뿐이다. 인과관계로 위장한 우연은 흔히 사기수법에 동원된다. 2000년 이전으로 가면 월드시리즈 챔피언팀과 대통령 당선 정당이 일치하는 경우가 1984년 레이건 행정부까지 하나도 나타나지 않는다. 따라서 우연을 필연적 인과관계로 호도하려는 사람들은 패턴이 반복되는 2000년 이후의 데이터만 제시하고, 필연적으로 나타날 수밖에 없는 과학적 접근법이라 주장한다. 좀 더 보수적으로는 그 이론이 적용될 수 있는 범위의 판을 깐다. 2000년 이후에 큰 판이 바뀌었다고! 물론 통계에 관심이 있는 사람들은 2000년, 2004년, 2008년, 2012년 4개의 관측자료만으로 2016년을 전망하는 것은 통계적 정확성이 없다는 사실을 잘 안다. 그렇다면 예측오류를 줄이고 통계적 검증력을 높이기 위해 더 많은 데이터를 사용하면 미국 대선 후보자들 중에서 누가 당선될지 예측결과가 달라질 수 있을까? 통계 수업을 준비하다가 갑자기 궁금해졌다. '이번에도 구글은 58대 미국 대선 결과를 예측하고 있을 것인가?'[3]라는 제목으로 저자의 블로그에 남긴 글을 소개한다. 글을 작성했던 시점은 미국 동부시간 밤 10시 02분으로, NBC 뉴스 생방송은 당시 많은 주에서 경합을 하는 매우 치열한 상황이었으며 구글 트렌드[4]로 가봤다.

그림 4.1은 지난 90일 동안 구글을 통해 도널드 트럼프와 힐러리 클린턴을 검색한 검색결과를 보여준다. 눈으로 봤을 때는 파란색으로 된 도널드 트럼프가 더 많이 검색된 듯하다.[5] 좋은 내용만으로 검색된 것이 아니기 때문에 검색된 정도가 투표결과로 연결되는 것은 아니다. 다만 최근 추세가 좋은 소식이든 나쁜 소식이든 매체에 많이 노출되고 많이 검색될수록 인지도가 높아지면서, 득표로 연결될 수 있는 개연성을 무시할 수 없다는 분위기다. 눈으로 라인[line]차트를 비교하는 것으로는 부족하고, 구글 트렌드에서 90일 동안 검색된 기록을 내려받아서 csv 파일로 저장하고 R로 불러들여 2개의 그룹이 통계적으로 차이가 있는지 테스트하는 t 검증을 했다. t 검증은 두 그룹을 비교할 때 가장 많이 쓰는 통계적 검증으로, 이 장 후반부에서 자세히 다룬다. 여기서는 2016년도 당시 후보였던 도널드 트럼프와 힐러리 클린턴의 검색량 차이가 자신 있게 다르다고 주장할 만큼 차이가 있었는지 기본적인 설명만 하기로 한다.

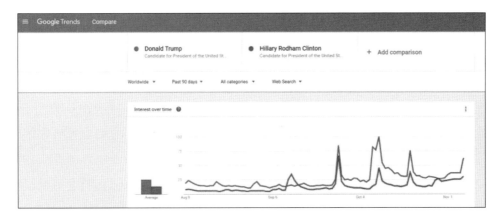

그림 4.1 구글 트렌드에서 검색어의 빈도를 보여주는 라인차트

3   http://ibuyworld.blog.me/220857226408
4   구글 검색 창에서 'google trend'라고 검색하면 쉽게 찾을 수 있다. 구글 트렌드의 주소는 trends.google.com이다.
5   2개의 선 중에서 전반적으로 상단에 있는 선이 공화당 트럼프 후보의 검색 빈도를 보여준다.

일단 검증할 파일을 구글 트렌드에서 내려받기 위해서는 비교 대상 검색어를 그림 4.1과 같이 투입한 후, 라인차트 바로 우측 상단에 있는 3개의 점을 클릭하면 csv 파일을 다운로드할 수 있다. 구글 측에서 그림 4.2처럼 아이콘을 3개의 점에서 화살표 모양 아이콘으로 변경했다.

그림 4.2 구글 트렌드 데이터를 내려받는 위치

관찰기간 동안 검색된 검색량 지표가 대상별로 제공된다. 이 책을 쓰고 있는 시점의 구글 트렌드 홈페이지 구성요소 위치와 여러분이 이 책을 읽고 있을 때의 위치는 다를 수 있음을 유의하자. 웹사이트는 생물처럼 항상 변하므로 불안한 점이 항상 존재한다. 다만 구글의 성향상 화면 구성은 변할 수 있어도 데이터 공개에는 적극적인 바, 정책적으로 큰 변화가 없다면 데이터는 계속해서 무료로 내려받을 수 있을 것이라 생각한다.

두 후보의 지난 90일간 데이터를 이용했기 때문에 관측값은 총 180개가 되며, 앞서 소개한 메이저리그 우승팀과 대선후보자 당선 정당의 관계를 추정하기 위해 사용한 관측값이 겨우 4개라는 점에서 통계적 검증력이 없었던 것에 반해, 이번 추정방식은 통계적 검증력이 훨씬 높다. 그 결과는 다음과 같다.

```
t.test(values[ind=="trump"],values[ind=="clinton"])

Welch Two Sample t-test

data:  values[ind == "trump"] and values[ind == "clinton"]
t = 5.8419, df = 141.21, p-value = 3.406e-08
alternative hypothesis: true difference in means is not equal to 0
95 percent confidence interval:
  8.247942 16.685392
sample estimates:
```

```
mean of x mean of y
 26.45556   13.98889
```

해석방법은 5장 '비교와 구분'에서 자세히 설명한다. 간단하게 설명하자면, t 검증 분석결과를 통해 두 후보의 인기도 차이가 실제로 있을 가능성은 99.99%가 넘는 것으로 유의확률 p 값(3.406e-08)을 통해 추정할 수 있다. 그 차이는 작게는 8.25에서 많게는 16.69의 차이[6]로 트럼프 후보가 클린턴 후보보다 앞선다. 만약 코딩할 때 클린턴 후보를 먼저 투입했다면, 그 차이의 결과는 마이너스로 나왔을 것이다. 신뢰수준 95%의 범위에서 두 후보자의 인기도 차이는 아무리 적다고 해도 0보다는 큰 8.247의 차이가 발생해서, 구글 검색량으로 추정한 인기도의 차이는 통계적으로 신뢰할 만하다.

구글 트렌드 데이터는 95% 신뢰수준에서 트럼프 검색결과가 클린턴 검색결과보다 통계적으로 높다고 알려주고 있다. 저자가 운영 중인 블로그에서는 "이번에도 구글 검색이 실제 득표율로 이어질 수 있을 것인가?"라는 질문에 대해 많은 정치평론가의 비통계적 예측에 반하는 통계결과를 받아들이기가 어려워서 모르겠다는 글을 남겼다.[7] 결국 통계적 결과도 의사결정자가 활용할 수 있는 일부일 뿐 이미 다양한 경로로 입수된 정보들이 있어서, 기존 인식을 바꾸고 과학적 결정을 내리기 위해 통계적 결과를 받아들이는 것은 쉬운 일이 아니다. 보통은 비통계적 결과보다 통계적 결과의 울림이 더 클 때 의사결정에 영향을 미치게 되고, 저자의 경우처럼 본능에 반하는 데이터 결과에 대해서는 귀를 닫고 주위에서 들은 소문과 감에 의존하게 되는 것이 인간의 본성에 가깝다. 제한적 이성$^{bounded\ rationality}$을 가진 인류에게 통계분석이 던져주는 가치는 여기에 있다.

미국 2016년 대선후보자 이야기 전까지 다뤘던 주제인 기술통계$^{descriptive\ statistics}$는 통계수치를 이용해 집단의 평균이나 분산 등 특징을 기술해내는 것이 목적이었기 때문에 확률에 대한 이해 없이도 쉽게 통과할 수 있었다. 하지만 이번 장의 주제인 추정통계$^{inferential\ statistics}$

---

6   구글 트렌드 데이터는 관측기간 동안 검색이 가장 많이 됐던 시점을 100으로 지정하기 때문에, 100이었을 당시의 검색량을 모른다면 8.25가 얼마나 큰 차이인지 알 수가 없기 때문에 차잇값 자체를 해석할 필요는 없다. 다만, 95% 신뢰수준에서 차잇값의 범위에 음수가 포함되어 있지 않으므로 인터넷상에서 트럼프 후보의 인기도가 통계적으로는 확실히 높아 보인다.

7   http://ibuyworld.blog.me/220857226408

는 표본 데이터로 전체 집단에서 발생하는 관계를 대변할 수 있는 가능성을 검증한다는 점에서 확률과 관련된 개념들을 이해해야 할 시점에 와 있다.

확률로 따지면 말이야

야구 전문가들이 만들어놓은 선수들의 능력을 평가한 측정지표는 넘쳐난다. 전통적 지표인 타율과 방어율에서부터 최신 측정자료인 환경 변수가 고려된 공격능력^{EQA}과 승리기여도^{WAR} 등 선수와 팀에 연관된 지표들은 다양하다. 야구관계자들은 야구지표를 그들이 개발한 예측 모델에 투입해서 선수들의 가치를 예측하고 실제 몸값과 비교해서 어떤 선수가 저평가됐는지 파악한다. 이렇게 찾은 통계 결과는 결과가 없을 때에 비해 팀에서 어떤 선수가 필요한지에 대한 논의를 더욱 활발하게 해주는 긍정적인 효과가 있다. 메이저리그 구단 중 세이버메트릭스를 적극적으로 적용하고 있는 시카고 컵스, 뉴욕 메츠, 보스턴 레드삭스 등은 자체적으로 개발된 통계 기반 평가방법을 중심으로 선수 선발과 기용에 적극적이다.[8] 이러한 환경에서 데이터로부터 도출된 예측이 신뢰성을 가지려면, 확률이론에 기반한 오류가 적은 예측 알고리즘을 적용해야 한다.

신뢰성 있는 예측 알고리즘의 좋은 예로 다음 질문을 생각해보자. 타율^{AVG}과 득점^R 사이에 관계가 존재하느냐는 질문에, 그림 4.3의 왼쪽 그래프 가로축에 있는 타율이 아무리 증가해도 세로축의 득점^{R}이 어떤 타율에서든 일정하다는 사실을 데이터로 확인했다면, 야구를 하나도 몰라서 할 수 있는 '타율과 득점 간의 관계는 없겠지'라는 주장이 틀릴 확률은 매우 낮다. 그 주장에 대한 검증은 야구팬에게는 말도 안 되는 주장을 부정할 만큼 기준선(표준오차)을 훌쩍 넘어서는 관측점도 없고, 중심에 있는 평균선 주위로 옹기종기 모여 있기 때문이다. 반면에, 오른쪽 그래프는 두 변수 간에 관계가 없을 때 넘기 힘든 기준선인 표준오차를 훌쩍 벗어나, 야구팬들에게 비논리적으로 들렸던 비야구팬의 주장이 진실이 아니라고 해

8   Baumer, B. 2015. In a moneyball world, a number of teams remain slow to buy into sabermetrics. ESPN. Retrieved from http://espn.go.com/espn/feature/story/_/id/12331388/the-great-analytics-rankings#mlb-tam.

도 틀릴 확률이 높지 않고, 타율과 득점 간에 우상향 패턴을 보이는 관계가 있다고 주장해도 틀릴 가능성이 매우 낮아 보인다. 이처럼 표본 데이터는 진실에 대한 검증이 필요하고, 검증에서 확률이 사용되며, 확률적으로 사실일 가능성이 높다면 새롭게 주장된 모델을 받아 채택하는 것이 합리적 판단이다.

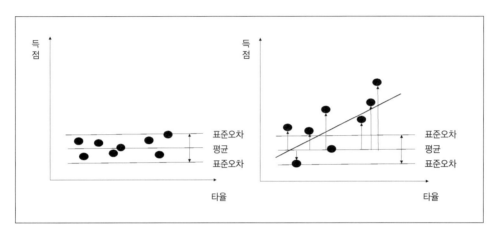

그림 4.3 타율과 득점의 귀무가설과 대안가설

통계모델을 이용해 개념 간의 관계를 추정하고 테스트해서 일반화하는 모델링 작업은 더욱 진화되면서 다양한 분야의 분석방법과 연계되고 있다. 모델링 작업의 핵심은 예측하려는 변수의 분포와 변수 간 이론적 관계를 기반으로 추정모델을 결정하는 것으로, 자칫 어려운 내용으로 빠질 수 있기 때문에 야구와 접목해서 이해하면 편하다. 추정이라는 단어는 한국과 미국 등 국경을 초월해서 분석에 관심이 없는 학생들에게는 충분히 지루할 수 있는 개념이다. 그래서 수업시간에 예측[9]forecast이라는 단어를 섞어서 사용하지만, 두 용어의 사용법이 같지는 않다. 예를 들어 타율과 득점 간의 관계를 규명하는 것을 추정이라 하고, 추정된 방정식에 타율을 대입해서 가능한 득점을 찾아내는 것이 예측이다. 따라서 관계의 추정이 되지

---

9   'forecast'와 비슷한 의미로 사용되는 단어가 'prediction'이다. 통계에서는 시계열처럼 시간의 흐름에 따라서 달라지는 변수를 추정하는 것을 forecast라고 하며, 횡단면분석처럼 같은 시점에서 독립 변수에 의해 변하는 의존 변수를 추정하는 것을 prediction이라고 구분해서 부르기도 한다.

않으면 예측을 할 수 없다. 초반에는 학생들이 추정에 대한 의미를 받아들이기 힘들어서, 마치 크리스탈 볼을 손에 쥐고 미래를 알려주는 점술가처럼 보이고자 예측이라는 말을 섞어서 사용하지만, 확률과 의사결정이론을 접목해서 수업을 재밌게 하려는 노력의 일환일 뿐이다.

오류는 모델링의 꽃

편차, 오차, 잔차를 포함하는 오류는 분석에서 꽃이라고 해도 과언이 아닌 것이, 모델의 오류가 적을 때 예측의 정확성이 높아지기 때문이다. 오류와 관련해서 좀 더 깊게 생각해봐야 할 내용이 있다. 일종오류와 이종오류의 구분이다. 과학적 연구는 기존에 모호하게 얽혀 있는 현실세계의 개념들을 하나씩 풀어서 인과관계가 명확하게 규명된 과학세계로 유도한다. 인과관계를 유도해가는 과정에서 진실인 주장을 틀리다고 결론 내리는 경우도 있고, 실제로는 틀린 주장을 옳다고 받아들이는 경우도 있다. 두 가지 모두 진실에서 벗어난 오류가 있는 주장이다.

새로운 가설을 검증하고 과학적 지식을 추가하는 것은 과학적으로 큰 진보다. 기존 귀무가설이 진실인데 검증을 통해 진실이 아니라고 주장할 일종오류를 범할 가능성을 차감하고 남는 가능성이 클수록 새로운 가설이 진실에 가깝게 다가간다. 미국에서는 일종오류 대신에 긍정오류false positive라는 말을 더 많이 사용한다. 오류가 있는 통계 결과로 뭔가를 찾은 듯 떠들고 다니는 모습을 비꼬기 위해 사용하는 생활용어이며, 늑대가 나타나지 않았는데도 불구하고 늑대가 나타났다고 주장하는 양치기 소년의 이야기가 긍정오류에 해당된다. 반대로 사람들이 잘못된 가설을 옳다고 믿고 있는 상황에서, 믿고 있는 가설이 진실이 아니라고 밝히는 것 또한 매우 가치 있는 일이다. 천동설을 믿고 있던 중세시대의 사람들에게 천동설에 대한 반증은 우주에 대한 지식을 체계적으로 쌓을 수 있는 계기가 됐다. 진실이 아니었던 천동설에 기반을 둔 가설들은 진실이 아닌 천동설을 옳다고 지지하는 부정오류false negative를 저질렀지만, 반하는 증거들이 속속 제시되면서 오류인 천동설이 암흑의 중세시대 이후에 지동설로 바로잡히는 역사적 사건은 과학적 진보에 기여한 좋은 예다.

따라서 오류의 이해는 모델링에서 매우 중요하지만 동시에 어려운 부분이기도 하다. 주어진 방정식을 푸는 것이 익숙했던 우리들에게, 최적의 방정식을 만들어야 하는 모델링에서 확률적, 때로는 비확률적 성향을 띠고 발생하는 오류는 낯설 수밖에 없다. 특히 오류와 관련된 잔차, 오차와 편차에 대한 이야기는 학생들을 힘들게 만드는 단골 소재이기도 하다. 진실과 오류의 큰 그림을 그리기 위해, 두 가지 영역으로 나누어본다.

진실이 존재하는 신의 영역

진정한 값을 알고 있는 사람은 없다. 모집단의 규모가 커질수록 모집단의 평균을 알아내는 것은 불가능하다. 물론 메이저리그 역사가 아무리 오래됐다고 해도, 140년 역사에 선수들의 모든 공격 데이터가 저장되어 있어서 전체 메이저리그를 거쳐갔던 선수들의 장타율 평균을 구하는 것은 어쩌면 어렵지 않을지도 모른다. 하지만 몸무게가 장타율에 미치는 영향의 모평균을 구하는 작업은 단지 메이저리그 전체 선수의 장타율과 몸무게 데이터를 연계해서 기울기를 구하는 간단한 문제는 아니다. 장타율에는 몸무게 말고도 수없이 많은 변수가 영향을 미칠 것이며, 몸무게와 장타율 관계에 눈에는 보이지 않지만 영향을 미쳤을 잠재 변수도 있을 수 있다. 그래서 신만 아는 영역이기 때문에 그리스어를 써서 관계를 표시한다.

$$Y = \alpha + \beta X + \varepsilon$$

통계적 표현이라기보다는 개념적 표현에 가깝다. Y라는 장타율을 X인 몸무게로 예측하며, 둘의 관계는 β로 표시한다. ε은 오류항이라고 부르며, X인 몸무게만으로 장타율의 변화는 모두 설명되지 않기 때문에 몸무게를 제외한 나머지 요인들은 오류항에 들어간다. 오류항은 패턴이 있는 체계적 오류와 패턴이 없는 비체계적 오류가 담겨 있는 부분이다.

예측모델과 데이터가 있는 현실계

전체 데이터가 있다면 진실에 접근하는 데 더없이 좋겠지만, 불가능한 경우가 대부분이며 가능하다고 해도 데이터를 모으는 데 많은 비용과 노력이 발생할 수 있다. 특히 데이터의 수가 일정 수준이 되면, 추가로 더 모은 데이터가 통계검증에 별로 큰 차이를 내지 않기 때문에 한계가치와 비용을 따지면 전체 데이터에 접근하는 것 또한 좋은 생각은 아니다. 따라서 모집단에서 편향 없는 표본추출을 통해 표본 데이터를 모으고, 기울기와 절편 오류항을 추정하는 방식을 택한다.

$$\hat{Y} = a + bx + \lambda + u + e$$

예측하고자 하는 종속 변수인 장타율에 삿갓 모양이 놓여 있는 $\hat{Y}$ Y-hat은 예측모델에서 나온 예측값이다. λ와 u는 신의 영역에서 오류항에 들어 있던 체계적 오류와 비체계적 오류를 잠재 변수로 모델링에 포함시켰다. e는 표본 데이터를 사용하기 때문에 발생할 수밖에 없는 표준오차standard error다. 표준오차는 현실계에서 표본 데이터로 구한 예측값이 모집단의 진실값과 다를 수밖에 없는 불확실성 부분이다. 또한 현실계에서는 예측값과 측정값의 차이인 잔차residual도 발생하고, 측정값들이 표본의 평균에서 벗어난 편차deviation도 발생한다.

편차는 평균으로부터 벗어나 있는 정도를 의미한다. 예를 들어 (1,1,3,5,5) 집합이 있다면 집합의 산술평균에서 각 숫자가 떨어진 정도가 편차가 된다. 평균은 3이며, 각 데이터의 편차는 (−2,−2,0,2,2)가 된다. 집합의 편차는 항상 0이 되기 때문에, 이를 방지하기 위해 편차 제곱의 합에 다시 제곱근을 한 표준편차로 집합의 특성인 평균으로부터 벗어나 있는 정도를 보여준다. 오차error는 모집단의 모수를 추정하는 과정에서 예측선으로부터 벗어난 관측점들의 표준화된 거리다. 예를 들어, 선수들의 체중에 따라서 장타율이 증가하는 모습을 보여주는 그림 4.4의 좌측 상단 그래프를 생각해보자. 총 7개의 관측값을 최소좌승법 알고리즘에 적용해 구한 가운데에 그어진 예측선과 예측이 벗어날 수 있는 오차범위는 회색으로 표시했다. 그래프의 좌측 하단에서 화살표가 가리키고 있는 부분은 아무런 관측값이 없는 곳이지만, 예측하려는 장타율 모집단의 분산이 동일할 것이라고 최소좌승법에서는 가정하기 때문에 관측값이 없는 구간이라도 오차범위를 산정할 수 있고, 이렇게 산정한 회색 부분이 예측선의 오차이자 오차범위다. 이처럼 모집단의 기울기와 절편을 추정해가는 과정에서 발생할 수밖에 없는 차이를 오차라고 부르는데, 정확한 용어는 표본평균 표준오차 또는 표준오차

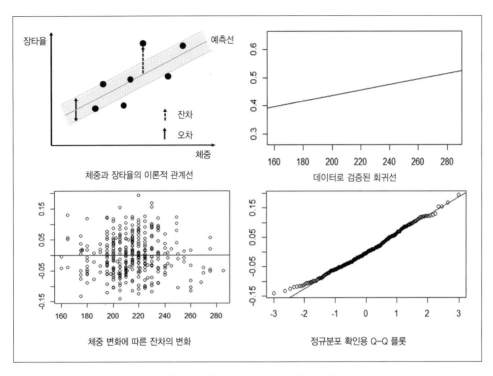

그림 4.4 체중과 장타율 관계의 오차와 잔차

다. 영어 약자인 RMSE[10]도 많이 사용되고 있어서 알아두면 좋다. 표본을 가지고 구한 평균적인 오차이기 때문에, 독립 변수인 선수의 체중이 얼마든지 간에 오차의 크기는 동일하며, 이 경우 계량경제학에서 말하는 등분산성^{homoscedasticity}이 유지된다. 등분산성이 깨지면, 즉 표본평균 표준오차를 구하는 게 의미가 없을 정도로 오차범위의 패턴이 있다면 예측선을 구하기 위해 오차에 대해 보정을 하거나 회귀분석모델을 사용할 수 없다.

```
library(Lahman)
a<-subset(Batting,yearID>2010&yearID<2017&G>150)
b<-subset(Master,sel=c("playerID","weight"))
```

---

10 RMSE는 'Root Mean Square Error'의 약어로서 예측점으로부터 떨어져 있는 관측점과의 거리를 제곱하고, 제곱된 면적을 모두 더해서 관측점들의 수로 나눈 평균면적에, 마지막으로 제곱근을 취해 구한 거리가 표본평균 표준오차다. 즉, 예측선에서 떨어진 잔차의 평균거리다.

```
c<-merge(a,b,by="playerID")
c$slg<-with(c,((H-X2B-X3B-HR)+2*X2B+3*X3B+4*HR)/AB)
with(c,plot(weight,slg,type="n"))
abline(lm(slg~weight,c))
fit<-lm(slg~weight,c)
fit_res<-resid(fit)
plot(c$weight,fit_res)
abline(0,0)
qqnorm(fit_res)
qqline(fit_res)
```

  이론적 관계를 실제로 검증하기 위해 2011년부터 2016년까지 시즌 150게임을 초과해서 뛴 선수들의 체중과 장타율을 모아서 회귀분석을 했다. 그림 4.4 우측 상단의 그래프에서 나타나듯이 우상향하는 관계가 나타나며, 좌측 하단에 있는 그래프는 오차의 크기가 체중인 X 값이 변해도 동일한지 눈으로 확인할 수 있도록 도와준다. 체중이 낮거나 높은 수준에서 오차가 약간 줄어드는 것이 확인되어, 완전한 등분산성이 유지되고 있는 것으로는 보이지 않는다. 우측 하단의 Q-Q 플롯에서 점들이 기준선을 따르면 정규분포한다고 판단하며, 이번 경우는 낮은 수준의 장타율에서 기준선을 벗어나면서 정규분포를 벗어나는 경향이 나타난다.

  마지막으로 잔차^{residual}는 추정모델에 독립 변수를 넣고 구한 예측값과 실제 관측값의 차이다. 잔찻값이 크면 클수록 추정된 예측선의 예측능력이 떨어진다. 통계학 초반에 이해하기 어려운 개념인 RSS$^{residual\ sum\ of\ squares}$를 배우게 되는데, 예측선으로 설명되지 못하는 범위의 합이다. 그림 4.5를 보면, 설명이 되는 부분과 되지 않는 부분의 총합인 전체 좌승의 합$^{TSS,\ total\ sum\ of\ squares}$에서 설명되는 부분의 합$^{ESS,\ explained\ sum\ of\ squares}$이 클수록 설명력($R^2$)이 증가하게 되지만, 설명되지 않는 부분의 합$^{RSS,\ residual\ sum\ of\ squares}$이 커지면 설명력이 떨어진다. 설명력이 높을수록 몸무게의 변화가 장타율에 영향을 미칠 것이라는 예측선의 설명되지 않는 범위^{RSS}가 적어지므로, 예측선이 주변의 관측점들을 설명할 수 있는 정도가 높아진다.

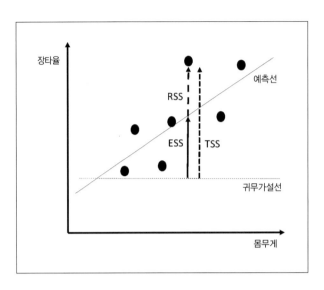

그림 4.5 예측선으로 설명되는 범위와 설명되지 않는 범위

$$설명력: R^2 = 1 - \frac{설명되지 않는 부분의 합}{전체 좌승의 합}$$

　세상의 모든 데이터를 수집해서 결론을 내지 않는 한 오류는 존재한다. 요즘처럼 빅데이터가 지배하는 세상에서는 광대한 데이터로 진실에 근접한 패턴들이 밝혀지기 때문에 오류 가능성은 줄어들고 있다. 이러한 산업환경의 변화로 모집단의 특성을 가정하는 추정통계만큼 시장의 변화 트렌드를 보여주는 시각화 기술통계도 산업계에서 큰 주목을 받고 있다. 배우는 데 있어서 기술통계보다 어려운 추정통계를 피하고 싶은 학생들에게는 좋은 소식이 될 수 있겠다. 하지만 여기에도 함정은 있다. 데이터는 지금도 생성되고 있으며 과거의 데이터는 앞으로 생성될 미래 데이터까지 고려한다면 지금의 빅데이터도 여전히 전체의 부분일 뿐이며, 더 큰 함정은 원하는 대부분의 빅데이터는 일반인들의 접근을 허용하지 않는다는 사실이다. 표본을 이용해 모수를 추정하는 추정통계분석은 더욱 현실에 가깝게 발전할 뿐이지 사라지지 않는다. 따라서 오류가 적은 모델을 추정하고 확률이론으로 검증하는 것은 중요한 능력이다.

확률과 우도

확률probability이 나오면 가장 흔하게 등장하는 예는 동전 던지기와 주사위 던지기다. 동전을 던져서 나오는 결과는 앞면과 뒷면 두 가지이며, 앞면을 성공이라고 가정할 때 성공과 실패의 확률은 50 대 50이다. 주사위의 경우 던져서 발생할 수 있는 결과는 총 6개이며, 숫자를 맞출 수 있는 성공 확률은 약 16.7% 정도 된다. 동전이든 주사위든 100번씩 계속해서 던지다 보면 결국 동전의 성공 개수는 50 주변에서, 주사위는 16.7 주변에서 빈도가 가장 높게 나타나고, 주변을 벗어나면서 빈도가 줄어드는 확률분포가 나타난다. 동전과 주사위만큼이나 확률과 연관되어 흔히 등장하는 주제가 타석에 들어선 타자가 아웃될 것인지 아니면 출루할 것인지 예측하는 야구다. 이번 절은 빅데이터 시대에 주목을 받고 있는 우도likelihood의 개념을 설명하기 위해 잠시 확률과 베르누이 분포를 설명한다.

2007년부터 메이저리그 신시내티 레즈에서 주전 1루수를 맡고 있는 조이 보토Joey Votto 선수는 2013 시즌 추신수 선수와 함께 뛰어난 출루율로 신시내티를 이끌어 한국 팬들에게도 익숙한 이름이다. 이후에도 매년 시즌 톱에 해당하는 타율과 출루율을 기록하면서 2017 시즌을 포함 통산 5번의 올스타 플레이어로 선발됐다. 그의 기록에서 더욱 흥미로운 내용은 타율에 비해 출루율이 월등히 높다는 사실이다. 2015 시즌 40타석 이상을 기록한 선수들의 타율에 비해 출루율이 평균적으로 6푼(0.06) 정도 높았던 반면, 조이 보토의 출루율(0.460)은 타율(0.314)보다 무려 1할 4푼 6리(0.146)가 높았다. 안타뿐만 아니라 몸에 맞는 볼이든 포볼이든 출루에 있어서는 거침이 없다. 2015 시즌 기록에 따라 보토 선수가 타석에 들어섰을 때 출루할 확률은 46%라고 기대되며, 동시에 출루하지 못할 확률 54%도 존재한다. 타석에서 이러한 확률구조를 가진 보토 선수는 2번 또는 3번 타자로서 한 게임에 보통 다섯 번의 타석 기회가 있는데, 한 게임에서 출루를 두 번 할 확률은 얼마나 될 것인가?

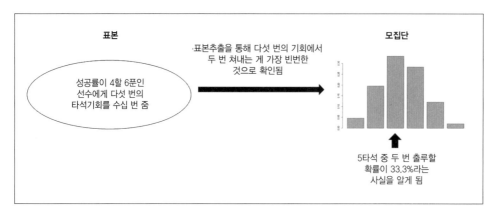

그림 4.6 확률의 발생과정

그림 4.6에서 나타나듯이 주어진 출루율로 전체 시행(게임에 등판한 수) 대비 해당 조건이 충족되어 성공한 시행의 빈도수 비율을 확률로 정의할 수 있다. 확률을 이야기할 때 항상 같이 언급해야 하는 내용이 확률분포다. 우선 성공과 실패라는 두 가지 결괏값을 갖는 이항분포에서 시작한다. 분포의 이름에서 나타나듯이 이항분포^{binomial distribution}는 두 가지 결과로 구성된 분포를 의미하며, 여러 번의 주사위나 동전 던지기가 일반적인 예다. 주사위나 동전이 이항분포 설명에 적합한 예가 되는 이유는 앞에서 던졌던 결과가 이후에 던질 결과에 전혀 영향을 미치지 않는다는 시행 간 독립성이 확보되고, 던져서 나타나는 결과물인 성공과 실패가 명확하기 때문이다. 참고로, 이항분포의 특별 케이스인 베르누이 분포^{Bernoulli distribution}를 기억해둘 필요가 있다. 특별 케이스라고 부르는 이유는 모든 베르누이 분포는 이항분포지만 이항분포라고 해서 베르누이 분포는 아니기 때문인데, 이항분포가 여러 번 시행된 결괏값 집합이라면, 베르누이 분포는 다음 공식처럼 단 한 번의 시도에 대해 성공과 실패 가능성을 제시한다.

$$발생하지\ 않을\ 확률(실패) = p^0 * (1-p)^{1-0} = 1 - p$$
$$발생할\ 확률(성공) = p^1 * (1-p)^{1-1} = p$$

p는 특정 사건이 발생할 가능성이며, x는 사건이 발생한다고 가정해서 발생하면 1, 그렇

지 않으면 0을 대입해 성공과 실패 여부를 구분한다. 베르누이 확률 공식에서 지수인 x에 0을 갖게 되면 확률 p는 1이 되기 때문에, 지수가 1이 되는 부분으로 발생할 확률과 발생하지 않을 확률이 결정되는 간단한 확률분포다. 출루할 것이냐 아웃될 것이냐의 이분법적인 문제라서 동전 던지기처럼 앞면과 뒷면이 나올 확률이 동일하므로 야구를 전혀 모르는 사람들은 출루기댓값이 50%라고 예상할 수 있겠지만, 야구를 조금이라도 알고 있는 팬들은 그 확률은 50%가 아니라 타자 개인의 출루율이며, 4할 6푼을 기록하고 있는 조이 보토가 타석에 섰을 때 출루할 확률은 46%, 아웃될 확률은 54%로 기대하는 것은 베르누이 확률분포를 머릿속에서 그리고 있는 것과 같다. 반면에 타순에서 2번을 치는 보토 선수가 한 경기당 타석에 다섯 번 들어서는 것이 일반적이며, 그의 출루율을 감안할 때 출루를 두 번 할 확률이 가장 높으며, 출루를 못 하거나 전 타석에서 모두 출루할 경우는 매우 희박한 모습을 머릿속에서 그리고 있다면 이항확률분포를 머릿속에서 그리고 있는 것이다.

각 타석에서 베르누이 분포가 발생하며, 다섯 번의 베르누이 분포로 구성된 이항확률분포를 수학적으로 구하는 방법과 시뮬레이션으로 발생시키는 두 가지 방법이 있다. 수학적 방식은 이항확률밀도함수binomial probability distribution function에 출루율과 시행횟수를 대입해서 구하며, 많은 통계 교재에서 다루는 부분이기 때문에 이 책에서는 생략한다. 대신에, 이번 절에서는 난수를 생성해 성공과 실패를 임의로 만들어내는 시뮬레이션 접근법을 소개한다. 시뮬레이션 접근법은 모수로서 시뮬레이션을 돌릴 횟수, 타석수, 그리고 출루율을 지정해줘야 한다. 시뮬레이션 만 번을 돌린 결과는 그림 4.6에서 나타나는 대로 다섯 번의 타석 중 두 번 출루하는 경우의 확률이 가장 높으며, 약 32.3% 정도 된다.

```
a<-rbinom(10000,5,0.46)
table(a)/10000
     0      1      2      3      4      5
0.0482 0.1975 0.3225 0.2888 0.1211 0.0219
```

이항확률밀도함수를 사용해 수학적으로 구한 4할 6푼 출루율 타자가 5타석에서 출루를 두 번 할 확률은 $_5C_2 * 0.46^2 * 0.54^3 = 33.32\%$로 시뮬레이션 결과와 상당히 유사하다. 시뮬레이션 회수를 천 번으로 줄일 경우 각 시나리오별 확률값이 달라진다. 특히 두 번의 출루 성공률을 갖는 확률이 가장 많이 상승했다. 35.8%는 다음 절에서 최대우도법을 통해 다섯 번의 타석에서 두 번 출루할 가장 높은 이론적 확률값보다 높은 확률을 제시한 경우이며, 이는 시뮬레이션 횟수가 낮아짐에 따라 확률의 변동성이 높아진 상태다. 대수의 법칙에 따라 시뮬레이션 횟수가 높을수록 변동성이 낮으면서 안정적인 결과를 찾을 수 있다.

```
b<-rbinom(1000,5,0.46)
table(b)/1000
    0     1     2     3     4     5
0.040 0.171 0.358 0.305 0.104 0.022
```

출루의 조건: 최대우도추정법

우도의 개념을 이용해 모수를 역추적하는 분석기술은 상당한 관심을 받고 있다. 특정 사건의 발생확률을 최대화할 수 있는 조건들을 데이터를 통해 역추적하고 모수의 특징을 파악해서, 사건의 발생을 예측하고 미연에 방지하도록 도움을 주는 모델 개발이 가능하기 때문이다. 현실에서는 출루율처럼 확률분포를 결정하는 모수를 정확히 알 수 있는 경우가 많지 않지만, 빅데이터를 통해 사건의 발생 여부를 다양하게 시뮬레이션해서 발생할 수 있는 조건을 찾을 수 있다. 톰 크루즈 주연의 영화 〈마이너리티 리포트〉에서처럼 특정인이 범죄를 저지를 가능성을 극대화하는 조건을 찾아서 범죄 발생 가능성을 예측하고 그에 맞는 대책을 제시해 미연에 방지하는 것이 현실적으로 가능할 수 있는 시점에 이르렀기 때문이다. 다섯 번의 타석에서 두 번의 출루를 할 가능성이 가장 높은 조건인 출루율 모수parameter를 찾기 위해 이항확률밀도함수를 역으로 이용하는 방법을 최대우도추정법maximum likelihood method이라고 한다. 5장에서 소개할 로지스틱 회귀분석도 최대우도추정법 알고리즘을 활용해 특정 사건 발생 가능성 예측능력이 있는 변수들을 파악한다.

보토 선수의 출루율이 알려져 있지 않은 경우, 그가 다섯 번의 타석에서 두 번 출루하는 것을 옆에서 지켜보고, 앞으로도 다섯 번의 타석에서 두 번 출루할 수 있는 확률을 극대화하는 데 필요한 출루율을 4할이라고 역추적했다면, 4할은 다섯 번의 타석에서 두 번의 출루 확률을 극대화하는 우도^{likelihood}가 된다. 확률과의 가장 큰 차이는 확률은 한 사건(다섯 번의 타석에서 두 번 출루)의 조건인 출루율을 알고 있어서 다섯 타석에서 두 번의 출루가 발생할 빈도에 주목할 수 있지만, 모수인 출루율을 모르는 상황에서는 다섯 번의 타석 중에서 두 번의 출루가 발생할 수 있는 빈도가 가장 높게 만드는 조건을 찾아야 하며, 그 조건이 우도다(그림 4.7 참조).

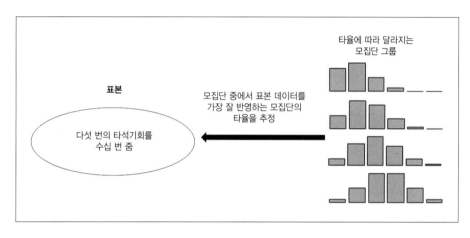

그림 4.7 우도의 발생과정

확률 계산에서 출루율 4할 6푼 조이 보토 선수가 5타석에서 두 번 출루할 이론적 확률값은 33.32%이며, 100게임을 뛴다면 33게임에서 두 번만 출루할 것이라고 예측했다. 만 번의 시뮬레이션으로 구했던 확률값은 32.25%였다. 지금부터는 거꾸로 다섯 번의 타석 중 두 번만 출루할 가능성을 가장 높이는 출루율 모수를 찾기 위해 이항확률밀도함수에 전체 시행수인 5와 성공횟수인 2를 대입한다.

$$P(\text{두 번의 출루}) = \begin{pmatrix} 5 \\ 2 \end{pmatrix} * \text{OBP}^2 * (1 - \text{OBP})^{(5-2)}$$

두 번 출루할 가능성을 최대화해줄 수 있는 방법인 최대우도추정법은 위의 공식에 로그함수를 적용하면 로그의 특성상 급격히 증가하다가 더 이상 증가하지 않는 확률의 최대점을 찾을 수 있다.

$$\ln(P(\text{두 번의 출루})) = \ln\left(\begin{pmatrix} 5 \\ 2 \end{pmatrix} * \text{OBP}^2 * (1 - \text{OBP})^{(5-2)}\right)$$

$$= \ln 10 + 2 \ln \text{OBP} + 3 \ln(1 - \text{OBP})$$

```
curve(log(10*x^2*(1-x)^3),0,1,ylab="Log Probability",xlab="OBP")
```

최대점은 그래프상 로그확률함수가 거의 증가하지 못하는 위치이며, 함수를 미분했을 때 0이 되는 시점이다. 따라서 위의 식 로그확률함수에 예측 변수인 출루율로 미분을 취해서 미분함수가 0인 시점의 출루율이 0.4임을 확인할 수 있다(그림 4.8 참조).

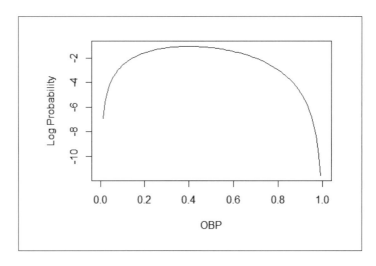

그림 4.8 로그확률함수에 미분한 상태인 그래프

$$\frac{d}{d\_\text{OBP}} = 0 + \frac{2}{\text{OBP}} - \frac{3}{1 - \text{OBP}} = 0$$

$$\therefore \text{OBP} = 0.4$$

타석에 다섯 번 섰다는 건 다섯 번의 시행을 가졌다는 의미이며, 출루율 4할인 선수가 다섯 번의 타석에서 한 번이라도 출루를 만들어내지 못할 케이스를 포함해서 총 여섯 가지 각

각의 시나리오마다 다른 확률을 갖게 된다. 다섯 번의 타석에서 두 번 출루할 확률이 34.56% 로 가장 높은 것으로 확인됐다.

```
OBP<-0.4
base<-0:5
P<-OBP^base*(1-OBP)^(5-base)
case<-choose(5,base)
EV<-P*case
EV
[1] 0.07776 0.25920 0.34560 0.23040 0.07680 0.01024
```

여섯 가지 시나리오를 확률분포로 그려보면 그림 4.9에 보이는 것처럼 세 번째 막대가 가장 높고 우측으로 약간 기울어진 분포가 나타난다. 다섯 번의 타석에서 출루를 두 번 할 확률이 34.6%로 가장 높게 만든 우도는 0.4였다. 전 타석에서 모두 출루할 확률은 1% 남짓 되며, 야구팬의 눈으로 볼 때 아무리 출루율 4할 선수라도 전 타석 출루를 한다는 것이 얼마나 힘든 일인지 잘 알고 있기 때문에, 출루할 것이냐 못 할 것이냐의 이항확률분포가 합리적으로 만들어졌음이 눈으로 확인된다.

```
barplot(EV)
```

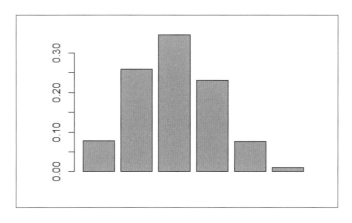

그림 4.9 출루율 4할 타자의 확률분포

이항분포에서 분포의 모양을 정하는 원인은 단 두 가지다. 선수의 출루율과 시행횟수가 확률분포 모양을 정하며, 만약 출루율 3할 선수가 타석에 다섯 번 들어서면 확률분포 모양은 달라질 수밖에 없고, 같은 출루율 4할 타자라고 하더라도 타석에 네 번 들어서는 경우 확률분포는 분명히 달라진다. 이렇게 분포의 모양을 결정하는 요인은 확률분포에서 모수가 되며, 그리스어로 세타$^{\text{theta}}(\theta)$라고 부른다. 보통 선수의 케이스는 출루율이 4할 6푼이고 타석 수를 다섯 번이라고 먼저 밝혔기 때문에 두 가지 모수를 통해 찾아낸 확률분포가 그다지 대단해 보이지는 않지만, 만약 알려진 모수가 없고 동일한 확률분포를 그려낸 데이터가 있을 때 데이터를 통해 역으로 모수를 추정해나가는 일은 분명 흥미로운 작업이다.

최대우도추정법을 통해 다섯 번의 타석에서 두 번 출루할 확률이 가장 높은 선수의 출루율이 4할이라고 밝혔다. 다른 출루율을 갖는 타자들이 다섯 번의 타석에서 출루를 두 번 할 수 있는 확률이 34.6%보다 낮은 것으로 확인되면, 최대우도추정방식으로 모수를 정확하게 추정한 것으로 볼 수 있다. 그림 4.10에서 나타나듯이 출루율^{OBP}이 2할(0.2)인 선수가 다섯 번의 타석에서 2개의 출루를 할 수 있는 확률은 약 20.48%이고, 3할 선수의 경우는 2개의 출루를 만들어낼 확률이 약 30.87%에 이르며, 전설의 출루율 5할 타자는 31.25%의 확률에 이른다.

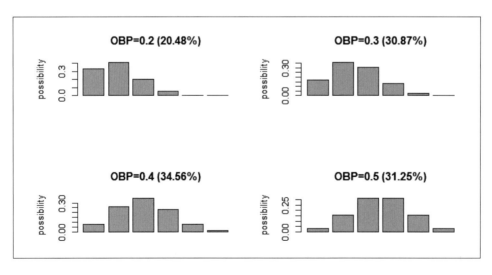

그림 4.10 출루율에 따라 달라지는 확률분포

[4개의 막대그래프를 한 화면에 제시하는 코드]

결과물을 2개의 행과 2개의 열로 배치한다.

```
par(mfrow=c(2,2))
```

- 출루율 2할 타자의 막대그래프

```
OBP<-0.2
base<-0:5
P<-OBP^base*(1-OBP)^(5-base)
case<-choose(5,base)
EV<-P*case
barplot(EV,main="OBP=0.2 (20.48%)",ylab="possibility")
```

- 출루율 3할 타자의 막대그래프

```
OBP<-0.3
base<-0:5
P<-OBP^base*(1-OBP)^(5-base)
case<-choose(5,base)
EV<-P*case
barplot(EV,main="OBP=0.3 (30.87%)",ylab="possibility")
```

- 출루율 4할 타자의 막대그래프

```
OBP<-0.4
base<-0:5
P<-OBP^base*(1-OBP)^(5-base)
case<-choose(5,base)
EV<-P*case
barplot(EV,main="OBP=0.4 (34.56%)",ylab="possibility")
```

- 출루율 5할 타자의 막대그래프

```
OBP<-0.5
base<-0:5
P<-OBP^base*(1-OBP)^(5-base)
case<-choose(5,base)
EV<-P*case
barplot(EV,main="OBP=0.5 (31.25%)",ylab="possibility")
```

정규분포: 얼마나 칠 것인가?

야구 데이터에서 가장 사용 빈도가 높은 타율, 출루율, 장타율 등 연속형 변수들은 데이터 상호 독립성을 띠고 있기 때문에 평균을 중심으로 정규분포를 구성하며, 홈런과 타점 같은 이산 변수의 경우도 변수를 구성하는 데이터 수가 충분할 경우 평균을 중심으로 종 모양으로 퍼지는 정규분포를 띤다고 중심극한정리에 기반해서 말할 수 있다. 중심극한정리가 데이터 분석가들에게 큰 도움이 되는 이유는 홈런과 안타처럼 연속형 변수가 아니라 카운트를 할 수 있는 이산 변수들도 데이터 상호 간에 독립성이 유지되면서, 데이터가 충분히 많을 경우 회귀분석에 사용될 수 있는 이론적 근거를 제공하기 때문이다.

중심극한정리란?

야구를 통계에 쉽게 적용할 수 있는 이유 중의 하나라면, 매일 생산되는 야구 데이터들의 독립성이 매우 강하다는 점을 들 수 있다. 서로 독립적이지 않은 데이터의 예로는 선수마다 보유하고 있는 네트워크가 될 수 있다.

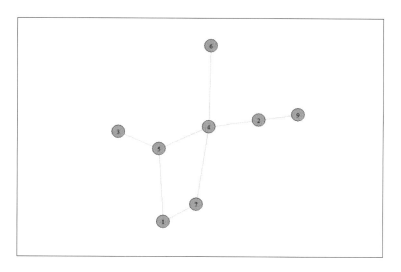

그림 4.11 독립적이지 않은 네트워크 데이터

```
library(sand)
library(igraph)
g<-graph.formula(1-5,1-7,2-9,2-4,3-5,4-5,4-6,4-7)
V(g)
E(g)
plot(g)
```

그림 4.11의 네트워크는 4번과 5번이 장악하고 있으며, 새로운 멤버가 네트워크에 가입할 때, 9번, 6번, 3번, 1번, 7번과 같이 변두리에 위치한 사람들과 관계를 맺기보다는 4번과 5번처럼 좀 더 관계망이 많은 사람과 연결되기를 원하는 경향이 크다. 결과적으로 기존 연결 수치에 따라서 새로운 연결고리가 만들어져 기존에 많은 연결망을 가진 사람에게 더 많은 연결이 발생하게 되므로, 새로운 데이터는 기존 데이터에 의존성을 갖게 된다. 반면에 야구에서 홈런을 생각해보면 20개를 치는 사람이 21개를 칠 때, 20개가 21개에 주는 영향은 없으며 수치 간에 완전 독립적이다. 이런 특성을 갖는 관측자료가 많을 경우 선수들이 만들어내는 홈런별 빈도는 홈런 변수의 평균을 중심으로 정규분포한다.

관측자료가 많다는 의미는 선수들의 안타 데이터가 1,000개 있을 경우, 한 시즌에 평균적으로 120개 안타에서 가장 많은 선수가 분포해 있고 120개를 중심으로 선수들의 안타 빈도수가 균형 있게 작아지는 히스토그램을 만들 수 있다는 뜻이다. 반면에 관측자료가 적은 경우에는 평균을 중심으로 균형 있게 분산되지 못하는 경우가 흔하다. 관측자료가 많고 적음에 따른 분포 차이를 눈으로 직접 확인하기 위해 야구 데이터를 이용해 다음과 같이 데이터를 모았다.

- 관측자료가 많은 경우
  2012 시즌부터 2015 시즌까지 4년간 메이저리그에서 시즌 중 300타석 이상 들어섰던 선수 949명이 만들어낸 안타를 이용해, 그림 4.12에서 보는 것과 같이 120을 중심으로 균형 있게 분산되고 있는 히스토그램이 만들어진다.

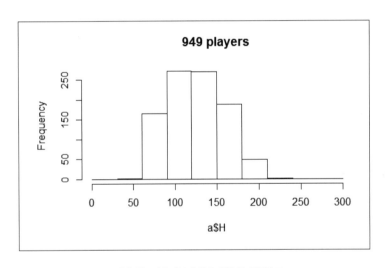

그림 4.12 관측자료가 많은 경우의 확률분포

```
a<-subset(Batting,yearID>2011&yearID<2016&AB>=300)
hist(a$H,main="949 players",breaks=seq(from=0,to=300,by=30))
```

- 관측자료가 적은 경우
  2012 시즌부터 2015 시즌까지 4년간 뉴욕 양키스를 대상으로 시즌 중 300타석 이

상 들어섰던 선수 32명이 만들어낸 안타를 이용해 작성한 히스토그램은 그림 4.13에서 보는 것과 같이 평균은 100개 주위에 있으면서 오른쪽으로 많이 기울어진 불균형한 분포 형태가 나타난다.

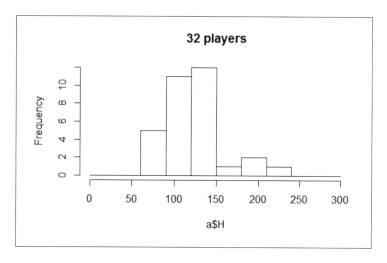

그림 4.13 관측자료가 적은 경우의 확률분포

```
a<-subset(Batting,yearID>2011&yearID<2016&AB>=300&teamID=="NYA")
hist(a$H,main="32 players",breaks=seq(from=0,to=300,by=30))
```

데이터 상호 간에 독립적인 연속 변수나 이산 변수의 경우 관측차료가 많으면 많을수록 평균에 균형적으로 모이는 성향이 높아진다. 결과적으로 947명의 선수들이 보여주는 중심화 경향성이 32명의 선수가 보여주는 중심화 경향성보다는 뚜렷하다. 그렇다면 얼마나 많은 관측자료가 있어야 홈런 같은 이산 변수를 정규분포로 가정할 수 있는 것일까? 10개의 홈런 관측자료를 가진 변수는 평균을 중심으로 양옆으로 빈도수가 균형 있게 작아지는 형태를 기대하기는 어렵다. 하지만 1,000개 정도의 관측자료라면 선수들의 홈런능력이 평균에 모이는 경향성은 충분히 나타날 수 있다. 이러한 중심화 경향성은 중심극한정리에서 설명되는데, 데이터가 위에서 예를 든 홈런 같은 독립적인 이산 형태를 갖고 있어도 연속 변수처럼 종 모양으로 정규분포한다고 가정할 수 있다. 일반적으로 최소의 관측량을 30개로 보고 있지만, 위에서 보듯이 30개도 분포가 정규성을 띤다고 가정하기에는 작아 보인다.

회귀분석에서는 왜 정규분포를 사용하지 않고 스튜던트 t 분포를 사용하는가?

분석에서는 정규분포보다는 t 분포를 훨씬 많이 사용함에도 불구하고 분포 모양이 서로 닮아 있기 때문에 구분해서 말하지 않고 2개의 분포를 합쳐서 정규분포한다고 말하는 경향이 있지만, 올바른 접근법은 아니다. 그림 4.14에 나타나 있는 2개의 분포 중 실선은 정규분포이고 점선은 t 분포다. 중심 부분은 정규분포의 확률밀도가 더 높지만, 양쪽 꼬리 부분으로 내려갈수록 t 분포의 확률밀도가 크다. 이는 2개의 분포도에서 가로축 x에 ①로 표시된 같은 임곗값이라고 해도 자유도가 30 이하라면 정규분포 통곗값인 z 값에 비해 꼬리가 굵은 t 분포의 통곗값인 t 값이 더 높음을 의미한다.

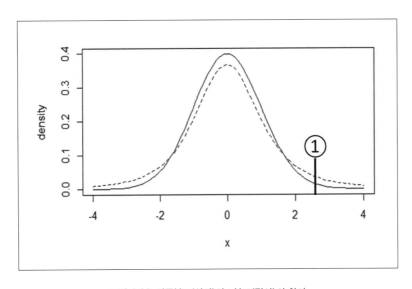

그림 4.14 정규분포(실선)와 t 분포(점선)의 차이

```
curve(dnorm(x),-4,4,ylab="density")
curve(dt(x,df=3),add=TRUE,lty=2)
```

상대적으로 임곗값이 높은 t 분포의 경우 유의확률(p 값)을 요구되는 유의수준보다 낮추기가 힘들어, 가설 검증을 할 때 자신이 이론적으로 주장하던 대립가설이 통계적으로 옳다고 입증하기가 어려워진다. 요구 통곗값을 낮추기 위해서는 데이터를 추가적으로 모아서 자유도를 높이는 방법이 있으며, 자유도가 30 이상으로 올라가면 정규분포와 매우 유사한 t 분포가 형성된다. 따라서 t 분포는 모집단의 분산을 알지 못하고 자유도가 30이 안 될 때 사용하는 확률분포다. 물론 자유도가 30이 넘어도 모집단의 분산을 알지 못한다면 여전히 t 분포를 사용하지만 요구되는 통곗값의 수준은 정규분포와 동일하다.

좋은 예측모델 구별법: 표준오차

회귀분석은 예측 변수predictor(또는 독립 변수)를 이용해 알고 싶은 종속 변수를 예측하는 데 그 목적이 있다. 예를 들면 팀승률winning percentage과 팀타율 간의 추론된 관계를 데이터를 통해 검증하고, 검증된 모델로 팀승률을 예측해서 특정 팀이 포스트시즌에 합류하기 위해 필요한 추가 승수와 이를 위한 선수들의 요건을 파악할 수 있다면 훌륭한 사용법이 된다. 예측을 위해 선행돼야 할 작업이 모델의 추론이며, 예측방법은 추론에 대한 설명이 끝난 후에 점예측과 구간예측을 통해 설명한다. 두 변수로 만든 산포도에 뿌려져 있는 점들을 가장 잘 대변하는 선을 찾아내는 것은 좋은 예측모델을 찾는 기준이다. 정규분포 가정에 부합하는 승률의 실제 관측점들이 여러분이 그은 예측선에서 떨어진 정도가 가장 적을 때 회귀선이 결정되며, 모델 추정에 사용된 알고리즘을 최소좌승법least square model이라고 한다.

최소좌승법에서 좌승이란 종속 변수인 실제 승률과 회귀분석이 타율로 예측한 예상 승률 간 차이의 제곱이며, 제곱으로 그려지는 정사각형의 면적은 예측점에서 관측점이 벗어나 있는 잔차residual의 정도를 대변하는데, 잔차가 작을수록 신뢰성이 높은 모델이 된다. 잔차를 제곱한 값들의 합에 산포도상 점들의 수 n에 기울기와 절편을 뺀 자유도degree of freedom를 나눈 평균화된 잔차의 면적에 제곱근을 취하면 관측점마다 다른 크기의 잔차를 표준화하게 되며, 이를 평균제곱근오차 또는 표준오차RMSE, Root Mean Squared Error라 한다. 표준오차가 적으면 예측선 주변에 관측점들이 많이 몰려 있어 예측모델이 설명할 수 있는 점들이 많아진다는 의미여서 좋은 모델의 기준이 된다.

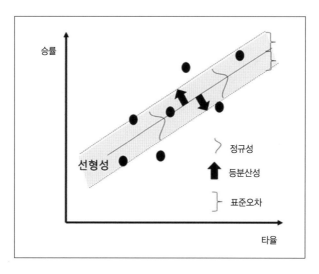

그림 4.15 표준오차의 범위와 좋은 모델의 기준

하지만 그림 4.15에서 보여주듯이 적은 표준오차를 갖는 좋은 모델이 반드시 지켜야 하는 조건들이 있다. 선형회귀분석의 4대 가정이라고 하며, 조건에 부합하지 못하는 모델이 제시하는 예측값에 대해서는 의문을 가질 수밖에 없다. 데이터 분석가가 갖는 훌륭한 예측구슬이 어떤 모습인지 그 속으로 들어가 보자.

첫 번째, 선형성linearity에 대한 가정이다. 독립 변수가 팀타율이고 종속 변수가 팀승률일 때, 타율이 높을수록 승률이 높아지는 관계는 그래프에서 우상향하는 선을 그을 수 있다. 나이와 홈런과의 관계처럼, 선수생활 전반기에 나이가 들면서 홈런이 증가하다가 전성기를 지나면서 홈런 수가 떨어지는 2차 방정식 비선형모델의 관계를 보여주는 데이터의 경우 선형회귀분석법이 적합하지 않다. 선형관계가 이론적으로 맞음에도 불구하고 산포도를 눈으로 확인할 때 몇몇 관측값들로 인해 곡선의 관계가 감지되면, 로그함수 또는 지수함수를 이용해 선형으로 만드는 방법이 일반적이다.

로그함수를 이용해 선형으로 변형하는 방법을 생각해보자. 그림 4.16에서 보여주듯이, 2개의 변수가 있다고 가정하자. y 변수의 경우 1씩 증가함으로써 그 중심이 3에 있다. 반면에 x 변수의 처음 3개 관측값은 가깝게 모여 있지만, 4번째와 5번째 관측값은 멀리 떨어져 있어 평균이 5번째 변수에 영향을 크게 받으면서, 두 변수의 관계가 직선이 아닌 비선형관계를 보여준다. 두 변수의 문제점은 x 변수가 기하급수적으로 증가하는 데 비해 y 변수는 산술 (등차)급수적으로 변함으로써 발생하는 비선형관계이기 때문에 x 변수에 log를 적용해 기하급수적 증가를 등차적 증가로 바꿀 수 있다. 로그함수는 지구로부터 멀리 떨어진 별들의 거리를 간단하게 수식으로 표현하기 위해 만들어졌다는 역사에서 미루어 짐작해보면, 지구에서 화성까지의 거리에 비해 기하급수적으로 늘어나는 후속 행성까지의 거리에 대해 로그를 취해줌으로써 거리의 차이를 최대한 등차화해주는 효과가 있다.

```
par(mfrow=c(1,2))
x<-c(1,2,4,8,16)
y<-c(1,2,3,4,5)
plot(x,y,type="b",lwd=3,main="Before Transformation")
x_adj<-log(x)
plot(x_adj,y,type="b",lwd=3,main="After Transformation")
```

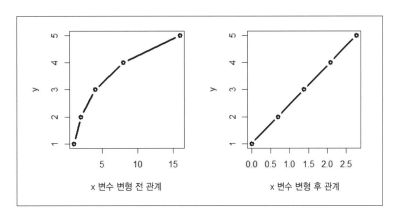

그림 4.16 비선형관계선의 로그 변형

두 번째, 등분산성homogeneity에 대한 가정이다. 회귀선으로부터 관측된 모든 점이 동등한 분산을 두면서 분포되어 있어야 한다. 동등한 분산인지는 눈으로 확인하기가 쉽지 않으나, 심한 차등은 쉽게 확인된다. 회귀선의 중심으로 한쪽으로 치우쳐 있는 자료들은 회귀분석에 적합하지 않다. 등분산성 확인을 위해서는 5장의 '모델에 영향을 주는 이상치를 찾아라' 절에서 자세히 설명하겠지만, 잔차를 보여주는 적합성 그래프plot of residual vs. fits를 활용해 관측값과 예측값의 차이인 잔차residual가 0을 중심으로 점들이 아래위로 불균형하게 퍼져 있는지, 불균형하다면 어떤 점 때문에 불균형이 발생했는지 확인할 수 있다. 해결책으로 분포를 불균형하게 만드는 개별 데이터가 이상치 기준에 해당된다면 제거를 고려할 수도 있고, 등분산의 가정을 요구하지 않는 유연한 분석모델을 채택해서 해결하는 방법도 있다. 다만, 유연한 분석모델을 채택하는 데는 더 많은 데이터가 필요하고, 모으는 데 많은 노력과 시간, 때로는 경제적 비용도 발생한다. 따라서 이분산heteroscedasticity 여부를 확인하는 BPBreush Pagan 테스트를 먼저 하고, 이분산이 확인됐다면 데이터 분산을 정규성에 가깝게 변형하는 Box Cox 변형으로 개선할 수 있다.

예를 들어, 2014년 팀 데이터를 이용해 팀득점으로 승률을 예측하려고 할 때, 예측모델이 등분산성을 유지하는지 확인해야 한다.

```
library(Lahman)
rec<-subset(Teams,yearID==2014)
rec$wp<-rec$W/rec$G
a<-lm(wp~R,rec)
library(lmtest)
bptest(a)

    studentized Breusch-Pagan test
data:  a
BP = 3.5067, df = 1, p-value = 0.06112
```

이분산이 없다는 귀무가설이 유의확률 0.06에 근거해서 귀무가설이 사실이 아닐 가능성이 높은 것으로 나왔고, 이분산 가능성을 암시한다. 예측하려는 승률에 대해 Box Cox 변형을 실시해서 이분산 가능성이 개선되는지 살펴보자.

```
library(caret)
b<-BoxCoxTrans(rec$wp)
c<-cbind(rec,wp_adj=predict(b,rec$wp))
d<-lm(wp_adj~R,c)
bptest(d)
    studentized Breusch-Pagan test
data:  d
BP = 3.3017, df = 1, p-value = 0.06921
```

2014 시즌 데이터를 이용해 추정하는 팀타점과 승률의 관계는 Box Cox 변형을 통해 이 분산성이 약간은 개선됐지만, 여전히 의심할 수밖에 없는 수준인 점을 감안해서 6장 '모델링'에서 다룰 예측모델 변경을 하거나 관측량을 더 늘려서 해당 문제점을 해결할 수 있다.

세 번째, 독립성independence에 대한 가정이다. 개별 데이터들 간에는 아무런 영향이 없어야 한다는 가정이며, 여기에는 두 가지 의미가 담겨 있다. 첫째, 독립 변수는 종속 변수의 오류항과 아무런 연관성이 없어서 결과적으로 종속 변수에서 독립돼야 하며, 두 번째는 종속 변수의 오류가 다른 종속 변수의 오류와 상관이 발생하지 않아야 한다. 이러한 독립성 여부는 통계적으로 테스트가 가능하다. 가령 팀타율이 개념적으로 승률에 영향을 미친다고 하더라도 팀타율이 팀승률의 잠재 오류항에서 영향을 받고 있다면, 결국 잠재 변수에 영향을 받은 팀타율이 승률에 영향을 미치는 내생성이 발생해서 독립성을 잃어버리게 된다. 회귀모델에서는 독립일 것이라고 가정하기 때문에, 독립 변수와 오류항의 상관성을 고려하지 않지만, 실제로는 충분히 발생 가능한 문제다. 해당 문제는 단년도single year 데이터에서는 해결할 방법이 없어서 독립성의 문제가 없다고 가정할 수밖에 없지만, 다년도로 측정한 패널 데이터를 보유하고 있다면 가정을 깨고 독립 변수가 오류항에 미치는 영향의 여부에 대해 하우스만Hausman 테스트를 통해 확인할 수 있고, 결과에 따라 모델을 선택하면 이번 독립성 문제가 해결된다. 자세한 내용은 6장의 '논리와 통계를 연결하다: 모델 선택' 절에서 확인할 수 있다.

네 번째, 정규성에 대한 가정이다. 의존 변수가 정규분포를 따르는지, 한쪽 쏠림현상(왜도skewness)이 있어 분포의 꼬리가 지나치게 긴지, 중심이 지나치게 높이 솟아 첨도현상(첨도kurtosis)이 발생하고 있는지에 대한 고민이다. 회귀분석은 중심극한정리에 기반해 반드시 평균에서 가장 빈도가 높고 평균을 중심으로 양옆으로 퍼지면서 빈도가 줄어들어 최솟값과 최댓값에서는 빈도가 가장 낮은 포물선 모양이 정규분포다. 쏠림현상이 발생하는 대표적인 이유는 최솟값 또는 최댓값이 지나치게 낮거나 높은 경우다. 정규성 여부를 확인하기 위해 5장의 '모델에 영향을 주는 이상치를 찾아라' 절에서 다룰 정규확률도$^{\text{normal probability of the residuals}}$ (또는 Q-Q 플롯)로 양쪽 꼬리가 중심선에서 벗어나지 않았는지 확인하고, 한쪽으로 치우치거나 벗어나지 않았다면 정규성이 있음을 눈으로 확인할 수 있다.

앞에서 설명한 네 가지 가정에 맞는 데이터를 이용하거나 네 가지 가정에 부합하지 않아서 데이터를 수학적으로 변형하거나 맞는 모델을 찾아서 구한 평균제곱근오차가 제시하는 예측의 정확도는 신뢰할 만하다. 평균제곱근오차 또는 표준오차가 발생하는 이유는 예측값과 현실의 측정값 차이인 잔차 때문이며, 잔차를 표준화한 평균제곱근오차는 표본으로 만든 예측모델을 통해 모집단의 진실값을 예측할 때 표본을 사용하는 이유로 어쩔 수 없이 발생할 수밖에 없는 범위다. 이 장 후반부에서 소개할 표본오차$^{\text{sampling error}}$를 구할 때 반드시 필요한 개념이다. R에서 회귀분석으로 나온 결괏값 중에서 매우 중요함에도 불구하고 가장 관심을 받지 못하는 평균제곱근오차인 Residual standard error를 승률을 예측하기 위한 타율모델과 방어율 모델을 비교해서 설명한다.

```
library(Lahman)
rec<-subset(Teams,yearID==2014)
rec$wp<-rec$W/rec$G
rec$avg<-rec$H/rec$AB
avg_model<-lm(wp~avg,rec)
ERA_model<-lm(wp~ERA,rec)
```

팀승률과 팀타율의 예측된 관계에서 발생한 잔차의 표준화된 거리인 표준오차^{Residual} $^{\text{standard error}}$는 다음의 결과 ①에서 표시된 0.05774로, 그리고 방어율 모델에서는 0.04128로 나왔으며, ②에서 확인할 수 있다. 모델이 각각 갖는 잔차의 표준오차를 비교하면 방어율^{ERA} 모델의 표준오차가 타율^{avg}의 표준오차보다 적어서, 방어율 모델을 이용해 팀승률을 예측하면 좀 더 정확한 결과를 얻을 수 있다는 결론을 내릴 수 있다. 모델의 표준오차가 적은 예측 변수를 사용할수록 예측의 신뢰수준 범위도 줄어들어 의사결정에 도움이 되는 좁은 예측구간을 제시할 수 있다. 반면에 표준오차가 큰 예측모델은 범위가 매우 넓은 예측구간을 제시하므로 의사결정에 도움이 되지 못한다.

승률을 예측하는 타율모델

summary(avg_model)

```
Call:
lm(formula = wp ~ avg, data = rec)

Coefficients:
            Estimate Std. Error t value Pr(>|t|)
(Intercept)   0.1087     0.2457   0.443    0.661
avg           1.5584     0.9778   1.594    0.122

① Residual standard error: 0.05774 on 28 degrees of freedom
  Multiple R-squared:  0.08318,   Adjusted R-squared:  0.05044
  F-statistic:  2.54 on 1 and 28 DF,  p-value: 0.1222
```

타율모델과 달리 방어율 모델은 알려진 대로 승률과 음의 관계(−0.09917)를 가지며, 표준오차가 적은 만큼 방어율이 승률을 설명할 수 있는 설명력(Adjusted R-squared)은 상대적으로 매우 높다(0.5146). 야구는 투수력이라는 주장이 틀린 말은 아닌 것 같다.

승률을 예측하는 방어율모델

summary(ERA_model)

```
Call:
lm(formula = wp ~ ERA, data = rec)

Coefficients:
            Estimate Std. Error t value Pr(>|t|)
(Intercept)  0.87071    0.06623  13.148 1.68e-13 ***
```

```
ERA          -0.09917   0.01760  -5.634 4.92e-06 ***
---
Signif. codes:  0 '***' 0.001 '**' 0.01 '*' 0.05 '.' 0.1 ' ' 1
```

② Residual standard error: 0.04128 on 28 degrees of freedom
   Multiple R-squared: 0.5313,   Adjusted R-squared: 0.5146
   F-statistic: 31.74 on 1 and 28 DF, p-value: 4.918e-06

팀타율 1푼의 가치는 2천 4백만 달러?

포스트시즌 진출은 단장general manager과 감독의 경력에 중요할 뿐만 아니라 구단의 경제적 수익과도 직결되어 있어서, 팀 전체를 관리하고 필요한 선수를 주어진 예산에서 영입하고 운영해야 하는 단장과 감독에게 포스트시즌 진출은 중요한 미션이다. 팀의 승률이 높으면 작게는 경기장 입장수입, 티셔츠 판매액, 팀로고 라이선스 등에서 매출을 올릴 수 있고, 크게는 방송사와 맺는 중계권료가 오르며 기업들의 스폰서십으로 연결된다. 현재 메이저리그가 다른 프로스포츠(NFL과 NBA)에 비해 인기가 낮다고는 하지만, ESPN이 메이저리그와 맺었던 8년(2014~2021) 계약인 연간 7억 달러(약 7천억 원)와 다른 방송사들과의 계약 규모를 고려한다면 팀타율을 올려서 승률이 좋은 인기구단으로 만들어야 하는 것은 단장의 큰 숙제다. 참고로, 2021년 메이저리그 30개 구단 40인 명단에 등록된 선수들의 연봉 총합은 대략 35억 달러로 ESPN과의 계약을 통해 5분의 1이 해결된다.

승률과 구단 수익 관계 사이에는 팬들의 관심과 지지가 두 변수의 매개 역할을 하는데, 스폰서십을 맺으려는 기업이나 높은 중계권료에도 그 팀을 중계하려는 방송사 입장에서는 그런 팬들이 있기 때문에 투자 매력을 느끼게 된다. 승률이 높아서 지구 1위 또는 리그별 와일드카드를 쥐고 포스트시즌에 진출하게 될 때 팀이 얻는 추가 매출은 정규리그 162게임을 펼치면서 얻었던 매출액의 최소 4분의 1을 단기간에 쥘 수 있는 것으로 알려져 있다.

메이저리그 데이터를 살펴보면 정규시즌 총 162게임 중 96게임을 이기면 안정적으로 포스트시즌에 진출하게 되는데, 승률로 따지면 59.3%다. 59.3%의 승률을 만들기 위해서는 당연히 실점run allowed보다는 득점run scored이 높아야 하고, 그 득실점 차이의 범위가 작게는 70점에서 많게는 150점 정도 되는 수준이다. 2016년 김현수 선수가 활약했던 발티모어 오리올스 그리고 2021년 류현진 선수가 활약하고 있는 토론토 블루제이스의 아메리칸리그 동부지구처럼 경쟁이 심한 지구에서 경기를 펼치고 있다면 득실점 차이의 범위가 훨씬 적을 수도 있지만, 평균적으로 득점이 95점 정도 실점보다 많다면 안정적으로 포스트시즌에 진출한다. 결국 감독이나 단장 입장에서 96승을 생각하기에 앞서 95점 차이를 낼 수 있는 선수단을 꾸리는 것이 좀 더 현실적인 고민이 될 것이다. 야구 통계에서 알려진 바로는 1승을 하기 위해 약 10점이 필요하다고 한다. 10점은 단지 공격득점만을 의미하는 것이 아니라 방어능력 10점도 동시에 의미한다. 쉽게 생각한다면, 5점 내고 5점 지킬 수 있는 수비능력이 있으면 1승을 한다는 논리다.

팀에 추가 1승을 기여할 수 있는 선수의 능력은 1WARwin above replacement(대체선수 대비 승리 기여도)로, 마이너리그와 메이저리그의 경계선상에 있어서 실제로 팀에 추가 기여가 없는 선수의 자리를 외부에서 영입해온 선수가 차지하면서 팀이 추가로 챙길 수 있는 승리게임의 수다. 따라서 WAR가 높은 선수가 팀 승리에 영향을 미치지 않는 보통의 선수를 대체하면서 승리할 수 있는 게임이 많아지게 된다. 2012~2013년에는 1WAR가 5백만 달러 정도의 가치를 가졌으며, 2016년 통계에 따르면 7백만 달러로 급등한 가격에 거래되고 있다. WAR 가치 상승의 의미는 메이저리그에서 흘러다니는 돈의 규모가 증가하고 있어서, 팀에 1승을 추가로 가져다줄 수 있는 선수를 비싸게 영입해도 손해볼 게 없다는 것으로 해석된다. 예를 들어, 작년에 81승으로 50%의 승률을 보이던 팀이 올해는 반드시 포스트시즌에 진출하겠다는 의지로 96승까지 필요한 추가 15승을 돈으로 구입하겠다고 하면 예산이 허락하는 한에서 자유계약선수 6WAR 한 명, 4WAR 한 명, 5WAR 한 명을 총 1억 5백만 달러를 지급하고 영입해서 포스트시즌을 노려볼 수 있다. 이론적 WAR에 따라 영입한 전략이 내년 시즌에 적중해서 96승으로 시즌을 마감할 경우, 평균적인 페넌트레이스 수익은 1억 5천만 달러 그리고 포스트시즌에서 몇 경기로 얻게 되는 기대수익이 3천 8백만 달러로 예상되므로 남는 장사다. 물론 WAR만 믿고 거래하는 구단은 없을 것이며, 사치세 등 추가 요인을 고려해서 연봉 책정의 기준 금액으로 활용될 뿐이다. 참고로 메이저리그는 부자 팀이 돈으로 시즌 게임을 압도해서 시시한 경기결과들이 남발되는 것을 막고자 사치세^{luxury tax}를 적용하고 있는데, 2021년 기준 팀당 2억 1천만 달러로 책정되어 있으며, 초과분에 대해서는 적게는 20%에서 조건에 따라 50% 이상의 사치세를 낸다.

그렇다면 지난 시즌에 50% 승률로 81승을 올린 팀이 96승을 달성해서 포스트시즌에 진출하려면 팀타율을 얼마나 높여야 하는가와, 추가 15승을 위해 구단이 할 수 있는 방법은 선수 영입밖에 없는가라는 질문에 이를 수 있다. 첫 번째 질문이 중요한 이유는 타율이 팀득점을 통해 승수에 영향을 미치는 원인이기 때문으로, 현실적으로 결과 변수인 팀승수에 집중하기보다는 원인 변수인 팀타율이 팀득점에 미치는 과정을 고려하면 현실적 전략 수립이 가능해진다. 미세한 팀타율의 변화가 게임당 팀득점에 얼마나 큰 변화를 유도하고 그 가치는 얼마인지 생각해보는 것은 통계분석에서 점추정^{point estimation}[11]을 경험할 수 있는 좋은 학습 방법이다. 게임당 득점(r_g)을 예측하기 위해 사용했던 타율모델을 이용해 팀타율 1푼(0.01) 증가가 팀득점에 미치는 효과를 느껴본다. 이번에도 2015년 메이저리그 30개 구단의 팀 데이터만 추출해서 사용했다.

```
library(Lahman)
a<-subset(Teams, yearID==2015)
attach(a)
a$avg<-H/AB
a$obp<-(H+BB+HBP)/(AB+BB+HBP+SF)
a$r_g<-R/162
lm(r_g~avg, a)

Call:
lm(formula = r_g ~ avg)

Coefficients:
(Intercept)          avg
     -1.158       21.254
```

---

11 점추정은 예측모델이 제시하는 특정 값이며, 이 장 후반부에서 점추정과 구간추정을 자세히 설명한다.

절편(Intercept)은 팀타율이 0일 때 게임당 팀득점이 마이너스 1.158 됨을 의미한다. 팀타율이 제로인 메이저리그의 팀은 없으므로 이론적 수치로 받아들이면 되고, 이보다는 타율과 게임당 득점 간의 관계인 기울기 해석이 더 중요하다. avg(타율) 계수인 21.254는 팀타율이 3할(0.3)일 경우 경기당 팀득점은 5.2182점으로([1]번 공식 참조) 그리고 팀타율이 1푼 상승한 3할 1푼의 경우 득점은 5.4307점으로([2]번 공식 참조) 예상된다.

[1] 팀타율이 3할일 때 예상 팀득점 = 21.254 × 0.3 − 1.158 = 5.2182
[2] 팀타율이 3할 1푼일 때 예상 팀득점 = 21.254 × 0.31 − 1.158 = 5.4307
[3] 팀타율이 1푼 상승할 때 팀득점 변화 = 5.4307 − 5.2182 = 0.2125

1푼 상승의 차이는 게임당 약 0.21점을 증가시키는 것으로 예상할 수 있다([3]번 공식 참조). 0.21이라는 팀득점의 증가가 미미하다고 생각할 수도 있겠지만, 한 시즌이 162게임이라는 점을 감안하면 한 시즌에 약 35득점을 추가로 만들 수 있는 효과다. 앞에서 득점을 하거나 실점을 막아서 얻게 되는 10점은 1승의 가치가 있고 추가 1승을 가져다줄 수 있는 선수의 능력을 1WAR라고 설명했다. 2016년 데이터를 통해 분석해본 결과 1WAR의 가치가 7백만 달러를 상위하는 것으로 평가되므로, 팀타율을 1푼(0.01) 끌어올려 앞에서 계산한 대로 35득점을 만들어내면 2,450만 달러(= 7백만 달러 × 3.5WAR)의 추가 가치를 만든 효과가 있으므로 팀타율 1푼의 증가로 얻는 게임당 0.21점 상승은 엄청난 효과다.

결국 추가 15승을 위해 추가 150 팀득점이 필요하고, 이를 위해 약 4푼 3리(0.043)의 팀타율을 끌어올려야 하며, 팀타율을 상승시키기 위해 투자해야 할 금액의 기준은 1억 5백만 달러(= 7백만 달러 × 15WAR)다. 물론 이 계산법에는 투수력과 수비력은 기존 연도와 변함이 없다는 가정이 있다. 가정은 현실에서 언제든 깨질 수 있다. 특정 팀이 한 시즌 만에 개인 타율도 아닌 팀타율을 0.043 끌어올리는 것은 재정적으로 무리수가 따르며, 비싼 돈을 주고 영입해도 예상처럼 팀타율이 급등하지 않을 가능성도 크고, 공격력 개선을 향한 예산집중은 투수력과 수비력에 악영향을 미치기도 한다. 결과적으로 이전 시즌에 50% 승률을 가진 팀이 포스트시즌에 진출하기 위해 고려해야 하는 기준 자금이 1억 5백만 달러가 되며, 기준보다 저렴하게 투자해서 비슷한 팀성적을 만들어야 하는 메이저리그에서 데이터 분석의 가치는 그만큼 크다.

참고로, 데이터 분석에 강점이 있는 팀들이 보유한 능력이 단지 저평가된 선수 발굴에만 있지는 않다. 피츠버그 파이리츠의 경우 월드시리즈 우승은 1979년이 마지막이었으며, 이후 내셔널리그 중부지구 우승은 해본 적도 없는 스몰마켓 최약체 팀으로 머물고 있었다. 2015년에 출판된 『빅데이터 베이스볼』[12]에 따르면 허팅턴 단장과 2010년도에 콜로라도 록키스에 영입된 클린트 허들Clint Hurdle 감독 조합이 시도한 빅데이터 기반 전략은 2013, 2014, 2015 3년 연속 내셔널리그 와일드카드 결정전까지 진출하는 큰 성과를 안겨줬다고 한다. 수비력과 투수력의 보완으로 2012 시즌에 비해 2013 시즌에는 93점run을 개선해서, 승으로 전환하자면 추가로 약 9.3승을 만들었다. 2013년 파이리츠가 추가로 만들어낸 9.3승은 당시 1WAR가 5백만 달러로 거래되고 있던 점을 감안할 때, 약 5천만 달러의 가치였다. 2013년 1,500만 달러의 예산만을 갖고 있던 파이리츠의 입장에서 나머지 3,500만 달러는 선수 영입이 아닌 수비시프팅, 투수의 땅볼 유도 능력, 상대투수의 구종과 무브먼트의 예측 등 데이터 분석에 기반한 성취였던 것이다.

팀득점 예측을 위해 만든 추정모델 해석하기

좋은 예측모델은 모델의 표준오차가 적어서, 좁은 예측구간을 제시하더라도 모수가 제시된 구간에 있을 가능성이 높은 모델이다. 예측은 반드시 기존 이론과 데이터로부터 추정되고 검증된 모델이 필요하며, 추정된 회귀모델의 내용을 해석하는 방법에 먼저 익숙해져야 한다. 팀득점을 예측하기 위해 전통적으로 가장 많이 사용해온 팀타율 모델의 회귀분석결과를 사용한다.

라만 데이터뿐만 아니라 메이저리그 야구와 관련된 다양한 데이터베이스는 메이저리그가 시작된 원년부터 선수와 팀의 성적 데이터를 기록해오고 있기 때문에, 모집단 전체 빅데이터를 사용해 분석한다면 표본 데이터를 사용할 때 발생하는 표본오차sampling error의 한계

---

12   Sawchik, T. 2015. *Big data baseball: Math, miracles, and the end of a 20-year losing streak.* New York, Flatriron Books

에서 벗어날 수 있다. 앞에서도 이미 제기된 문제이지만 야구와 달리 일상생활에서 발생되는 빅데이터를 사용하는 경우, 빅데이터라고 해서 모집단 전체를 보여주는 경우는 매우 드물다. 가령 2013년부터 서울 강남권에서만 측정된 시간별 차량통행 빅데이터를 이용해 분석한 결과를 서울 차량통행 시간대별 분석결과라고 말한다면, 결과는 이미 시간적 그리고 지역적으로 주제와 데이터가 일치하지 않아 편향된biased 결과가 발생한다. 다소 다른 케이스로 야구 데이터처럼 원년부터 쌓여 있는 빅데이터라고 해도, 엄밀히 말하면 데이터가 실시간으로 업데이트되지 않아서 현재 갖고 있는 데이터가 모집단 자체를 보여준다고 말하기 어려운 경우, 모집단을 추정하는 데 심각한 예측 오류가 없을 정도의 데이터를 빅데이터에서 임의로 추출해서 편향 없이 예측하는 것도 좋은 방법이다.

이를 위해 제기된 문제에 편향 없이 답할 수 있도록 데이터를 임의 추출하는 기준과 데이터 추출 방법을 팀타율모델을 이용해서 표본추출과정부터 설명한다. 필요한 패키지는 pwr이며, 다양한 분석방법과 추구하는 통계적 정확성 및 검증력에 맞게 표본의 크기를 제시한다.

```
install.packages("pwr")
library(pwr)
```

선형회귀분석에 필요한 최소관측량을 제시하는 pwr.f2.test() 명령어 괄호 안 첫 번째 항목에는 모수parameter의 개수가 요구된다. 단순선형모델에서 독립 변수인 팀타율 기울기 하나의 모수만 있으므로 1을 지정하고 두 번째 항목에 자유도를 넣어야 하지만, 자유도는 총 데이터 수를 필요로 하기 때문에 현재는 알 수 없어서 NULL로 투입했다. 세 번째는 팀타율이 게임당 팀득점에 미치는 효과의 크기를 기존의 연구에 근거해서 상당히 큰 효과(0.5), 중간 정도의 효과(0.2), 작은 효과(0.1), 매우 작은 효과(0.01)를 갖는지 등으로 정의한다. 기존 연구에서 특별히 알려진 내용은 없지만, 출루율이나 장타율만큼의 효과는 나타나지 않으면서 팀득점이 팀타율에만 의존하지 않기 때문에 보수적으로 접근하기 위해 0.01로 지정했다. 그다음의 0.05는 유의수준(sig.level)으로, 영가설(팀타율이 게임당 팀득점에 영향을 미치지 않음)이 사실인데도 불구하고 사실이 아니라고 하는 긍정오류 수준을 5%까지만 허용하고, 0.95는 검증력(power)으로 영가설이 사실인데도 불구하고 사실이 아니라고 하는 부정오류를 5%

만 허용하겠다는 의지를 코드에 담았다.

```
pwr.f2.test(1,NULL,0.01,0.05,0.95)

     Multiple regression power calculation

              u = 1
              v = 1299.395
             f2 = 0.01
      sig.level = 0.05
          power = 0.95
```

위의 코드결과로 확인되는 최소 표본의 크기는 u(모수의 개수)와 v(최소 자유도)의 합에 1을 더한 값이며 총 1302개의 관측값이 필요하므로, sample() 명령어를 이용해 최소관측값을 임의로 추출했다. 물론, 표본은 매번 새롭게 임의로 추출되어 통계결과는 조금씩 다르게 나타난다.

```
a<-subset(Teams, lgID=="AL"|lgID=="NL")
b<-sample(1:nrow(a),1302)
c<-a[b,]
c$avg<-c$H/c$AB
c$r_g<-c$R/c$G
d<-lm(r_g~avg,data=c)
summary(d)
```

앞에서 이미 설명했기 때문에 간단하게 살펴보고 넘어갈 정보는, 회귀분석결과 테이블 ① 에 제시된 residual standard error: 0.463 on 1300 degrees of freedom이다. 평균제곱근오차 또는 이번 모델의 표준오차RMSE이며, 신뢰구간 및 예측구간을 설명할 때 다시 사용할 정보다.

```
Call:
lm(formula = r_g ~ avg, data = c)
```

```
Residuals:
     Min      1Q   Median      3Q      Max
-1.27585 -0.29614 -0.03138  0.23794  2.25305

Coefficients:
            Estimate Std. Error t value Pr(>|t|)
(Intercept)  -4.7137     0.2010  -23.45   <2e-16 ***
avg          35.2308     0.7655  ⑤46.03   <2e-16 ***④
---
Signif. codes:  0 '***' 0.001 '**' 0.01 '*' 0.05 '.' 0.1 ' ' 1

①Residual standard error: 0.463 on 1300 degrees of freedom
 Multiple R-squared:  0.6197,  Adjusted R-squared:  0.6194 ②
③F-statistic:  2118 on 1 and 1300 DF,  p-value: < 2.2e-16
```

조절된 설명력

통계결과 마지막에서 두 번째 행 ②에 표시된 adjusted R-squared, 즉 조정된 설명력은 기울기와 절편을 이용해서 구한 회귀선이 Y 변수인 게임당 득점(r_g) 관측점들의 분포를 어느 정도 반영하는지 보여주는 지표다. 위의 상황에서 말하자면, 독립 변수인 팀타율의 변화에 따라 종속 변수인 게임당 득점의 변화가 설명되는 정도를 말한다. 조정된 설명력 값의 범위는 최대 1까지이며, 값이 높을수록 회귀선이 관측점들을 설명할 수 있는 전체 비율은 높고 설명하지 못하는 부분은 줄어든다. 0.6194는 게임당 팀득점 변화의 61.94%가 팀타율 변화와 게임당 팀득점 절편값으로 설명이 가능하다는 의미다. 조정된 설명력에서 조정됐다는 의미는 중요하다. 이번 분석에서는 타율 단 하나의 독립 변수로 게임당 팀득점을 예측하고 있지만, 현실적인 원인분석을 하려면 팀타율뿐만 아니라 팀득점에 영향을 미칠 수 있는 그 밖의 변수들도 포함시켜야 한다. 한 가지 변수로 모델을 추정하는 것보다 2개 이상의 예측 변수를 사용하면 종속 변수의 변화를 더욱 효과적으로 설명할 수 있다. 하지만 더 많은 변수를 활용하기 때문에 그에 합당한 패널티를 둔다는 의미에서 모델에 사용되는 변수의 개수에 따라 설명력을 보정한 것이다.

모델 전체의 의미: F 통곗값

회귀분석결과 마지막 줄 ③에 있는 통곗값에 대한 설명이다. F 통곗값은 그룹 간 분산[between-group]을 그룹 내 분산[within-group]으로 나누어서 구한 값이다. 그룹 간 그리고 그룹 내 분산이라는 내용을 이해하지 못해도 앞에서 주어진 F 통곗값 2118은 큰 값이라고 받아들이고, 회귀식의 절편과 팀타율이 게임당 팀타점 예측하는 데 중요한 역할을 한다고 생각하면 그만일 수도 있다. 하지만 이런 방식의 접근법은 통계 공부를 심화하는 데 장애물이 될 수 있다. F 통곗값은 전체 회귀식을 받아들일 것인지를 결정하는 통계적 기준이 된다. 팀타율 변수가 투입되기 전의 초기 모델 [1]은 게임당 팀득점 절편만 존재한다.

[1] 게임당 팀득점 $= \beta_0 + \varepsilon$
[2] 게임당 팀득점 $= \beta_0 + \beta_1 * 팀타율 + \varepsilon$

모델 [1]의 경우 게임당 팀득점과 관계가 있는 변수는 없다고 가정한 모델이지만, 매우 허술한 공식임을 본능적으로 느낄 수 있다. 이렇게 허술한 모델은 제한적 모델[restricted model]이 되는데, 해당 모델에서 특별한 의미를 찾기보다는 팀타율이라는 새로운 변수가 모델에 추가되어 현실에 가까워진 '덜 제한적인 모델[unrestricted model]'과 비교당하는 데 목적이 있다.

제한적 모델 [1]에서는 메이저리그 30개 팀의 팀득점이 하나의 평균으로만 나타날 뿐 개별 팀 특성에 따른 팀득점의 변화를 예측할 수 없다고 가정한 모델이다. 반면, 팀타율이 존재하는 덜 제한적인 모델 [2]에서는 팀의 게임당 팀득점이 모두 같은 것은 아닐 것으로 가정하고, 그 원인이 팀타율의 차이에 있을 것으로 가설한 모델이다. 추가된 예측 변수 팀타율로 팀 각각의 득점을 예측하며, F 통곗값은 회귀식에 추가된 변수를 갖는 새로운 예측모델이 추가된 만큼 통계적으로 의미 있는 결과를 만들어내는지 평가하는 기준이 된다. 통곗값은 임곗값을 훌쩍 넘어서 팀타율이 포함된 모델이 실제로는 역할을 못 하는데 역할을 한다고 잘못 주장할 가능성은 바로 옆의 p 값을 통해 매우 낮음이 확인된다. F 통곗값 분산분석 결과는 다음 코드를 통해 확인할 수 있다.

```
> summary.aov(d)
            Df Sum Sq Mean Sq F value Pr(>F)
avg          1  454.0   454.0    2118 <2e-16 ***
Residuals 1300  278.6     0.2
---
Signif. codes:  0 '***' 0.001 '**' 0.01 '*' 0.05 '.' 0.1 ' ' 1
```

계수의 *p* 값: 긍정오류의 가능성 유의확률

앞에서 제시한 회귀결과에 표시된 ④번인 기울기에 대한 *p* 값을 살펴보자. *p* 값이라 부르지 않고 다른 이름으로 불러본 적이 있는가? 유의확률이라 부르면 어색한가? 분석을 통해 거짓이라고 반증하고 싶은 귀무가설이 진실인데도 불구하고 거짓이라고 긍정오류를 발생시킬 확률이 유의확률significance probability이다. 더 쉽게 정의하자면 갖고 있는 표본 데이터와 반증하려는 귀무가설이 일치할 확률이다. 팀타율이 게임당 득점에 영향을 미치지 않는다는 귀무가설과 여러분의 데이터가 얼마나 일치하지 않아야지 팀타율이 게임당 팀득점에 영향을 미친다고 주장하겠는가? 100번의 관측값 중에 90번? 100번 중에 95번? 100번 중에 99번? 아니면 100번 중에 100번 모두?

사실 통계를 조금 배우기 시작하면서 *p* 값 기준은 0.05라고 입으로 기억할 정도로 일반화되어 있다. 하지만 그 이면에는 자유도와 함께 요구되는 유의수준의 조합이 *t* 분포표에 있는 기준점인 임곗값을 결정하고 통계결과 ⑤에서 나온 *t* 값과 비교해서, 임곗값보다 *t* 값 46.03이 크다면 팀득점에 팀타율의 영향이 통계적으로 있는 것으로 판단된다. 팀타율이 증가할 때 게임당 득점이 증가하는 양의 방향을 검증하기 때문에, 좌측 꼬리 부분은 무시한 단측검증이 갖는 0.025 유의수준[13]과 자유도 1300의 조합으로 확인되는 *t* 테이블상의 값 1.960이 임곗값critical value이 된다(표 4.3 참조).

---

13 양측검증의 유의수준 0.05와 동일하기 때문에, 단측검증 기준으로 유의수준 0.05를 선택하면 실제로는 양측검증 기준으로 10% 수준의 긍정오류를 허용하겠다는 뜻이다.

표 4.3 *t* 분포표의 임곗값

자유도	유의수준		
	0.01(단측검증) 0.02(양측검증)	0.025(단측검증) 0.05(양측검증)	0.05(단측검증) 0.10(양측검증)
27	2.473	2.052	1.703
28	2.467	2.048	1.701
29	2.462	2.045	1.699
30 이상	2.327	**1.960**	1.645

팀타점의 영향력을 나타내는 기울기 계수에 기울기의 표준오차를 나누어서 구한 *t* 값인 46.03은 자유도 1300에서 유의수준 2.5%를 적용한 단측검증에서 요구되는 기준인 1.960 보다 월등히 크기 때문에, 기울기가 0이 아닌 것으로 97.5% 확신할 수 있다. 물론 *t* 값을 이용해 변환한 유의확률 <2e−16은 귀무가설 '기울기는 0이다'가 진실일 확률은 0.01%도 되지 않음을 의미한다. 결과를 통해 해석하면 팀타율과 게임당 팀득점 간에 관계가 없을 확률은 0.01%도 채 안 되는 아주 작은 가능성이며, 반대로 생각하면 팀타율과 팀득점 간에 관계가 있을 확률은 99.99% 이상이기 때문에, 팀타율 양의 계수는 통계적으로 신뢰하고 받아들일 수 있다.

'팀타율과 게임당 팀득점 간에 양의 관계가 없다'라는 귀무가설이 현재 갖고 있는
　　　데이터와 일치할 가능성은 약 0.1%다.
'팀타율과 게임당 팀득점 간에 양의 관계가 있다'라는 대립가설이 현재 갖고 있는
　　　데이터와 일치할 가능성은 약 99.9%다.

p 값은 갖고 있는 데이터와 반박하려는 귀무가설의 일치 정도를 의미하므로 0.05, 즉 5%보다 큰 수를 갖는 경우 현재 갖고 있는 데이터와 귀무가설이 적지 않게 일치하고 있어서 자신의 새로운 가설이 옳다고 주장하기에는 예측오류가 발생할 가능성이 높다. 반면에 *p* 값이 0.05보다 낮은 경우, 관계가 없다는 귀무가설과 보유하고 있는 데이터가 일치할 확률이 5%로 줄어들면서 대체가설이 힘을 받게 된다. 새로운 관계 또는 영향이 있다고 주장하는 사람

이 데이터를 모아서 귀무가설이 틀렸다고 입증해야 할 책임이 있고, 그래서 연구자들은 p 값이 작게 나오기를 기대하면서 매일 데이터를 수집한다.

회귀분석에서 t 통곗값과 F 통곗값 중에서 무엇을 먼저 볼 것이냐라는 고민을 잠깐 해볼 수 있다. 경험상 통계를 배우기 시작할 때 t 통계량 옆에 붙어 있는 p 값에만 온통 관심이 있어서 관측된 유의확률만 찾는 경향이 발생한다. 하지만 찾아보는 것도 나름의 순서가 있다. 전체 회귀식이 의미가 없으면, 비록 개별 변수가 통계적으로 중요하다고 해도 팀득점을 예측하고 해석하는 도구로 의미가 없다. 따라서 F 통곗값을 통해 절편과 기울기가 갖는 전체 모델의 통계적 신뢰성을 먼저 확인하고 회귀식 전체의 신뢰성이 확보되면, 설명 변수 영향력이 통계적으로 신뢰할 만한지 p 값을 보고 판단하는 것이 일반적인 순서다. 물론 단순회귀에서는 두 통곗값의 신뢰도가 항상 같게 나오기 때문에 둘 중 어떤 것을 먼저 봐도 관계는 없지만, 다중회귀분석의 경우 개별 유의확률과 전체 유의확률이 달라서 F 통곗값을 먼저 살펴보는 것이 좋다.

게임당 팀득점 신뢰성 있게 예측하기

회귀분석으로 팀득점을 예측할 수 있는 두 가지 방법이 있다. 첫 번째 방법은 이미 '팀타율 1푼의 가치는 2천 4백만 달러?' 절에서 설명했듯이 점추정point estimation이다. 점추정을 하기 위해서는 회귀분석으로 도출된 게임당 팀득점 예측함수가 필요하다. 표본추출과정을 통해 1302개의 관측값을 가지고 실시한 회귀분석을 통해 확인된 팀타율 계수인 35.2308이 기울기가 되고 종속 변수의 절편은 −4.7137이 되어, 팀타율을 이용한 팀득점 예측함수를 도출했다.

$$게임당\ 팀득점 = 35.2308 * 팀타율 − 4.7137$$

예를 들어 팀타율이 2할 7푼(0.270)일 때 얻을 수 있다고 예측되는 게임당 팀득점은, 팀타율에 0.27을 대입해서 계산한 4.7986점이다. 특정 수치를 꼭 집어 예측값으로 제시했기 때문에 점추정이라 부른다. 이 결과에 대해 여러분은 두 가지 심리적 반응을 보일 것이다. 회귀식을 이용해 단 하나의 예측값을 제시했다는 차원에서 "정말?"이라는 놀라움과 함께, 한편으로는 예측값이 정확히 맞을까라는 의심을 가질 수 있다. 점추정을 의사결정의 기준 정도로 활용할 수는 있겠지만, 예측된 게임당 팀득점이 소수점 2자리까지 들어맞지는 않을 거라고 의심하는 것은 당연하다.

점추정의 한계를 극복하기 위해 구간추정interval estimation이 대안으로 사용된다. 구간추정은 종속 변수 잔차의 표준오차RMSE에 모델의 자유도를 감안한 임곗값을 곱함으로써 나오는 표본오차sampling error를 점추정에 가감한 예측범위를 제시한다. 게임당 득점과 팀타율의 진정한 관계인 모수를 표본 데이터를 통해 추정하기 때문에, 모집단의 부분 데이터인 표본이 매번 시행할 때마다 다르게 추출되는 것은 매우 자연스러운 일이며, 표본이 다르게 추출됨으로써 매번 표본평균이 달라지는 상황을 표본오차라고 부른다. 표준오차가 적어서 모델의 정확성이 높다면 신뢰구간을 줄일 수 있어서 의사결정에 의미 있는 역할이 가능하고, 예측의 신뢰성을 높이기 위해 t 분포도에서 제공하는 임곗값을 표준오차에 곱해주면 구간추정 범위는 증가한다.

$$[점추정 - 임곗값 \times 표준오차, \ 점추정 + 임곗값 \times 표준오차]$$

임곗값은 예측값의 신뢰 정도를 결정짓는 신뢰수준과 예측모델에 자유롭게 투입할 수 있는 데이터의 여유 정도인 자유도degree of freedom로 결정된다. 예측 신뢰도를 올리려면 임곗값은 높아지고, 동시에 활용할 수 있는 데이터도 별로 없다면 임곗값이 더 높아지는 특성이 있다. 대부분의 기초통계학 교재 마지막 페이지에 제공되는 t 분포표를 직접 확인하길 바란다. 결국 임곗값이 커지면 예측구간이 넓어지기 때문에, 극단적으로는 누구라도 말할 수 있는 들으나 마나 한 예측이 되고 만다. 따라서 임곗값과 관련해서 데이터를 충분하게 수집하는 것이 가장 이상적인 방법이다.

구간예측을 직접 테스트하기 위해 앞에서 사용했던 게임당 팀득점을 위한 타율모델을 다시 불러온다.

```
a<-subset(Teams, lgID=="AL"|lgID=="NL")
b<-sample(1:nrow(a),1302)
```

```
c<-a[b,]
c$avg<-c$H/c$AB
c$r_g<-c$R/c$G
d<-lm(r_g~avg,data=c)
summary(d)

Call:
lm(formula = r_g ~ avg, data = c)

Residuals:
     Min      1Q   Median      3Q      Max
-1.27585 -0.29614 -0.03138  0.23794  2.25305

Coefficients:
            Estimate Std. Error t value Pr(>|t|)
(Intercept)  -4.7137     0.2010  -23.45   <2e-16 ***
avg          35.2308    ①0.7655   46.03   <2e-16 ***
---
Signif. codes:  0 '***' 0.001 '**' 0.01 '*' 0.05 '.' 0.1 ' ' 1

②Residual standard error: 0.463 on 1300 degrees of freedom
 Multiple R-squared:  0.6197,  Adjusted R-squared:  0.6194
 F-statistic:  2118 on 1 and 1300 DF,  p-value: < 2.2e-16
```

회귀결과에는 두 종류의 표준오차standard error가 제시되고 있다. ①에 표시된 절편intercept과 팀타율avg 계수에 대한 표준오차Std. Error와 ②에 있는 종속 변수의 잔차를 표준화한 평균제곱근오차residual standard error다. 팀타율과 팀득점의 관계가 35.720으로 점추정된 팀타율의 계수는 모델에서 기울기를 의미한다. 모집단의 기울기는 35.720에 평균을 둔 t 분포를 띠며, 95% 신뢰수준으로 계수에 표준오차 ①을 가감한 범위에 존재한다.

$$[35.23 - 1.960 \times 0.766, 35.23 + 1.960 \times 0.766]$$

$$[33.729, 36.731]$$

95% 신뢰수준에서 예측되는 기울기 구간에 마이너스 범위가 포함되지 않은 결과로 봐서, 팀타율이 증가하면 경기당 팀득점이 증가한다는 가설이 지지를 받는 것이 확실해(95%) 보

여 기울기 양의 계수는 신뢰할 수 있다. 이제는 모델이 예측하는 게임당 팀타점의 구간추정에 대한 고민을 다음 두 가지 질문으로 시작해보자. 지금부터는 회귀결과 ②의 평균제곱근오차 사용법과 관계가 있다.

> 질문 1: 2할 7푼을 기록하는 팀들의 표본으로 예측할 수 있는 2할 7푼 모집단의 게임당 팀득점이 해당될 수 있는 범위는 어느 정도일까?
>
> 질문 2: 다음 시즌에 콜로라도 로키스가 2할 7푼의 팀타율을 기록한다면 그 팀이 해당 시즌에 만들 수 있는 게임당 팀득점의 범위는 어느 정도일까?

공통적으로 게임당 팀득점 예상 범위를 묻고 있지만, 평균적인 범위를 묻는 첫 번째 질문에 대한 답이 특정 팀의 예측범위를 묻는 두 번째 질문에 대한 답보다 정확한 범위를 제시할수 있다. 여기서 정확하다는 것은 예측범위가 좁은 구간을 제시한다는 뜻이다. 질문 1에 대한 답변은 추정모델의 신뢰구간을 제시함으로써 가설 검증을 할 때 많이 사용되며, 우리가흔히 생각하는 예측은 예측구간을 제시하는 질문 2에 대한 답변이다.

신뢰구간

Y 데이터를 주고 Y 변수의 신뢰구간^{confidence interval}을 찾아야 하는 작업은 복잡하지 않지만, 가령 게임당 팀득점 표본으로 해당 변수의 모집단을 추정하는 일은 원인을 통해 결과를 예측해야 하는 분석가들에게 그다지 흥미로운 작업도 아니다. 표본평균($\bar{X}$)으로부터 다음 공식에 제시되는 평균제곱근오차를 가감한 범위가 모평균이 95% 또는 90% 등의 신뢰수준으로 존재하게 될 신뢰구간이 된다.

$$\bar{X} - t_{(\frac{\alpha}{2}, n-1)} \frac{s}{\sqrt{n}} \leq \mu \leq \bar{X} + t_{(\frac{\alpha}{2}, n-1)} \frac{s}{\sqrt{n}}$$

반면에 회귀분석과 관련해서 생각해봐야 할 신뢰구간은 팀타율 같은 특정 예측 변수를 통해 게임당 팀득점이라는 또 다른 종속 변수의 신뢰구간을 예측하는 좀 더 흥미로운 작업이며, 첫 번째 질문에 대답하는 방법이기도 하다. 첫 번째 질문을 다음과 같이 바꿀 수 있다. 팀타율이 2할 7푼인 경우, 게임당 팀득점 모집단의 평균이 존재할 구간은 어디서부터 어디까지인가? 예측 변수의 데이터를 통해 종속 변수의 모평균이 존재할 수 있는 신뢰구간을 찾는 매우 흥미로운 작업이다.

[1] 신뢰구간 = 점추정값 ± 표본오차

[2] 표본오차 = $t_{(\frac{\alpha}{2}, \, n-2)}$ × 신뢰구간용 팀득점 표준오차

[3] 신뢰구간용 팀득점 표준오차 = RMSE × $\sqrt{\dfrac{1}{n} + \dfrac{(X^* - \bar{X})^2}{\Sigma(Xi - \bar{X})^2}}$

팀득점의 표준오차[RMSE]는 표본 팀득점 평균에서 어느 정도 데이터가 벗어나 있는지를 알려준다. 이러한 성격의 팀득점 표준오차는 표본의 수가 증가하면서 감소하는 효과도 나타나고, 주어진 2할 7푼이라는 팀타율이 팀타율 평균에 가까울 때, 그리고 예측 변수인 팀타율 잔차의 정도가 상대적으로 클 때 Y 변수인 팀득점의 오차가 줄어드는 효과가 있다(위의 식 [3] 참조). 그런 관계를 보정해준 부분이 루트 안에 있는 내용들이며, 식 [3]을 기반으로 표준오차를 보정한 코드는 다음과 같다.

```
0.463*(sqrt((1/1302)+((0.270-mean(c$avg))^2/sum((c$avg-mean(c$avg))^2))))
[1] 0.01421182
```

표본을 사용하기 때문에 반드시 발생할 수밖에 없는 표본오차의 크기를 신뢰수준 95%의 t 임곗값에 예측 변수인 팀타율의 상태에 따라 보정된 종속 변수인 게임당 팀득점의 표준오차를 곱해서 구했으며(식 [2] 참조), 점추정값에 표본오차의 크기를 가감한 범위(식 [1] 참조)가 다음과 같이 신뢰수준구간이 된다.

```
4.7986-1.960*0.01421182
[1] 4.770745
4.7986+1.960*0.01421182
[1] 4.826455
```

```
[4.770745, 4.826455]
```

2할 7푼을 갖고 있는 팀으로 구성된 표본에는 모수의 게임당 평균득점이 [4.77, 4.83] 구간에 있을 것으로 95% 확신할 수 있으나, 여전히 5%의 불확실성은 존재한다. 신뢰구간이라는 범위가 발생하는 것은 전체 데이터를 사용하지 않고 전체를 대표하는 표본을 사용하기 때문에 표본 선정 시 발생하는 어쩔 수 없는 차이인 표본오차 때문이다. 표본오차는 표본 데이터를 사용하면 모집단을 반영하지 못할 불확실성이 반드시 나타나기 때문에 제거되지는 못하고, 데이터를 더 모아서 오차를 줄이는 것도 하나의 방법이다. 메커니즘을 직접 보여주기 위해 수작업으로 구한 95% 신뢰구간을 R 명령어로 간단히 구하고자 다음과 같이 코딩했다. 앞에서 사용했던 팀타율과 경기당 팀득점 관계를 회귀분석한 결과는 d에 저장되어 있다.

```
e<-data.frame(avg=0.270)
predict(d,e, level=0.95,interval="confidence")

      fit      lwr      upr
4.798607 4.770728 4.826485
```

결과에서 95% 신뢰수준의 신뢰구간 하한값과 상한값이 확인되며, 수작업으로 공식을 통해 구한 값과 일치한다고 볼 수 있다.

예측구간

구간이 넓은 두 번째 질문의 목적은 팀타율 2할 7푼인 개별 팀이 기록할 것으로 예측되는 팀득점의 구간을 찾는 데 있다. 기댓값인 4.79점을 중심으로 아래위로 예측구간용 팀득점 오차에 t 분포 임곗값을 곱한 거리만큼 가감된 구간이 예측구간predicted interval이다.

```
e<-data.frame(avg=0.270)
predict(d,e,level=0.95,interval="predict")

      fit      lwr      upr
4.798607 3.889942 5.707271
```

코딩을 통해 구한 95% 예측구간은 2할 7푼을 갖고 있는 특정 팀이 기록할 평균득점은 [3.89, 5.71] 구간에 있을 것으로 95% 확신할 수 있다고 해석된다. 지금부터는 신뢰구간과 예측구간의 차이가 발생하는 이유를 이론적으로 설명할 텐데, 관심 있는 분이라면 읽어볼 것을 추천드리지만 실무적으로 예측구간을 활용할 목적이라면 읽지 않고 넘어갔다가 필요할 때 다시 찾아보면 좋을 것 같다.

예측구간은 신뢰구간 팀득점 표준오차에 추가로 잔차의 표준오차의 제곱인 분산을 더해서 보정해준 값이다.

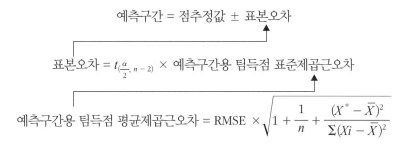

$$\text{예측구간} = \text{점추정값} \pm \text{표본오차}$$

$$\text{표본오차} = t_{(\frac{\alpha}{2},\, n-2)} \times \text{예측구간용 팀득점 표준제곱근오차}$$

$$\text{예측구간용 팀득점 평균제곱근오차} = \text{RMSE} \times \sqrt{1 + \frac{1}{n} + \frac{(X^* - \bar{X})^2}{\Sigma(Xi - \bar{X})^2}}$$

신뢰구간용 표준오차와 유일하게 다른 부분은 제곱근 안에서 1이 추가됐다는 점이다. 우선 1의 추가는 2할 7푼을 갖는 팀들의 게임당 팀득점 모평균을 몰라서 신뢰구간 계산법에 보정을 해준다. 신뢰구간의 경우 모집단의 게임당 팀득점 예측에 대해 표본 전체의 기댓값과 분산이 고려된 결과이지만, 예측구간은 특정 팀의 게임당 득점을 예측하기 때문에 득점에 대한 기댓값은 있지만 표본의 분산이 고려되지 않아서 예측의 편차가 클 수밖에 없다. 따라서 신뢰구간에 추가로 분산만큼을 더해주면 불안정성을 반영할 수 있다. 그 분산의 크기는 메이저리그 30개 팀으로 구성된 표본의 잔차제곱합의 평균인 평균제곱오차[MSE, Mean Squared Error]다.

앞에서 신뢰도를 구할 때 사용했던 보정된 표본오차[RMSE] 공식에서 제곱근 밖에 있는 표준제곱근오차를 안으로 이동시키면 평균제곱오차[MSE]로 변환된다.

$$\text{RMSE}\sqrt{\frac{1}{n} + \frac{(X^* - \bar{X})^2}{\Sigma(Xi - \bar{X})^2}} = \sqrt{\text{MSE}\left(\frac{1}{n} + \frac{(X^* - \bar{X})^2}{\Sigma(Xi - \bar{X})^2}\right)}$$

설명한 대로 불안정성을 나타내는 MSE가 제곱근 안에서 추가되어 다시 MSE만 밖으로 이동시켜 표준제곱근오차로 환원하면, 결국 신뢰구간의 공식과 예측구간의 공식에서 차이는 +1 로 나타나게 된다.

$$\sqrt{\text{MSE}\left(\frac{1}{n} + \frac{(X^* - \overline{X})^2}{\Sigma(Xi - \overline{X})^2}\right) + \text{MSE}} = \sqrt{\text{MSE}\left(\frac{1}{n} + \frac{(X^* - \overline{X})^2}{\Sigma(Xi - \overline{X})^2} + 1\right)}$$

$$= \text{RMSE}\sqrt{\frac{1}{n} + \frac{(X^* - \overline{X})^2}{\Sigma(Xi - \overline{X})^2} + 1}$$

```
0.463*(sqrt(1+(1/1302)+((0.270-mean(c$avg))^2/sum((c$avg-mean(c$avg))^2))))
[1] 0.4632181
4.7986-1.96*0.4632181
[1] 3.890693
4.7986+1.96*0.4632181
[1] 5.706507


                    [3.890693, 5.706507]
```

정리하며

추정통계를 이야기하다 보면 구분하기 힘든 통계 용어들과 수학공식에 매몰되기 쉽다. 모집단의 진정한 값은 신만이 알고 있다고 해서 그리스 신전에서 볼 듯한 그리스어가 난무하는 이상계가 있다. 그곳은 인간인 분석가가 접근할 수 없는 영역이며, 진실을 추구하기 위해 겨우 해볼 수 있는 방법이 모집단을 대표한다고 믿는 현실계의 표본집단에서 나온 데이터를 가지고 이상계를 추정하는 모델을 세워놓고 예측하는 것뿐이다. 예측하는 과정에서 이상계에 있는 진정한 값, 이론계의 예측값, 그리고 현실계의 데이터가 섞이다 보니 비슷하게 보이는 용어가 난립하는 것처럼 보인다. 일상생활의 사물인터넷과 2000년대 중반 메이저리그

pitchF/X의 등장은 기술적으로 빅데이터 수집을 다양한 분야에서 현실화하고 있어서, 이상계를 추정하지 않고 바로 보여줄 수 있기 때문에 어려운 용어들도 언젠가는 조금씩 정리될 것으로 기대해본다. 물론 빅데이터가 모집단 데이터라는 공식이 성립하는 것은 아니지만, 관측량이 많은 빅데이터를 사용함으로써 표준오차와 표본오차가 줄어들어, 결국은 대폭 줄어든 신뢰구간을 제시함으로써 진실을 좀 더 정밀하게 예측할 수 있을 것이다.

5

비교와 구분

4차 산업혁명은 구분^{classification}의 혁명이라고 해도 과언이 아니다. 몇 해 전에는 컴퓨터가 개와 고양이를 구분하더니, 이제는 자동차 스스로 지나갈 수 있는 도로와 피해가야 하는 장애물을 구분하는 무인자동차 상용화 단계가 멀지 않았다. 상용화의 핵심은 시각센서로 수집된 데이터를 통해 장애물을 도로로 또는 도로를 장애물로 잘못 구분할 오류를 최소화할 수 있는 구분 알고리즘의 적용에 있다. 구분의 핵심에는 사람이 미리 프로그래밍한 if then 룰 같은 기계적 알고리즘이 아니라 기계가 스스로 데이터를 수집하면서 환경에 따라 변화해가는 자기학습 알고리즘이 있다.

다른가?

예측 변수와 종속 변수 간 관계를 모델링하는 것은 종속 변수를 예측한다는 차원에서 매우 가치 있는 작업이지만, 과연 알고 싶어 하는 종속 변수가 변화하기는 하는가, 그래서 변화의 차이가 발생하는가에 대한 물음에 답하는 것은 개념의 본질에 가깝게 다가서는 데 도움이 된다. 예를 들어 팀타율이 게임당 팀득점에 직접적인 영향을 준다는 사실을 밝혀내기 전에, '각 팀의 팀득점 수준은 다르다'라는 가정assumption에 의심을 품고 테스트할 필요가 있다. 하지만 적게는 수년간 야구를 지켜본 경험상 너무나도 명료한 결과이기 때문에 각 팀의 팀득점 수준은 의심의 여지 없이 다르다고 가정하고, 팀타율이 게임당 팀득점에 미치는 영향을 회귀분석으로 추정하고 예측했다. 만약 메이저리그 모든 팀이 만들어낸 팀득점이 통계적으로 다르지 않다면, 30개 팀의 득점력에 중요하게 영향을 미치는 특정 요인이 없는 것으로 판단되어, 굳이 팀타율과 팀득점 간의 관계를 회귀분석을 통해 추정할 이유도 없었을 것이다. 따라서 이번 장에서는 분석 대상별로 다름을 찾아서 비교하고, 비슷한 특징을 지닌 팀들은 그룹으로 묶어보고 이질적인 팀들은 구분해서, 특정 그룹으로 묶고 구분하는 요인들이 무엇인지 파악하는 다름에 대한 분석을 다룬다.

시각적 비교

2000년대 초반까지 이어지던 전대미문의 타고투저를 이끌어가던 중심에는 시즌당 60개 이상씩의 홈런을 쳐내던 마크 맥과이어Mark McGwire, 새미 소사Sammy Sosa, 배리 본즈Barry Bonds가 있었다. 2000년대 후반부터 시즌당 50개 이상의 홈런을 기록하는 홈런왕이 거의 사라진 점을 고려해보면 그들이 얼마나 위대했던가라고 생각할 수도 있겠지만, 그들 모두 성적 향상을 위해 금지약물을 복용했다는 불미스런 소문으로부터 자유롭지 못하다. 그런 점에서 스테로이드 같은 경기력 향상 금지약물 복용에 대한 강력한 규제가 존재하는 2017 시즌의 플로리다 말린스 지안카를로 스탠턴Giancarlo Stanton과 뉴욕 양키스의 애런 저지Aaron Judge 선수가 만들어낸 50개 이상의 홈런은 경이롭기까지 하다(표 5.1 참조).

표 5.1 과거 20년간의 시즌별 홈런왕 기록

시즌	#1 선수	HR	#2 선수	HR	시즌	#1 선수	HR	#2 선수	HR
1998	McGwire	70	Sosa	66	2008	Howard	48	Dunn	40
1999	McGwire	65	Sosa	63	2009	Pujols	47	Fielder	46
2000	Sosa	50	Bonds	49	2010	Bautista	54	Pujols	42
2001	Bonds	73	Sosa	64	2011	Bautista	43	Granderson	41
2002	Rodriguez	57	Thome	52	2012	Cabrera	44	Hamilton	43
2003	Rodriguez	47	Thome	47	2013	Davis	53	Cabrera	44
2004	Beltre	48	Pujols	46	2014	Cruz	40	Stanton	37
2005	Jones	51	Rodriguez	48	2015	Davis	47	Cruz	44
2006	Howard	58	Ortiz	54	2016	Trumbo	47	Cruz	43
2007	Rodriguez	54	Fielder	50	2017	Stanton	59	Judge	52

시즌별 홈런순위 1위와 2위를 기록한 그들의 홈런 데이터를 가지고 기술분석을 해보면 두 선수의 홈런기량을 자세하게 비교할 수 있다. 최근 선수들의 기록을 이용해 차이를 비교해 보고 싶지만, 뉴욕 양키스 애런 저지 선수는 두 시즌 만에 메이저리그 2017 시즌 홈런 2위를 차지했기 때문에 그의 통산기록이 별로 없어서 이번 분석에 사용하지 않는다. 대신, 15년 이상 메이저리그 출장 경력이 있는 뉴욕 양키스의 알렉스 로드리게스[Alex Rodriguez], 세인트루이스 카디널스에서 맹활약을 했고 2020 시즌 여전히 현역으로 활동하고 있는 앨버트 푸홀스[Albert Pujols], 그리고 마지막으로 최초로 홈런 70개를 기록한 마크 맥과이어 선수의 홈런기록을 비교해본다. 그들의 홈런능력을 확인하기 위해 라만 데이터에 있는 `Batting` 테이블을 이용해 세 선수의 공격지표만으로 구성된 새로운 테이블 `a`를 만들면 향후 작업이 용이하다. 이번에는 파이프 운영자(%>%)를 이용해 데이터를 추출한다. 파이프 뒤쪽에 있는 함수가 앞쪽 함수와 데이터에 영향을 주는 방식이다. 라이브러리 `tidyverse`가 필요하다.

```
library(Lahman)
library(tidyverse)

df<-
```

```
Batting %>% subset(playerID=="rodrial01"|playerID=="pujolal01"|
                   playerID=="mcgwima01")%>%
   select(playerID,HR)
df$name<-factor(df$playerID, levels=c("rodrial01","pujolal01","mcgwima01"),
                labels=c("Rodriguez","Pujols","McGwire"))
```

Batting 테이블에 있는 playerID 변수를 검색할 때 선수 ID가 rodrial01, pujolal01, 또는 mcgwima01인 관측값을 모두 수집해서 테이블 df에 저장한다. 세 선수의 ID로 표시했을 때 어떤 선수를 가리키는지 알기 어려웠던 표시 방법을 테이블 df에 저장되어 있는 선수들의 성[family name]으로 전환해서 박스차트 가로축에 표시한다. 데이터 테이블 df에 선수들의 이름별로 관측값, 최댓값, 3사분위수, 중간값, 1사분위수, 최솟값을 수치화해서 해당 박스차트와 함께 제시한다.

```
library(rstatix)
library(ggpubr)
ana<-
   df %>%
   group_by(name) %>%
   get_summary_stats()
```

선수별 데이터가 준비됐다면, 박스차트와과 수치화된 통곗값이 동시에 제공되는 좀 더 정보력이 높은 내용으로 시각화할 수 있다. 다음 코드는 box와 stat에 데이터 테이블, x축, y축, 표시 방법들을 추가한다. 특히 ggtheme = theme_bw()는 그래프상에 가상의 선을 그어서 쉽게 읽을 수 있도록 도와주며, clean_table_theme()은 테이블의 구조를 보기 편하게 정리한다.

```
box <- ggboxplot(df, "name", "HR", add = "jitter",ggtheme = theme_bw())
stat <- ggsummarytable(ana, "name", c("n","max","q3","median","q1","min"),
                       ggtheme = theme_bw())+ clean_table_theme()
```

ggarrange()를 통해 box와 stat을 하나의 열(ncol=1)에 수직으로 맞춰서(align="v") 배열

한다.

```
ggarrange(box, stat, ncol = 1,  align = "v", heights = c(0.70, 0.30))
```

그림 5.1의 박스차트는 데이터 **df**를 이용해 세 선수가 만들어낸 통산 홈런의 시즌 최저, 1사분위수, 중간값, 3사분위수, 최댓값을 보여준다. 차트상 가장 아래에 있는 지점은 통산기록 중 최저 홈런이다. 물론 로드리게스처럼 첫 시즌에 홈런을 전혀 못 칠 수도 있지만, 푸홀스의 경우 메이저리그에 데뷔한 2001 시즌에 37개의 홈런을 터뜨리며 루키로서 올스타게임에 참가한 기록도 세웠고, 분석기간 후반 시점인 2016년에는 30대 중반을 넘어서도 31개의 홈런을 기록했을 정도로 30개 이상의 홈런을 꾸준히 쳐오고 있다. 이 결과는 차트 중앙에 위치하고 있는 박스의 크기에서도 잘 나타닌다. 대략적으로 30~40개의 비교적 좁은 사분범위 interquartile range가 이를 대변한다. 굵은 선으로 그어진 중앙값median을 중심으로 전체 관측값의 50%가 위치하는 범위다. 특히 로드리게스의 사분범위와 비교할 때 푸홀스의 홈런 성적은 중앙값을 중심으로 폭이 적어 큰 변동 없이 기대한 만큼 홈런을 쳐내는 선수라고 볼 수 있다.

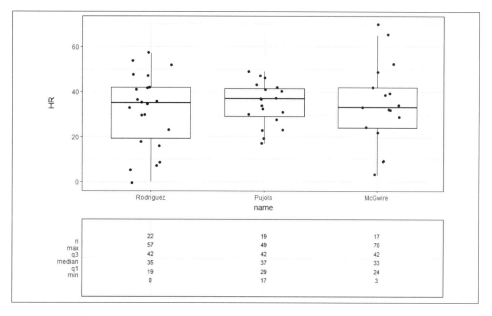

그림 5.1 로드리게스, 푸홀스, 맥과이어 선수의 홈런 박스차트 비교

박스플롯 하단에 있는 기술통곗값^{descriptive statistics}은 박스플롯을 수치화해서 보여준다. 분석에 활용된 관측값의 개수인 n, 최댓값, 3사분위수, 중앙값, 1사분위수, 최솟값 순으로 나열되어 있다. 푸홀스가 2001년부터 19년간 만들어낸 홈런을 크기 순서대로 나열해, 하나의 변수를 대표하는 다섯 가지 주요 수치인 최솟값, 1사분위수, 중앙값, 3사분위수, 최댓값을 보여주고, fivenum() 명령어를 이용해 박스차트에서 제시된 홈런과 관련된 다섯 가지 수치들이 실제로 일치하는지 확인한다(그림 5.2 참조). 라만 데이터는 매년 업데이트되고 있으므로, 푸홀스 선수가 2021 시즌 은퇴 여부를 결정하지 않았기 때문에 코드를 실행하는 시점에 따라 결괏값은 달라질 수도 있다.

```
sort(df$HR[df$name=="Pujols"],decreasing=FALSE)
[1] 17 19 23 23 28 30 31 32 34 37 37 37 40 41 42 43 46 47 49
```

그림 5.2 푸홀스 선수 홈런 변수의 주요 값과 사분범위

```
fivenum(df$HR[df$name=="Pujols"])
[1] 17.0 29.0 37.0 41.5 49.0
```

로드리게스 선수의 최대 홈런이 푸홀스 선수보다 높다는 건 두 선수 박스차트 최고점을 비교하면 알 수 있다. 흥미로운 발견은 마크 맥과이어 선수가 1998년에 기록한 70개 홈런은 그의 홈런 최댓값이며 해당 기록은 박스차트의 가장 높은 곳에 위치한 선상에 표시돼야 하지만 70을 가리키는 점은 선을 넘어서 표시되어 있다는 점이다. 결론적으로 말하면 맥과이어 선수 홈런의 최대는 70이 맞고 따라서 점으로 표시된 부분이 최댓값인 반면, 점 바로 아래에 나타나는 선은 최댓값 대신에 이상치outlier가 되는 기준점을 제시해주는 경계선이 되는 경우다. 맥과이어 선수의 이상치 기준선 위에 존재하는 점은 중심 부분인 사분범위를 고려했을 때 지나치게 벗어난 상태로 판명되어 이상치로 분류된 홈런기록이다. 이상치의 간단한 기준은 사분범위interqurtile range를 1.5배 한 값을 3사분위수에 더하고 1사분위수로부터 차감한 지점을 벗어난 관측값이 해당된다.

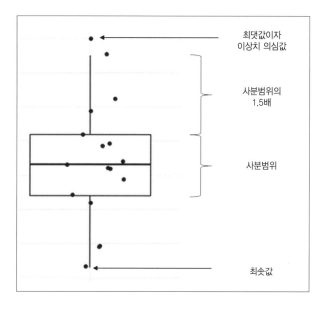

그림 5.3 박스차트상의 주요 지점

그림 5.3에 있는 맥과이어 선수의 박스차트에서 나타나는 점은 의심해봐야 할 이상치로 판단이 되는데, 이상치라고 해서 무조건 배제하기보다는 해당 데이터를 직접 살펴보고 당시 상황을 고려해서 이상치로 판단해서 배제할지 아니면 일반적인 데이터로 취급할지 결정해야 한다. 만약 해당 데이터가 마크 맥과이어의 약물 복용과 관련이 있다면 정상 데이터가 아니므로 제거할 수 있는 좋은 근거가 된다. 만약 제거하지 않는다면, 이상치에 해당되는 1998시즌 70개 홈런기록이 최댓값이다.

모델에 영향을 주는 이상치를 찾아라

마크 맥과이어 선수의 홈런기록에서 발견된 이상치는 매우 간소한 방식으로 구했다. 3사분위수와 1사분위수의 차이에 1.5라는 가중치를 적용해서, 1사분위수로부터 그 차이를 차감한 값에서부터 3사분위수로부터 그 차이를 더한 값까지의 범위를 넘어서는 관측값을 이상치로 구분했다. 문제는 사람들이 왜 1.5인가라고 묻는다면 논리적으로 답하기 어렵다는 것이다. 좀 더 과학적인 방식으로 이상치를 결정하는 통계적 방법을 소개한다.

일반적인 경우 평균에서 지나치게 벗어나 있는 몇 개의 데이터가 전체 모델에 영향을 주기 때문에 분석결과를 왜곡할 수 있다. 관측점 중 이상치로 보이지만 모집단의 특징을 보여주는 중요한 의미가 있는 점들이 있는 반면, 자료를 모으거나 코딩하는 과정에서 실수로 이상치가 된 점들도 있다. 이상치로 의심이 되는 점들이 발견됐다고 해서 과감하게 제거하지 말고, 먼저 발생 원인을 파악할 필요가 있다. 자신이 수집한 자료라면 다시 한번 살펴보고 투입 시 발생했던 실수 여부를 판단할 수 있지만, 타인이 만들어놓은 데이터secondary data라든지 데이터 수가 많은 경우라면 판단하기가 쉽지 않다. 그래서 이상치 판단을 위해 통계학에서 일반적으로 받아들이는 기준(경험 법칙rule of thumb)[1] 몇 가지를 소개한다. 2016년 강정호 선수가 활약했던 피츠버그 파이리츠의 팀타율과 팀득점 관계에서 이상치가 존재하는 건 아닌지 팀이 창단된 1887년부터 2015 시즌까지의 데이터를 활용해 확인한다.

```
library(Lahman)
a<-subset(Teams, teamID=="PIT"&yearID<2016)
a$AVG<-a$H/a$AB
```

피츠버그 파이리츠의 팀 데이터에서 타율과 득점의 관계를 회귀분석하기 위해 안타수를 타석수로 나누어 팀타율 변수도 만들었다. 회귀분석결과를 b에 담고 plot() 명령어를 실행하고 엔터 키를 치면 모델에 영향력을 끼치는 이상치 여부를 판단할 수 있도록 돕는 도표들이 나온다.

---

1 로마시대 황제가 엄지손가락을 올리거나 내려서 황제 맘대로 결정. 즉 딱히 법칙이라 하기에는 예외가 많고 이 정도의 기준을 준해서 결정함을 뜻한다.

```
b<-lm(R~AVG,data=a)
plot(b)
Hit <Return> to see next plot:
```

그림 5.4는 종속 변수인 팀득점 예측값을 수평으로 위치시키고 예측값과 실제 관측값의 차이인 잔차를 수직으로 위치시켜 점들의 분포를 보여주는 적합성 그래프$^{\text{plot of residual vs. fits}}$ 다. 적합성 그래프에서 눈여겨봐야 할 두 가지는 잔차^{residual} 0을 중심으로 점들이 퍼져나간 정도가 동일해서 예측선으로부터 분산이 동일한 등분산이 유지되고 있는지 여부와 이상치 의 존재 여부다.

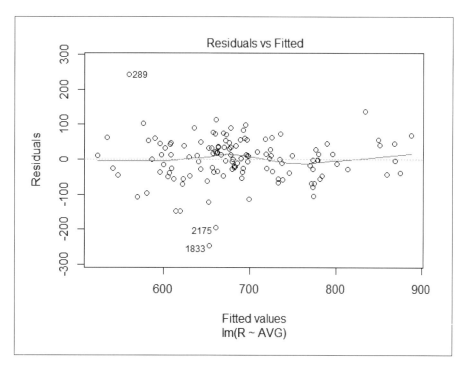

그림 5.4 등분산성을 확인할 수 있는 적합성 그래프

관측점이 잔차 0인 점에 있다면 예측점과 관측점이 정확히 일치함을 의미하고, 0을 중심

으로 위쪽 또는 아래쪽 등 한쪽으로 많이 몰려 있거나 예측값들이 변함에 따라 잔차의 폭도 변한다면 등분산성에 대해서도 의심을 할 수 있다. 이번 적합성 그래프로 확인할 경우 잔차 0을 중심으로 아래위로 골고루 분산되어 있기 때문에 등분산성에는 문제가 있어 보이지 않지만, 관측값 289, 1833, 2175 세 점은 지나치게 잔차가 크게 형성되어 이상치로 인식된다. 이상치의 존재는 모델의 기울기와 절편을 바꿀 수 있는 영향력[influence]을 발생시킬 수 있기 때문에 표본에 넣지 않아야 할 정도로 특별한 이유가 있어서 예상범위에서 크게 벗어났는지, 기록하는 과정에서 실수가 있었는지, 아니면 특별한 이유는 없이 자연스럽게 나타난 잔차가 큰 관측값인지 파악하고 표본에 포함할지 여부를 결정한다.

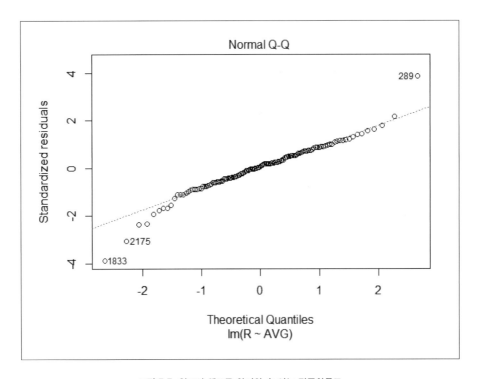

그림 5.5 첨도와 왜도를 확인할 수 있는 정규확률도

그림 5.5의 정규확률도[normal probability plot](또는 Q-Q 플롯)를 이용해 양쪽 꼬리가 한쪽으로 치우쳐 있지 않은지 확인하고, 지나치게 한쪽으로 치우칠 경우 데이터의 종속 변수인 팀득점

의 분포가 정규성을 띠지 않아 회귀분석결과가 왜곡될 수 있음을 알려준다. 그림 5.5에서는 양쪽 꼬리 부분의 특히 3개의 점들이 기준선에서 벗어나 있는 것으로 나타난다. 점 2175와 점 1833은 예측값보다 실제 관측값이 많이 적고 점 289는 관측값이 훨씬 높은 것으로 나타나기 때문에, 모델을 바꿀 수 있는 영향력을 가진 점들의 후보임을 암시한다.

영향력을 가진 이상치로 의심되는 점들이 투입 오류라면 데이터를 정정해주거나 제거해주고, 그렇지 않을 경우 이상치의 포함 여부에 따라 회귀모델의 기울기나 절편이 영향을 받아서 모델이 바뀌는 영향력influence이 있는지 판단해야 한다. 데이터 수가 많은 경우에는 하나의 이상치로 모델이 바뀌지는 않지만, 데이터 수가 적은 경우에는 이상치의 영향력 때문에 모델이 바뀔 수 있다. 이상치가 정상적인 모집단에서 추출된 영향력이 있는 관찰값으로 판단되면, 정규성 가정이 없더라도 모델링할 수 있는 2차항 모델을 취한다든가 또는 이상치를 포함할 경우와 포함하지 않을 경우의 결과를 모두 제시해서 보고서를 읽는 사람에게 반드시 주의점을 알려줘야 할 것이다.

그림 5.6은 이상치의 영향력 여부의 기준을 제시하는 표준잔차도표standardized redsidual다. 그림 가운데 있는 실선이 y축 0에서 수평으로 그어져 있는 점선과 가까울 경우 데이터들은 평균으로 균형 있게 퍼져 있는 정규분포임을 알려준다. 우측 상하단에 있는 점선은 쿡의 거리Cook's distance이며, 점선 부근에 점이 존재하면 그 점 때문에 회귀선의 기울기가 크게 변한다는 의미로 영향력이 있는 점이다. 이번 그래프에서는 130개의 적지 않은 관측값 덕분에 소수의 이상치가 영향력을 갖지 못한 것으로 보인다.

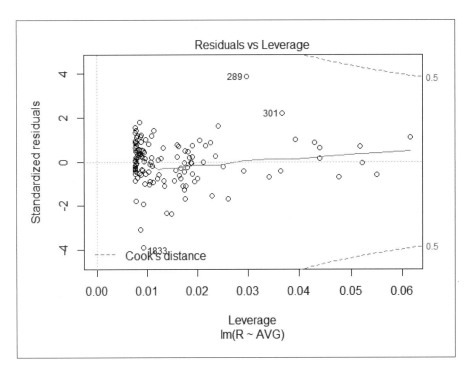

그림 5.6 영향력을 파악하는 표준잔차도표

    영향력 여부를 정확히 따져보기 위해서는 쿡의 거리만을 보여주는 도표를 활용하면 좀 더 정확한 확인이 가능하다. 특정 관측점이 0.5 이상이면 영향력이 있고, 1보다 크면 상당한 영향력이 있다고 본다. 그림 5.7을 보면 쿡의 거리가 1을 넘지 않는다는 측면에서 전체 모델에 크게 영향력을 미치는 이상치는 없는 것으로 판단된다.

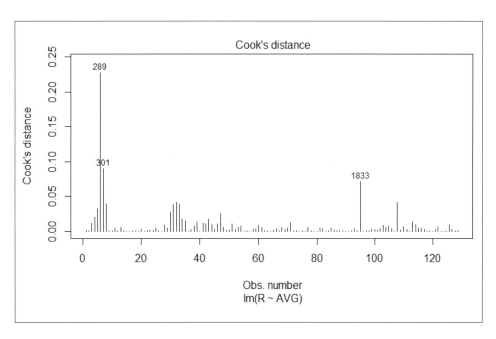

그림 5.7 영향력을 확인하는 쿡의 거리

```
plot(b, which=4)
```

    쿡의 거리에서 어떤 관측점도 전체 회귀선에 심각한 영향을 주지 않기 때문에 통계적 결과가 특정 관측값에 휘둘리지 않는 모델이다. 점 하나로 인해 전체 모델이 영향을 받는다고 해서 합리적 판단 없이 제거한다면 연구윤리 문제에 직면할 수 있다. 영향력을 가진 이상치가 있다고 의심이 되는 경우 제거 전과 제거 후의 영향력을 비교해줌으로써 분석자료를 읽는 타인에게 왜곡된 정보를 제공할 문제점을 미연에 방지해야 한다. 분명 이상치 같은 돌연변이들에게는 그만한 이유가 있다. 그 원인을 찾는 것도 중요한 연구주제라서 함부로 제거하는 일이 없어야 한다.

메이저리그 140년 역사의 원동력: 표준편차의 힘

1940년대 미국 메이저리그를 주름잡던 테드 윌리엄스^{Ted Williams}는 메이저리그 역사상 최후의 4할을 쳤던 타자였으며, 투수의 능력이 매년 발전하면서 조만간에 시속 170킬로미터로 공을 던질 수 있을 거라 기대되는 현재, 더더욱 깨지기 힘든 기록이 됐다. 한국에서는 프로야구가 출범했던 1982년 선수 간 실력차가 컸던 시기에 백인천 선수는 한국야구 역사상 처음이자 현재까지 마지막으로 4할대를 기록한 바 있다. 테드 윌리엄스가 만들어낸 1940년대 기록의 위대함은 시간을 초월해 현재의 선수들과 비교할 수 있을 때 정확히 이해하고 느낄 수 있다. 뛰었던 시즌과 관계없이 선수들의 공격능력을 시즌타율로 단순비교하는 것은, 당시 선수층이 단단하고 투수가 뛰어나서 공격능력이 좋았음에 불구하고 좋은 기록을 내지 못했을 수도 있고 오히려 그 반대일 수도 있어서 당시의 경쟁적 특성을 고려하지 못한다는 문제점이 있다.

그림 5.8의 왼쪽 그래프처럼 선수층이 얇아 선수 타율의 분포가 넓을 경우, 어떤 선수의 기록이 평균보다 제법 높다고 해서 월등히 뛰어난 선수라고 주장하기는 힘들다. 반면에 오른쪽에 있는 그래프처럼 선수층이 단단해서 선수들의 기록 분포가 매우 좁고 평균 부분이 매우 예리하게 모여 있는 타율 분포의 경우, 평균을 약간 상위한다고 해도 뛰어난 선수가 아니라고 자신 있게 말할 수도 없다. 따라서 리그평균과 리그표준편차 둘을 모두 이용해 시대상황을 고려한 후 다른 시대에 활동했던 선수들을 비교하는 것이 좀 더 합리적일 것이다.

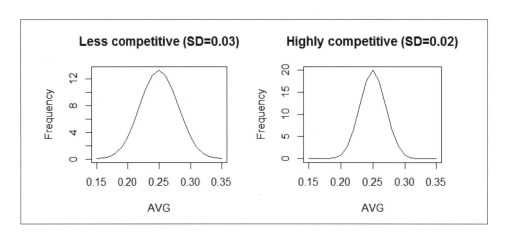

그림 5.8 시대별 경쟁 정도를 보여주는 정규분포의 형태

```
par(mfrow=c(1,2))
x<-seq(0.15,0.35,0.01)
y<-dnorm(x,0.25,0.03)
plot(x,y,xlab="AVG",ylab="Frequency",
    main="Less competitive (SD=0.03)",type="l")
t<-seq(0.15,0.35,0.01)
u<-dnorm(x,0.25,0.02)
plot(t,u,xlab="AVG",ylab="Frequency",
    main="Highly competitive (SD=0.02)",type="l")
```

시대별로 다른 환경을 통제하기 위해 시즌타율 평균과 시즌타율 표준편차를 고려해서 환경에 영향받지 않는 선수 개인의 능력을 표준화하는 방법으로 야구통계 전문가인 미국 볼링그린주립대학교의 짐 앨버트Jim Albert 교수는 『Teaching Statistics Using Baseball』[2]에서 정규분포의 표준점수 z 값을 구해서 다른 시대와 환경에서 활동한 선수들을 비교하는 방법을 소개했다.

$$표준점수 = \frac{개인\ 타율 - 해당\ 시즌\ 리그\ 타율\ 평균}{해당\ 시즌\ 리그\ 타율\ 표준편차}$$

물론 동시즌에 뛰고 있는 투수들 중 누가 더 뛰어난지는 방어율ERA이나 수비에 영향을 받지 않는 투수능력 지표인 FIP 지표를 비교하면 간단하게 파악할 수 있으며, 정규분포의 표준점수를 이용한다면 시대가 다르고 심지어는 활동했던 리그가 달라도 류현진 선수와 최동원 선수를 당시 시대 환경을 고려한 표준화점수를 적용해 비교하는 것이 불가능하지만은 않다. 표준점수를 이용한 비교분석을 실행하기 위해서는 두 가지 조건이 충족돼야 한다. 가령 시즌에 생성된 타율 변수는 데이터 중앙에 뚜렷한 평균이 존재하면서 양옆으로 빈도수가 줄어드는 정규분포normal distribution를 이뤄야 한다는 조건과, 모집단의 평균과 표준편차가 공개돼야 한다는 조건이 충족돼야 표준점수 z를 적용할 수 있다. 메이저리그 야구는 시즌별 한 경기라도 뛰었던 선수들의 기록이 잘 정리되어 있기 때문에, 모집단이 명확한 몇 안 되는 데

2   Albert, J. (2003). *Teaching statistics using baseball*. The Mathematical Association of America.

이터 중 하나이며, 타율 데이터는 연속형 데이터로 시즌타율을 중심으로 양옆으로 퍼져나가는 확률분포가 특징이기 때문에 표준점수를 사용할 수 있다. 타율 같은 연속형 데이터가 아니라 홈런이나 안타수 같은 이산 데이터라 해도 데이터의 크기에 신경 쓰지 않아도 될 만큼 충분하다면, 중심극한정리에 근거해 정규분포로 가정할 수 있다. 일반적으로는 관측값 30개를 기준으로 잡는데, 이 기준에 못 미치는 변수의 경우 정규분포와 매우 유사하지만, 특히 적은 자유도에서는 불확실성을 보정하는 t 분포표를 사용한다. 표준점수는 대부분의 통계 교재 맨 마지막 장 정규분포표에서 확인되며, 이 표의 특징은 표본의 크기와 관계없이 표준점수 z에 대응되는 누적확률값을 제공한다.

시즌타율 3할의 효과 40년간의 관찰: 패키지 plyr

경쟁 수준을 대변하는 타율의 표준편차가 적었던 시즌에 기록한 3할은 타율의 표준편차가 컸던 시즌에 비해 같은 3할이라 하더라도 상대적으로 선수의 실력이 더 높다고 볼 수 있다. 어느 누구도 월등히 뛰어날 수 없는 고도의 경쟁환경에서 3할의 기록은 그만큼 만들기 어렵기 때문이다. 실제 타율 3할이 시즌별로 얼마나 가치가 다른지 확인하기 위해, 라만 데이터의 Batting 테이블을 사용해 1977년부터 2016년까지 지난 40시즌 동안 시즌별 400타석을 초과한 타자들을 대상으로 시즌별 3할에 대한 표준점수를 구한다. 이번 분석을 위해 시즌별로 타율의 표준편차와 평균을 구해야 하는 기술적 어려움이 있으며, 이 문제점을 패키지 plyr로 해결한다.

```
library(Lahman)
library(plyr)
a<-subset(Batting,yearID>1975&yearID<2017,select=c("yearID","AB","H","G"))
a$avg<-a$H/a$AB
a<-na.omit(a)
func<-function(a){return(data.frame(
    sd=sd(a$avg[a$AB>400]),mean=mean(a$avg[a$AB>400])))}
env<-ddply(a, .(yearID), func)
```

function(데이터){함수}를 return() 명령문과 같이 사용하면서, 소괄호 안에 있는 변수 또는 데이터를 중괄호 안에 있는 공식에 맞게 반복해서 계산하고, ddply() 명령문에서 테이블 a에 있는 yearID를 단위로 function() 명령문에서 만들어진 func 값들을 묶는 작업을 한다. 즉, 첫 번째 연도인 1976년 yearID의 타율 표준편차와 평균을 구하고 난 뒤, 1977년 yearID를 갖는 관측값들의 타율 표준편차와 평균을 구하는 과정을 2016년 시즌까지 자동으로 반복한다. 연도, 표준편차, 평균변수를 갖는 env 테이블이 생성되면, 각 시즌별 3할의 가치를 표준점수로 확인하기 위해 앞에서 표준점수 공식을 다음과 같이 투입했다.

```
env$z<-(0.3-env$mean)/env$sd
```

앨버트 교수가 야구를 배경으로 소개한 표준점수 공식을 이용하면 z 값이 높을수록 해당 시즌 3할을 기록한 선수의 실력은 더 뛰어난 것으로 판단할 수 있다. 사실 표준점수가 제시하는 절댓값을 느끼기 위해서는 어느 정도 통계에 익숙해야 하기 때문에, 그렇지 않은 분들을 위해 전체 선수 중 어느 정도에 위치하는지 백분위수를 표시하면 이해하기 쉽다.

```
env$per<-pnorm(0.3,env$mean,env$sd, lower.tail=TRUE)
```

pnorm() 명령어는 3할에 대해 시즌별 타율 평균과 표준편차 데이터를 감안한 정규분포에 lower.tail=TRUE 옵션으로 그림 5.9와 같이 정규분포 좌측 꼬리 부분을 포함하는 단측검증 백분위수를 제시하게 된다.

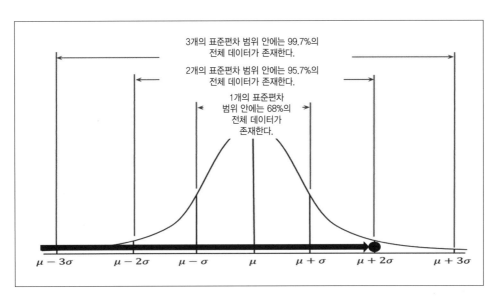

그림 5.9 정규분포에서 표준편차가 제시하는 모집단 데이터의 범위

예를 들어, 2016 시즌 3할 선수의 개인 타율과 시즌평균 타율 사이에 2개의 표준편차가 존재한다고 가정하자(그림 5.9 참조). 2개의 표준편차는 양측검정two-tail test일 때 평균을 중심으로 모집단의 95.45%를 포함하는 범위이며, 평균 위로 47.7%의 데이터가 존재하고 평균 아래로 나머지 47.7%의 데이터가 존재한다. 따라서 단측검증으로 3할 선수가 위치하고 있는 수준은 97.7%(= 50% + 47.7%)이므로, 2016 시즌 자신보다 타율이 높은 특급선수는 약 2.3%밖에 없다. 시즌 개막 25명의 엔트리를 기준으로 메이저리그에 총 750명의 등록선수가 있다고 가정했을 때, 타율 기준으로 3할 선수보다 타격능력이 좋은 선수는 약 17명밖에 안 되는 것으로 추정된다.

그림 5.10의 env 테이블에는 표준점수와 백분위수를 포함한 총 다섯 가지의 변수가 생성되어 있다. 예를 들어 가장 첫 행에 있는 1976년도 3할 선수의 표준점수는 0.978이며 백분위수는 83.5%로 확인되고, 2년 후인 1978년도 3할 선수의 표준점수는 1.202이며 백분위수는 88.5%로 2년 전에 비해 3할 선수의 기량이 더 높다.

	yearID	sd	mean	z	per
1	1976	0.02908533	0.2715596	0.9778256	0.8359197
2	1977	0.02723091	0.2774345	0.8286712	0.7963547
3	1978	0.02319787	0.2721217	1.2017613	0.8852720
4	1979	0.02590965	0.2772974	0.8762204	0.8095449
5	1980	0.02757441	0.2788247	0.7679339	0.7787368
6	1981	0.03378734	0.2848054	0.4497122	0.6735410
7	1982	0.02421480	0.2727222	1.1264909	0.8700211
8	1983	0.02580467	0.2739859	1.0081151	0.8433004

그림 5.10 메이저리그 3할의 시즌별 표준점수와 백분위수

　　40년간 3할 선수의 표준점수와 백분위수 패턴 변화를 눈으로 확인하기 위해 시계열 그래프를 그림 5.11과 같이 그렸다. 관측기간 동안 큰 변동이 있었으며, 2010년 이후부터 3할 선수의 기량이 과거보다 전반적으로 높은 것으로 파악된다.

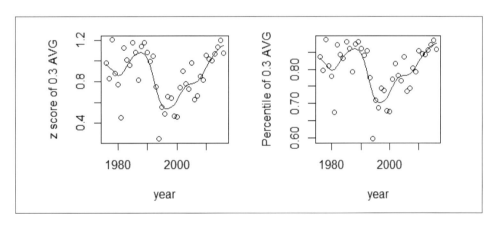

그림 5.11 시즌별 3할의 표준점수와 백분위수 변화를 보여주는 시계열 그래프

```
par(mfrow=c(1,2))
plot(env$yearID,env$z,xlab="year",ylab="z score of 0.3 AVG")
lines(smooth.spline(env$yearID,env$z))
plot(env$yearID,env$per,xlab="year",ylab="Percentile of 0.3 AVG")
lines(smooth.spline(env$yearID,env$per))
```

따라서 해당 시즌 가장 높은 타율을 보유하고 있는 선수의 기록이 역사적으로 대단한지 여부는 해당 시점의 전반적 상황을 고려해야 하는데, 전반적 상황은 타율 평균과 타율 표준편차에 집약되어 있다. 투수의 능력과 타자들의 기량뿐만 아니라, 당시 전 구단에 적용됐던 경기룰이나 사건 등 눈에는 보이지 않지만 전체 조건에 영향을 미칠 수 있는 요소들이 표준점수에 고려된 것으로 볼 수 있다.

시즌타율 표준편차가 적을수록 야구장에 관중들이 더 모인다?

관중들에게 시즌타율의 표준편차가 적다는 건, 어느 누구도 월등히 뛰어나지 않고 뒤처지지 않아서 팀들의 실력이 대등하고 손에 땀을 쥐게 하는 경기들이 많아 볼거리가 많아졌다는 인과관계를 의미할 수 있다. 이 가설이 사실이라면, 야구관계자는 앞으로 시즌 표준편차를 최소화할 수 있는 다양한 장치와 정책을 수립할 필요가 있을 것이다. 제시된 가설을 테스트하기 위해서는 시즌타율 표준편차와 게임당 관중수라는 두 변수가 필요하다. 독립 변수인 시즌타율 표준편차는 라만 데이터 Batting 테이블을 이용해 1977년부터 2016년까지 40년의 관측기간 동안 매년 400타수를 초과하는 선수들의 타율 표준편차를 앞에서 구해놓았다. 다음으로 필요한 변수는 종속 변수로 사용될 시즌별 게임당 평균 관중수다. 1977년부터 2016년까지 40년간 메이저리그팀에는 많은 변화가 있었다. 일단 팀수가 40년간 계속 증가해서 2016년에는 30개 팀을 이루고 있기 때문에, 단순 관중수 비교는 편향이 발생한다. 따라서 40년의 관측기간 동안 존재해왔던 21개 팀만 이번 테스트에 사용한다. 또 다른 편향으로 2016년에는 모든 팀이 162게임에 참가하지만, 과거에는 정규시즌에 치러야 하는 경기수가 달랐다. 따라서 팀의 시즌 총 관중수에서 참가한 경기수를 나눈 팀별 경기당 관중수를 모두 더해서 21개 팀으로 나눈 apg('attendance per game'의 약어)를 종속 변수로 사용한다.

```
b<-subset(Teams,yearID>1975&yearID<2017,
          select=c("teamID","G","yearID","attendance"))
b$att<-(b$attendance/b$G)
c<-subset(b,teamID=="ATL"|teamID=="BAL"|teamID=="BOS"|teamID=="CHA"|
```

```
teamID=="CHN"|teamID=="CIN"|teamID=="CLE"|teamID=="DET"|
teamID=="HOU"|teamID=="KCA"|teamID=="LAN"|teamID=="MIN"|
teamID=="NYA"|teamID=="NYN"|teamID=="OAK"|teamID=="PHI"|
teamID=="PIT"|teamID=="SDN"|teamID=="SFN"|teamID=="SLN"|
teamID=="TEX")
```

이번 실험에서는 팀별 관중수 변화를 확인하는 것이 아니라, 시즌별 리그의 경기당 평균 관중수가 변하는지 테스트하기 때문에, 첫 관측연도인 1977년 21개 팀의 팀별 게임당 관중수를 합치고, 두 번째 관측연도인 1977년 21개 팀의 팀별 게임당 관중수를 합치는 과정을 2016년까지 40번 반복할 수 있게 도와주는 패키지 plyr이 다시 필요하다(그림 5.12 참조).

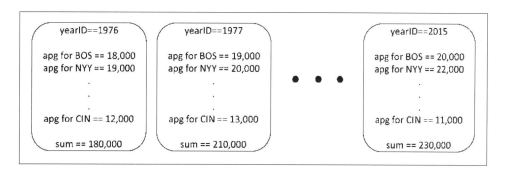

그림 5.12 시즌별로 평균관중수를 계산하는 원리

다음과 같은 코딩으로 연도별 게임당 관중수의 합을 구해서 계산에 고려된 팀수인 21로 나누면, 시즌별로 게임당 평균관중수 apg 변수가 attend 테이블에 추가되며, 독립 변수를 보유하고 있는 테이블 env와 공통 변수인 yearID를 기준으로 병합해, 통합 테이블 d를 만들었다.

```
func_1<-function(c){return(data.frame(sum=sum(c$att)))}
attend<-ddply(c, .(yearID), func_1)
attend$apg<-attend$sum/21
d<-merge(env,attend,by="yearID")
```

시즌타율 표준편차가 적을수록 야구장에 관중들이 더 모인다는 가설을 테스트하기 위해서는 여러 소음을 제거해야 한다. 역사적으로 메이저리그의 관중수는 증가해왔다. 동시에 앞에서 설명한 대로 메이저리그는 해를 거듭할수록 팀 간 경쟁적 환경이 더 높아져, 시간이 경과하면서 동시에 증가하는 현상을 통제하지 않으면 타율 표준편차와 관중수의 우연관계를 두고 인과관계라고 호도할 수 있다는 문제가 발생한다. 이를 방지하기 위해, 이전 시즌(lag_app) 대비 변화된 금번 시즌 게임당 관중수를 종속 변수(ratio)로 사용함으로써 과거 관중수가 올해 관중수에 영향을 미칠 가능성을 모델에서 통제해 자기상관성을 최소화하고, 동시에 시간의 경과를 반영하는 yearID를 통제 변수로 사용함으로써 시간의 경과가 관중 변화에 미치는 영향을 통제했다.[3] 마지막으로, 시즌 평균타율이 높을수록 타율 표준편차가 높아지는 경향이 있어서 평균타율 또한 통제 변수로 사용했다. 다음 코드는 한 시즌 이른 시점의 관중수인 시차 변수를 만들어 종속 변수의 분모로 사용한다.

```
d$lag_apg<-as.numeric(sapply(1:nrow(d),function(x){d$apg[x-1]}))
d$ratio<-d$apg/d$lag_apg
```

그림 5.13의 테이블에는 시즌별 팀당 총 관중수(sum), 팀별 게임당 관중수(apg), 이전 시즌 팀별 게임당 관중수(lag_apg), 그리고 팀별 게임당 관중수를 이전 시즌 팀별 게임당 관중수로 나눈 비율(ratio) 변수가 들어 있다.

	yearID	sd	mean	z	per	sum	apg	lag_apg	ratio
2	1977	0.02723091	0.2774345	0.8286712	0.7963547	195833.9	9325.424	8444.504	1.1043187
3	1978	0.02319787	0.2721217	1.2017613	0.8852720	206401.9	9828.663	9325.424	1.0539642
4	1979	0.02590965	0.2772974	0.8762204	0.8095449	215112.0	10243.427	9828.663	1.0421994
5	1980	0.02757441	0.2788247	0.7679339	0.7787368	212336.8	10111.275	10243.427	0.9870989

그림 5.13 한 시즌 전의 시차 변수(lag_apg)로 관중 변화율이 포함된 테이블

---

3 통제 변수와 관련해서는 6장 '모델링'에서 자세히 설명한다.

1994년도와 1995년도에는 메이저리그 선수들의 장기간 파업으로 인해 정상적으로 열리지 않았던 경기가 많았던 만큼, 두 시즌의 관중수를 종속 변수 계산에 사용한 1994, 1995, 1996 시즌 관측연도를 제거했으며, 종속 변수 분모로 사용하기 위해 필요했던 1976 시즌 또한 최종 분석에서 제거했다.

```
d<-subset(d,!(yearID==1976|yearID==1994|yearID==1995|yearID==1996))
summary(lm(ratio~sd+mean+yearID,data=d))

Call:
lm(formula = ratio ~ sd + mean + yearID, data = d)

Residuals:
      Min       1Q    Median       3Q       Max
-0.079044 -0.027927  0.003881  0.028459  0.119069

Coefficients:
             Estimate Std. Error t value Pr(>|t|)
(Intercept)  3.2687319  1.2446773   2.626   0.0130 *
sd          -6.6899580  3.6632381  -1.826   0.0769 .
mean         1.5431600  1.2957632   1.191   0.2422
yearID      -0.0012481  0.0005919  -2.109   0.0427 *
---
Signif. codes:  0 '***' 0.001 '**' 0.01 '*' 0.05 '.' 0.1 ' ' 1

Residual standard error: 0.04309 on 33 degrees of freedom
Multiple R-squared:  0.2197,  Adjusted R-squared:  0.1488
F-statistic: 3.097 on 3 and 33 DF,  p-value: 0.04007
```

회귀결과에 따르면 sd 변수의 계수 −6.69를 통해 시즌타율 표준편차가 증가할수록 전년도 대비 올해 게임당 관중수가 줄어드는 것으로 나타났다. 반대로 해석하면, 표준편차가 감소해서 경쟁이 치열해지면 관중수가 늘어나는 경향이 있다. 유의수준 0.05를 기준으로 시즌타율 표준편차의 p 값은 높아서 시즌타율 표준편차가 적을수록 더 많은 관중이 몰린다는 가설을 받아들일 수는 없지만, 유의수준을 다소 완화했을 경우 통계적으로 중요한 음의 관계가 있는 것으로 추정된다(그림 5.14 참조). 물론 유의수준을 완화하면 긍정오류false positive를 발생시킬 가능성이 높아진다는 점에 주목해야 한다.

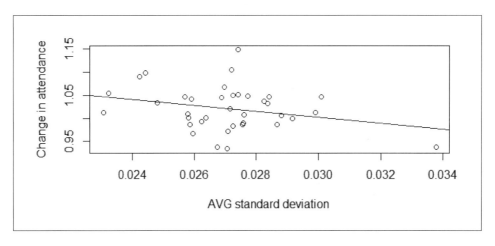

그림 5.14 시즌별 타율 편차와 팀별 게임당 관중수의 선형관계

```
plot(d$sd,d$ratio,ylab="Change in attendance",xlab="AVG standard deviation")
abline(lm(ratio~sd,data=d))
```

　마이너리그의 시즌타율 표준편차를 측정하면 그 크기는 메이저리그 동일 시즌 표준편차보다 더 넓을 것이며, 동네야구를 측정한다고 가정하면 그 범위는 당연히 더 넓어질 것이다. 치는 사람만 치고 못 치는 사람은 계속 아웃되는, 그래서 관중들에게는 긴장감도 없고 박진감도 없는 게임이 되고 만다. 140여 년의 역사를 계속해서 써 내려가는 메이저리그의 성공 방정식에는 시즌 표준편차가 계속해서 줄도록 노력하고 있는 야구인들이 있다. 시즌 표준편차가 0에 가까울 때 어느 한 게임도 쉽게 예측할 수 없는 박진감 넘치는 경기들로 야구팬들을 경기장으로 또는 티비 앞으로 집결시키는 원인이 되며, 실제 메이저리그에서는 전체 수익 배분이나 드레프트 제한 등 팀 간 경기력 차이를 줄일 수 있는 평준화 정책을 실행하고 있다.

실험군은 아메리칸리그, 대조군은 내셔널리그

실험이라는 단어를 듣게 되면 공기도 통제되고 있는 연구실에서 연구모자와 마스크를 낀 채 쥐고 있는 비커 속의 화학물질들을 이리저리 살펴보고 있는 연구자들의 모습을 떠올릴 것이다. 연구실에서 개발된 신약은 실험실 쥐에 투약해서 약의 효험성을 검증하는데, 신약을 투여받은 쥐들은 실험군이 되고 받지 못한 일반 쥐들은 대조군이 되어서, 연구자들은 실험군 쥐들에게서 대조군 쥐에게서는 나타나지 않는 효과가 발생하기를 기대하면서 테스트한다. 이러한 기대 때문에 신약의 효과가 실제로는 없는데도 불구하고 우연한 발생이 연속되면서 통계적으로 효과가 있다고 연구결과에서 주장하는 긍정오류가 발생하기도 하고, 실제는 효과가 있지만 통계적으로 효과를 찾아내지 못한 부정오류가 나타나기도 한다. 물론 가장 바람직한 통계적 결과는 긍정오류 가능성이 낮도록 엄격한 유의수준을 적용하고 부정오류 가능성을 낮추도록 높은 검증력statistical power을 확보해야 하는데, 결국은 얼마나 많은 테스트 결과가 있느냐로 귀결된다.

야구에서도 의도치 않게 흥미로운 실험이 진행되고 있다. 아메리칸리그는 1973년에 지명타자제도를 채택해서 투수들이 타석에 서는 대신 투구에만 집중할 수 있게 한 반면, 내셔널리그는 투수가 타자까지도 겸직하는 시스템을 유지하고 있다. 지명타자제도의 채택 여부가 실험실에서 개발된 신물질이라고 가정한다면, 지명타자제도를 받은 아메리칸리그를 실험군으로, 채택하지 않은 내셔널리그를 대조군으로 나눌 수 있다. 40여 년간 유지돼온 리그 간 시스템의 차이는 흥미로운 기록 차이를 만들고 있다. 몇몇 연구[4]에서 지명타자제도의 차이로 아메리칸리그가 내셔널리그보다 몸에 맞는 볼hit by pitch이 많다는 결과를 내놓았는데, 이론적 근거는 지명타자제도가 있는 아메리칸리그의 투수들은 타석에 들어서지 않기 때문에 상대편 타자에게 몸에 맞는 볼을 던지더라도 투수 자신이 보복당할 위험이 없어서 좀 더 과감하게 타자 몸 쪽으로 공을 던질 수 있으므로 내셔널리그보다 아메리칸리그에서 공으로 타자를 맞출 확률이 높다는 주장이다.[5] 그렇다면 심리적인 원인이 정말로 몸에 맞는 볼의 리그별

---

4   Freeman, L. A. (2004). The Effect of the Designated Hitter Rule on Hit Batsmen. Baseball Research Journal, 4, 90–4.
     Goff, B. L., II, W. F. S., & Tollison, R. D. (1997). Batter up! Moral hazard and the effects of the designated hitter rule on hit batsmen. Economic Inquiry, 35(3), 555–561.

5   Stadler, M. 2007. The Psychology of Baseball: Inside the Mental Game of the Major League Player. Gotham Books.

빈도 차이에 반영이 되는 것일까? 질문에 대한 답을 찾기 위해 라만 데이터 Batting 테이블을 이용해서 아메리칸리그에 지명타자제도가 실시됐던 1973년부터 팬데믹으로 짧은 시즌을 보낸 2020 시즌을 제외한 2019년까지 타자들의 몸에 맞는 볼이 두 그룹에서 실제로 차이가 나고, 나아가 가설대로 아메리칸리그의 빈도수가 더 높은지 살펴본다.

분석방법에 있어 한 가지 고려할 것은 1973년부터 2019년까지 모집단 데이터가 존재하기 때문에 굳이 표본을 이용해 표본오차가 발생하는 모집단 추정할 것이 아니라, 전체 모집단을 반영하는 데이터를 이용해 리그 간 몸에 맞는 볼 평균을 구하는 것만으로 간단하게 답할 수가 있다는 점이다. 이것이 바로 빅데이터 시대를 살아가면서 예측 오류를 발생시키지 않고 원하는 답을 줄 수 있는 좋은 예다. 문제는 엄밀한 의미에서 모집단 전체를 보여주는 데이터라고 하기에는 최근 2021년 이후의 기록이 아직 업데이트되어 있지 않아서, 보유하고 있는 데이터가 모집단의 전체 데이터가 아니라는 가정하에 필요한 표본의 크기를 계산해서 편향 없이 임의로 두 리그에서 표본을 균형 있게 추출해 두 그룹의 몸에 맞는 볼 평균을 추정하고 비교하기로 한다. 또한 2020 단축시즌에는 두 리그 모두 지명타자제도를 임시로 받아들였기 때문에 2020 시즌 데이터를 포함하지 않는 것이 타당하다.

표본추출과 관련해서 모집단을 표본으로 추정할 때 데이터가 많은 것이 무조건 바람직한 것은 아니다. 때로는 데이터 하나를 수집하는 데 비용이 많이 발생할 경우 그리고 추가 데이터가 더 이상 추정에 기여하지 못한다면, 한계가치에 비해 한계비용이 더 발생할 수 있다. 그렇다면 통계분석을 통해 오류가 있는 새로운 주장을 막아줄 정확성[precision]과 오류가 있는 기존 주장에 동참하지 않을 검증력[power]을 확보하는 데 요구되는 최소한의 표본 데이터 크기를 만족시킨다면, 모집단을 추정할 때 사용했던 표본크기에 대해 자신의 입장을 방어할 수 있을 것이다. 필요한 패키지는 pwr이며, 다양한 분석방법과 기대하는 통계적 정확성 및 검증력에 맞는 표본의 크기를 제시해준다.

```
install.packages("pwr")
library(pwr)
```

양대 리그에서 몸에 맞는 볼[HBP] 수준을 두 그룹 t 검증으로 비교하기 위해 type=c("two.

sample") 옵션을 사용했으며, power.t.test() 명령어의 괄호 안에는 다섯 가지 정보가 필요하다. 첫 번째는 표본의 크기가 투입돼야 하지만, 찾아야 하는 내용이므로 NULL을 투입했다. 두 번째는 포착할 리그별 몸에 맞는 볼 평균 간 차이가 투입돼야 하는데, 이 부분은 이론적 또는 경험적 설명이 필요하며 두 리그의 대략적 몸에 맞는 볼 차이가 대략 0.2 정도 될 것으로 가정한다. 세 번째는 몸에 맞는 볼의 표준편차가 필요하고 2 정도로 추정했다. 평균 차이에 비해 표준편차가 클수록 그룹별 차이를 통계적으로 비교하는 데 긍정오류와 부정오류가 발생할 가능성이 높아지므로 더 많은 수의 표본이 필요해진다. 그다음 0.05는 유의수준[seg.level]으로 긍정오류를 5%까지만 허용하고, 0.95는 검증력[power]으로 부정오류를 5%만 허용하겠다는 의미다.

```
power.t.test(NULL,0.2,2,.05,0.95,type=c("two.sample"))
```

위의 코드결과로 확인되는 최소 표본의 크기는 각 리그별 2,600개의 데이터이며, 전체는 5,200개의 관측값이 필요하다.

```
Two-sample t test power calculation

              n = 2599.903
          delta = 0.2
             sd = 2
      sig.level = 0.05
          power = 0.95
    alternative = two.sided

NOTE: n is number in *each* group
```

박스차트를 통해 우선 시각적으로 비교하고, 다음으로 t 검증을 통해 두 그룹 평균의 차이에 평균 차이에 대한 표준오차를 감안해서 평균의 차이가 충분히 크다면 몸에 맞는 볼[HBP]이 리그 간에 유의미한 차이가 있는 것으로 판단한다. 테스트 대상은 시즌별로 50게임을 초과한 선수들의 데이터만 활용했다.

```
library(Lahman)
a<-subset(Batting,yearID>1972&yearID<2020)
b<-subset(a,lgID=="AL"&G>50)
c<-subset(a,lgID=="NL"&G>50)
```

앞에서 확인했듯이 그룹별로 2,600개의 표본이 필요하므로 sample() 명령어를 통해 각 리그별로 임의로 표본 2,600개를 추출하고, 아메리칸리그에서 임의로 추출된 표본의 모든 변수는 b에서 가져와 테이블 g에 저장하고, 내셔널리그에서 추출된 표본의 변수들은 c에서 가져와 테이블 h에 저장해서, 2개의 테이블을 rbind()로 합쳤다. 각 리그별로 정확히 균형 있게 데이터가 수집됐는지 확인하기 위해 table() 명령어를 통해 확인했다.

```
d<-sample(1:nrow(b), size=2600)
e<-sample(1:nrow(c), size=2600)
g<-b[d,]
h<-c[e,]
i<-rbind(g,h)
i$lgID<-as.character(i$lgID)
table(i$lgID)
AL    NL
2600 2600
```

균형 있게 수집된 표본으로 우선 박스차트 분석을 실시한다.

```
boxplot(HBP~lgID,data=i,main="HBP comparison")
```

시각적으로 확인하면 그림 5.15에서 나타나듯이 중간값으로 두 리그 중에서 몸에 맞는 볼의 빈도가 높은 아메리칸리그[AL]가 높아 보이지만, 시각적으로 보여주는 차이가 의미 있게 크다고 주장할 정도인지는 알 수 없다. 이번 경우는 그래픽에 의존하기보다는 통곗값을 보고 결정하도록 두 그룹의 평균 차이와 평균 차이의 표준편차를 이용한 t 검증으로 과학적 비교가 가능하다.

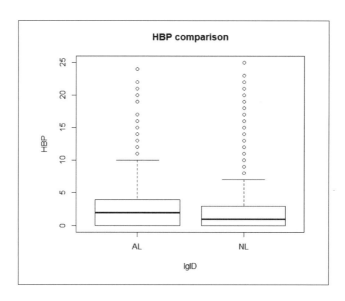

그림 5.15 리그별 몸에 맞는 볼 비교

테이블 i에 저장된 변수들을 이용해 t 검증을 실시한다.

```
t.test(i$HBP[i$lgID=="AL"],i$HBP[i$lgID=="NL"])

    Welch Two Sample t-test

data:  i$HBP[i$lgID == "AL"] and i$HBP[i$lgID == "NL"]
t = 2.2859, df = 5194.5, p-value = 0.0223
alternative hypothesis: true difference in means is not equal to 0
95 percent confidence interval:
 0.02874782 0.37509833
sample estimates:
mean of x mean of y
 2.574615   2.372692
```

결과의 마지막에는 먼저 투입되어 X 그룹이라고 지칭된 아메리칸리그의 몸에 맞는 볼 평균인 2.575가 후속으로 투입되어 Y 그룹으로 지칭된 내셔널리그의 몸에 맞는 볼 평균은 2.373이 제시되고 있어서, 가설대로 아메리칸리그의 평균이 높은 것으로 나왔지만 단순 평균 비교에 지나지 않는다. 만약 평균의 차이에 대한 표준편차가 크다면, 통계적으로 유의한 차이를 갖지 못할 수도 있다. 리그 간 차이의 평균과 표준편차를 이용해 구한 t 검증 결과의 유의확률이 5%(p 값 = 0.0223)보다 적은 수준이기 때문에, 몸에 맞는 볼의 리그 간 차이가 있다는 가설을 받아들여도 긍정오류를 발생시킬 확률이 5%도 안 되기 때문에, 95%의 신뢰수준으로 두 리그 간 몸에 맞는 볼의 차이는 있으며, 구체적으로는 아메리칸리그의 몸에 맞는 볼 평균이 최소 0.029에서 최대 0.375까지 높다고 확인된다.

총 5,200개의 표본을 가지고 추정한 결과는 리그 간 차이가 유의미했지만, 유의확률로 판단한 결과라서 또 다른 표본을 활용해 t 검증을 실시하면 가설을 지지하던 결과가 확률은 적지만 반복되지 않을 수도 있다. 실제 1973년 메이저리그에 지명타자제도가 도입된 이후부터 투수들이 몸에 맞춘 볼의 기록이 모두 저장되어 있기 때문에, 두 모집단을 직접 비교할 수 있어서 추정에 따른 표본오차의 위험이 발생하지 않는 비교도 가능하다. 데이터는 1973년부터 2019년까지 시즌당 50게임 초과 출전한 타자들의 데이터이며, 관측량은 총 20,899개다. 물론 최근 시즌인 2020년 데이터는 없기 때문에 이러한 측면에서 또 다른 형태의 표본 데이터이기도 하지만 글로벌 전염병의 영향으로 단축시즌이었으며 한시적으로 지명타자제도를 양 리그 모두 허용했기 때문에, 표본추출하지 않고 전체 데이터를 가져다 사용했다고 볼 수 있다.

```
c<-subset(Batting,yearID>1972&yearID<2020)
d<-subset(a,G>50)
mean(d$HBP[d$lgID=="AL"])
[1] 2.59236
mean(d$HBP[d$lgID=="NL"])
[1] 2.377317
```

t 검증이 예측한 대로, 전수조사를 한 결과에서도 지명타자제도가 있어서 투수가 타석에 설 필요가 없는 아메리칸리그의 몸에 맞는 볼이 내셔널리그의 수준에 비해 높다는 것을 보여준다.

그룹 간 비교 시각화 방법: 패널차트

데이터에서 각기 다른 그룹이 존재하고 있는지 눈으로 확인하는 것도 후속 분석이 필요한지 결정하는 데 도움이 된다. 하나의 변수에서 정규분포가 하나만 존재한다면 모든 관측값은 동일한 모집단에서 나왔다고 합리적으로 판단할 수 있다. 2개 이상의 그룹이 존재하는지 추정하기 위해 메이저리그 게임을 관람하러 직접 볼파크로 찾아오는 게임별 평균 관중수가 지구^{division}별로 다른지 패널차트로 확인하고, 다르다면 후속 분석에 적절한 조치를 취해서 좀 더 현실적 추정과 예측이 가능하다. 그림 5.16의 차트처럼 관중 11,800명 수준에서 빈도가 가장 높고, 이를 중심으로 만들어진 분포가 존재한다. 자세히 보면 점선 표시를 해둔 부분인 게임당 관중수가 14,500과 18,700일 때도, 새로운 혹이 그려지면서 전체 분포도 속에 몇몇의 정규분포가 있지 않을까라는 질문을 던질 수 있다. 패키지 ggplot2를 이용해 게임당 관중수의 밀도함수를 ggplot()+geom_density()로 그렸다.

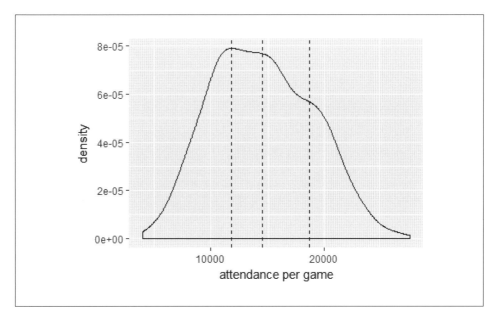

그림 5.16 게임별 관중수를 보여주는 확률분포곡선

```
library(ggplot2)
library(Lahman)
a<-subset(Teams,yearID>1990&yearID<2017)
b<-a$attendance/162
affiliation<-paste(a$lgID,a$divID)
c<-cbind(a,b,affiliation)
ggplot(c, aes(b))+geom_density()+labs(x="attendance per game")
        +geom_vline(xintercept=c(11800,14500,18700),linetype="dashed")
```

일단 ggplot()은 적용할 테이블과 그림으로 표현할 변수 aes()를 설정해서 그림판을 준비하는 명령어이고, geom_density()는 그림판 위에 밀도함수를 그어준다. 이번에 독특하게 사용한 옵션으로 geom_vline()이 있으며, 세 군데로 보이는 변곡점을 점선으로 표시했다. 게임당 관중수를 각 지구별로 나누어 보여줄 때 총 6개의 클래스가 존재하며, 그림 5.17에서 6개 리그별 게임당 관중수 변수에 대해 리그별 밀도함수를 패널차트 형식으로 그렸다.

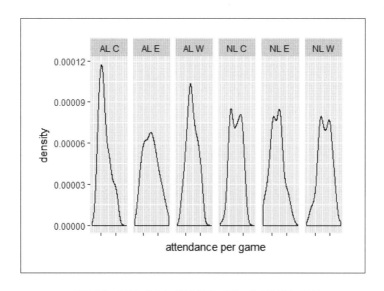

그림 5.17 지구별 게임당 관중수를 보여주는 패널 확률분포곡선

```
ggplot(c,aes(b))+geom_density()
```

```
+labs(x="attendance per game")
+theme(axis.text.x=element_blank())+facet_grid(.~affiliation)
```

경기당 관중수를 지구별^{affiliation} 요인으로 클래스를 나누기 위해 옵션 facet_grid()를 적용했으며, x축의 위치를 표시하는 수들을 출력하면 서로 겹쳐 보여 그래프를 살펴보는 데 지장을 주기 때문에 theme(axis.text.x=element_blank()) 옵션을 사용해 제거했다. 지금까지는 b 변수인 게임당 관중수의 빈도를 그림 5.17과 같이 확률밀도분포로 그리는 방법을 설명했다. 가령 연구를 위해 메이저리그 지구별 팀승수에 따른 게임별 관중수 변화를 관찰해야 한다면, 그림 5.18처럼 6개 지구별로 관계를 보여줄 필요가 있다.

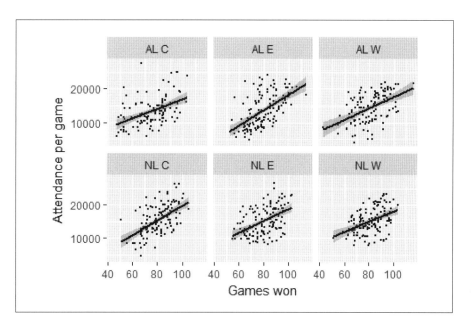

그림 5.18 지구별 시즌 승수가 관중수에 미치는 영향

```
ggplot(c,aes(c$w,c$b))+geom_point(size=0.5)
        +stat_smooth(method="lm",col="black")+facet_wrap(~affiliation)
        +labs(x="Games won", y="Attendance per game")
```

독립 변수인 W(시즌당 승수)와 종속 변수인 게임당 관중수(b)를 소속 지구별로 나타내었다. ggplot()에는 사용할 데이터와 변수를 지정해주고, 점을 표시하기 위해 geom_point() 옵션을 사용하고 점과 관련된 추가 변경사항이 있을 경우 괄호 안에 넣어주면 된다. 점의 크기를 줄이기 위해 size=0.5를 투입했다. 이번 시각화 작업에서는 두 변수 간의 관계를 보여주는 것이 목표이기 때문에, stat_smooth() 옵션에 method는 직선인 lm으로 그리고 선의 색상은 검은색으로 설정했으며, 4장 '상관관계는 인과관계가 아니다'에서 배웠던 95% 신뢰구간을 직선 주변의 회색으로 보여준다.

팀의 승수와 홈구장을 찾아오는 게임별 관중수의 관계를 구할 때 지구별 차이를 고려하지 않아도 될 정도로 30개 팀들이 각각 소속되어 있는 지구효과의 의미가 없을 수도 있는 반면, 팀들이 소속되어 있는 지구효과가 커서 팀승수와 관중 간의 관계를 지구효과 고려 없이 추정이 불가능할 수도 있다. 지구효과를 고려할 것인지 여부를 판단하기 위해서는 제시된 지구별 관계를 보여주는 패널 그래프를 활용하면 된다. 각 패널이 갖고 있는 절편과 기울기를 고려해서, 특정 지구에서는 기울기가 매우 평평하거나 또는 가파를 수 있고, 또는 y축과 맞닿는 절편이 다른 지구와 눈에 띄게 다르다면 지구효과가 있다고 볼 수 있다. 그림 5.17의 그래프에서는 전반적으로 큰 차이가 없어 보이지만, 양대 리그 동부지구(NL E와 AL E)에서 다소 가파른 기울기를 보이고 있어서, 팀승수와 게임별 관중수의 관계를 구할 때 지구효과를 통제함으로써, 승수와 관중수의 인관관계에 잡음[noise]으로 미칠 수 있는 지구효과를 효과적으로 제거할 수 있다. 제거와 관련된 자세한 내용은 6장 '모델링'에서 다룬다.

6개의 그룹별로 게임당 관중수의 차이를 시각적으로 확인하는 것을 넘어, t 테스트를 사용해 통계적으로 확인할 수 있다. 일단 시각적으로 가장 큰 차이를 보이는 내셔널리그 서부지구[NL W]와 아메리칸리그 중부지구[AL C]를 이용해 그룹 간 평균의 차이 여부를 확인한다.

```
t.test(b[affiliation=="NL W"],b[affiliation=="AL C"])

Welch Two Sample t-test

data:  b[affiliation == "NL W"] and b[affiliation == "AL C"]
t = 8.1872, df = 242.91, p-value = 1.518e-14
```

```
alternative hypothesis: true difference in means is not equal to 0
95 percent confidence interval:
3237.514 5288.917
sample estimates:
mean of x mean of y
16685.90  12422.68
```

일단 유의확률 p 값이 매우 적은 것으로 판단할 때, 내셔널리그 서부지구[NL W]와 아메리칸리그 중부지구[AL C]의 평균적인 게임당 관중 수준은 달라 보인다. 구체적으로 보면, 내셔널리그 서부팀들이 95% 신뢰수준에서 적게는 3,237명, 많게는 5,288명 정도 많은 관중을 유치하는 것으로 나오고, 아메리칸리그 중부지구팀들의 관중수 규모와 다르지 않을 가능성은 확률적으로 5%도 안 된다. 그룹 간 평균의 차이가 발생하지 않을 것으로 보이는 아메리칸 동부지구와 내셔널리그 중부지구를 비교해보자.

```
t.test(b[affiliation=="AL E"],b[affiliation=="NL C"])

Welch Two Sample t-test

data:  b[affiliation == "AL E"] and b[affiliation == "NL C"]
t = 0.10185, df = 250.45, p-value = 0.919
alternative hypothesis: true difference in means is not equal to 0
95 percent confidence interval:
-1025.570  1137.428
sample estimates:
mean of x mean of y
15133.86  15077.93
```

평균만 비교할 경우 아메리칸리그 동부지구[AL E]가 내셔널리그 중부[NL C]보다는 높은 것으로 판단할 수 있지만, 95% 신뢰구간, 즉 평균으로부터 2개의 표준오차가 벌어져 있는 구간

---

6   매년 시즌 데이터가 업데이트되기 때문에, 라만 데이터 패키지를 언제 설치했느냐에 따라 여러분의 결괏값이 저자가 구한 것과 다를 수 있다.

의 범위에서는 아메리칸 동부지구팀들의 게임별 관중수가 내셔널리그 중부지구팀들의 관중수보다 1,025명 정도 적기도 하고, 때로는 1,137명 정도 많기도 하다. 따라서 특정 그룹이 게임별 관중수가 많다고 통계적으로 주장하기에는 오류 가능성이 높은 상태다. 1개의 표준오차를 사용하는 68% 신뢰구간 안에서는 지구별 관중수 평균으로부터 표준편차가 줄어들어 아메리칸리그 동부지구가 내셔널리그의 중부지구보다 평균적으로 많은 관중이 찾는다고 통계적으로 입증될지도 모른다. 다만, 68%의 신뢰구간에서 입증된 주장들을 받아들이기에는 32%라는 오류 가능성은 매우 높다.[6]

추가로 박스차트를 이용해 4개 지구의 게임당 관중수를 시각적으로 비교했다(그림 5.19 참조). *t* 테스트에서 검증했듯이 LA 다저스와 샌프란시스코 자이언츠가 속해 있는 내셔널리그 서부지구가 시카고 화이트삭스가 속해 있는 아메리칸리그 중부보다 시각적으로도 월등히 관중수가 많아 보인다. 반면에 아메리칸리그 동부와 내셔널리그 중부의 차이는 시각적으로 구분해내기가 어렵다. 내셔널리그 중부는 중간값, 3사분위수, 최댓값이 아메리칸리그 동부보다는 낮지만, 아메리칸리그 동부의 사분범위interquartile range가 넓어서 시각적으로 판단하기가 어렵다.

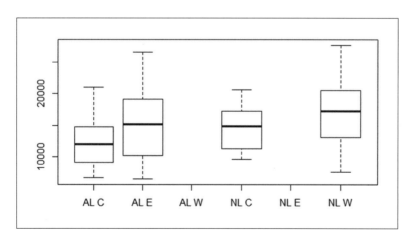

그림 5.19 *t* 검증을 실시한 4개 지구 게임당 관중수 시각적 비교

```
d<-subset(c,c$affiliation==c("NL W","AL E","NL C","AL C"))
boxplot(d$b~d$affiliation)
```

구글 트렌드와 분산분석(ANOVA) 연계

사람들은 여러 곳에서 자신의 관심에 대한 특별한 패턴을 남기며, 인터넷 검색은 개인의 관심 패턴을 가장 잘 반영한다. 편견 없는 합리적 결정을 하는 인간이라면 특정 패턴을 남기지 않겠지만, 지극히 정상적인 사람들의 제한적 합리성bounded rationality 때문에 관심과 행동의 패턴이 발생하고, 개인들의 패턴이 모여서 트렌드가 된다. 트렌드가 집약된 결과는 구글 검색결과로 나타나고, '구글 트렌드Google Trend'에서 직접 확인할 수 있다. 메이저리그팀 중 2009년 박찬호 선수가 활동했던 필라델피아 필리스Philadelphia Phillies를 검색단어로 투입하면 2004년부터 지난주까지 전 세계 구글러들이 검색한 빈도 정도를 보여주는 시계열 차트를 볼 수 있다.

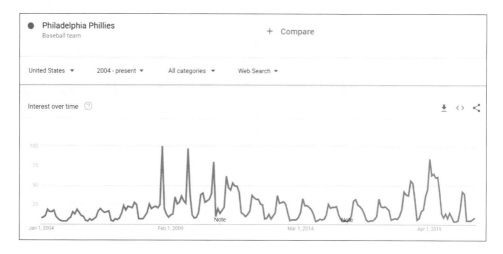

그림 5.20 필라델피아 필리스가 2004년 이후 구글에서 검색된 빈도

필리스가 2008년도에 우승했을 때가 인터넷에서 검색이 가장 빈번했던 시기였으며, 그 이후 저조한 성적에서 보여주듯이 필리스 구단의 검색량으로 대변되는 팀 인기도는 하락하고 있는 추세다(그림 5.20 참조). 미국에서 필리스의 인기는 뉴욕 양키스나 보스턴 레드삭스처럼 높지는 않아도 오랜 역사와 필라델피아라는 지역 특수성 때문에 꾸준히 유지되는 편이다. 다만, 최근 지속되는 저조한 팀성적으로 팬심이 거칠어지고 있다. 메이저리그팀들의 구글 트렌드 데이터를 흥미롭게 활용하는 방법을 소개한다. 우선 구글 트렌드로 이동하자.

https://trends.google.com/trends/

화면 중앙에 검색어를 투입한다. 인기구단의 인기 정도를 비교하기 위해 그림 5.21과 같이 New York Yankees를 먼저 투입하고 후속적으로 Boston Red Sox, Los Angeles Dodgers, Chicago Cubs, 그리고 St. Louis Cardinals를 추가한다.

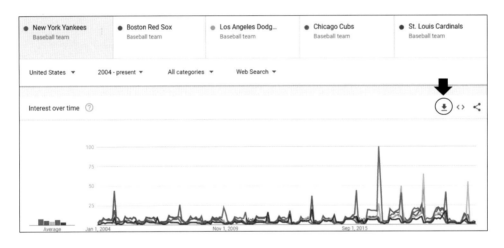

그림 5.21 구글 트렌드에서 검색어 투입과 검색어 데이터 다운로드 방법

그림 5.21의 우측 상단에 있는 아래로 향하는 화살표 버튼을 클릭하면 csv 형태의 파일로 내려받을 수 있다. 물론 구글의 정책에 따라 화살표 마크가 화면의 다른 곳으로 이동하거나 모양이 바뀔 수도 있지만, 구글의 가치성향상 데이터는 계속해서 공개될 것으로 생각한다.

각 팀별로 특정 기간 얼마나 많은 검색량이 있었는지를 보여주는 csv 데이터를 내려받아서 팀들 사이에서 인기도 차이가 있는지 확인한다. csv^{comma delimited} 파일로 내려받고, 각 변수들의 이름(팀이름) 행 위에 있는 불필요한 첫 2개의 행들은 지워버리고, 그림 5.22와 같이 첫 번째 행이 변수의 이름이 되도록 한다. 엑셀 화면상에서 기본적인 정리를 한 파일을, 간단하게 popularity라는 이름으로 컴퓨터에 저장했다.

	A	B	C	D	E	F	G	H	I
1	Month	New York	Boston Re	Los Angel	Chicago C	St. Louis Cardinals: (United States)			
2	2004-01	3	2	1	2	1			
3	2004-02	6	4	1	4	1			
4	2004-03	6	4	1	4	2			
5	2004-04	9	8	3	7	3			
6	2004-05	6	7	2	6	2			
7	2004-06	7	7	3	6	3			

그림 5.22 처음 2행을 삭제한 구글 트렌드 데이터

저장된 popularity.csv 파일을 R로 불러들일 때 pop이라고 지정했다. 물론 R 스튜디오에서 클릭 몇 번으로 쉽게 불러올 수 있는 방법을 숙지하고 있을 것이라 믿으며, 그렇지 않다면 1장에서 살펴본 외부 데이터를 불러오는 방법을 다시 읽어볼 것을 권한다. 추가로, 복잡한 변수 이름들을 사용하기 편한 이름으로 colnames()를 이용해서 바꾼다.

```
library(readr)
pop <- read_csv("C:/your_path_directory/popularity.csv")
colnames(pop)<-c("month","ny","boston","la","chicago","st")
```

프로야구의 휴식기인 겨울시즌을 제외하고 정규시즌만의 인기도를 비교하기 위해 포스트시즌과 비시즌을 제외한 4월부터 9월까지 단 6개월의 정규시즌과 관련된 데이터만 사용한다. 구글 트렌드에서 내려받은 데이터에는 전 기간의 관측자료가 저장되어 있어서 핵심 6개월만 찾아내기 위해 첫 번째 변수인 Month에서 '월'에 대한 정보를 추출해 필요한 정보를

스크린할 수 있다.[7]

첫 번째 변수인 Month는 −로 구성되어 있는 스트링String 변수다. 기호로 연결된 스트링 변수의 기호는 데이터를 정리하는 데 매우 큰 도움이 되므로, 이번 장 후반부에서 별도로 스트링 변수에 대해 설명한다. 스트링 변수를 −를 기준으로 나누면 연도와 월을 구분할 수 있다. 먼저 Month 열을 character 변수 형태로 인식시켜 R이 해당 열 데이터에 포함된 −를 인식할 수 있게 하고, − 표시를 통해 연−월로 연결되어 있는 하나의 변수를 분리하는 작업을 strsplit() 명령어를 사용해 다음과 같이 처리한다.

```
a<-strsplit(as.character(pop$month),"-")
```

스트링 변수를 그림 5.23의 오른쪽 형태로 분리해 테이블 a에 담았다.

그림 5.23 스트링으로 연결된 변수를 분리한 모습

Month 열의 구성요소들을 unlist() 명령어로 연도와 월로 분리해 순서대로 나열한 후 연도와 월 두 변수로 구성된 새로운 테이블 b를 생성했다.

```
b<-data.frame(matrix(unlist(a), ncol=2, byrow=TRUE))
```

기존 pop 데이터와 새로 만들어진 날짜 테이블 b를 합쳐 통합 테이블 c를 만든다. 두 테이블의 순서는 동일하기 때문에 merge() 대신에 cbind()를 사용할 수 있다.

```
c<-cbind(pop, b)
```

---

7   구글의 정책에 따라 날짜 표기법이 다를 수도 있다. 하지만 위에서 설명하는 방법은 어떤 형태의 날짜라도 적용할 수 있기 때문에 자신이 갖고 있는 형태에 맞게 활용할 수 있다.

통합 테이블 c에서 x2 변수가 가리키는 월month 데이터를 기준으로, 비시즌이며 포스트 시즌에 해당하는 월들을 느낌표 연산어(!)가 뜻하는 '해당 조건이 아니면' 부정논리negation를 통해 제거할 수 있다. 다음 코드의 | 기호는 or 조건을 뜻하기 때문에, 테이블 c에 있는 변수 x2의 값이 1, 2, 3, 10, 11 또는 12에 해당하면 제거하고 나머지만 d에 저장하는 코드다.

```
c$X2<-as.numeric(as.character(c$X2))

d<-c[!((c$X2==1)|(c$X2==2)|(c$X2==3)|(c$X2==10)|(c$X2==11)|(c$X2==12)),]
```

부정논리로 1월, 2월, 3월, 10월, 11월, 12월 데이터를 제거하고 남은 나머지 데이터로 5개 개별 팀의 정규시즌 인기도를 보여주는 데이터가 테이블 d에 저장되어 있으며, 분석준비가 된 상태다.

첫 번째 실험으로 카디널스, 레드삭스, 양키스, 다저스, 컵스 등 5개 팀의 인기가 같은 수준인지 여부를 분산분석ANOVA을 통해 확인한다. 두 그룹만을 비교하는 t 테스트와는 달리 분산분석 테스트는 두 그룹 이상의 평균 차이를 한 번에 비교하고, 팀별 인기도가 통계적으로 다르다고 확인됐을 경우 두 번째 실험으로 어떤 팀 간에 차이가 있는지 확인하는 투키 HSD 테스트Tukey's HSD를 적용한다. 5개의 팀으로 구성된 요인 변수 간에 연속형 종속 변수인 인기도의 통계적 차이 여부를 두 팀씩 짝을 맺어 비교하므로 카디널스-레드삭스, 카디널스-양키스, 카디널스-다저스, 카디널스-컵스, 레드삭스-양키스, 레드삭스-다저스, 레드삭스-컵스, 양키스-다저스, 양키스-컵스, 다저스-컵스 등 총 10번의 비교실험이 한 번에 실행되고, 결과를 통해 인기에 대한 순위 결정이 가능하다.

첫 번째 실험인 분산분석 테스트는 5개 팀의 인기도가 같다는 귀무가설을 기각할 수 있는 반증을 제시하는 데 목적이 있다.

귀무가설: 5개 팀의 인기 평균은 모두 동일하다.
대립가설: 5개 팀의 인기 평균이 모두 동일한 것은 아니다.

귀무가설을 기각한다는 것은 반드시 5개 팀 모두 다른 평균을 가질 필요는 없고, 단지 한 팀이라도 나머지 팀과는 다른 수준의 인기도 평균을 갖고 있다면 귀무가설은 기각되고 대립가설을 채택할 수 있다. 통계적 가설 테스트를 시행하기 전에 시각적으로 각 팀의 인기도 차이가 나는지 그림 5.24를 통해 확인해보자.

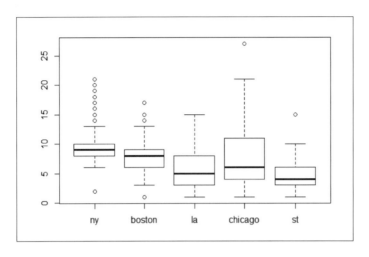

그림 5.24 메이저리그 5개 팀의 인기도 비교

```
with(d,boxplot(ny,boston,la,chicago,st,
names=c("ny","boston","la","chicago","st")))
```

박스차트에서 보여주는 시각적 비교는 보기 편하다는 장점이 있지만 확신을 가지고 다르다고 결정할 수 있는 기준이 모호하다는 단점 또한 존재한다. 박스 중심에 위치하는 중앙값 median을 이용해 비교하면 뉴욕 양키스가 가장 높아 보이지만, 최댓값을 보면 시카고 컵스가 압도적으로 높다. 뉴욕 양키스를 보스턴 레드삭스와 비교했을 때 어떤 팀이 더 인기 있는지 말하는 것도 상당히 어렵다. 반면에 세인트루이스 카디널스에 비해 보스턴 레드삭스와 뉴욕 양키스의 인기도는 월등히 높아 보이기 때문에, 분산분석을 실시한다면 첫 번째 실험목표인 귀무가설을 기각할 수 있을 가능성은 높아 보인다.

그림 5.25의 왼쪽 테이블 각 열에는 팀별 인기도가 제시된 테이블이 생성되어 있다. 하지

만 이런 형태의 데이터 구조는 분산분석을 실행하기에는 적절하지 않다. 오른쪽 테이블처럼 첫 번째 열에는 인기도를, 두 번째 열에는 5개 팀 식별 이름으로 구성한다. 분산분석에 적합한 형태로 stack() 명령어를 사용해 변형한 후 분산분석을 실행한다.

```
d[c(1,7,8)]<-NULL
df<-stack(d)
anova<-aov(values~ind,df)
summary(anova)
TukeyHSD(anova, which="ind")
```

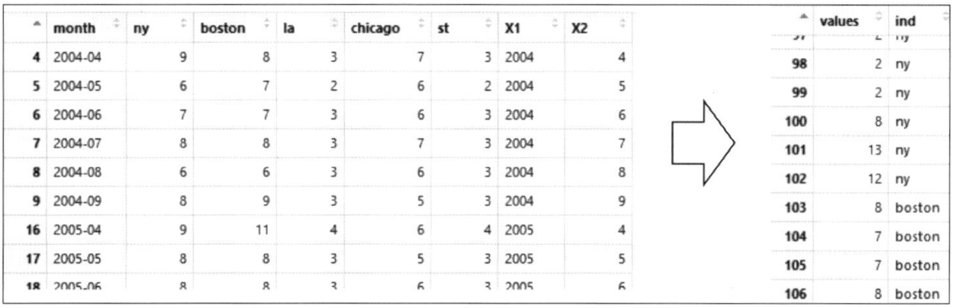

	month	ny	boston	la	chicago	st	X1	X2
4	2004-04	9	8	3	7	3	2004	4
5	2004-05	6	7	2	6	2	2004	5
6	2004-06	7	7	3	6	3	2004	6
7	2004-07	8	8	3	7	3	2004	7
8	2004-08	6	6	3	6	3	2004	8
9	2004-09	8	9	3	5	3	2004	9
16	2005-04	9	11	4	6	4	2005	4
17	2005-05	8	8	3	5	3	2005	5
18	2005-06	8	8	3	6	3	2005	6

	values	ind
97	2	ny
98	2	ny
99	2	ny
100	8	ny
101	13	ny
102	12	ny
103	8	boston
104	7	boston
105	7	boston
106	8	boston

그림 5.25 분산분석 테스트를 위해 각 팀의 인기도를 한 변수에 쌓아올린 데이터 구조

분산분석결과는 다음과 같다.

```
summary(anova)
            Df Sum Sq Mean Sq F value Pr(>F)
ind          4   1853   463.4   31.23 <2e-16 ***
Residuals  505   7492    14.8
---
Signif. codes:  0 '***' 0.001 '**' 0.01 '*' 0.05 '.' 0.1 ' ' 1
```

팀 간 인기도가 동일할 것이라는 귀무가설에 대한 유의확률 p 값이 분석결과표처럼 0.01 보다 훨씬 적다는 것은 5개 팀의 인기도가 모두 같을 확률이 1%도 되지 않는다는 의미이며, 다르게 표현하자면 5개 팀 중 한 팀이라도 평균 인기도 수준이 다를 확률은 99%가 넘는다고

해석된다. 5개 변량 간의 차이가 전체 관측 데이터를 한 변량으로 묶었을 때 변량 내에서 발생하는 차이보다 월등히 크다면, 그룹으로 묶지 않는 것보다는 묶는 것이 좀 더 현실에 가까운 모델이 된다. 따라서 팀들 간에 인기도의 차이가 있다는 결론을 내릴 수 있다. 다음으로는 어떤 팀 간에 인기도 차이가 나는지를 파악한다.

다섯 팀끼리 짝을 지어 차이를 모두 비교하는 투키 HSD 테스트로 어떤 팀의 인기도가 가장 높은지 확인하고 각 팀의 인기도에 따라 팀의 순서를 매길 수 있다.

```
TukeyHSD(anova, which="ind")
  Tukey multiple comparisons of means
    95% family-wise confidence level

Fit: aov(formula = values ~ ind, data = df)

$ind
                    diff       lwr         upr      p adj
boston-ny      -1.8627451 -3.339313 -0.38617692 0.0054021
la-ny          -4.1176471 -5.594215 -2.64107888 0.0000000
chicago-ny     -1.4019608 -2.878529  0.07460739 0.0719759
st-ny          -5.2745098 -6.751078 -3.79794163 0.0000000
la-boston      -2.2549020 -3.731470 -0.77833379 0.0003295
chicago-boston  0.4607843 -1.015784  1.93735249 0.9132183
st-boston      -3.4117647 -4.888333 -1.93519653 0.0000000
chicago-la      2.7156863  1.239118  4.19225445 0.0000066
st-la          -1.1568627 -2.633431  0.31970543 0.2028396
st-chicago     -3.8725490 -5.349117 -2.39598085 0.0000000
```

유의수준 0.05를 기준으로 관측된 대부분의 팀 간 인기도의 차이가 존재하는 것으로 보이지만, 시카고 컵스와 뉴욕 양키스, 시카고 컵스와 보스턴 레드삭스, 그리고 세인트루이스와 LA 다저스 간의 인기도 차이는 통계적으로 있어 보이지 않는다. 결과에서 눈에 띄는 몇 가지만 살펴보면, 보스턴 레드삭스와 뉴욕 양키스의 차이가 −1.86 수준인 반면 시카고 컵스와 LA 다저스의 차이는 2.71 수준이다. 여기서 차이에 대한 계수 앞의 부호는 매우 중요하다. 레드삭스와 양키스 비교에서 나타난 마이너스는 양키스의 인기도가 레드삭스보다 높음을 뜻하고, 컵스와 다저스의 비교에서 플러스는 컵스의 인기도가 다저스보다는 높음을 뜻한다. TukeyHSD()의 통계 결과 유의성을 바탕으로 팀의 인기도를 유추해볼 수 있다. 마지막으로, 구글 트렌드는 매달 업데이트되기 때문에 여러분의 분석결과와 약간 다를 수 있다.

데이터를 분리해 필요한 부분만 취하다: 스트링 변수

야구 데이터베이스는 공격, 수비, 투수 테이블로 구성되며, 공격 테이블에는 선수들의 타율, 출루율, 장타율, 홈런 등 임의 변수들로 가득 차 있다. 타율 변수는 선수들의 개별 타율이 소수점 이하 세 자리까지 기록된다. 만약 2할대의 선수만 모아서 분석한다면 타율 변수 소수점 첫 번째 자리에 2가 있는 선수들의 기록만 수집해야 할 것이며, 그림 5.26에서처럼 소수점 첫 번째 자리 숫자만 따로 분리해서 추가 변수 class를 만들고 해당 변수에서 2를 갖는 관측값들만 선별적으로 추출한다면, 타율 2할대를 기록한 선수들의 공격 테이블이 준비된다.

player	AVG	HR	class
A	0.315	20	3
B	0.257	6	2
C	0.266	14	2
D	0.198	6	1
E	0.227	7	2
F	0.305	15	3

player	AVG	HR	class
B	0.257	6	2
C	0.266	14	2
E	0.227	7	2

그림 5.26 타율(AVG) 소수점 첫 번째 원소로 만든 변수의 활용

데이터를 분석하기 좋도록 가공하려면 데이터 단위보다 하위 구성요소인 데이터 원소를 분리하거나 필요에 따라서는 결합하는 방법을 이해해야 한다. 그림 5.27에서 보여주듯이 하나의 데이터가 기호로 연결되어 있는 스트링 변수는, 예를 들어 타율 0.235는 소수점이 데

이터 안에 존재하고 있기 때문에 필요에 따라서는 소수점을 중심으로 0과 235를 나눌 수 있다. 물론 235도 2, 3, 5로 나눌 수 있으며, 최소 단위인 데이터 원소가 된다.

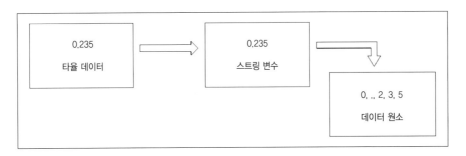

그림 5.27 스트링 변수와 구성 원소

여기서는 데이터 원소 활용법을 먼저 소개한 다음, 스트링 변수 활용법을 살펴보겠다. 그림 5.26의 왼쪽 테이블을 data.frame() 명령어를 통해 생성했다. 이 명령어는 각 변수의 특성을 인식한다는 장점이 있기 때문에, 직접 테이블을 R에서 만드는 경우라면 2장에서 설명한 matrix() 및 cbind() 명령어와 함께 알아두면 좋다.

```
player<-c("A","B","C","D","E","F")
AVG<-c(0.315,0.257,0.266,0.198,0.227,0.305)
HR<-c(20,6,14,6,7,15)
a<-data.frame(player,AVG,HR)
str(a)
'data.frame': 6 obs. of  3 variables:
 $ player: Factor w/ 6 levels "A","B","C","D",..: 1 2 3 4 5 6
 $ AVG   : num  0.315 0.257 0.266 0.198 0.227 0.305
 $ HR    : num  20 6 14 6 7 15
```

테이블의 구성을 보여주는 str() 명령어로 확인한 결과 player 변수는 요인 변수로, 타율과 홈런은 수치 변수로 변수 속성들이 정확히 인식되어 있다. 이제는 0-점-할-푼-리 원소로 구성된 AVG 변수의 세 번째 원소인 '할'을 분리해 새로운 변수 class로 만든다.

```
a$class<-substr(a$AVG,3,3)
View(a)
```

　테이블 a 타율^{AVG} 변수에 있는 데이터의 3번째 원소부터 3번째 원소까지 떼어내서 새로 만든 class 변수에 저장하는 명령어인 substr()을 사용했으며, 만들어진 테이블 a는 그림 5.28과 같다.

	player	AVG	HR	class
1	A	0.315	20	3
2	B	0.257	6	2
3	C	0.266	14	2
4	D	0.198	6	1
5	E	0.227	7	2
6	F	0.305	15	3

그림 5.28 타율(AVG) 세 번째 원소만 추출해서 만든 class 변수

　새롭게 만든 class 변수는 각 선수들의 '할' 정보를 제공하며, 2할에 해당하는 선수들의 데이터만 subset() 명령어를 이용해 추출하고, 추가적으로 선수의 이름과 타율의 '할' 정보를 합친 변수를 paste() 명령어로 생성했다(그림 5.29 참조). 결국 substr()이 하나의 데이터를 분리하고 paste()가 2개의 데이터를 합친다는 차원에서 반대의 기능을 하는 명령어들이다.

	player	AVG	HR	class	playerclass
2	B	0.257	6	2	B 2
3	C	0.266	14	2	C 2
5	E	0.227	7	2	E 2

그림 5.29 타율 2할대를 보유한 선수들의 이름과 '할' 정보를 합친 playerclass 변수

```
b<-subset(a,class==2)
b$playerclass<-paste(b$player,b$class)
View(b)
```

이번에는 스트링 변수의 스트링을 기준으로 나누는 방법을 소개한다. 야구에서뿐만 아니라 날짜, 주소, 전화번호 등 데이터 안에 기호가 들어가 있는 어떠한 데이터라도 목적에 맞게 분리하고 재결합해 분석을 수행할 수 있게 하는 기능이기 때문에 반드시 알아둘 필요가 있다. 라만 데이터 Teams 테이블에 있는 팀방어율^{ERA} 변수를 소수점을 중심으로 원소들을 나누는 작업을 한다. format() 명령어에서 digits=3은 소수점 네 번째 자리를 반올림해서 세 번째 자리까지 보여주는 옵션으로, 방어율은 소수점 두 자리까지 제공되므로 소수점 두 자리까지만 나타난다. 이번에 format() 명령어가 없다면 4.00 같은 방어율은 소수점 이하 .00 부분이 지워져서 정수 부분과 소수점 이하 부분이 뒤섞이게 된다. 소수점으로 원소들을 나눌 때는 반드시 소수점 앞에 2개의 백슬래시(\\)가 필요하다. 소수점으로 나누어진 데이터들은 2개의 열을 이용해 순서대로 나열하면 소수점 앞부분과 뒷부분으로 구성된 c 테이블이 생성된다.

```
library(Lahman)
a<-subset(Teams,yearID>1990)
a$ERA<-format(a$ERA,digits=3)
b<-strsplit(as.character(a$ERA),"\\.")
c<-data.frame(matrix(unlist(b),ncol=2,byrow=TRUE))
```

마지막으로, 앞에서 배웠던 substr() 명령어를 이용해 변수 team_name에 속해 있는 메이저리그 3개 팀의 이름에서 7번째에 있는 원소부터 9번째에 있는 원소까지를 새로운 변수 b에 저장하는 방법이다. 아래에서 보는 것과 같이 스페이스바를 통해 띄어쓰기가 되어 있는 부분도 카운팅됐음을 알 수 있다.

```
Team_name<-c("Atlanta Braves","Baltimore Orioles","Boston Red Sox")
b<-substr(team_name,7,9)
```

```
b
[1] "a B" "ore" " Re"
```

원소를 앞에서부터 카운트하기가 힘들다면, a 변수에 있는 데이터를 두 번째 원소부터 개별 데이터 맨 마지막에서 거꾸로 카운팅해서 필요한 문자만 선택하는 방법도 있다.

```
b<-substr(a,2,nchar(a)-3)
b
[1] "tlanta Bra"     "altimore Orio" "oston Red "
```

반대로 2개의 데이터를 하나로 묶는 paste()도 연습해보자. merge()나 cbind()와 혼동해서는 안 된다. merge와 cbind의 경우 2개 이상의 다른 변수들을 하나의 테이블로 합치는 명령어라서 각기 다른 변수로 남아 있는 반면, paste()의 경우 2개의 다른 변수를 완전한 하나의 변수로 만드는 명령어다. 이 과정에서 2개의 변수를 띄어서 결합할 수도 있고, 필요에 따라서는 띄지 않고 sep="" 옵션을 사용해 붙여서 결합할 수도 있다.

```
a<-c("Atlanta","Baltimore","Boston")
b<-c("Braves","Orioles","Red Sox")
c<-paste(a,b)
c
[1] "Atlanta Braves" "Baltimore Orioles" "Boston Red Sox"

c<-paste(a,b,sep="")
c
[1] "AtlantaBraves" "BaltimoreOrioles" "BostonRed Sox"
```

앞에서 substr()과 paste() 명령어를 통해 스트링을 나누고 붙여서 목적에 맞는 데이터를 추출해내는 연습을 했다. 이 외에도 흔히 사용되는 스트링 변수 관리로 gsub()를 사용하는 대체^{substitute} 방법이 있다. 가령 다음과 같이 −로 연결된 6명의 선수 이름과 그들의 타율 데이터가 a에 저장되어 있다.

```
player<-c("ZaB-A","XaB-B","SaB-C","TaB-D","UaB-E","KaB-F")
AVG<-c(0.315,0.257,0.266,0.198,0.227,0.305)
a<-data.frame(player,AVG)
```

변수 player에 있는 선수들의 이름을 기호 −를 중심으로 gsub() 명령어를 통해 자유자재로 바꿀 수 있으며, 명령어 안에서 중요한 역할을 하는 기호인 쌍으로 된 백슬래시^{backslash}의 기능을 이해하면 스트링 변수의 다양한 활용법을 생각해낼 수 있다.

```
-만 제거
gsub("-","",a$player)
[1] "ZaBA" "XaBB" "SaBC" "TaBD" "UaBE" "KaBF"
-만 제거(위의 코드와 동일 결과)
gsub("*\\-","",a$player)
[1] "ZaBA" "XaBB" "SaBC" "TaBD" "UaBE" "KaBF"
-와 바로 앞 기호 제거
gsub(".\\-","",a$player)
[1] "ZaA" "XaB" "SaC" "TaD" "UaE" "KaF"
-와 앞 2개 기호 제거
gsub("..\\-","",a$player)
[1] "ZA" "XB" "SC" "TD" "UE" "KF"
-와 앞 3개 기호 제거
gsub("...\\-","",a$player)
[1] "A" "B" "C" "D" "E" "F"
-와 앞 모든 기호 제거
gsub(".*\\-","",a$player)
[1] "A" "B" "C" "D" "E" "F"
```

비모수 시대의 그룹 간 비교

2020년이 눈앞으로 다가온 현재, 4차 산업혁명 시대를 잘 대변하고 있는 몇몇 키워드가 있다. 대표적으로 빅데이터, 딥러닝, 자율주행자동차, 인공지능, 로보틱스, 사물인터넷^{IoT} 등이다. 이들은 공통적으로 온라인 데이터와 오프라인 사물이 결합되면서 독특한 방식으로 새로운 가치를 만들어낸다. 과거의 데이터가 정형적인 숫자와 문자로 구성된 데이터였다면, 이제는 사람의 감각기관이 만들어내는 방식과 동일한 방식으로 다양한 센서를 통해 시각, 청각, 후각적 비정형 데이터들이 기하급수적으로 생성되고 이를 통해 스스로 학습하고 진화한다. 특히 시각 데이터는 기계 스스로 대상을 구분하는 데 결정적인 역할을 한다. 가령 대상이 개^{dog}인지 고양이^{cat}인지 기존 인터넷에 쌓여 있거나 직접 시각센서로 확인한 시각 데이터를 학습해서 확률에 따라 그룹을 구분한다. 다름을 구분할 수 있을 때 새로운 학습이 이뤄지기 때문에, 개와 고양이를 판별해내는 데 오류를 최소화할 수 있는 기준을 사람은 보지 못하지만, 컴퓨터는 방대한 저장용량과 처리속도로 인터넷과 시각센서를 통해 모은 시각 데이터를 픽셀별로 나누고 재조합한 결과를 분석 알고리즘과 연계해 개인지 고양이인지, 아니면 제3의 네 발 짐승인지 구분한다. 시각 데이터의 활용은 자동차가 스스로 주행하는 필수 기술인 사물인지 인공지능 시대가 도래했음을 알려준다.

차이를 주목하는 기법들이 주목받은 것은 최근의 일이 아니다. 신용카드사에서는 향후 신용불량자 그룹에 속할 가능성이 높은 카드 사용자를 예측함으로써 부실률을 줄여왔고, 병원에서는 특정 질병에 걸릴 가능성이 높은 환자들을 예측함으로써 예방조치에 만전을 기하고 있다. 과거에 특정 그룹을 예측하는 방식은 비자율 지도학습$^{supervised\ learning}$에 기반을 두었다. 구분해야 할 그룹을 정의하고, 이론적으로 그룹을 구분할 수 있는 요인들을 개발하고 데이터를 모아서 카드대금을 제때 갚지 못할 그룹과 만기 시에 정확히 갚을 그룹으로 예측했다. 의사결정을 위해 두 그룹으로 나누어야 했기 때문에 둘 중 하나로 끼워 넣어서 구별해낸 것이다. 이러한 과정에서 두 그룹 중간에 걸쳐 있는 관측대상들은 경계선으로부터 멀리 떨어져 있는 관측점보다 잘못 구분될 위험이 항상 높다.

반면에 최근에 주목받고 있는 구분 방법은 앞에서 소개한 신용우량자와 불량자로 그룹을 지정해서 특성을 나누기보다는, 데이터가 가진 특성에 기반해서 사회통념과 관계없이 순수하게 데이터에 따라 마음껏 나누는 자율학습$^{unsupervised\ learning}$ 기법이다. 개에 대한 정의와 고양이에 대한 정의를 아무리 자세하게 설명해도 설명으로는 해결이 안 되는 특수한 부분이 많아서, 기계는 길을 걸어가는 네 발 짐승이 개인지 고양인지 헷갈려하고 판단의 오류는 높을 수밖에 없었다. 연역적 접근 대신에 컴퓨터의 거대한 데이터 저장능력과 처리능력에 의존해서 개와 고양이라는 그룹을 지정하지 말고 스스로 엄청난 규모의 고양이와 개로 추정되는 시각 데이터를 모아서 차이점을 결정할 수 있는 요인들을 찾아내라고 하면, 연역적으로 설명은 안 되지만 귀납적으로는 그 미세한 요인들을 찾아내고, 그에 따라 개와 고양이를 구분한다는 점이 자율학습의 요지다.

딥러닝 기반 자율학습이 개들만의 유사성을 어떻게 측정할 것인가? 개들의 군집을 어떻게 묶을 것인가? 얼마나 많은 군집이 있을 것인가? 비단 개가 아니더라도 투자자에게는 테스트해야 할 시장군을 확인하는 것, 정치인들에게는 관점이 비슷한 유권자군을 찾아내는 것이 구분과 비교를 다루는 분석에서 얻어낼 수 있는 결과들이다. 그룹에 포함된 개체 간에는 공통된 유사성이 있을 것이며, 각기 다른 그룹에 포함된 개체 간에는 차이점이 존재하게 된다. 요인분석은 유사성을 각 변수의 상관관계에서 찾고 변수 간 높은 상관관계를 만들어내는 공통요인들을 추출해서, 몇 개의 요인들이 그룹 내의 유사성과 그룹 간의 이질성을 극대화하는지 밝혀냄으로써 길거리에서 네 발로 지나가는 개체를 시각적으로 인식하고 잠재된 공통요인을 찾아 개인지 아니면 고양인지 판별해낸다.

2015년 제임스와 공저자들이 출판한 『An Introduction to Statistical Learning with Applications in R』[8]에서는 자율 및 비자율학습의 좋은 예를 들고 있다. 의사들은 밤에 급히 찾아오는 응급환자의 특징을 살피고 경험치에 따라 뇌졸증으로 마비가 왔는지, 발작에 의한 마비인지, 아니면 약물과다복용으로 인한 마비인지를 판별하고 그에 맞는 응급처방을 한다. 비자율학습법이 적용될 경우, 사람이라면 눈으로 확인할 것이며 기계는 시각센서를 작동시켜서 이미지 데이터를 만들고 결과를 토대로 세 가지 가능한 마비원인 중 오류 가능성이 가장 낮은 한 가지 대안을 선택하는 것이 일반적이다. 결국 비자율학습을 사용할 때 세 가지 원인 말고는 다른 원인일 가능성은 없다는 가정이 필요하고 기존의 경험치에 따라 확신을 가질 때 비자율학습이 빛을 보게 된다. 반면에 자율학습은 기존의 틀에 끼워 맞추는 오류를 줄인다. 기계는 새롭게 발견되는 원인을 규정하지는 못하지만 존재하고 있는 가능성을 알려주

---

8   James, G., Witten, D., Hastie, T., & Tibshirani, R. 2015. *An Introduction to Statistical Learning with Applications in R*. Springer New York Heidelberg Dordrecht London.

므로 학습범위의 폭을 넓혀가는 데 공헌한다. 비자율학습의 특징처럼 이론대로 나누는 비자율학습법은 모집단에 대한 가정을 따르는 모수^{parametric} 기반 알고리즘이라면, 기계가 자율적으로 패턴을 찾아내고 구분을 짓는 것은 비모수$^{non-parametric}$ 기반 알고리즘이다. 데이터가 충분한 빅데이터 시대는 현실을 반영하지 못할 수도 있는 가정을 부정하고 데이터에 의존해 그룹을 구분하는 비모수 기반 경계선을 찾는 방법이 더욱 세련돼졌다.

긍정오류와 부정오류

구분의 경계선을 결정하는 것이 어려운 이유는 경계선 부근에서 잘못 구분될 수 있는 오류가 쉽게 발생하기 때문이다. 통계분석을 배우면서 가장 헷갈리는 부분인 긍정오류와 부정오류를 이해해놓지 않으면, 분석을 공부하는 동안 두고두고 괴로울 것이다. 영어를 모국어로 사용하는 사람들에게 긍정오류$^{false\ positive\ error}$는 일상생활에서 종종 사용되는 생활용어이며, 특히 통계결과를 비꼴 때 많이 사용한다. 누군가가 통계결과로 뭔가 있다는 듯이 떠벌리고 다닐 때, 긍정오류라고 맞받아치면 머쓱해지기 마련이다. 학창시절에는 일종오류/이종오류로 외워서 익숙해져야 했던 탓에 돌아서면 금방 잊어버리는 내용이다. 아마도 긍정오류/부정오류라고 배운다면 더 쉽게 이해할지 모르겠다. 야구에서도 긍정오류와 부정오류 관련으로 논란이 많다.

　스트라이크 존은 홈플레이트 위에 위치하고 있는 공간으로, 타자의 어깨와 유니폼 하의 끝부분의 중간 지점을 상단으로 하고, 타자의 무릎선을 스트라이크 존의 하단으로 정하고 있으나, 시대별, 심판별, 타석에 들어선 선수의 체격에 따라 스트라이크 존이 약간씩 넓혀지기도 하고 좁혀지기도 해서, 애매한 기준에 따른 스트라이크 볼 판정에 많은 논란이 있다. 심판이 실제로 볼을 볼이라고 선언하고 스트라이크를 스트라이크라고 판단하는 것을 진실^{truth}이라고 본다면, 스트라이크가 아닌데도 스트라이크라고 판단하거나 반대로 볼이 아닌데 볼이라고 선언하는 오류가 상당히 존재해왔다. 판단이 100% 정확히 맞으면 좋겠지만, 법과학이든 사회과학이든 심지어 자연과학조차 오류가 발생하는데 볼을 포수 뒤에서 보고 측정하는 심판이 오류로부터 자유로울 수는 없다. 그 오류는 심판이 적용하고 있는 스트라이크 존이 야구협회에서 규정한 존과 차이 나는 측정도구의 오류일 수도 있고, 적용하고 있는 스트라이크 존은 정확하지만 공의 위치를 정확히 보지 못해서 발생하는 측정자의 오류일 수도 있다.

과거에 비해 과학과 야구 측정장치의 발전으로 사실상 고정되어 있지 않았던 스트라이크 존에 대한 오류 허용치는 대폭 줄어들었으며, 궁극적으로 스트라이크가 아님에도 불구하고 스트라이크라 선언되어 억울하게 아웃 카운트를 먹는 경우가 없도록 야구과학은 다양한 센서를 통해 개선되고 있어서, 스트라이크가 아닌데 심판이 스트라이크라고 잘못 판단할 긍정오류$^{type\ I\ error}$(없는데 있다고 하는 오류)는 줄어갈 것이다. 여기서 긍정은 긍정적인 결과를 의미하는 게 아니라, 뭔가 있다고 대안가설을 제시하는 형태를 양성 또는 긍정^{positive}으로 해석한다. 반면에 스트라이크임에도 불구하고 심판은 스트라이크가 아니라고 잘못 판단할 수 있는 오류가 음성 또는 부정오류$^{type\ II\ error}$(있는데 없다고 하는 오류)가 된다. 부정적인 결과를 의미하는 것이 아니라 실제는 새로운 대안가설을 제시했어야 함에도 불구하고 제시하지 못한 형태를 음성^{negative}으로 해석하면 된다.

그럼 야구심판은 스트라이크에 대해 긍정오류와 부정오류 중 어떤 오류를 더욱 쉽게 저지르는가? 심판의 긍정오류와 부정오류 편향에 대한 공통된 목소리는 없지만, 2014년 Management Science에서 출판된 연구논문[9]은 그레그 매덕스$^{Greg\ Maddux}$처럼 수상경험이 많고 올스타에 종종 뽑히는 뛰어난 투수가 던지는 볼에 대해 스트라이크로 잡아주는 경향이 일반적인 선수에 비해 통계적으로 높음을 밝혔다. 이러한 편향은 측정자가 실수로 잘못 관측했을 가능성보다는 대형 선수에게 좀 더 관대함을 적용하고 있는 심판의 인지적 오류를 지적하는 내용이다. 물론 심판이 일부러 그렇게 한다고 해석하기에는 지나친 점이 있다. 인간의 인지적 한계가 때로는 참과 거짓의 경계에 걸치는 현상에 대해 독립적으로 결정한다기보다는 주변 상황에 영향을 받을 수밖에 없으며, 그 주변인이 모든 야구팬으로부터 인정받고 있는 슈퍼스타급의 타자라면 경계선에 걸쳐오는 스트라이크를 슈퍼스타가 알아서 판단하고 배트를 휘둘지 않았을 것이라 신뢰하기 때문에, 볼로 판단할 가능성이 높아진다.

9   Jerry W. Kim, Brayden G King (2014) Seeing Stars: Matthew Effects and Status Bias in Major League Baseball Umpiring. Management Science 60(11): 2619–2644.

긍정오류, 부정오류, 그리고 판별분석

2017 시즌은 마이너리그까지 좋아할 수밖에 없는 상황이었다. 박병호 선수는 미네소타 트윈스의 트리플 A 팀인 로체스터 레드윙스에서, 황재균 선수는 샌프란시스코 자이언츠의 트리플 A 팀인 새크라멘토 리버캣츠에서 선수생활을 하고 있기 때문이다. 갑자기 호기심이 발동했다. 시범경기에서 좋은 성적으로 마무리했던 두 타자들을, 팀은 왜 40인 로스터^{roster}에서 배제했을까? 물론 같은 포지션에 더 잘하고 있는 경쟁선수들도 있었을 것이고, 몸값이 비싼 선수가 있어서 우선적으로 기용해야 할 이유도 있었을 것이다. 팀마다 사정이 다르며, 심지어는 감독과 구단주의 관점에 따라서도 달라지기 때문에 객관적인 기준이 있어서 '칼로 무 자르듯이' 나는 메이저리그 그리고 너는 마이너리그 식으로 나누기는 어렵다. 특히 마이너로 강등시키기는 아깝고 대신에 메이저라고 하기에는 조금 모자란 선수의 경우는 구단에게 고민거리가 아닐 수 없을 것이다.

 박병호 선수와 황재균 선수가 던져주는 고민 때문에, 메이저리그에 소속되는 선수와 마이너리그에 소속되는 선수 그룹이 어떻게 다른지, 무엇이 다르게 만드는지 구별하는 원인을 찾는 판별분석에 관심을 갖게 됐다. 판별분석의 핵심은 두 그룹을 정확히 갈라놓을 수 있는 판별요인을 확인하는 것이며, 확인된 판별요인을 통해 선수들이 그 부분을 집중적으로 개선하면 소속그룹의 이동 가능성을 높일 수 있다. 핵심은 판별요인을 확인하는 방법인데, 특정 요인을 이용해 마이너리그 수준의 능력 소유자를 마이너리거라고 예측하고 실제로 마이너리그에서 활동하고 있거나, 메이저리그 수준의 능력 소유자를 메이저리거라고 예측하고 실제로 메이저리그에서 활동하고 있는 것이 확인되면, 판단의 오류를 덜 발생시키는 훌륭한 판별요인이 된다. 하지만 인간으로 구성되어 있는 세상에서 관점도 다르고 경험치도 달라서 100% 정확하게 판별해주는 요인은 존재하지 않기 때문에 예측모델들은 항상 오류^{error}에 노출된다.

 메이저리거로 활동하지 않는데도 불구하고 메이저리그 소속이라고 잘못 예측할 긍정오류^{false positive error}와, 메이저리그에서 실제 활동하고 있는데 메이저리그 소속이 아니라고 잘못 예측할 부정오류^{false negative error}가 존재한다. 긍정오류든 부정오류든 오류가 높을수록 분석에 사용된 요인과 모델은 배제할 필요가 있다. 판별을 위해 일반적으로 많이 사용되는 세 가지 모델에 주목한다. 첫 번째는 선형판별, 두 번째는 비선형 2차함수판별, 그리고 마지막으로 요즘 인공지능으로 주목받고 있는 KNN[K-nearest neighbors] 알고리즘이다. 첫 번째와 두 번째 모델은 모수 판별분석이라서 현실에 대한 가정이 필요하다. 판별되는 경계선이 현실적으로 직선에 가깝다고 가정될 경우 그림 5.30에 있는 3개의 산포도 중에서 왼쪽에 있는 선형판별선을 선택하고, 두 그룹의 경계선이 포물선이나 곡선에 가깝다고 가정되면 가운데에 있는 2차항 비선형판별선을 선택한다. 분석자가 현실을 이해하고 정한 모델이기 때문에, 어떤 데이터가 투입되더라도 R이 스스로 적합한 모델을 바꾸거나 찾아주는 일은 없다.

그림 5.30의 오른쪽에 위치한 KNN 알고리즘은 현실에 대한 가정이 필요하지 않은 비모수분석이기 때문에 주어진 데이터를 통해 그려지는 경계선은 가장 가까운 K개 점들의 거리를 고려해서 그려내는 방식이다. 따라서 데이터에 따라 자유롭게 바뀌는 판별선이 만들어진다. 주변에 따라 경계선이 조정되는 알고리즘을 사용하기 때문에 경계선을 그을 때 의존하는 주변점들이 많으면 많을수록 1차 선형모델이나 2차 포물선 형태의 모델에 가까워져서 모델을 일반화할 수 있는 적용능력은 뛰어나지만, 경계선상에 놓여 있는 ×와 ○의 관측값을 정확히 구분하지 못할 오류 가능성이 높아진다는 문제가 있다. 반면에, 의존하는 주변점들이 적을 때는 그림 5.30의 오른쪽에 있는 KNN 모델에서 알 수 있듯이, 경계선 주변에 놓여 있는 점들에 따라 판별선도 크게 변해서 현재 주어진 데이터에 대해서는 정확히 구분한다는 장점이 있지만, 다른 데이터에 적용돼서 판별할 수 있는 일반화 능력은 제한되기 때문

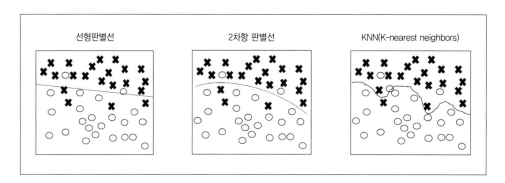

그림 5.30 판별선의 종류

에 적용범위가 협소해진다는 문제점이 있다. 이 문제점을 머신러닝에서는 오버피팅overfitting 이라고 부른다.

KNN 알고리즘을 통해 과거의 데이터로 예측모델을 훈련시켜서 선수의 소속이 메이저리그인지 또는 마이너리그인지를 예측한다면, 지도학습 기반 머신러닝이 된다. 그림 5.31과 같이 학습은 3단계로 나뉜다. 판별훈련은 빅데이터처럼 큰 규모의 데이터를 이용해 그룹 간의 구분을 최대화할 수 있는 요인들과 그들의 계수를 찾아내는 과정이다. 계수coefficient라는 말이 어렵게 느껴진다면, 가중치 정도로 생각하면 된다. 판별훈련에서 찾아낸 모델을 훈련에 사용된 데이터보다 시간상 후속시점에 생성된 데이터를 가지고 판별정확성을 검증하는 방식과, 같은 시점에 발생된 데이터 중에서 임의로 훈련용과 검증용을 나누어서 80% 정도의 데이터를 훈련용으로 사용하고 나머지를 판별정확성 검증에 활용하는 방식이 일반적이다. 이 단계에서는 어떤 변수와 함수를 갖는 판별모델이 좀 더 적합한지 비교가 가능하며, 각각의 판별정확도를 확인할 수 있다. 판별정확도가 확인된 모델을 실제로 예측하고자 하는 집단에 적용해서 메이저리그 또는 마이너리그 소속인지, 아니면 내셔널리그 또는 아메리칸리그 소속인지를 새로운 데이터를 이용해 예측한다.

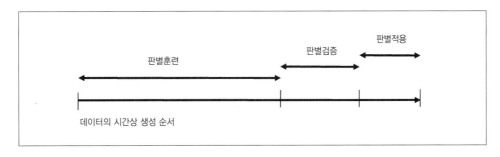

그림 5.31 비모수 판별분석모델 개발과정

내셔널리그, 아메리칸리그, 그리고 판별분석

라만 데이터에서 제공하는 메이저리그 데이터를 활용해 타자들이 내셔널리그 소속인지 아니면 아메리칸리그 소속인지를 구분하는 판별모델을 만들고, 정확도를 테스트하는 방법을 소개한다. 판별모델을 만들기 위해서는 어떤 판별요인을 사용할 것인가를 결정해야 한다. 타자들의 공격력을 대표하는 타율^{AVG}이나 장타율^{SLG}을 고려해볼 수도 있지만, 두 리그를 구분할 만큼 차이가 난다면 지난 메이저리그 140여 년 역사를 거치면서 이미 한쪽 리그가 다른 리그에 귀속되는 결과가 나타났을 것이다. 대신에 리그 간의 가장 큰 차이인 아메리칸리그의 지명타자제도와 내셔널리그 투수의 타자겸직 허용제도를 고려하면 좀 특별한 판별모델을 만들 수 있지 않을까라는 생각을 하게 된다.

아메리칸리그에는 지명타자제도가 있어 타석에 들어설 필요가 없는 아메리칸리그의 투수들은 타자 몸 쪽 가까운 곳으로 볼을 던져넣는 위협구를 던지는 데 있어 내셔널리그 투수보다 심리적으로 부담이 덜하다고 알려져 있다고 앞서 소개했다.[10] 이러한 심리적 상태로 던지다 보면 아메리칸리그팀의 타자들이 몸에 맞는 볼의 빈도가 내셔널리그팀의 타자들에 비해 높을 개연성이 있다. 시스템 차이가 만들 수 있는 또 다른 특징은 아메리칸리그팀의 감독 입장에서 수비는 약하지만 파워가 있어 장타를 날릴 수 있는 선수를 지명타자로 세워서 중심타선을 보강하기 때문에, 장타율 비율이 투수가 타석에 서는 내셔널리그팀보다 평균적으로 높을 수 있다는 점이다. 장타율을 대변하는 타석 대비 2루타와 몸에 맞는 볼을 동시에 고려해서 판별모델을 적용한다면, 타자들의 소속 리그를 좀 더 정확하게 구분할 수 있을 것이다. 1999년부터 2011년까지 13년 동안 메이저리그에서 시즌별 250타석을 초과한 타자들의 데이터를 사용했으며, 아메리칸리그팀을 1로, 내셔널리그팀을 0으로 지정해 분석에 필요한 테이블을 준비했다.

```
library(Lahman)
b<-subset(Batting, yearID>1998&yearID<2012&AB>250)
b$X2Br<-b$X2B/b$AB
b<-subset(b,lgID=="AL"|lgID=="NL")
b$lgID<-ifelse(b$lgID=="AL",1,0)
b<-data.frame(b$yearID,b$X2Br,b$HBP,b$lgID)
```

10 Stadler, M. 2007. The Psychology of Baseball: Inside the Mental Game of the Major League Player. Gotham Books.

```
colnames(b)<-c("yearID","X2Br","HBP","lgID")
b<-na.omit(b)
```

예측모델을 만들기 위해 세 가지 알고리즘을 적용한다. 선형판별 알고리즘, 2차항 비선형 알고리즘, 그리고 빅데이터로 주목받는 KNN^{K-nearest neighbors} 알고리즘이다. 판별모델을 만들기 위해 훈련 단계에 필요한 데이터와 검증 단계에서 필요한 데이터로 나눈다. 첫 번째와 두 번째 모델은 모수 판별분석이기 때문에 적용에 대한 가정이 필요하다. 판별되는 경계선이 현실적으로 선형에 가깝다고 가정될 경우 선형판별선을, 포물선처럼 곡선에 가깝다고 가정되면 2차항 판별선을 택한다. KNN 알고리즘은 비모수분석이기 때문에 가정이 필요 없다. KNN의 경계선은 가장 가까운 K개 점들의 거리를 고려해서 그려내는 방식이므로 주변에 따라 경계선이 조정되고, 데이터가 많을수록 현실에 가까운 경계선이 그려진다. 2011년을 제외한 1999년부터 2010년까지 11년간의 데이터는 판별훈련을 목적으로 사용되며, 2011년 데이터는 모델의 신뢰성 검정을 위해 분리했다. 테이블 b에서 두 번째와 세 번째에 위치하고 있는 변수인, 타석 대비 2루타와 몸에 맞는 볼을 각각 train 데이터와 test 데이터에서 추출했으며, 리그 소속을 구분해주는 lgID 이분 변수를 train과 test로 따로 분리했다.

```
train<-subset(b,!(yearID==2011))
test<-subset(b,yearID==2011)
var_train=train[c(2,3)]
var_test=test[c(2,3)]
lg.train=train$lgID
lg.test=test$lgID
```

데이터가 준비됐으면, 선형과 비선형판별분석 알고리즘을 작동시키기 위해 새로운 패키지 MASS를 설치하고 라이브러리로 불러들인다. 선형모델을 개발하는 데는 명령어 lda()가, 비선형모델은 qda()가 사용된다. KNN 판별모델 훈련 및 검증을 위해 패키지 class를 설치했다. table()은 판별분석으로 예측된 리그 구분이 실제 리그 구분 기준으로 얼마나 정확히 판별됐는지 다음과 같이 테이블을 그려서 생각하면 이해가 쉽다. 검증 단계에서 전체 관측량 대비 정확하게 예측된 관측값이 높거나 부정오류와 긍정오류 관측값이 적다면 판별정확성accuracy은 높다(그림 5.32 참조).

$$판별정확성 = \frac{정확한\ 예측값}{긍정오류 + 부정오류}$$

선형과 비선형판별모델은 모수분석으로 최적의 모델을 만들기 위해 거쳐야 하는 훈련과정이 없다. 대신에 2011년 데이터에 2루타 비율과 몸에 맞는 볼을 적용해서 리그 간의 차이를 극대화할 수 있는 1차 및 2차 판별모델로 선수의 소속을 예측한다. 마지막으로 2011년 데이터를 통해서 만든 판별모델의 정확성을 검증하기 위해, 예측된 소속 리그와 실제 소속 리그의 일치 정도를 확인하면 된다.

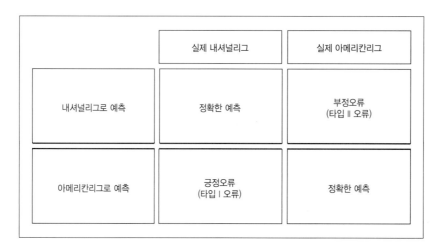

그림 5.32 아메리칸리그가 1로, 내셔널리그가 0으로 코딩된 상태에서 예측결과 구분

- 선형판별모델 생성 및 검증 코딩

```
library(MASS)
ldafit<-lda(lgID~X2Br+HBP,data=test)
ldapred<-predict(ldafit)
a<-table(ldapred$class,test$lgID)
a
(a[1,1]+a[2,2])/(a[1,1]+a[2,1]+a[1,2]+a[2,2])
```

- 비선형 2차함수판별모델quadratic discriminant analysis 생성 및 검증 코딩

```
qdafit<-qda(lgID~X2Br+HBP, data=test)
qdapred<-predict(qdafit)
b<-table(qdapred$class,test$lgID)
b
(b[1,1]+b[2,2])/(b[1,1]+b[2,1]+b[1,2]+b[2,2])
```

knn() 명령어 괄호 안에는 훈련용 예측 변수(var_train), 검증용 예측 변수(var_test), 훈련에 사용될 종속 변수(lg.train), 그리고 선수의 소속 리그를 예측하기 위해 선수의 관측점 주위에 있는 3개의 점(k=3)들을 이용해 리그 구분을 한다. knn() 명령어를 실행해 얻게 되는 knnpred는 2011년을 제외한 나머지 연도의 2루타 비율과 몸에 맞는 볼을 이용해 비모수분석모델을 만들어서, 2011년 데이터를 투입해 선수들의 리그 소속을 예측한다. 실제로 일치여부를 확인하도록, 2011년의 실제 소속 구분인 lg.test와 비교해서 그림 5.35에 기반한 표 5.2를 만들고 정확도를 계산했다. 판별모델의 예측능력이 높다면 정확히 예측한 케이스가 오류를 발생시킨 케이스보다 많을 것이다. 이번 분석에서 아메리칸리그 소속 선수들을 1로 두었기 때문에 아메리칸리그 소속이라고 잘못 판별한 경우는 긍정오류가 되며, 반대로 내셔널리그 소속이라고 잘못 판별한 경우는 부정오류가 된다.

- KNN 판별모델 개발 및 검증 코딩

```
library(class)
knnpred<-knn(var_train,var_test,lg.train,k=3)
c<-table(knnpred,lg.test)
c
(c[1,1]+c[2,2])/(c[1,1]+c[2,1]+c[1,2]+c[2,2])
```

표 5.2 판별모델별 정확성 계산

	선형판별모델		비선형판별모델		KNN	
	실제 NL	실제 AL	실제 NL	실제 AL	실제 NL	실제 AL
내셔널리그(NL)로 예측	**104**	90	**102**	89	**78**	60
아메리칸리그(AL)로 예측	31	**43**	33	**44**	57	**73**
정확도	54.85%		54.48%		56.34%	

표 5.2의 판별모델 예측정확성에서 비선형판별모델보다 나머지 모델들이 높게 나왔다. 선형판별분석의 경우는 내셔널리그 소속 예측의 정확성이 높았던 반면, KNN은 상대적으로 아메리칸리그와 내셔널리그가 고르게 높은 정확성이 나타났다. 반대로 선형판별분석의 경우 실제는 아메리칸리그 선수인데 아메리칸리그 선수가 아니라고 예측하는 부정오류가 높았던 반면, KNN의 경우는 실제는 아메리칸리그 선수가 아닌데 아메리칸리그 소속 선수라고 예측하는 긍정오류가 상대적으로 높았다. KNN 판별분석은 주위의 점들과 떨어져 있는 정도를 계산해서 해당 점을 판별하기 때문에, 판별할 때 활용할 주위 점들을 하나로 할 것인지 아니면 극단적으로 100개로 할 것인지에 따라 결과는 다를 수 있다. 주위 점들을 많이 활용할수록 선형에 가까운 판별선이 만들어지며 1에 가까울수록 비모수 분석의 유연한 판별이 가능하지만, 다른 데이터에 적용할 수 있는 일반화 능력은 떨어진다. 위의 결과에서 나온 56.43%라면 정확성이 높은 모델은 아니겠지만, 그래도 결과가 의미하는 바는 타자의 2루타 비율과 몸에 맞는 볼이 아메리칸리거와 내셔널리거를 가르는 판별력이 약간은 있음이 추정된다. 해석 시 정확도를 비교할 기준이 0%가 아니라 50%라는 점을 간과해서는 안 된다. 아무런 요인에 의존하지 않고, 두 리그 중 하나를 임의로 선택해서 맞춘다고 해도 50% 확률은 있다. 따라서 56%의 예측력에 큰 의미를 둘 필요는 없지만, 100여 년 이상 유지해온 메이저리그라는 점을 감안할 때, 3개의 모델에서 특정 요인이 리그별로 차이가 있다는 통계적 발견은 흥미로운 일이다.

지구에서 우승할 가능성, 우승하지 못할 가능성: 로지스틱 회귀분석

이번에 소개할 로지스틱 회귀분석$^{logistic\ regression}$은, 예를 들어 지구 우승 가능성이 높은 팀과 우승하지 못할 가능성이 높은 팀을 구분하는 원인과 그 원인의 모수$^{(\theta)}$를 찾는 분석이다. 선형회귀분석이 예측 변수와 연속형 의존 변수의 관계 $f(x)$를 추정하는 반면, 로지스틱 회귀분석은 예측 변수 X의 조건에서 0과 1만을 갖는 이항 의존 변수를 이용해 우승 확률 $p(x)$를 예측하는 분석이다. 목적과 형태가 다른 만큼 회귀분석은 최소좌승추정법을 사용하지만, 로지스틱 회귀분석은 최대우도추정법을 적용한다. 최대우도추정법의 핵심은 보유하고 있는 우승 여부인 의존 변수를 가장 잘 보여주는 예측 변수의 모수를 찾아서 예측모델을 만들고, 예측 변수 조건에 따라 종속 변수 발생 가능성을 예측하는 것이다.

예측을 해야 하는 종속 변수는 1(우승) 또는 0(비우승) 두 가지의 결과만을 갖는 이항 변수라서, 로지스틱 회귀분석에서 특정 예측 변수가 종속 변수의 발생 여부를 확실히 구분할 수 있는 경우 예측능력을 가진 것으로 볼 수 있다. 그 모습은 그림 5.33의 그래프처럼 수직선에 있는 Y 변수가 0에 가까워서 발생할 확률이 없다고 자신 있게 말하거나 1에 가까워 발생한다고 예측할 수 있는 시그모이드^{sigmoid} 확률함수의 특징을 띠는 모델이 적용된다면 최상의 시나리오가 될 것이다.

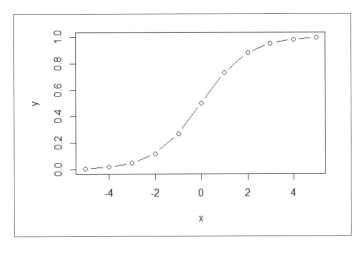

그림 5.33 시그모이드 함수

```
x<--5:5
y<-1/(1+exp(-x))
plot(x,y,lines(x,y, type="b"))
```

시그모이드 확률함수는 예측 변수 x가 평균보다 작을 때는 발생확률이 0%에 가깝다가, 평균에 가까워지면서 발생확률이 급격히 증가하고, 평균을 넘어서면서 발생확률 100%에 가까워지는 모습이다. 만약 Y가 메이저리그 각 지구별 우승 확률이라면 예측 변수 X가 무엇인지 찾아내는 것은 매우 흥미로운 일이다. 시즌이 시작되기 전에 구단주나 감독에게는 월드시리즈라는 최종적인 목표보다는 포스트시즌에 진출해야 한다는 1차 목표를 위해, 지구에서 우승하든가 아니면 최종 두 팀에게 주어지는 와일드카드를 얻어야 한다는 가시적 단기목표를 설정하게 된다. 포스트시즌 진출에 사활을 건 팀들은 전년도 성적을 기준으로 진출을 위해 추가로 쌓아야 하는 승수와 줄여야 하는 패수 때문에 구단관계자와 구단주는 선수보강으로 바쁜 겨울시즌을 보낼 수밖에 없다. 과연 지구 우승을 목표로 선수를 보강한다면, 그들은 어떤 지표에 관심을 가져야 할 것인가? 팀의 홈런을 포함한 장타율도 중요할 것이고, 수비실책을 줄이는 수비력도 중요할 것이며, 자주 출루해서 득점을 올릴 수 있는 기회를 잡아내는 팀 출루율도 무시할 수 없다. 마찬가지로 투수들이 만들어내는 팀방어율이 지구 우승에 결정적인 영향을 미칠 가능성이 높아서 통계적으로 검증하는 것도 큰 의미가 있다.

라만 데이터의 팀테이블을 이용해 최근 2015 그리고 2016 시즌 팀방어율에 따른 지구 우승 가능성을 로지스틱 회귀분석(family=binomial(link="logit"))으로 확인한다. 이번 분석에서 지구 우승 가능성의 의미는 우승하지 못할 가능성에 비해 우승할 가능성의 비율이며, 이를 오즈비odds ratio 또는 교차비라고 한다.

$$\text{오즈비 또는 교차비} = \frac{\text{성공 확률}}{\text{성공하지 못할 확률}}$$

1을 기준으로 오즈비가 1보다 크면 지구에서 우승할 확률이 우승하지 못할 확률보다 높을 것으로 예측되고, 1보다 작으면 우승할 확률이 우승하지 못할 확률보다 낮을 것으로 예측되는 개념이다. 오즈비를 제시하는 로지스틱 회귀분석은 로짓회귀분석logit regression analysis이라고도 하는데, 통계결과에서 예측 변수 계수들을 선형으로 예측하고 해석할 수 있도록 공식 [1]처럼 오즈비에 자연로그가 취해져 있기 때문이다.

[1] 로짓모델: ln(오즈비) = a + bX

```
library(Lahman)
a<-subset(Teams, yearID>2014&yearID<2017
a$d_win<-ifelse(a$DivWin=="Y",1,0)
div<-(glm(d_win~ERA,data=a,family=binomial(link="logit")))
summary(div)

Call:
glm(formula = d_win ~ ERA, family = binomial(link = "logit"),
    data = a)
Deviance Residuals:
    Min      1Q   Median      3Q     Max
-1.4936  -0.5697  -0.4449  -0.1551  2.3607
Coefficients:
            Estimate Std. Error z value Pr(>|z|)
(Intercept)   10.241      3.867   2.648  0.00809 **
ERA           -2.966      1.008  -2.944  0.00324 **
---
Signif. codes:  0 '***' 0.001 '**' 0.01 '*' 0.05 '.' 0.1 ' ' 1
(Dispersion parameter for binomial family taken to be 1)
    Null deviance: 60.048  on 59  degrees of freedom
Residual deviance: 47.823  on 58  degrees of freedom
AIC: 51.823
Number of Fisher Scoring iterations: 5
```

로지스틱 회귀분석은 독립 변수의 변화에 따라서 종속 변수의 발생 가능성을 추정한다. 팀방어율ERA의 유의확률을 보면 팀방어율이 지구 우승 가능성과 상당한 관계가 있어 보인다 ($p = 0.00324$). 참고로 유의확률인 p 값은 최소좌승법에 기반을 두는 일반회귀분석과는 달리 로지스틱 회귀분석은 최대우도추정maximum likelihood estimation 알고리즘을 사용하기 때문에 t 테스트 대신에 왈드 테스트wald test로 구한다. 검증을 통해 확인된 방어율 계수를 이용해, 지구에서 우승하지 못할 가능성에 비해 우승할 가능성을 비교한다.

$$오즈비 = \frac{\hat{P}}{1 - \hat{P}} = \exp^{a + bX}$$

마이너스 계수(-2.966)를 갖는 팀방어율 1단위가 감소하면 지구 우승인 Y 변수의 로그 오즈비는 b만큼 증가하는 것으로 해석할 수 있다. 야구팬이라면 방어율은 낮을수록 팀의 승리에 도움이 되는 지표라고 이미 이해하고 있을 것이며, 1단위를 팀방어율 1.0으로 생각하면 너무 큰 차이여서 의미 있는 해석을 못 할 수 있으므로 1단위를 0.1로 고려한다. 따라서 팀방어율 3.2와 3.1 각각의 오즈비를 구해서 1단위가 갖는 의미를 살펴보기로 한다.

$$두\ 오즈비의\ 비율 = \frac{\ln(오즈비(방어율 = 3.1))}{\ln(오즈비(방어율 = 3.2))}$$

방어율이 3.2일 때 로그가 취해진 오즈비는 0.7498이며, 지수함수 exp()를 통해 로그를 제거한 오즈비는 2.12로 계산된다.

```
a<-10.241-2.966*3.2
a
[1] 0.7498
exp(a)
[1] 2.116577
```

같은 방법으로 방어율이 3.1일 때 로그가 취해진 오즈비는 1.0464이며, exp()를 통해 로그를 제거한 오즈비는 2.85로 확인됐다.

```
b<-10.241-2.966*3.1
b
[1] 1.0464
exp(b)
[1] 2.847382
```

따라서 팀방어율 3.2에서 3.1로 0.1이 하락하면 오즈비도 2.11에서 2.84로 약 34% 증가하는 것으로 아래와 같이 확인된다.

```
exp(b)/exp(a)
[1] 1.345277
```

팀방어율이 3.1에서 3.0으로 하락해도 오즈비는 34%가 증가하는데, 팀방어율과 로그가 취해진 오즈비가 선형관계로 변형됐기 때문에, 1단위 변화는 동일한 오즈비의 변화를 유도한다.

```
c<-10.241-2.966*3.0
c
[1] 1.343
exp(c)
[1] 3.830518
exp(c)/exp(b)
[1] 1.345277
```

오즈비는 팀방어율이 0.1 하락할 때 지구에서 우승하지 못할 확률에 비해 우승할 확률이 34% 더 높아진다고 해석하면 된다. 일단 오즈비를 통해 방어율과 지구 우승의 관계를 추론했다면, 선형회귀분석과 마찬가지로 특정 방어율에서 기대할 수 있는 지구 우승 확률 예측 단계가 남아 있다. 지구 우승 가능성인 $\hat{P}$은, 오즈비 공식을 변환해서 앞에서 소개한 시그모이드 함수로 변환할 수 있으면 예측 변수인 주어진 팀방어율을 함수에 투입해 지구 우승 가능성을 예측할 수 있다.

$$\frac{\hat{P}}{1-\hat{P}} = \exp^{a+bX}\text{의 역수}: \frac{1}{\hat{P}} - 1 = \frac{1}{\exp^{a+bX}}$$

$$\hat{P} = \frac{\exp^{(a+bX)}}{1+\exp^{(a+bX)}} = \frac{1}{1+\exp^{-(a+bX)}}$$

지구 우승 가능성을 구하기 위해서는 도출된 공식에 로짓회귀분석에서 구한 절편과 방어율 계수를 다음과 같이 대입한다.

$$\frac{1}{1 + \exp^{-(10.24 - 2.97X)}}$$

이렇게 대입된 공식은 시그모이드 함수의 형태다. 팀방어율이 3.00이라고 가정한다면,

$$\frac{1}{1 + \exp^{-(10.24 - 2.97 \times 3)}}$$

과 같이 3을 우승할 확률 공식에 대입해 찾아낸 결과는 $\hat{P} = 0.7908$이다. 해석하자면, 팀방어율이 3일 때 지구 우승 가능성은 79%에 이른다.

메이저리그팀의 방어율을 로지스틱 회귀모델로 구한 지구 우승 확률을 보여주는 그림 5.34를 자세히 보면, 기대했던 뚜렷한 우하향 S자 모양의 확률분포가 나타나지 않지만, 팀방어율이 4.0을 넘어서면 지구 우승 확률은 15%도 되지 않을 만큼 급락한다. 반면에, 팀방어율이 3.5 이하 정도로 낮으면 우승 확률은 50% 이상으로 급격히 상승한다. 통계적으로는 유의한 결과가 나왔고 그래프의 좌측 상단과 우측 하단에 집중적으로 분포된 점들로 판단할 때, 팀방어율은 지구 우승을 결정짓는 중요한 변수가 틀림없다.

```
b<-data.frame(success=a$d_win, ERA=a$ERA, fit=predict(div,a))
b$prob<-exp(b$fit)/(1+exp(b$fit))
c<-data.frame(ERA=seq(min(a$ERA),max(a$ERA)))
c$d_win<-predict(div,newdata=c, type="response")
library(ggplot2)
ggplot(b, aes(x=b$ERA,y=b$success))+
        geom_point()+geom_line(aes(x=b$ERA,y=b$prob))
```

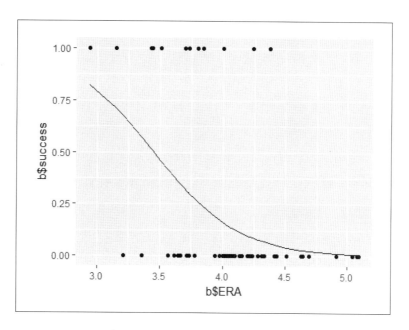

그림 5.34 로지스틱 회귀모델을 이용한 기대확률함수

지구에서 우승할 팀, 우승하지 못할 팀, 그리고 딥러닝

이번에는 4차 산업혁명을 주도하고 있는 인공지능의 핵심인 딥러닝 분석을 통해 두 그룹을 구분해낼 것이다. 딥러닝과 머신러닝을 같다고 생각하는 사람들이 많지만, 정확히 보면 딥러닝은 머신러닝이라는 틀 안에 조그맣게 자리 잡고 있는 하위 분석모델일 뿐이다. 사람이 아니라 기계가 스스로 학습해서 환경에 맞는 결정을 내리는 것을 머신러닝machine learning(기계학습)이라고 하며, 2016년 머신러닝의 한 부분인 강화학습reinforcement learning을 기반으로 인간 바둑 9단을 이겨버린 알파고가 머신러닝의 좋은 예다. 프로그래밍의 자동화 단계를 뛰어넘어 기계가 스스로 배우고 환경에 적응할 수 있게 한다는 차원에서, 머신러닝의 궁극적 활용은 로봇이 시각센서로 이미지를, 청각센서로 소리를, 후각센서로 냄새를 인식함과 동시에, 사람이 판단하고 수행하기 어려운 영역에서 인류에 좀 더 많은 공헌을 하는 것이다.

인공지능 연구자들은 인간처럼 다양한 영역에서 배우고 적용하고 판단하는 강인공지능strong AI은 가까운 시일 내에 개발되기는 힘들 것이라 추측한다. 반면에 알파고처럼 한 분야에서 인간을 뛰어넘고 있는 약인공지능weak AI들은 이미 다양한 분야에서 빠른 속도로 개발되고 있는 중이다. 인조인간을 만들어보겠다는 인간의 의지와 함께 1950년대부터 시작된 인공지능에 대한 연구 역사는 생각보다 길며, 그 기간 동안 인공지능에게 판단 기준으로 사용될 수 있는 머신러닝 알고리즘이 다양하게 개발돼왔다. 중원을 장악할 만큼 탁월한 능력을 가진 알고리즘이 없었던 와중에, 2000년대 초반부터 강력해진 컴퓨터의 저장능력과 연산능력에 적합하게 연계될 수 있는 딥러닝 방식이 토론토대학교 제프리 힌튼Geoffrey Hinton 교수의 연구결과로 재평가를 받아 현재 머신러닝의 핵심 알고리즘으로 적용 중이다. 따라서 딥러닝은 2000년대에 새롭게 만들어진 분석방식은 아니다.

빅데이터를 처리할 수 있는 하드웨어의 저장용량과 연산능력이 부족했던 과거에 일찍 소개됐던 탓에 인공지능 알고리즘으로는 주목을 받지 못했지만, 사회과학 연구에서는 딥러닝과 구조적으로 상당히 비슷한 구조모델분석SEM이 연구자들에게 이론모델을 개발하고 테스트하는 데 큰 역할을 해왔다. 딥러닝과 구조모델분석은 관측 가능한 투입 변수들을 보이지 않는 잠재 변수로 조합하고, 확인된 잠재 변수를 통해 궁극적으로 예측하려는 최종 변수와의 관계를 정립하는 과정에서 투입 변수가 여러 번 재조합되는 다층적multi-layer 구조라는 공통점이 있다. 차이점은 구조모델분석이 이론에 맞게 투입, 잠재, 결과 변수들을 분석가가 배치하고, 각 변수들의 관계 연관성을 보여주는 가중치를 찾아서 전체 모델의 적합성을 평가하는 반면, 딥러닝의 경우는 정해진 잠재 변수도 없고 분석 목적에 따라 최종적으로 예측하려는 그룹도 없이, 데이터만을 이용해 이론으로부터 자유롭게 다양한 잠재 변수를 생성하고 분류하는 특징을 지닌다는 것이다.

최근 수년간 머신러닝과 관련된 프로그램들이 파이썬을 중심으로 개발되어, 산업계에서 분석 도구의 중심이 파이썬으로 기우는 듯했으나, 최근 R에서 활용 가능한 패키지들이 다양하게 출시되면서 머신러닝 개발환경을 둘러싸고 다시 R이 빠르게 따라잡고 있다. 이번에는 R의 딥러닝 대표 패키지인 nnet과 neuralnet을 이용해 메이저리그팀들의 지구 우승 예측모델을 만들고 그 모델을 시각적으로 그린다. 이번에 설명하는 신경망분석neural network analysis은 딥러닝의 대표적인 분석방법이며, 변수들 간에 연결된 신경망 각각에 적용된 가중치를 기반으로, 지구 우승 가능성을 예측한다. 예측모델을 만들기 위해 필요한 neuralnet 패키지의 경우, 셀 수 있는 이산 변수discrete variable보다는 섬세하게 측정할 수 있는 연속 변수continuous variable 형태가 잠재 변수와 연결되는 뉴런(신경망 연결선)의 가중치를 계산해내는 데 용이하다. 따라서 다음과 같이 타율, 타석 대비 3루타, 그리고 실점 대비 득점의 연속 변수들을 추가해 우승을 예측한다.

```
library(Lahman)
Teams$AVG<-Teams$H/Teams$AB
Teams$X3R<-Teams$X3B/Teams$AB
Teams$RR<-Teams$R/Teams$RA
b<-subset(Teams, yearID>1900&yearID<2016)
b<-data.frame(b$yearID,b$DivWin,b$ERA,b$AVG,b$X3R,b$RR)
colnames(b)<-c("yearID","DivWin","ERA","AVG","X3R","RR")
b<-na.omit(b)
```

1995년 이전에 생성된 데이터를 이용해 신경망 모델을 스스로 개발하도록 훈련시키고, 이후에 생성된 20년간의 데이터를 이용해 모델의 정확도를 테스트하도록 train과 test 테이블로 나누었다.

- 예측모델을 만들 데이터

```
train<-subset(b,!(yearID<2016&yearID>1995))
```

- 만들어진 예측모델을 테스트할 데이터

```
test<-subset(b,yearID<2016&yearID>1995)
```

훈련 단계에서 최적의 예측모델을 개발하는 데 필요한 nnet 패키지는 딥러닝 알고리즘을 제공한다. train과 test 테이블에는 공통적으로 해당 시즌 지구에서의 우승 여부를 Y와 N으로 알려주는 DivWin 변수가 있으며, 예측해야 할 종속 변수로 사용한다. 문자로 기록된 변수를 0과 1만으로 이뤄진 가변수로 만들기 위해 class.ind() 명령어를 사용했으며, 가변수로 만들어진 종속 변수에 대해 신경망neural network 알고리즘 기반 모델링 작업을 실행했다. nnet() 명령어의 괄호 안에 포함된 size=3 옵션은 신경망 차트의 중앙에 놓일 잠재 변수들의 개수를 지정한 것이다.

```
library(nnet)
train$ID_a = class.ind(train$DivWin)
test$ID_b = class.ind(test$DivWin)
fitnn = nnet(ID_a~ERA+AVG+X3R+RR, train, size=3, softmax=TRUE)
```

모델링 작업에서 총 23개의 가중치weights가 확인된다. 신경망 차트에서 선으로 표시되는 뉴런neuron 위에 제시된 수치들이 가중치이며, 각 노드node(또는 변수) 간에 연계되어 있는 정도를 의미한다. 결과에 따르면 훈련 단계에서 최적의 모델을 찾기 위해 전체 데이터가 100번 시뮬레이션됐을 때 모델적합도를 나타내는 아카이케AIC, Akaike Information Criterion 지수가 151.34 밑으로 더 이상 줄어들지 않는 것으로 확인됐다. AIC는 단독으로 사용될 수는 없지만, 다수의 모델 중에서 낮은 AIC를 갖는 모델이 오류가 적은 적합모델로 평가된다.

```
# weights:  23
initial   value 854.124966
iter  10 value 175.258308
iter  20 value 158.219728
iter  30 value 157.296952
iter  40 value 156.985838
iter  50 value 156.465462
iter  60 value 156.005513
iter  70 value 155.367111
iter  80 value 154.832130
iter  90 value 154.207084
iter 100 value 151.348087
final   value 151.348087
stopped after 100 iterations
```

찾아낸 적합모델은 다음과 같이 투입 변수는 방어율, 타율, 타석 대비 3루타, 실점 대비 득점 등 총 네 가지이며, 히든 또는 잠재 변수는 총 세 가지, 마지막으로 우승팀과 우승하지 못한 팀으로 구분된 두 가지 결과 변수를 갖는 4-3-2 네트워크 형태가 됐다.

```
fitnn
```

```
a 4-3-2 network with 23 weights
inputs: ERA AVG X3R RR
output(s): ID_a
options were - softmax modelling
```

모델 속의 23개 가중치는 다음과 같다. 잠시 후에 등장할 신경망 차트에서 보여주는 가중 치와 일치하지 않는 이유는 차트를 그리기 위해 추가 시뮬레이션을 실시했기 때문으로, 관 계 가중치가 비슷하지만 동일하지는 않다.

```
summary(fitnn)
```

```
a 4-3-2 network with 23 weights
options were - softmax modelling
 b->h1 i1->h1 i2->h1 i3->h1 i4->h1
 13.02    1.81   -4.51    9.68 -17.55
 b->h2 i1->h2 i2->h2 i3->h2 i4->h2
  7.29    0.92    0.52 -49.96  -6.97
 b->h3 i1->h3 i2->h3 i3->h3 i4->h3
  5.97    1.67   -6.51   -7.84  -9.09
 b->o1 h1->o1 h2->o1 h3->o1
-15.87    6.66   20.21   -9.48
 b->o2 h1->o2 h2->o2 h3->o2
 15.71   -7.10  -21.14    9.05
```

훈련 단계에서 구한 최적화된 모델을 테스트하기 위해 준비해둔 데이터에 적용해서 얻은 예측값 중 0.5보다 큰 경우를 지구 우승팀으로 분류하고 0.5보다 작은 가능성을 갖는 경우 우승하지 못할 팀으로 구분해서, 0과 1로 구성된 실젯값(testing$ID_b)과 비교해 모델의 예측 정확성을 측정한 결과 84.4%로 확인됐으며, 15.6% 정도의 예측이 오류로 나타났다. 딥러닝 방식으로 구한 정확성은 test 테이블에 있던 총 596개의 팀 중 실제 우승하지 못했던 452개의 팀을 정확히 우승하지 못할 것이라 예측했으며, 실제 우승했던 51개 팀에 대해 우승할 것이라고 정확히 예측했다.

```
c<-table(data.frame(predicted=predict(fitnn,test)[,2]>0.5,
                    actual=test$ID_b [,2]>0.5))
c
```

	actual	
predicted	FALSE	TRUE
FALSE	452	69
TRUE	24	51

```
(c[1,1]+c[2,2])/(c[1,1]+c[1,2]+c[2,1]+c[2,2])
```
`[1] 0.8439597`

신경망 모델을 그리기 위해 train 테이블과 neuralnet 패키지를 이용한다. 지구에서의 우승 여부를 알려주는 Divwin 변수를 토대로 win과 not_win이라는 2개의 변수를 추가해 2개의 결과 변수를 갖는 신경망을 그릴 수 있게 준비했으며, 잠재층hidden layer에 놓일 잠재변수를 동일하게 3개로 지정했다. neuralnet을 실행하기 전에 한 가지 알아둘 점은 CPU가 각각의 가중치를 계산하는 데 시간이 제법 걸리는데, 저자의 컴퓨터에 빅데이터를 병렬 처리할 수 있는 GPUGraphics Processing Unit가 설치되어 있지 않아서 더욱 그렇다. 1,260개의 관측값을 이용해 9개의 변수 간에 발생하는 23개의 가중치를 찾아내기 위해 컴퓨터가 스스로 시뮬레이션을 돌린다. 흔히 말하는 빅데이터에 비해 1,260개의 관측값은 큰 크기가 아님에도 불구하고 1분 정도의 시간이 걸리는 것을 감안하면, 규모가 큰 데이터에서는 어느 정도 시간이 요구될지 상상할 수 있다. 데이터가 처리되고 있는 동안 콘솔 박스 우측 상단에 그림 5.35와 같이 붉은색 둥근 점이 표시된다. 연산 처리를 중단하고 싶다면 붉은 점을 클릭하면 된다.

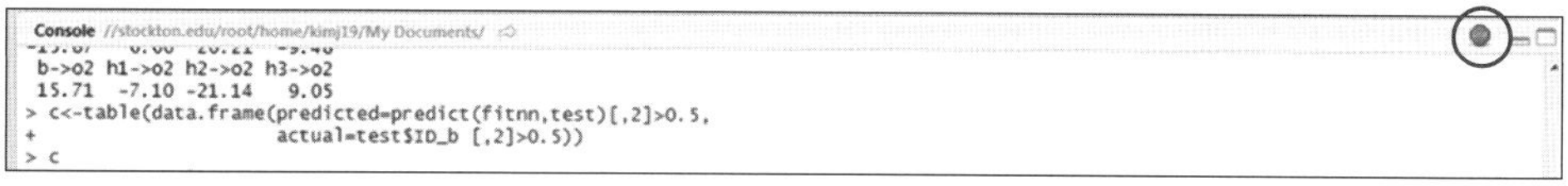

그림 5.35 신경망분석 연산 처리 시 나타나는 붉은 점

neuralnet() 명령어로 만든 신경망의 가중치가 다음과 같이 확인된다.

```
library(neuralnet)
b$win=b$DivWin=="Y"
b$not_win=b$DivWin=="N"
d<-neuralnet(win+not_win~ERA+AVG+X3R+RR, b, hidden=3,stepmax=1e6)
d$result.matrix
```

	1
error	109.11054809225
reached.threshold	0.00954447495
steps	64021.00000000000
Intercept.to.1layhid1	-21.51976229043
ERA.to.1layhid1	0.40320074747
AVG.to.1layhid1	1.94065847464
X3R.to.1layhid1	-21.83656987013
RR.to.1layhid1	19.78152012523
Intercept.to.1layhid2	15.43004325776
ERA.to.1layhid2	-0.19928944964
AVG.to.1layhid2	-1.84750150970
X3R.to.1layhid2	7.94988664730
RR.to.1layhid2	-13.09560835443
Intercept.to.1layhid3	6.90098916749
ERA.to.1layhid3	7.04492150143
AVG.to.1layhid3	6.95103216097
X3R.to.1layhid3	9.90174910550
RR.to.1layhid3	8.75190995649
Intercept.to.win	1.10428784512
1layhid.1.to.win	-0.57350125530
1layhid.2.to.win	-1.50024066323
1layhid.3.to.win	0.37086590610
Intercept.to.not_win	-1.23731352127
1layhid.1.to.not_win	0.57338528783

```
1layhid.2.to.not_win        1.50010883230
1layhid.3.to.not_win        0.76230909741
```

가중치를 보여주는 결과표에서 두 번째 행의 모델적합성을 나타내는 reached.threshold 는 0.009로 적합성 기준인 1%보다 작은 시점에서 최적의 가중치가 확정되고, 확정된 가중 치로 plot() 명령어를 사용해 그림 5.36과 같이 신경망을 완성했다.

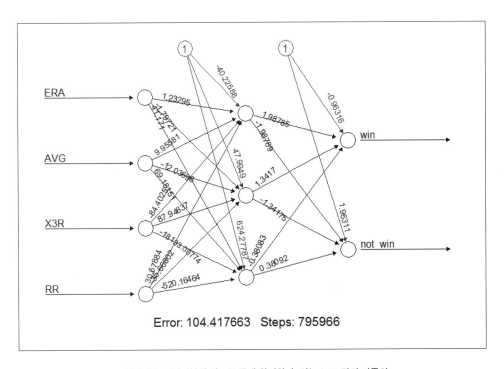

그림 5.36 신경망분석 차트를 통해 확인할 수 있는 노드 간의 가중치

```
plot(d)
```

마지막으로, 앞에서 배웠던 선형−비선형판별분석과 비모수 KNN 판별분석의 정확성을 신경망분석과 비교해서 어떤 모델이 좀 더 정확한지 확인해본다. 비록 비모수 신경망분석의

정확도가 이번 실험에서 가장 높게 나왔다고 하지만, 다른 분석과 큰 차이는 없으며 정확도 순위는 언제든지 바뀔 수 있는 수준이다(표 5.3 참조). 지구 우승기록이 기록되기 시작한 1969 년부터 시작된 데이터라서 모델훈련에 사용됐던 관측자료가 664개 정도밖에 되지 않는 적은 데이터에서 나온 분석결과다. 훈련을 통해 개발되는 비모수 판별분석은 빅데이터처럼 데이터의 규모가 상당할 때 모수 판별분석에 비해 정확도가 더욱 개선된다.

표 5.3 판별분석별 코드와 정확성 계산 결과

판별분석	코드	정확성 테이블	정확도

모수 선형분석	```library(MASS)```
	```ldafit<-lda(DivWin~ERA+AVG+X3R+RR```
	``` ,data=test)```
	```ldapred<-predict(ldafit)```
	```d<-table(ldapred$class,```
	``` test$DivWin)```
	```(d[1,1]+d[2,2])/```
	``` (d[1,1]+d[2,1]+d[1,2]+d[2,2])```
		N Y
		N 444 63
		Y 32 57
			84.06%

모수 비선형분석	```library(MASS)```
	```qdafit<-qda(DivWin~ERA+AVG+X3R+RR```
	``` ,data=test)```
	```ldapred<-predict(qdafit)```
	```e<-table(qdapred$class,```
	``` test$DivWin)```
	```(e[1,1]+e[2,2])/```
	``` (e[1,1]+e[2,1]+e[1,2]+e[2,2])```
		N Y
		N 441 58
		Y 35 62
			84.39%

비모수 KNN 분석	```library(class)```
	```knnpred<-knn(var_train,var_test```
	``` ,dw.train,k=3)```
	```f<-table(knnpred,dw.test)```
	```(f[1,1]+f[2,2])/```
	``` (f[1,1]+f[2,1]+f[1,2]+f[2,2])```
		N Y
		N 445 71
		Y 31 49
			82.88%

비모수 신경망분석	```library(nnet)```
	```train$ID_a = class.ind(train$DivWin)```
	```test$ID_b = class.ind(test$DivWin)```
	```fitnn = nnet(ID_a~ERA+AVG+X3R+RR,```
	``` train,size=3,```
	``` softmax=TRUE)```
	```g<-table(data.frame```
	``` (predicted=predict```
	``` (fitnn,test)[,2]>0.5,```
	``` actual=test$ID_b```
	``` [,2]>0.5))```
	```(g[1,1]+g[2,2])/```
	``` (g[1,1]+g[1,2]+g[2,1]+g[2,2])```
		N Y
		N 452 69
		Y 24 51
			84.40%

자율학습을 활용한 군집분석

비슷하면서도 다른 목적을 가진 분석기법이 많다. 여러 변수들을 합쳐서 공통된 잠재 변수를 찾아내는 분석을 요인분석이라고 하며, 대표적으로 주성분분석principal component analysis이 있다. 요인분석에서 한 단계 발전한 형태로, 테이블 각 행에 있는 관측값들을 변수의 유사성에 따라 그룹 지어서 구분하는 군집(클러스터)분석이 있다. 비슷한 특성을 공유하는 관측값끼리는 묶고 그렇지 않은 관측값은 분리해 소속 그룹을 구분한다(그림 5.37 참조). 분석 전에 군집의 개수가 정해져 있지 않은 대표적인 자율학습unsupervised learning의 특징을 지니는 분석이다. 군집분석을 야구에 다양하게 적용할 수 있으며, 그중 흥미로운 테스트로 팀의 각종 기록들을 이용해 메이저리그 30개 팀을 구분해볼 수 있다. 구분의 기준은 오로지 데이터에서 찾아내며, 다만 각 군집이 의미하는 바가 무엇인지 고민하고 정의하는 일은 분석자의 몫이다.

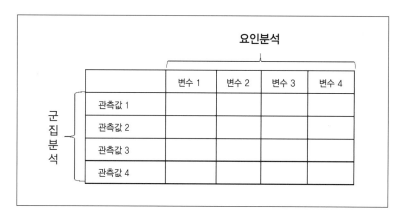

그림 5.37 요인분석과 군집분석의 차이

장타와 투수력은 팀들을 구별하는 데 있어 어떤 지표보다도 결정적인 역할을 해왔다. 구단에서는 안정적인 5선발 로테이션을 가동하기 위해 스토브리그 동안 투수 확보에 우선순위를 두면서, 팬들이 야구장을 찾게 하는 가장 큰 요인 중 하나인 장타자를 확보해 효과적인 득점전략을 개발한다. 투수력과 장타력은 팀의 특징을 구분하는 데 중요한 역할을 할 것이란 가설하에, 2015년 메이저리그팀별 2루타, 3루타, 방어율, 그리고 실점run allowed 변수를 통해 장타력과 투수력을 측정한다. 현재로서는 몇 개의 그룹이 생성될지 알 수 없으며, 변수가 3개 이상 존재할 경우 2차원 평면에서 그려낼 수 없기 때문에 변수 자체를 분석에 사용하기보다는 변수 간에 혼합되면서 나타나는 잠재 변수$^{latent variable}$가 군집을 결정한다. 즉, 변수가 2개 이상 존재할 경우 주요인분석으로 구한 잠재 변수를 이용해 관측값을 그룹화하므로 군집분석과 요인분석이 동시에 사용된다. 라만 데이터베이스의 2015년 Teams 테이블에 있는 팀 ID, 2루타, 3루타, 방어율, 실점 등 특정한 5개의 변수만 선별해서 사용한다.

```
library(Lahman)
team<-subset(Teams,yearID==2015, select=c(teamID,X2B,X3B,ERA,RA))
```

일반적으로 데이터를 R로 불러오면, 그림 5.38의 왼쪽 테이블 점선에서 보여주는 행의 명칭^{rownames} 열에 데이터 번호들이 나타난다. 다양한 변수를 묶어서 그룹 구분을 하는 군집분석은 변수의 단위가 각기 다른 경우 단위가 적은 방어율 효과가 다른 변수에 비해 매우 약화되므로 변숫값들을 표준화해야 한다. 이를 위해 문자로 된 팀이름은 점선에 있는 행의 명칭 데이터 열로 이동시켜, 분석에서는 배제하지만 여전히 어떤 팀의 데이터인지는 확인해주는 라벨로 활용하기 때문에 남겨둔다. 그림 5.38의 오른쪽 테이블 첫 번째 열에 있던 모든 데이터를 행의 명칭 열에 다음과 같이 옮겼다.

```
rownames(team) <- team[,1]
```

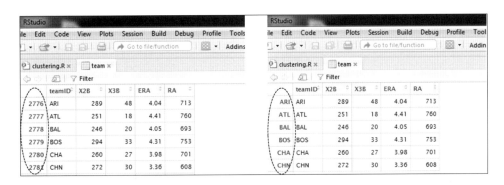

그림 5.38 명칭 열을 기존 관측번호에서 분자로 변환

팀명이 관측값 이름 열로 옮겨지며, 첫 번째 열에 있는 `teamID` 변수는 제거하고, 모든 데이터를 표준화해 단위를 맞춰준다.

```
team[,1]<-NULL
team_st<-scale(team)
```

그림 5.39와 같이 표준화된 테이블이 완성되면, 요인분석과 군집분석을 동시에 실행할 수 있는 다음 패키지를 설치하고 라이브러리로 불러들인다.

	X2B	X3B	ERA	RA
ARI	0.78841379	1.59772607	0.18425186	0.34346626
ATL	-1.31156686	-1.27244052	0.99907086	0.99526629
BAL	-1.58788010	-1.08109608	0.20627400	0.06610454
BOS	1.06472703	0.16264277	0.77884951	0.89818969
CHA	-0.81420302	-0.41139054	0.05211905	0.17704923
CHN	-0.15105124	-0.12437389	-1.31325332	-1.11268275

그림 5.39 군집분석을 위해 표준화한 변수

```
install.packages("factoextra")
library(factoextra)
```

패키지 설치 후 사용 가능한 `fviz_nbclust` 명령어는 몇 개의 그룹이 그룹 간 차이점을 가장 극대화할 수 있는지 갭$^{gap\ statistic}$방식[11]으로 찾는다. 실행 후 가장 적합한 군집의 수를 결정할 수 있는 그래프가 제시되며, 가장 높은 점은 군집 내 관측값 간의 거리에 대한 기댓값에 비해 실젯값이 적어서 군집 중심으로부터 관측값들이 촘촘히 잘 모여 있음을 의미한다.

---

11 군집분석에 있어서 갭방식 적용 제안은 스탠퍼드대학교의 연구자들이 다음 논문에서 제안했다. 다른 방법으로 유클리드 거리 (Euclidean Distance)도 많이 사용된다. Tibshirani, R., Walther, G., & Hastie, T. (2001). Estimating the number of clusters in a data set via the gap statistic. Journal of the Royal Statistical Society: Series B (Statistical Methodology), 63(2), 411–423.

```
fviz_nbclust(team_st,kmeans,method="gap_stat")
```

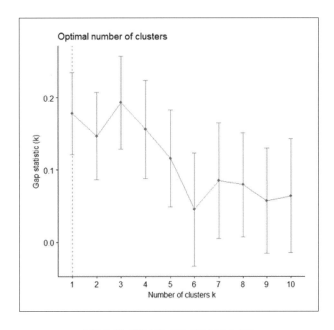

그림 5.40 갭방식을 통한 최적 군집수 확인

그림 5.40의 그래프에서 군집이 3개일 때 군집 간 구분이 가장 명료해진다는 사실을 시각적으로 확인하고, 생성될 군집 개수를 아래 kmeans() 명령어에 3이라고 투입한다. 3개의 군집으로 나눈 상태에서 각 관측값들이 벗어나 있는 정도를 residual에 저장하고, 그 결괏값을 직접 확인한다.

```
residual<-kmeans(team_st,3,nstart=25)
residual
```

① **K-means clustering with 3 clusters of sizes 9, 10, 11**

② **Cluster means:**

	X2B	X3B	ERA	RA

```
1  0.3217514   0.9599113   0.9403452   0.9659892
2 -1.0794637  -0.6697055   0.2349028   0.2339084
3  0.7180795  -0.1765587  -0.9829213  -1.0029988
```

③ Clustering vector:
```
ARI ATL BAL BOS CHA CHN CIN CLE COL DET HOU KCA LAA LAN MIA MIL MIN NYA NYN O
AK PHI PIT SDN SEA SFN SLN TBA TEX TOR WAS
  1   2   2   1   2   3   2   3   1   1   3   3   2   3   2   1   1   2   3
  1   1   3   2   2   3   3   3   1   3   2
```

④ within cluster sum of squares by cluster:
```
[1] 13.50195 13.69561 18.27653
 (between_SS / total_SS = 60.8 %)
```

결과에서 첫 번째 내용 ①은 군집분석을 통해 3개의 그룹을 만들었고, 각 그룹에는 9개, 10개, 11개의 팀들이 묶여 있다는 정보다. ②인 Cluster means는 분석에서 활용된 네 가지 변수들의 그룹별 평균이 확인되고, ③인 Clustering vector는 공통요인으로 묶은 30개의 메이저리그팀들이 소속된 그룹에 대한 정보다. ④인 within cluster sum of squares by cluster는 각 그룹별 관측점들의 분산 정도를 제시하며, 11개 팀을 갖고 있는 세 번째 그룹이 가장 넓은 분산을 띠는 반면, 9개의 관측점으로 구성된 첫 번째 그룹은 가장 낮은 분산을 갖기 때문에 그룹의 중심에서 가장 잘 모인 것으로 볼 수 있다. 군집분석은 그룹별 중심에 관측점들이 집중적으로 모여 그룹 간 구분이 명확해야 하기 때문에, 군집 내 분산(within_ss)이 0에 가까울 정도로 작다면 이상적인 분석이 된다. 즉, between_SS(군집 간 분산) / total_SS(전체 분산)가 클수록 군집모델의 적합성이 높으며, 이번 적합성은 60.8%로 확인된다.

그림 5.41에서 4개의 변수로 3개의 그룹을 만들었기 만들었기 때문에, 각 축에 있는 차원dimension은 어떤 측정 변수로 구성됐는지 현재로서는 알 수 없다. 대신에 첫 번째 차원Dim1은 전체 분산의 56.3%를, 두 번째 차원Dim2은 30.4% 정도를 차지하고 있어서, 총 분산의 86.7%가 2개의 잠재 변수로 설명되며, 사용된 변수들이 메이저리그팀을 분류하는 데 큰 역할을 하고 있는 것으로 보인다.

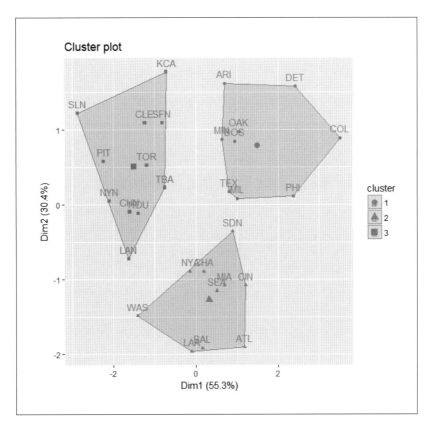

그림 5.41 K-means 군집분석 그래프

```
fviz_cluster(residual,data=team_st)
```

---

fviz_cluster()는 그룹의 중심^{centroid}으로부터 각 팀들이 벗어나 있는 정도를 2개의 차원을 기반으로 군집을 그리기 때문에, 해당 명령어는 상관성이 높은 변수를 통합해서 차원을 축소^{dimensional reduction}하는 주요인분석기능을 보유하고 있다. 문제는 각 차원이 어떤 관측 변수로 구성됐는지 모르기 때문에 실제 Dim1과 Dim2가 의미하는 바를 이해할 수 없다는 점이다. 각 차원에 포함되어 있는 요인들을 직접 확인하기 위해, 주요인분석^{Principle Factor Analysis}용 패키지인 FactoMineR이 필요하다.

```
library(FactoMineR)
pca.res<-PCA(team_st, graph=FALSE)
fviz_contrib(pca.res, choice="var", axes=1,top=4)
fviz_contrib(pca.res, choice="var", axes=2,top=4)
```

그림 5.42의 왼쪽에 있는 첫 번째 차원에는 방어율[ERA]과 실점[RA] 변수가 주요인으로 적용됐다. 투수의 방어율이 높은 것과 실점과의 상관관계는 매우 높기 때문에, 두 변수가 하나의 차원으로 묶이는 것은 적합해 보이며, '실점방어 차원' 정도로 지칭하면 좋겠다. 이 책에서 다루고 있는 이야기가 야구이므로, 야구를 이해하고 있을 때 각 차원에 적합한 네이밍을 할 수 있다. 다양한 목적으로 사용되는 주요인분석에서 네이밍하는 작업은 현장에 대한 이해와 통찰력이 필요하며, 이는 분석가의 능력이다. 두 번째 요인에는 2루타와 3루타 변수가 주요인이며, 사실상 2루타와 3루타는 상관성이 매우 높기 때문에 하나의 차원으로 묶이는 것은 당연해 보인다. 두 변수를 합쳐서 '장타력 차원'으로 지칭하기로 한다.

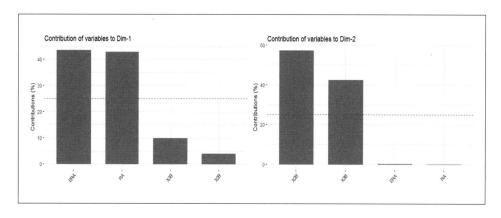

그림 5.42 실점방어 차원과 장타력 차원

이번 분석을 위해 2015년 메이저리그 30개 팀 데이터를 활용했으며, 실점방어 능력과 장타력을 기준으로 군집분석을 실시했다. 실점방어 능력을 대변하고 있는 요인인 방어율과 실점은 낮을수록 좋고 장타력은 높을수록 좋기 때문에, 그림 5.41에서 실점방어 차원이 낮고 장타력 차원이 높아서 좌측 상단에 있는 그룹에는 성적이 상위권에 있는 팀들이 있을 것으로 추정할 수 있다. 2015년 토론토 블루제이스, 캔자스 로열스, 뉴욕 메츠, 세인트루이스 카디널스, LA 다저스가 지구에서 우승을 차지하고 포스트시즌에 진출했으며, 샌프란시스코 자이언츠, 피츠버그 파이리츠, 뉴욕 양키스, 휴스턴 아스트로스 등이 지구 2위를 차지했고 실제 이 팀들이 모두 좌측 상단 그룹에 속해 있는 것이 확인된다. 물론 구분이 실패한 팀들도 있는데, 대표적으로 텍사스 레인저스다. 당시 아메리칸리그 서부지구에서 우승을 하고 포스트시즌에 진출했지만, 그 원인이 장타력이나 실점방어 능력은 아닌 것으로 추정된다.

정리하며

회귀분석으로 추정된 관계를 통해 특정 변수로 정확한 예측precision을 제시할 수 있는 작업은 학계와 산업계에서 오랫동안 가치를 인정받아왔다. 최근에는 머신러닝 분야의 집중 조명으로 오류를 최소화하는 구분과 분류의 능력이 그 이상의 가치로 평가되고 있다. 예측과 구분은 인간의 기본적 욕망이며, 그 욕망은 기계에 탑재되어 기계 스스로 판단할 수 있도록 한동안은 인공지능 영역에서 크게 분출될 것이다.

6

모델링

질문이 사라진 수업시간은 최근만의 현상이 아니다. 문제 제기로 시작하는 칼 포퍼^{Karl Popper}의 반증주의는 불행히도 박사과정에서나 맛볼 수 있는 고통이다. 좋은 질문을 찾기 위해 다양한 논문을 읽어보지만 주입식에 익숙했던 대부분의 우리들에게는 절대 쉬운 일이 아니다. 공식에 대입해서 문제를 푸는 전통적인 방식과는 달리, 자신이 제기한 문제에 논리적으로 답하고 수리적으로 모델링해서 통계적으로 테스트하는 전 과정을 모델링이라고 하며, 이것이 바로 빅데이터 시대에 주목받는 역량이다.

복잡한 현실을 수학으로 모형화하고 통계로 증명하다

학창시절 시험을 위해 수학 문제를 열심히 풀긴 했지만, 그때를 생각해보면 수학을 시험 말고는 어떻게 사용해야 할지 고민할 기회가 별로 없었다. 수학공부를 왜 해야 하는지 알려주는 주변사람들도 없었지만, 누군가 의미 있는 충고를 해주었다고 해도 가슴 깊이 이해하지는 못했을 것이다. 수학에 대해 가장 많이 들었던 조언 아닌 조언이라면 "고등학교 졸업하면 별로 사용할 일 없을 거야", "사칙연산만 하면 살아가는 데 문제없어!"가 대부분이었다. 시험점수를 잘 받기 위해 청춘의 많은 시간을 보내면서 우격다짐으로 배웠던 수학을 철학적이며 사회적 시각으로 대할 수 없었던 태도와 깊이가 지금 생각해보면 많이 아쉽다. 따지고 보면 청춘들에게 그렇게 이야기해주셨던 분들의 말씀이 크게 틀린 것도 아니었던 것이, 직장에 들어가도 복잡한 알고리즘을 요구하는 작업은 전산화되어서 자료만 정확히 투입하면 금방 처리되어 상사의 결재 화면으로 이미 넘어가 있고, 피해갈 수 있다면 피해가면 그만이었던 것이 수학이었다. 하지만 일상생활과 연계되지 않고 독립적으로 작동되던 시기가 2000년대 후반까지가 아니었나 생각한다.

대중들 사이에서 스마트폰이 본격적으로 사용된 2010년부터 사람들의 행동 패턴을 보여주는 대규모 데이터가 스마트폰에서 쏟아져 나오면서 현실의 패턴을 찾거나 구분하고, 사람들의 행동을 예측하고 의사결정하는 능력은 기업의 전략과 맞물리면서 더욱 중요해졌다. 이런 환경에서 수학 방정식은 필요할 때 언제든지 꺼내쓸 수 있는 유용한 공구함으로 인식되고, 마침내 많은 사람들 사이에서 시험용이라는 타이틀이 떼어지기 시작했다. 업무 처리에서도 수학적 사고능력이 상당한 영향을 미치면서, 과거처럼 수동적으로 수학을 대하는 자세에서 벗어나야 한다는 경고성 신호들이 사회 곳곳에서 나타나고 있다. 데이터로 재정의되고 있는 4차 산업시대는 과거 특정 분야의 경험, 노하우, 인맥 등으로 우월한 능력을 가진 전문가가 산업을 주도했던 지식산업시대를 벗어나, 해당 분야의 지식이 부족하더라도 지식을 학습하고 새로운 분야의 사람들과 협업을 통해 유연하게 대처하는 능력이 키워드라고 해도 지나친 비약은 아니다.

유연성에 큰 역할을 하는 요인은 새로운 지식을 암기하는 능력이 아니라, 당연하게 보였던 현상에 의문을 제기하고, 새로운 현상을 논리적으로 파악하고 테스트해서, 타인을 설득할 수 있는 모델링 사고능력이다. 남들이 미처 생각지 못했던 원인을 파악하고 새로운 관계를 일반화하기 위해 데이터로 검증하는 모델링 사고는 현실에서 주목해야 할 부분을 논리적으로 담아낼 수 있는 모델을 만드는 과정이다. 이 과정에서 유념해야 할 부분은 데이터는 변수 간의 관계가 직선인지 아니면 2차 방정식의 형태인 포물선을 그리는지, 아니면 나아가 3차 방정식의 형태로 조건에 따라서 변하는 물결 형태의 관계인지 제시해주지 않는다는 점이다. 대신에, 관계를 일반화하기 위해 가정한 이론모델에 맞게 수학적 모델을 만들어 테스트하기 때문에, 데이터가 모델을 제시하는 것이 아니라 개념에 맞는 이론모델을 구현하고 데이터로 검증하는 것이 모델링 사고법의 올바른 순서다. 공격력과 선수연봉의 관계가 간단한 양의 관계를 띠고 있다고 자신의 야구 지식을 통해 확인했다면, 두 변수의 관계를 1차 방정식 직선의 형태로 모델링하고 관계가 맞는지 데이터로 테스트하는 방식이 연역법적 반증주의 패러다임에서 올바른 검증법이다. 빅데이터가 범람하는 신귀납주의 시대에는 데이터가 제시하는 새로운 의미를 해석하고 찾아내는 것도 데이터 분석가가 갖춰야 할 역량임이 분명하다. 다만, 지식체계를 과학적으로 만들어가는 학계에서 귀납법을 받아들이기에는 아직 많이 어색해 보인다.

데이터를 따라서 이론을 만든다?

이 문장이 어색하다면 여러분은 연역법적 반증주의를 지지하는 사람이며, 박사과정에서 알찬 시간을 보낼 가능성이 매우 높다. 연역법적 반증주의 지지자들은 기존 이론이 일반화되는 범위를 제한했던 이론적 가정에 주목하고, 그 속에서 문제 제기를 하며, 좀 더 현실에 가까운 답을 제시하고 데이터를 수집해서 검증할 준비가 된 사람들이다. 반대로 데이터로부터 도출된 새로운 패턴이 지식체계를 만들어내는 것을 주도해야 된다고 보는 사람들에게는 박사과정이 제법 실망스런 경험이 될 수도 있다. 반면에 데이터를 모으고 남들이 보지 못했던 새로운 패턴을 찾아서 기회를 포착할 수 있다는 차원에서, 산업계에서는 역량 있는 인재가 될 가능성이 크다.

2차함수 사고하기

야구에서 1차 방정식으로 표현할 수 있는 개념 간의 관계는 무궁무진하다. 특정 변수가 증가할 때 다른 변수가 증가하거나 하락하는 형태이기 때문에 명료하고 간단하다. 1차 관계를 수

학식으로 표현하면 다음과 같이 절편(α), 독립 변수의 계수(β), 그리고 독립 변수로 종속 변수를 설명하지 못하는 부분인 오류항(ε)으로 구성된다.

$$팀득점 = \alpha + \beta * 팀타율 + \varepsilon$$

선형회귀분석이라는 단어에서 보여주듯, 현실 세계에서 서로 간의 관계가 직선이라고 가정될 경우에만 적용된다는 한계가 있다. 예를 들어 팀타율이 올라가면 팀승률이 오르는 것처럼, 한 변수가 오르고 내림에 따라 다른 변수가 오르거나 내리는 간단한 관계를 나타낸다. 하지만 세상에는 그렇게 간단한 관계보다는 더 복잡한 관계들이 많이 존재한다. 구단 내에서 발생할 수 있는 대표적인 2차함수 관계로는 팀 내에서 발생하는 선수 간 연봉차가 있다. 선수 간의 연봉격차가 많이 날 경우 그렇지 않은 경우보다 팀성적이 높아진다고 주장할 수 있다. 열심히 성적을 내면 높은 연봉을 받을 수 있다는 사실을 눈으로 직접 확인한 선수들에게, 높은 연봉을 받고 있는 선수들은 그들에게 롤모델이자 동기를 부여하는 원인이 된다. 극단적인 경우 한두 명의 선수에게 팀연봉의 50%가 몰려서 연봉격차가 지나치게 많이 나기도 한다. 이 경우 앞에서 설명한 것과는 달리 오히려 팀성적을 떨어뜨리는 원인이 되는데, 같은 팀 소속 선수들이 과도한 연봉을 받는 선수들로 인해 동기를 부여받기는커녕, 고액 연봉자 때문에 자신의 연봉이 오르지 못했다는 부정적인 분위기가 팀 내에 형성되어 팀 전반의 응집력이 줄고 팀워크가 깨지면서 전반적인 성적부진으로 연결되는 현상이다. 결과적으로 연봉격차가 낮은 구간에서 연봉격차의 확대는 팀성적에 긍정적인 영향을 끼치지만, 연봉격차가 높은 구간에서 연봉격차를 더 발생시키면 팀성적에 부정적인 영향을 끼친다는 주장은 설득력이 있다. 수학적 관계로 간소화해보면, 팀 내 선수들의 연봉격차와 팀성적 간의 관계는 1차적 관계가 아니라 처음에는 상승하다가 어느 시점부터 성적이 하락하는 종 모양의 2차함수 관계가 형성될 가능성이 높다.

2차함수 $Y = aX^2 + bX + c$의 모양은 2차항 X^2의 부호로 결정된다. 그림 6.1의 그래프와 같이 영어 U자 형태로 x와 y의 관계가 존재하는 경우 2차항은 + 부호를 갖는 함수이며, 그림 6.2의 그래프와 같이 포물선 관계가 존재하는 경우 2차항은 − 부호를 갖는 함수로 표현된다.

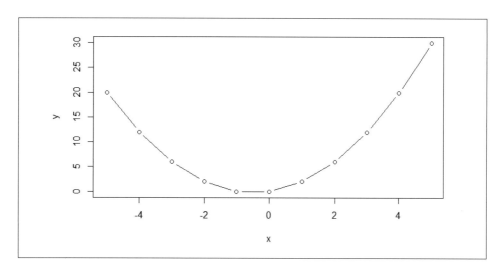

그림 6.1 2차항의 부호가 양(+)일 때

```
x<--5:5
y<-x^2+x
plot(x,y,type="b")
```

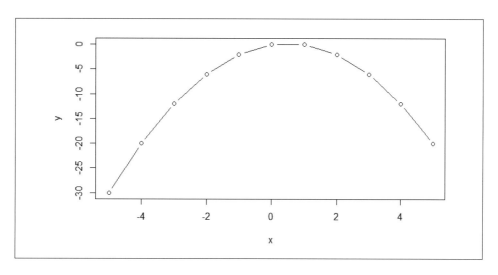

그림 6.2 2차항의 부호가 음(-)일 때

```
x<--5:5
y<--x^2+x
plot(x,y,type="b")
```

야구 데이터로 포물선 형태를 보여주는 관계인 팀 내 연봉 차이와 팀성적 관계를 이용해 R에서 직접 테스트해보자. 이번 실험을 위해 팀공격에 주도적인 역할을 했던 시즌별 400타수를 초과하는 선수들만 선정했으며, 2010년 이후에 발생한 최근 팀성적 데이터와 팀연봉 데이터를 이용하기로 한다. 연구 목적에 따라 관측기간이 다르면 팀내 연봉 차이와 팀성적 관계를 보여주는 통계결과도 다를 수 있음을 미리 일러둔다. 이번 절에서는 팀 내 연봉 차이를 합리적으로 측정하는 방법을 다루며, 이는 1차 방정식을 넘어서는 모델을 테스트할 수 있는 기회가 될 것이다. 기존 경영학 연구에서 연봉 차이가 조직 실적에 미치는 영향에 대해 다양한 조건에서 서로 다른 결과가 나타남을 밝혔기 때문에 필요한 경우 관련 논문들을 검색하는 것을 추천하며, 이번에 소개하는 결과는 2차함수 모델을 소개하기 위해 구한 결과일 뿐 연구결과가 아님을 일러둔다.

팀 내 연봉 차이를 측정하기 위해 해당 시즌에 400시즌 타석 기록을 가지는 선수들의 연봉을 각 팀별로 묶어서 팀별 연봉의 표준편차를 구했다. 표준편차의 크기가 클수록 팀 내 연봉 수준의 차이가 큰 것으로 볼 수 있고 표준편차가 작은 경우는 팀 내 선수들의 연봉이 비슷한 수준에 있는 것으로 판단된다. 분석을 위해 선수별 연봉 기록을 제시하는 Salaries 테이블을 패키지 plyr을 이용해서 팀수준으로 끌어 올리고 팀테이블과 병합시킨다.

```
library(Lahman)
a<-subset(Salaries,yearID>2010&yearID<2017)
b<-subset(Batting,yearID>2010&yearID<2017)
c<-merge(a,b,by="playerID")
c$teamyear<-paste(c$teamID.x,c$yearID.x,sep="")
c<-subset(c,AB>400)
require(plyr)
func_1<-function(c){return(data.frame(sd=sd(c$salary)))}
team_sd<-ddply(c, .(teamyear), func_1)
d<-subset(Teams,yearID>2010)
d$wp<-d$w/d$G
d$teamyear<-paste(d$teamID, d$yearID,sep="")
e<-merge(team_sd,d,by="teamyear")
```

그림 6.3에서와 같이 팀 내 연봉 차이 정도를 보여주는 표준편차와 팀승률의 관계는 산포도상에 smooth.spline() 명령어를 이용해서 점들의 관계를 대표하는 선을 그었다. 수평축 전반부에 있는 표준편차가 작아서 선수들의 연봉이 크게 차이 나지 않는 팀의 경우보다 어느 정도 차이가 나는 팀에서 승률이 높아지는 경향을 확인할 수 있으며, 연봉 차이가 크게 나타나는 수평축 후반부에 있는 팀에서는 승률이 약간 하락하는 것으로 보인다. 물론 X축의 중심 부분에서는 3차함수 이상의 모델 가능성을 제시할 정도의 승률 변화가 보이기 때문에, 두 변수 간의 관계를 보여주는 고차방정식에 대한 의견은 이번 절 마지막에 전한다.

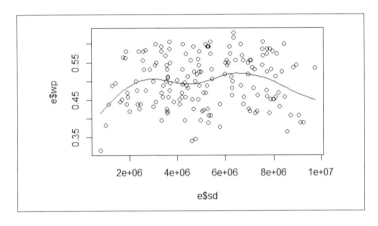

그림 6.3 팀별 연봉 차이와 승률 간의 비선형관계

```
plot(e$sd,e$wp)
lines(smooth.spline(e$sd,e$wp))
```

물론 한눈에 봐도 두 변수가 선형 관계는 아니다. 그래픽으로는 두 변수의 관계를 통계적으로 의미있게 파악할 수 없으므로, 우선 1차 선형함수에 해당하는 코드를 넣고 결과를 확인한다.

```
summary(lm(wp~sd, data=e))
```

```
Coefficients:
            Estimate Std. Error t value Pr(>|t|)
(Intercept) 4.866e-01  1.378e-02  35.318   <2e-16 ***
sd          2.330e-09  2.476e-09   0.941    0.348
```

이 결과에서 볼 수 있듯이 유의확률 p 값에서 독립 변수인 연봉 차이와 팀성적 간의 관계가 선형모델에서 통계적으로 무의미하다는 사실이 확인된다. 물론 이론모델에서도 1차 방정식 형태의 관계를 가정하지는 않았기 때문에, 통계적으로 두 변수 간의 선형관계가 없다고 확인해준 결과가 놀랄 일은 아니다. 2차 방정식으로 모델링하면 앞에서 이론적으로 설명한 관계가 지지를 받을 것인가라는 궁금증을 갖게 되는 것은 당연하다. 2차 방정식 관계를 테스트하기 위해 다음과 같이 코딩한다.

```
summary(lm(wp~I(sd)+I((sd)^2), data=e))

Coefficients:
              Estimate Std. Error t value Pr(>|t|)
(Intercept)  4.255e-01  2.867e-02  14.841  <2e-16 ***
I(sd)        3.026e-08  1.181e-08   2.563  0.0113 *
I((sd)^2)   -2.676e-15  1.107e-15  -2.418  0.0167 *
```

2차 방정식 모델을 이용해 찾아낸 연봉차를 보여주는 변수의 계수와 통계적 유의도는 2차항과 1차항 모두에서 매우 유의미한 결과가 나왔고, 2차항의 마이너스 계수는 두 변수 간의 관계가 종 모양임을 알려준다. 계숫값이 지나치게 작은 이유는 연봉 차이인 독립변수 단위가 적어도 백만 달러 수준으로 기록되지만 승률은 %기 때문에 용이한 해석을 위해 연봉 차이 단위를 조정하는 것도 좋은 방법이다. 마지막으로 앞에서 언급했듯이 그림 6.3에서는 고차함수를 적용해도 통계적으로 유의한 결과를 낼 수 있는 관계가 나타났다. 물론 코드를 통해 테스트할 수는 있지만, 2차함수를 넘어서는 두 변수의 관계를 논리적으로 설명할 수 없는 상황에서 데이터를 기반으로 하는 통계적 발견과 그에 대한 해석은 주의해야 한다.

고차함수 사고하기

야구에서 3차함수 이상의 형태를 갖는 관계가 있을까? 만약 어떤 관계가 3차함수 형태라면 그림 6.4에서 보여주듯이 특정 조건에서 기울기가 0이 되어 균형을 이루다가 기존 패턴으로 돌아가기도 하고, 그림 6.5에서처럼 극댓값과 극솟값을 보여주다가 다시 기존 트렌드로 돌아가는 모습이 나타난다. 공통적으로 큰 트렌드를 이겨내고 새로운 트렌드를 만들어내지는 못하지만, 과정에서 의미 있는 저항을 받거나 새로운 시도를 하는 모습은 3차함수로 모델링할 수 있다. 두 3차함수의 차이라면 1차항의 계수가 갖는 값이며, 트렌드는 최고차항인 삼차항 계수의 부호에 따라 결정된다.

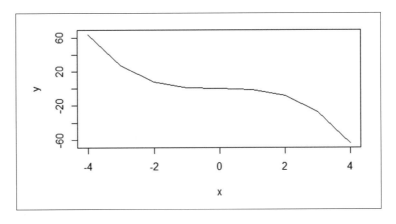

그림 6.4 3차항의 계수가 마이너스이며, 1차항의 계수가 0일 때

```
x<--4:4
y<--x^3
plot(x,y,type="l")
```

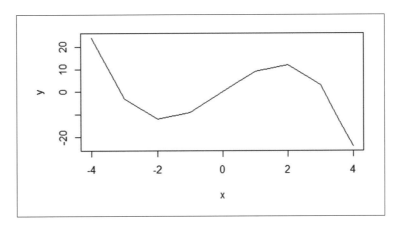

그림 6.5 3차항의 계수가 마이너스이며, 1차항의 계수가 0보다 클 때

```
x<--4:4
y<--x^3+10*x
plot(x,y,type="l")
```

야구에서 3차함수의 형태로 모델링할 수 있는 관계는 삼차항의 계수가 음인 경우와 양인 경우 둘로 나누어 생각해볼 수 있다. 음인 경우는 바람직하지 못한 행동으로 스캔들에 휩쓸린 선수들의 성적이 시간이 지나면서 하락하는 큰 트렌드 속에서 다시 일어서려는 노력이 모델링될 수 있을 것이며, 양인 경우는 한계점에 다다른 게임당 관중수에서 구단이 어떤 정책을 도입해서 관중수가 계속해서 증가하는 모습이 해당된다.

이번에는 야구에서 매우 드문 4차항 모델로 포착할 수 있는 패턴을 소개한다. 토미 존 수술은 현재 메이저리그 투수들에게 흔한 수술이며, 기록상 메이저리그에서 최초로 수술을 받은 선수는 1974년 LA 다저스 투수였던 토미 존Tommy John 선수였고, 그의 이름을 따서 토미 존 수술이라 부른다. 라만 데이터 기록에 따르면 수술 후 1976년에 복귀해서 그해 10승을 거두고 통산 288승 중에서 1976 시즌부터 1989년 은퇴할 때까지 164승을 추가로 거뒀다.[1]

```
a<-subset(Pitching,playerID=="johnto01")
sum(a$W)
[1] 288
sum(a$W[a$yearID>1974])
[1] 164
```

물론 토미 존 수술을 받은 선수들 중에서 성공적으로 메이저리그에 복귀한 선수들을 모아서 패턴을 찾아보면 야구에서 보기 드문 4차 함수가 만들어지지 않을까 생각해볼 수 있다. 저자가 생각하는 가설은 앞에서 나이와 선수 성적 간의 2차함수를 이용해 모델링했던 점에 착안해서, 투수들이 팔꿈치 부상 때문에 이른 나이에 전성기를 거치지 못하고 성적이 추락하다가 토미 존 수술 이후에 성적이 좋아지고 다시 노쇠화로 자연스럽게 성적이 하락한다는 가설이다. 가설이 맞는다면 4차함수로 모델링했을 때 4차항의 계수가 통계적으로 유의할 경

---

1   토미 존 선수의 내용은 위키피디아에서 확인 가능하다. https://en.wikipedia.org/wiki/Tommy_John

우 토미 존 수술의 성공이 선수들의 성적 부활에 도움을 주었을 것이며, 따라서 보기 드문 4차항의 관계를 직접 확인할 수 있을지도 모르겠다.

표 6.1 토미 존 수술을 받은 선수의 수술연도

playerID	date	playerID	Date
johnto01	1974	strasst01	2010
smoltjo01	2000	carpech01	2007
zimmejo02	2009		

이번 실험을 위해 토미 존 수술을 받고 성공적으로 복귀한 선수 5명의 데이터를 이용하며 (표 6.1 참조), 그들의 라만 데이터 playerID와 수술받은 연도는 surgery 데이터에 저장되어 있다. sugery 데이터를 Pitching 테이블과 병합하고, 수술 전 5년과 수술 후 5년을 관측기간에 포함시켜 해당 기간 동안 각 투수들이 만들어낸 승수를 종속 변수로 사용한다.

```
surgery<-data.frame(matrix(c("johnto01","smoltjo01","zimmejo02","strasst01",
                    "carpech01",1974,2000,2009,2010,2007),ncol=2))
colnames(surgery)<-c("playerID","date")
surgery$date<-as.numeric(as.character(surgery$date))
a<-subset(Pitching,playerID=="johnto01"|playerID=="smoltjo01"|
                playerID=="zimmejo02"|playerID=="strasst01"|
                playerID=="carpech01")
b<-merge(a,surgery, by="playerID")
b$age<-b$yearID-b$date
c<-subset(b,age>-6&age<6)
```

c에는 토미 존 수술을 받고 성공적으로 복귀한 투수들의 승수를 포함한 기록들과 수술 전후의 관측연도(age) 변수가 저장되어 있으며, c 테이블을 이용해 age와 승수 간의 조합으로 그려진 산포도상의 회귀곡선을 그림 6.6에서 확인할 수 있다.

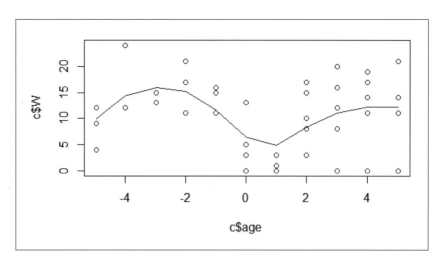

그림 6.6 토미 존 수술 전후 투수들의 승률 비교

```
plot(c$age,c$w)
lines(smooth.spline(c$age,c$w))
```

회귀곡선을 통해 확인한 결과, 수술 전후의 기간과 시즌 승수 사이에 변곡점이 3개 있는 4차함수 관계가 나타났으며, 다차항회귀분석 테스트를 통해 실제로 4차함수가 존재하는지 확인하도록 다음과 같이 회귀모델 코드를 사용했다.

```
d<-lm(W~I(age)+I(age^2)+I(age^3)+I(age^4),data=c)
summary(d)

Call:
lm(formula = W ~ I(age) + I(age^2) + I(age^3) + I(age^4), data = c)

Coefficients:
            Estimate Std. Error t value Pr(>|t|)
(Intercept)  6.65736    1.79786   3.703 0.000692 ***
I(age)      -2.05358    0.77644  -2.645 0.011922 *
I(age^2)     1.24789    0.40291   3.097 0.003717 **
```

```
I(age^3)      0.09702     0.03971    2.444 0.019435 *
I(age^4)     -0.04468     0.01544   -2.894 0.006336 **
---
Signif. codes:  0 '***' 0.001 '**' 0.01 '*' 0.05 '.' 0.1 ' ' 1

Residual standard error: 6.011 on 37 degrees of freedom
Multiple R-squared:  0.2873,  Adjusted R-squared:  0.2103
F-statistic:  3.73 on 4 and 37 DF,  p-value: 0.01199
```

테스트를 통해 통계적으로 4차항이 존재함을 확인했다. 메이저리그에서 경험과 파워가 쌓이면서 경력 초반에는 승수를 쌓지만 부상으로 인해 승수가 줄어들면서 토미 존 수술을 받게 되고, 재활에 성공하면서 다시 승수를 쌓아 올리다가 노쇠화로 인해 자연스럽게 승수가 다시 줄어드는 물결 모양의 관계가 실제 존재하는 것으로 확인됐다. 물론 2차항 모델로 가설을 테스트하면 다음 결과와 같이 토미 존 수술 전후 기간과 승수에는 아무런 관계가 없어서 설명력^{adjusted R-squared}이 거의 없는 모델이 되고 말았다.

```
f<-lm(W~I(age)+I(age^2),data=c)
summary(f)

Call:
lm(formula = W ~ I(age) + I(age^2), data = c)

Coefficients:
            Estimate Std. Error t value Pr(>|t|)
(Intercept)   9.3358     1.5792    5.912 6.87e-07 ***
I(age)       -0.2468     0.3436   -0.718    0.477
I(age^2)      0.1585     0.1189    1.333    0.190
---
Signif. codes:  0 '***' 0.001 '**' 0.01 '*' 0.05 '.' 0.1 ' ' 1

Residual standard error: 6.761 on 39 degrees of freedom
Multiple R-squared:  0.04974,   Adjusted R-squared:  0.001007
F-statistic: 1.021 on 2 and 39 DF,  p-value: 0.3698
```

실험에 포함된 선수들은 토미 존 선수를 포함해서 5명이며 데이터는 총 42개밖에 되지 않기 때문에 분석결과에 의미를 두기보다는, 자신의 생각을 4차함수로 만들어보고 데이터로 테스트할 수 있는 과정을 경험했다는 차원으로 받아들이면 좋겠다. 토미 존 수술을 했음에도 불구하고 성공적으로 재기하지 못했던 투수들도 많기 때문에, 그들의 데이터를 포함한다면 의미 있는 연구가 될 수 있을 것이다.

논리와 데이터를 연결하다: 모델 선택

현실을 반영하는 예측모델을 만들어 가설을 테스트하고 설득력 있는 주장을 하는 것이 모델링의 가치다. 복잡하게 얽혀 있는 현실을 간단한 공식으로 예측하는 것은 불가능하며, 전체를 한 번에 설명하기보다는 관심을 두는 특정한 부분에서 발생하는 메커니즘을 이해하고 간소화한 모델을 찾아야 한다. 현실을 반영하는 모델이 너무 복잡하거나 지나치게 구체화된 모델overfitted model이라면, 조금만 다른 환경에서 사소한 이유로 예측모델이 작동되지 않을 위험성이 커져 일반화 범위가 좁아진다. 나아가 모델 속 변수들의 인과관계가 제3의 요인들에 의해 휘둘리지 않도록 적절한 통계적 통제 또한 고려해야 하는 것이 모델링이다.

이 글을 읽고 있을 많은 분들이 지금 저자가 무슨 말을 하는지 도통 모르겠다고 생각할 수도 있다. 당연한 일이다. 학생들이 피할 수 있다면 피하고 싶은 계량경제학 이야기를 쉽게 전달하고 싶지만, 그 자체가 어려운 주제다. 하지만 야구를 통해 쉽게 이해할 수 있는 방법이 있고, 어렵다고 느껴지는 이야기를 단순회귀분석모델에서부터 시작한다. 유소년 시절 야구를 잘하는 원인에 대해 야구팬들이 주고받는 주장과 반박에 대한 이야기 속으로 들어가 보자. 야구를 잘하게 되는 요인을 야구팬 A가 주장하고 모델링해서 증명하지만, 다른 야구팬의 논리적 반박 때문에 기존 모델을 수정해서 좀 더 현실에 근접한 이론모델과 분석모델을 개발하는 과정을 묘사한다. 토론과정에서 야구팬 A 주장의 기반이 되는 가정이 현실적이지 못할 때, 이에 대해 반박하는 사람은 야구팬 A의 가정을 간파하고 비현실적 가정의 빈틈을 파고들어서 주장자인 야구팬 A가 현실을 좀 더 가깝게 반영하기 위해 리모델링하는 건설적 대화에 주목하면서 읽었으면 좋겠다.

단순선형회귀분석모델(simple linear regression)에 기반한 주장

야구팬 A의 주장: "요즘은 부모의 교육 수준이 높으면 애들이 야구를 잘해."

야구팬 A는 자신의 주장을 반영하는 수리적 모델을 검증하기 위해, 직접 모은 데이터를 해당 모델에 대입해, 부모의 교육 수준과 애들의 야구성적 간의 관계를 가장 잘 반영하는 계수^{coefficient}를 찾는다. 교육 수준과 자식의 야구성적 간의 이론적 관계를 대변하는 기울기가 통계적으로 의미 있는지 확인한 후, 부모의 교육 수준을 아이들의 야구성적을 가름하는 중요한 예측 변수^{predictor}로 활용 가능하다고 일반화할 수 있다. 관계 추론과 검증을 위해 다음과 같이 모델링을 했다.

모델링: 아이들의 야구성적 $= a + \beta *$ **부모의 교육 수준** $+ e$

아이들의 야구성적을 예측할 목적으로 부모의 교육 수준을 독립 변수로 해서, a는 부모의 교육 수준이 0일 경우 이론적으로 나타나는 y축 절편이며, e는 부모의 교육 수준과 절편으로는 도무지 아이들의 야구성적을 예측해낼 수 없는 오류항 부분이다. 이번 경우처럼 예측 변수가 한 가지이거나 예측 변수가 야구성적을 추론해내는 데 별로 효과가 없는 변수라고 한다면 오류항은 클 수밖에 없으며, 주어진 모델이 아이들의 야구성적을 설명할 수 있는 설명력은 낮게 된다.

다른 팬의 반박: "교육 수준 때문이 아니라 높은 경제적 환경 때문에 애들이 야구를 잘하겠지."

매우 합리적인 반박이라고 할 수 있다. 부모의 높은 교육 수준은 실제로 가족의 경제적 환경과 매우 상관관계가 높고 아이들의 야구성적은 부모의 경제적 환경에 크게 영향을 받음에도 불구하고, 부모의 교육 수준이 마치 아이들의 야구성적에 영향을 미친 것처럼 보일 수 있기 때문에 경제적 환경 때문이라고 반박하는 것은 매우 합리적이다.

다중선형회귀분석모델(multiple regression)에 기반한 주장

반박당한 야구팬 A가 반박이 설득력 있다고 판단해 자신의 모델에 경제적 환경을 추가함으로써 경제적 환경 때문에 아이들의 야구성적이 높아진다는 가능성을 감안하고도 부모의 교육 수준이 여전히 영향을 끼친다는 것을 보여줄 수 있다면, 부모의 교육 수준은 여전히 중요한 예측 변수로 확인되는 것이다. 아래 모델에서 보여주듯이 2개 이상의 예측 변수를 갖는 다중회귀분석모델을 적용해 반박에 대한 재반박이 가능하다.

모델링: 아이의 야구성적 = 부모의 교육 수준 + **경제적 환경** + e

야구팬 A의 새로운 주장: "경제적 환경과 관련된 통제 변수를 추가하고도 부모의 교육 수준이 아이의 야구성적에 기여한다는 통계적 결과가 나오니까, 요즘은 부모의 교육 수준이 높으면 애들이 야구를 잘한다는 내 주장은 타당해."

여기서 중요한 로직은 아이의 야구성적 변화는 경제적 환경의 변화와 같이 맞물려 있는 분산을 제거하기 위해 경제적 환경을 통제 변수로 적용했다는 것이다. 단순회귀에서 다중회귀로 분석모델이 진화하면서 좀 더 현실에 가까운 모델에 근거한 주장이 가능해졌기 때문에, 야구팬 A는 이 정도면 반박이 힘들 것이라고 생각할 것이다.

다른 팬의 반박: "부모의 교육 수준 때문이 아니라 원래 개인적으로 야구를 잘하는 DNA를 타고 나겠지? 부모의 교육 수준은 단지 착시효과일 뿐이고 실제로는 DNA가 아이들의 야구성적을 결정한단 말이지."

고정효과모델(fixed effects model)에 기반한 주장

다시 반박당한 야구팬 A는, 자신의 모델에 개인마다 독특하고 한 번 정해지면 잘 바뀌지 않으면서 눈에 보이지 않는 개인의 특성이 야구성적에 미친다는 차원에서 다른 팬의 반박이 설득력이 있다고 판단했다. 눈에 보이지 않고 직접 측정되지도 않는 변수인 DNA를 고려하고도 여전히 부모의 교육 수준이 아이들의 야구성적에 영향을 주고 있음을 증명하기 위해 다중선형회귀분석모델에 개인의 고정효과를 추가한다. 주목해야 할 것은 개인의 고정효과는 한 시점에서 포착될 수 있는 변수가 아니라 수년간의 데이터를 통해 매년 바뀌는 개인의 특성들이 평균으로부터 벗어나 있는 정도를 상쇄하는 모델이기 때문에, 다년간의 패널 데이터가 필요하다는 점이다.

모델링: 아이의 야구성적 = 부모의 교육 수준 + 경제적 환경 + **(개인의 고정효과)** + e

야구팬 A는 반박자의 주장대로 야구성적에 눈에 보이지 않는 개인적 특성이 미치는 영향력이 워낙 커서 부모의 교육 수준이 만들어내는 영향력을 무의미하게 만들지 않았을까라는 의심이 타당하다고 생각했기 때문에, 앞서 배운 2개의 모델처럼 데이터를 뭉뚱그리지 않고 개인별로 묶어서 다년간 반복되는 관측을 통해 부모의 교육 수준과 아이의 야구성적 간 관계를 살펴보기로 했다. 이를 위해 선수 개인별로 다년간의 변화를 살펴봐야 하기 때문에 수년간의 기록이 저장되어 있는 패널 데이터를 사용해야 한다. 개인의 고정효과를 감안했음에도 불구하고 부모의 교육 수준이 여전히 의미 있게 아이의 야구성적에 영향을 미치는 것으로 발견됐으니, 이제는 자신의 주장이 옳다고 확신한다.

다른 팬의 반박: "그게 한국이니깐 그런 거야! 금수저 몰라? 다른 나라에서도 그럴 것 같아?"

다수준혼합모델(multilevel mixed effects model)에 기반한 주장

다시 재반박당한 야구팬 A는 부모의 교육 수준과 아이의 야구성적이 한국에서만 국한되어 일어나는 제한적 현상일 수도 있겠다는 고민으로, 다시 동일한 데이터를 국가별로 오랜 시간을 거쳐서 모았다. 사실 이 단계쯤 되면 분석이 어려운 것이 아니라, 자신의 주장이 현실적이며 시공간의 차이 때문에 주장하는 인과관계가 한국의 특정한 상황에서만 발생하는 예외적인 현상이 아님을 증명해야 하고, 이를 위해 수집해야 하는 데이터에 들어가는 노력, 시간, 비용을 감당하기가 어려워진 시점이다.

모델링: 아이의 야구성적 = 부모의 교육 수준 + 경제적 환경 + (개인의 고정효과) + (**환경적 임의효과**) + e

> 야구팬 A의 주장: "심지어 학군에 따라서도 다르게 나타나겠지. 소위 명문학군이라는 곳은 다들 부모의 교육 수준이 높을지도 모르겠고, 아니면 부모의 교육 수준이 낮을수록 아이 야구성적을 통해 보상받으려고 하는 경향도 있다는 걸 인정해. 학군을 넘어서 국가 간에도 당연히 다를 수 있을 것 같아서 국가 간 차이를 고려해봤는데, 그럼에도 불구하고 부모의 교육 수준과 아이 야구성적 간에 통계적 양의 관계가 나오니까 이제는 더 이상 반박하기 힘들 거야."

> 다른 팬의 반박: "다 필요 없고, 아이의 과거 야구성적이 높으면 현재의 야구성적도 높게 나와! 이전 야구성적을 고려하지도 않고 무슨 관계를 논하는 거야!"

시차 변수를 보유하는 다수준혼합모델에 기반한 주장

이번 반박의 파괴력은 가장 부담스럽다. 기존에 야구를 잘하던 아이들이 지금도 당연히 잘할 것이며, 통계적으로 워낙 강력한 관계가 성립될 가능성이 있으므로, 자칫 잘못되면 지금까지 통계적으로 중요한 인과관계라고 유지돼온 부모의 교육 수준과 아이의 야구성적 관계가 사라질 위기에 직면해 있다.

모델링: 아이의 야구성적 = 부모의 교육 수준 + **아이 야구성적**$(t-1)$ + 경제적 환경 + (개인의 고정효과) + (환경적 임의효과) + e

> 야구팬 A의 주장: "야구성적은 기본적으로 패턴을 따라간다는 걸 인정해. 그다지 잘하지 못하던 애가 갑자기 주전으로 올라가는 경우가 있긴 한데, 통계적으로 매우 희박하지. 아이의 과거 야구성적을 감안하고도 부모의 교육 수준이 아이 야구성적에 영향을 준다는 것이 통계적으로 입증되면 반박하던 사람들도 이제는 믿을 거라는 확신으로, 분석모델에 바로 직전 시점에 생성된 아이의 야구성적 데이터를 투입했고 다행히도 바라던 인

과관계가 여전히 유효했어. 이제는 더 이상 반박할 방법이 없을 거라 확신해."

다른 팬의 반박: "난 아직 동의하지 않아. 논리적으로 부모의 교육 수준이 높다고 해서 아이의 야구성적이 높을 수가 있는지 받아들일 수가 없어. 다년간 측정한 아이들의 야구성적에 대해 아직도 설명되지 못한 부분이 체계적으로 향후 야구성적에 영향을 미치고 있는 거 아냐?"

시차 변수와 자기상관을 보유하는 다수준혼합모델에 기반한 주장

답변에 충실하던 야구팬 A도 이제는 반박자의 주장이 지나치다는 생각이 들기 시작한다. 하지만 모델에서 아이의 야구성적 종속 변수 오류에 해당하는 부분이 직전 연도 오류와 심각한 연관이 있어서 특정 패턴을 찾아내지 못했다면, 원래는 아이의 야구성적과 부모의 교육 수준이 아무런 관계가 없는 게 사실인데, 전년도 오류항과 연계되어 관계가 있어 보이는 것으로 나타나는 것이 아닌가를 고민할 수 있다. 오류항의 자기상관성 때문에 관계가 있는 것처럼 보여, 지지하는 긍정오류를 범할 가능성이 높아 보인다. 다행히도 자기상관을 모델 속으로 추가했음에도 불구하고 부모의 교육 수준이 아이의 야구성적에 미치는 영향은 통계적으로 중요하게 유지되고 있다.

모델링: 아이의 야구성적 = 부모의 교육 수준 + 아이 야구성적$(t-1)$ + 경제적 환경 + 개인의 고정효과 + 환경적 임의효과 + **자기상관** + e

자기 상관까지 감안한 이상, 이제는 주장이 현실에 매우 가까워졌고 반박되기에는 충분한 근거들을 갖고 있는 상황이라서 야구팬 A는 자신감에 가득 차 있다.

야구팬 A의 최종 주장: "이제 뭘 더해줄까? 특별한 환경재앙이라도 일어나서 아이의 야구성적이 올라갔을 것 같아?"

부모의 교육 수준이 아이의 야구성적에 영향을 미치는지 확인하기 위해서는 특정 사건이 아이들에게 발생해서 영향을 미치지 않았다는 가정이 필요하고, 이를 위해 추가하는 통제 변수가 바로 연도더미 변수다. 연도더미 변수를 통제하지 않았을 때 독립 변수와 종속 변수 간의 통계적 관계가 중요하게 나타나더라도, 연도더미를 추가할 때 가설된 관계가 중요치 않은 것으로 종종 나타나는데, 이는 종속 변수에 영향을 미치지만 데이터로는 확인되지 못한 어떤 사건이 특정 연도에 발생해서 아이의 야구성적이 외생적으로 영향을 받을 수 있다. 그 사건이 무엇인지 전혀 알 수 없지만, 패널 데이터로 만들어진 모델에 연도더미를 추가해줌으로써 그런 영향까지 감안하고 난 후 순수하게 남는 효과를 제거해준다면 인과관계가 명료해진다.

모델링: 아이의 야구성적 = 부모의 교육 수준 + 아이 야구성적$(t-1)$ + 경제적 환경 + 개인의 고정효과 + 환경적 임의효과 + 자기상관 + **시간더미 변수** + e

시간더미 변수까지 고려한 모델이라면, 이제는 부모의 교육 수준과 아이 야구성적 간의 인과관계를 반박하기 어려워 보인다. 주장에 따라서 다양한 변수와 조건들을 단순선형모델에 투입해 현실에 좀 더 가까운 모델이 되는 과정을 설명하기 위해 부모의 교육 수준과 아이 야구성적 간의 인과관계를 이용했다. 사실 데이터가 없기 때문에 정말로 두 변수 사이의 인과관계가 최종 모델인 시간더미 변수와 자기상관을 보유하는 다수준혼합 패널분석모델까지 살아남을지는 알 수 없다. 어쩌면 최초의 모델이었던 단순회귀모델에서도 이론적 인과모델이 통계적으로 유의하지 않아, 애초에 그런 관계가 존재하지 않을 수도 있다. 다만, 이론적으로 필요한 변수와 조건들을 고려했음에도 불구하고 여전히 살아남은 인과관계에서 긍정 오류의 가능성은 크게 줄어든다.

조건이 포함되는 모델링: 조절 변수

야구에서 추정할 수 있는 인과관계가 특정 조건에 따라 변하는지에 대한 고민을 모델에 반영함으로써 현실에 한 발 더 다가갈 수 있다. 이 과정에서 조건의 변화를 내포하고 있는 조절 변수moderator를 통해 특정 조건을 모델 속으로 옮겨온다. 이번 절에서는 조절 변수를 갖는 인과관계를 일반화하는 데 필요한 프레임을 먼저 설명하고, 응용에서는 홈런 한 방이 게임당 관중 동원에 미치는 효과가 아메리칸리그와 내셔널리그처럼 다른 환경에서 다르게 나타나는지 테스트한다.

- 모델 1: 제한모델(그림 6.7 참조)

$$의존\ 변수(Y) = a + \beta * 독립\ 변수(X_1) + e$$

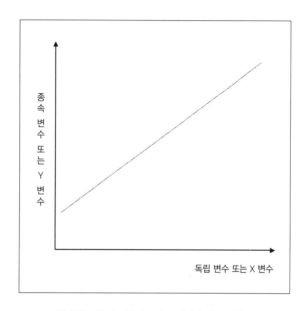

그림 6.7 제3의 조절 변수가 고려되지 않은 제한모델

기본 모델이라서 어떻게 보면 제한이 전혀 없는 모델이라고 본능적으로 생각할 수 있지만, 제한모델constrained model이라고 부른다. 추가 분석을 통해 조절 변수의 여부에 따라 의존 변수에 대한 독립 변수의 계수가 변했음을 보여주기 위해 포석을 깔아두는 바닥모델이다.

- 모델 2: 집단 간 절편의 차이만을 보여주는 제한되지 않은 모델

$$연구대상\ 변수(Y) = a + 예측\ 변수(X_1) + 이항\ 변수(X_2) + e$$

모델 1에 비해 모델 2는 제한되지 않은 모델unconstrained model이다. 2개의 조건 중 하나의 조건에 해당되는 것을 표시하는 이항 변수를 이용해, 특정 그룹에 속할 때 연구 대상 종속 변수가 다른 그룹에 속할 때보다 다른 수준이 됨을 보여주는 모델이다. 만약 내셔널리그와 아메리칸리그 두 그룹으로 구성된 이항 변수(X_2)가 통계적으로 의미 있는 차이를 보여준다면, 모델 1에서 보여주는 선형관계선으로부터 평행이동해서, 두 그룹을 대변하는 2개의 관계선이 절편은 다르지만 기울기는 같은 관계선으로 형성된다(그림 6.8 참조). 이항 변수가 모델에 추가되더라도 예측 변수의 계수인 기울기에는 영향을 미치지 않는다는 사실에 주목해야 하며, 그 결과 예측 변수(X_1) 홈런이 게임당 관중수에 미치는 영향은 A 그룹과 B 그룹 모두에서 동일할 것이라는 억지스런 제한을 해뒀기 때문에, 추가 분석을 통해 그룹 간에 영향력 정도의 차이인 기울기의 차이가 있음을 보여주겠다는 포석을 깔아둔 또 다른 제한모델이기도 하다.

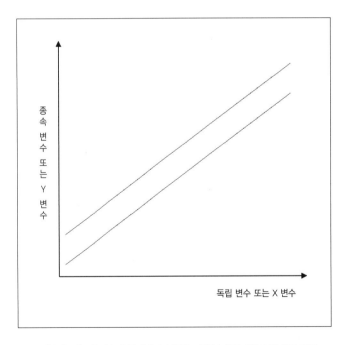

그림 6.8 제3의 변수가 절편에만 영향을 미쳐서 수평이동이 발생한 경우

- 모델 3: 집단 간 절편과 기울기의 차이를 반영하는 제한되지 않은 모델

연구대상 변수(Y) = 예측 변수(X_1) + 이항 변수(X_2) + 예측 변수(X_1) * 이항 변수(X_2)

모델 2에 비해 모델 3은 제한되지 않은 모델$^{unconstrained\ model}$이다. 홈런과 리그 차이가 혼합되어 생성되는 상호작용 효과까지 포착함으로써, 기존 평행하게 놓여 있던 두 그룹의 회귀선이 수평을 유지하지 않고 교차하거나 기울기가 달라진다. 만약 상호작용 효과가 양(+)의 계수를 갖고 있다면 A 그룹에서 기울기가 더 가팔라지고, 반면 음(−)의 계수를 갖고 있다면 A 그룹의 기울기가 더욱 평평해진다(그림 6.9 참조).

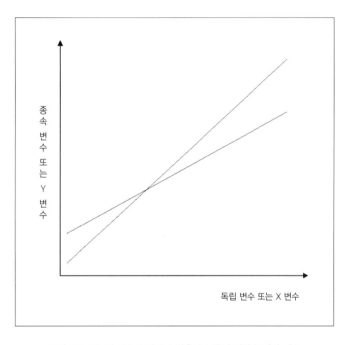

그림 6.9 제3의 변수가 절편과 기울기 모두에 영향을 미친 경우

리그별 홈런의 관중 동원 효과: 리그의 조절효과

조건이 포함된 모델링을 실제로 적용하기 위해 메이저리그 30개 팀의 팀홈런과 게임당 평균 관중수, 그리고 소속 리그라는 세 가지 변수를 활용한다. 팀성적에 따라 해당 시즌 팀별 시즌 별 경기를 보러오는 관중수가 결정되며, 그중에서 홈런만 한 것도 없다. 홈런 한 방이 관중을 얼마나 야구장으로 끌어들이는지 살펴보고, 리그에 따라 그 효과가 다르게 나타나는지도 살 펴본다. 홈런이 게임당 관중수에 미치는 효과를 보여주는 단순선형회귀분석, 홈런과 리그효 과가 게임당 관중수에 미치는 다중선형회귀분석, 마지막으로 홈런과 리그 간의 상호 효과를 고려한 조절모델까지 다룬다. 내셔널리그와 아메리칸리그가 처음 생겼을 때부터 생성된 라 만 데이터를 이용해 홈런수와 게임당 관중수의 관계를 최소좌승법 알고리즘으로 최적의 회 귀선을 그린다. 산포도상 수많은 빅데이터의 점들을 그리지 않고 회귀선에 집중할 수 있도 록 다음과 같이 감춰서(type="n") 회귀선만 깔끔하게 긋고, 게임당 관중수는 다음과 같이 시 즌 총 관중수(attendance)에 팀당 게임수(G)를 나누어 구했다. relevel() 명령어로 리그효과 를 고려할 때 아메리칸리그를 기준으로 삼았다.

```
library(Lahman)
Teams<-subset(Teams,yearID<2017)
Teams$attend<-with(Teams, attendance/G)
Teams$lgID<-relevel(Teams$lgID,ref="AL")
with(Teams, plot(HR, attend, type="n"))
summary(lm(attend~HR,data=Teams))
```

    단순회귀분석은 독립 변수 단 하나만 갖는 분석이며, 홈런과 게임당 관중과의 관계를 독 립 변수의 계수estimate인 기울기로 추정하고, 추정된 관계가 통계적으로 신뢰성이 있는지 유 의확률로 테스트해서, 홈런을 포함하는 모델이 게임당 관중을 예측하는 데 설명력이 있는지 확인한다. 긍정오류의 가능성을 단측검증one-tailed test 유의수준 0.05까지만 허용해서, 95% 신뢰수준으로 관계를 추정한다. 단측검증을 활용하는 것은 홈런과 관중 동원과의 관계가 양 의 관계를 띠면서 한쪽 방향으로 향한다고 가정하고 테스트하기 때문에 적합한 검증이다. 따라서 유의수준은 0.05 이상을 허용하지 않기 때문에, 유의확률 p 값이 기준 이하로 떨어지면 긍정오류 가능성이 5% 이하로 줄어든 상태에서 홈런과 관중 동원 간의 양적인 관계가 존재할 확률이 95% 이상인 것으로 신뢰할 수 있다.

```
summary(lm(attend~HR,data=Teams))
```

다음과 같은 회귀분석결과물은 추정값과 검증결과를 동시에 제시한다. 단, 라만 데이터가 매년 업데이트되어 새로운 연도의 기록이 추가되기 때문에 다음 결과와 여러분이 분석한 결과가 다를 수 있다는 점을 염두에 두자.

```
Call:
lm(formula = attend ~ HR, data = Teams)

Coefficients:
            Estimate Std. Error t value Pr(>|t|)
(Intercept)  502.597    174.924   2.873   0.0041 **
HR            72.630      1.395  52.048   <2e-16 ***
---
Signif. codes:  0 '***' 0.001 '**' 0.01 '*' 0.05 '.' 0.1 ' ' 1

Residual standard error: 4104 on 2554 degrees of freedom
  (279 observations deleted due to missingness)
Multiple R-squared:  0.5147,   Adjusted R-squared:  0.5145
F-statistic:  2709 on 1 and 2554 DF,  p-value: < 2.2e-16
```

메이저리그팀의 경우 1개의 홈런이 증가할 때마다 평균적으로 약 72명의 관중이 늘어나는 양적 관계가 있는 것으로 나타났다(그림 6.10 참조). 관계의 신뢰성을 테스트한 유의확률 p 값은 유의수준 0.05보다 월등히 적은 수치이므로 귀무가설인 홈런과 관중수와의 관계가 없을 가능성이 5%보다 훨씬 적다. 홈런과 게임당 관중의 관계가 결과에서 제시된 양의 관계를 이룰 가능성이 99% 이상 되기 때문에 양의 관계를 주장해도 실제 귀무가설이 맞음에도 불구하고 맞지 않다고 주장할 긍정오류 가능성은 1%도 안 된다. 물론 홈런과 관중수와의 가설이 틀릴 가능성이 완전히 없는 것은 아니다. 학계의 방법론에 큰 영향을 미치고 있는 연역적 반증주의에서 데이터는 가설에 대한 지지 여부를 검증할 뿐이므로, 데이터의 매우 적은 부분에서 가설이 지지받지 못할 가능성을 제시할 뿐 논리가 틀렸다는 식으로 받아들이는 것은 바람직하지 않다. 대신에, 틀렸다고 주장하기 위해서는 논리적으로 홈런과 관중수 간에 관계가 없거나 오히려 음이라는 가설을 개발해서 데이터로 입증하는 과정을 거쳤을 때 가능하다.

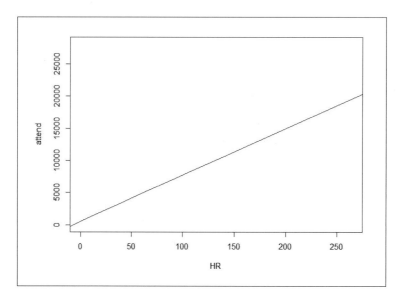

그림 6.10 홈런수와 게임당 관중수 관계선

```
with(Teams, plot(HR,attend,type="n"))
abline(lm(attend~HR,data=Teams))
```

다중회귀분석은 홈런 같은 예측 변수를 2개 이상 회귀식에 적용하는 모델링이다. 이번에는 홈런과 함께 리그 차이가 게임당 관중에 미치는 효과를 테스트하기 위해 내셔널리그팀과 아메리칸리그팀만으로 구성된 새로운 테이블 a를 만들었다. a라는 새로운 테이블에는 Teams 테이블의 lgID 변수를 이용해 AL(아메리칸리그) 또는 NL(내셔널리그) 기호가 존재하는 측정값만 선별적으로 모은다.

```
a<-subset(Teams,lgID=="AL"|lgID=="NL")
plot(a$HR,a$attend,type="n")
b<-lm(attend~HR+lgID, data=a)
b

Call:
lm(formula = attend ~ HR + lgID, data = a)

Coefficients:
(Intercept)           HR        lgIDNL
     -60.83        73.49        895.95
```

홈런과 게임당 관중수를 변수로 갖는 다중회귀분석 b의 결과에서 내셔널리그의 관중 동원 효과가 아메리칸리그의 효과보다 평균적으로 895.95명 정도 높은 것으로 결과에서 나왔다. 앞에서 아메리칸리그를 기준으로 잡았기 때문에 내셔널리그는 1로, 아메리칸리그는 0으로 지정된 상태다. 결과 b에는 다중회귀식의 세 가지 계수인 절편 [1], 홈런계수 [2], 리그 효과 계수가 [3]으로 지정되어 순서대로 저장됐으며, 아래 코드를 통해 두 평행선을 그렸다 (그림 6.11 참조). 리그효과 계수인 [3]은 내셔널리그효과이기 때문에 회귀선이 위쪽으로 평행 이동되어 두꺼운 검은색 실선(lwd=2)으로 그어졌다. 반면에 아메리칸리그를 보여주는 선은 두꺼운 검은색 점선(lwd=2,lty=3)으로 표시됐다.

```
abline(coef(b)[1],coef(b)[2],lwd=2,lty=2)
abline(coef(b)[1]+coef(b)[3],coef(b)[2],lwd=2)
```

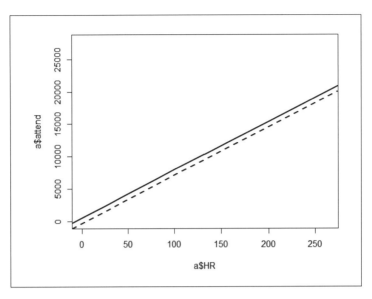

그림 6.11 홈런수와 게임당 관중수 관계에 리그효과가 고려된 관계

```
summary(lm(attend~HR+lgID,data=a))

Call:
lm(formula = attend ~ HR + lgID, data = a)

Coefficients:
            Estimate Std. Error t value Pr(>|t|)
(Intercept)  -60.828    201.753  -0.301    0.763
HR            73.487      1.396  52.634   < 2e-16 ***
lgIDNL       895.948    162.586   5.511  3.93e-08 ***
---
Signif. codes:  0 '***' 0.001 '**' 0.01 '*' 0.05 '.' 0.1 ' ' 1

Residual standard error: 4080 on 2553 degrees of freedom
  (108 observations deleted due to missingness)
Multiple R-squared:  0.5204,  Adjusted R-squared:  0.5201
F-statistic:  1385 on 2 and 2553 DF,  p-value: < 2.2e-16
```

결과에서 보여주듯이 p 값을 통해 리그 간(1gIDNL) 효과가 확인된다. 리그효과는 회귀선을 수평이동시켜서, 홈런과 관중수의 관계를 결정하는 기울기에는 아무런 영향을 미치지 않지만, 전체 데이터를 2등분하는 리그 변수로 하나였던 회귀선을 둘로 나누었다. 기울기에는 어떤 영향을 주지 않고 절편의 차이만을 내면서 홈런과 관중수의 관계를 현실과 좀 더 가깝게 추정할 수 있다. 회귀선이 실제 측정값을 반영하는 수준인 조절된 설명력adjusted R-squared이 첫 번째 모델보다 0.5145에서 0.5201로 상승했으며, 리그효과를 갖는 두 번째 모델의 설명력이 좋아졌다.

다음으로 교차효과까지 감안한 다중회귀분석을 살펴보자. 예측 변수인 홈런과 또 다른 예측 변수인 게임당 관중수를 상적해서 나타나는 효과를 교차효과 또는 상호작용효과라고 부른다. 참고로 상적한다는 것은 두 변수를 곱한다는 뜻이다. 홈런효과는 게임당 관중수에 대한 주효과main effect가 되며 상호작용효과와는 대비된다. 그림 6.12에서 점선은 아메리칸리그를, 실선은 내셔널리그를 나타내며, 기준인 아메리칸리그 팀들은 0으로 인식되어 절편 [1]과

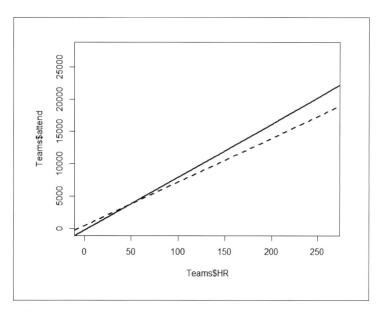

그림 6.12 리그 차이의 조절효과

기울기 [2]만으로 회귀점선을 만들었다. 내셔널리그팀들의 관계선을 그리기 위해, 아메리칸리그 관계선에 추가로 절편 [3]과 상호작용으로 영향받는 추가 기울기 [4]를 고려해서 내셔널리그의 관계실선을 만들었다. 다시 언급하자면, [1], [2], [3], [4]는 회귀결과에서 나타나는 계수의 순서라는 것을 염두에 두어야 한다.

```
plot(Teams$HR,Teams$attend,type="n")
d<-lm(attend~HR*lgID,data=a)
abline(coef(d)[1],coef(d)[2],lwd=2,lty=2)
abline(coef(d)[1]+coef(d)[3],coef(d)[2]+coef(d)[4],lwd=2)
summary(lm(attend~HR*lgID,data=a))
```

```
Call:
lm(formula = attend ~ HR * lgID, data = a)

Coefficients:
            Estimate Std. Error t value Pr(>|t|)
(Intercept)  762.817    256.074   2.979  0.00292 **
HR            66.496      1.937  34.335  < 2e-16 ***
lgIDNL      -704.483    348.726  -2.020  0.04347 *
HR:lgIDNL     14.399      2.780   5.180 2.39e-07 ***
---
Signif. codes:  0 '***' 0.001 '**' 0.01 '*' 0.05 '.' 0.1 ' ' 1

Residual standard error: 4060 on 2552 degrees of freedom
  (108 observations deleted due to missingness)
Multiple R-squared:  0.5254,    Adjusted R-squared:  0.5249
F-statistic: 941.8 on 3 and 2552 DF,  p-value: < 2.2e-16
```

통계적으로 유의한 교차효과로 두 회귀선의 기울기가 서로 다르기 때문에, 홈런 한 방이 관중몰이에 미치는 영향은 기울기가 급한 내셔널리그에서 얻은 홈런 한 방이 아메리칸리그에서 얻은 것보다 관중 동원 효과가 큰 것으로 해석된다.

다수준혼합모델로 메이저리그 팀승수 추정하기

이번에는 설명력^{adjusted R-squared}을 제시하지 못하는 모델과 비교해서 가장 적합성이 좋은 모델을 찾는 방법을 살펴본다. 타율을 독립 변수로 하고 승리게임수를 종속 변수로 하는 간단한 모델을 만들 계획이지만, 가장 현실적인 승리게임모델을 만들기 위해 간단하게 독립 변수인 타율만 고려할 것인지, 아니면 각 팀이 소속되어 있는 지구와 리그를 추가로 고려해 모델링할 것인지를 고민한다. 문제는 현실과 가까울 수 있는 모든 요인을 모델에 집어넣는다면, 일반화가 어려워지는 오버피팅^{overfitting}이 발생하고 설명력이 떨어질 수 있다는 문제가 있다. 한마디로, 필요한 것만 넣는 간략함^{parsimonious}이 모델링에서 필수조건이다.

내셔널리그와 아메리칸리그에 존재하는 가장 큰 차이는 지명타자제도이며, 이를 고려하지 않고 팀득점을 예측한다면 왜곡될 가능성이 있다. 앞에서 소개했던 홈런과 관중 동원 모델에서도 리그효과를 고려해서 소속 리그에 따른 차이를 확인했지만, 이번에는 리그효과가 주인공도 아닐뿐더러, 타율을 만드는 주체인 팀은 지구에 속해 있으며, 지구는 다시 리그에 속해 있기 때문에 팀의 지구 소속 그리고 리그 소속이 동등한 수준에서 서로 영향을 주기보다는 지구가 리그에 소속된^{nested} 수직적 위계관계가 모델에 반영될 때 타율과 승리게임수의 인과관계가 현실에 가까워진다. 먼저 팀타율과 팀승수의 관계만을 보여주는 기본 회귀모델을 제시한다. 회귀분석을 위해 아메리칸리그와 내셔널리그에 소속된 팀들의 데이터만 모아서 누락된 기록을 갖는 관측값들은 모두 제거했으며, 지구 소속을 보여주는 변수를 만들기 위해 리그 ID와 지구 ID를 paste 명령어를 통해 합쳐 새로운 division 변수를 만들었다. division 변수에는 다음과 같은 총 여섯 가지의 클래스가 있다.

NL E(내셔널리그동부), NL C(내셔널리그 중부), NL W(내셔널리그 서부),

AL E(아메리칸리그 동부), AL C(아메리칸리그 중부), AL W(아메리칸리그 서부)

```
library(Lahman)
a<-subset(Teams, lgID=="AL"|lgID=="NL")
a<-na.omit(a)
a$AVG<-a$H/a$AB
a$division<-paste(a$lgID,a$divID)
```

선형회귀모델 lm()은 최소좌승법을 사용하는 선형모델 중에서 특별한 케이스다. 일반적이며 초기에 배우는 선형회귀모델을 왜 특별모델이라고 하는지 충분히 의문을 가질 수 있다. 일반모델을 먼저 배우고 특별모델을 배우는 게 적합한 순서이겠지만, 일반모델은 통계 입문자가 배우기에는 현실에 맞게 고려해야 하는 복잡한 내용이 너무 많아서 이해하기 어려운 반면, 강력한 가정(선형성, 독립성, 등분산성, 정규성)을 요구하는 선형회귀모델은 해당 가정에 맞는 데이터만 있다면 가장 쉽게 분석해서 결과를 해석할 수 있어서 먼저 배우게 된다.

```
b<-lm(W~AVG,data=a)
summary(b)

Call:
lm(formula = W ~ AVG, data = a)

Residuals:
    Min      1Q  Median      3Q     Max
-30.7411 -8.7849  0.2925  8.1225 27.4138

Coefficients:
            Estimate Std. Error t value Pr(>|t|)
(Intercept)   -7.041      8.447  -0.834    0.405
AVG          335.752     32.312  10.391   <2e-16 ***
---
Signif. codes:  0 '***' 0.001 '**' 0.01 '*' 0.05 '.' 0.1 ' ' 1

Residual standard error: 11.02 on 742 degrees of freedom
Multiple R-squared:  0.127,    Adjusted R-squared:  0.1259
F-statistic:    108 on 1 and 742 DF,  p-value: < 2.2e-16
```

특별모델인 선형회귀모델이 제시하는 통곗값들 중에서 수정된 설명력adjusted R-squared은 회귀선이 데이터를 설명하는 정도를 제시하므로, 같은 선형회귀분석을 사용한 다른 모델과 비교가 가능하다. 하지만 선형회귀분석을 넘어서는 일반모델과 비교할 경우, 표준화할 수 있는 통곗값이 없어서 모델 적합성의 우월을 가리지 못한다. 따라서 최소좌승법을 따르는 특별모델을 여러 다양한 알고리즘을 기반으로 하는 일반모델로 전환해서 모델의 적합성을 아카이케^AIC 값으로 확인한다. 물론 전환하면서 득점 계수와 표준오차가 살짝 변하기도 하지만 적합성이 가장 좋은 모델을 찾는다는 차원에서, 통계적으로 중요하지 않던 값들이 중요해졌든지 아니면 그 반대가 된 상황이 아니라면 전환해서 비교해볼 가치가 있다. 이번 장에서 소개할 다수준혼합^multilevel mixed분석은 일반모델이어서 표준화를 위해 팀타율과 팀승수 관계를 선형회귀분석 명령어 lm() 대신에 일반선형모델인 glm() 명령어를 적용한다. 실행한 결괏값은 계수와 계수의 표준오차에 아무런 차이가 발생하지 않았으며 아카이케^AIC 값은 5686.4로 나왔다. 5장에서 설명했듯이 AIC가 낮을수록 데이터와 모델 간에 적합성이 높으며, 다른 모델의 AIC와 비교해서 모델의 적합성을 확인한다.

```
c<-glm(W~AVG,data=a)
summary(c)

Call:
glm(formula = W ~ AVG, data = a)

Deviance Residuals:
     Min        1Q     Median        3Q        Max
-30.7411   -8.7849     0.2925    8.1225    27.4138

Coefficients:
            Estimate Std. Error t value Pr(>|t|)
(Intercept)   -7.041      8.447  -0.834    0.405
AVG          335.752     32.312  10.391   <2e-16 ***
---
Signif. codes:  0 '***' 0.001 '**' 0.01 '*' 0.05 '.' 0.1 ' ' 1

(Dispersion parameter for gaussian family taken to be 121.4886)

    Null deviance: 103262  on 743  degrees of freedom
Residual deviance:  90145  on 742  degrees of freedom
AIC: 5686.4

Number of Fisher Scoring iterations: 2
```

이번에는 지구가 리그에 속해 있는 효과까지 포함한 다수준혼합효과모델[multilevel mixed effect model]을 사용해 AIC 값을 구할 것이다. 분석모델의 이름대로 팀 수준부터 리그 수준까지 여러 수준이 고려되어 다수준분석이라 불린다. 조금 이해하기 어려운 부분이 바로 혼합효과의 뜻이다. 바로 앞에서 사용한 선형회귀분석의 경우, 소속 지구 및 리그와 관계없이 타율과 승수의 관계 모수를 추정했고, 추정된 모수가 두 변수의 관계의 고정값이라서 고정효과라 부른다. 혼합효과는 고정값이 달라질 수 있는 소속 리그와 지구 효과를 분리해 팀타율과 팀승수와의 순수한 관계인 고정효과를 추정하기 때문에, 임의와 고정이 모두 고려됐다는 점에서 혼합효과모델이다. 혼합효과모델을 실행하기 위해서는 arm이라는 패키지가 필요하다.

lmer() 명령어를 이용해 + 표시 앞에는 고정효과 요인들을 투입하고, 임의효과 요인들을 수직바(|) 뒤로 규모가 큰 요인부터 그다음 작은 요인으로 순서대로 투입한다. 혼합효과모델 결괏값을 d에 저장해서 display(d)를 통해 확인하면 된다. summary(d)로 확인할 수 있지만, AIC 값을 제시해주지 않기 때문에 비교 목적으로 display(d)를 사용했다.

```
library(arm)
d<-lmer(W~AVG+(1|lgID/division),data=a)
display(d)

lmer(formula = W ~ AVG + (1 | lgID/division), data = a)
            coef.est coef.se
(Intercept) -11.02    8.57
AVG          351.14   32.65

Error terms:
 Groups            Name        Std.Dev.
 division:lgID (Intercept)  1.91
 lgID             (Intercept)  0.00
 Residual                      10.89
---
number of obs: 744, groups: division:lgID, 6; lgID, 2
AIC = 5671.1, DIC = 5681.7
deviance = 5671.4
```

결과에 따르면 다수준혼합효과모델의 AIC 값이 선형회귀모델보다 낮게 나와서 좀 더 데이터에 가까운, 즉 현실에 근접한 모델을 제시하는 것으로 확인된다. 그림 6.13에 나오는 6개의 지구별 타율과 승리 게임수의 관계는 임의효과를 고려하지 않아도 괜찮다고 할 만큼 회귀선들의 기울기가 같다고 보이지 않는다. 따라서 시각적으로도 다수준혼합효과모델은 팀타율과 팀승수를 고려할 때 채택해야 할 적합모델이라 생각된다.

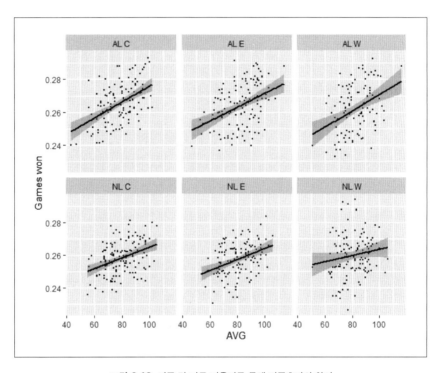

그림 6.13 지구 간 다른 기울기를 통해 지구효과의 확인

```
library(ggplot2)
ggplot(a,aes(a$W,a$AVG))+geom_point(size=0.5)
        +stat_smooth(method="lm",col="black")+facet_wrap(~division)
        +labs(x="AVG", y="Games won")
```

아메리칸리그 세 지구에서 모두 게임 승수가 팀타율에 민감하게 반응한다는 사실을 기울기를 통해 알 수 있다. 상대적으로 내셔널리그의 서부지구$^{NL\ W}$는 다른 지구에 비해 그다지 민감하게 반응하지 않는 것으로 보인다. 따라서 시각적으로도 다수준혼합효과모델은 팀타율과 팀승수를 고려할 때 채택해야 할 적합모델이라 생각된다.

실험실 없이 실험환경 통제하기: 통제 변수

팀홈런을 예측 변수로 사용해 게임당 관중 동원을 예측할 때, 타자들이 만들어낸 홈런 말고도 관중 동원에 영향을 미칠 수 있는 외부 요인이 존재해서 실제 관중수를 끌어올린 것은 홈런이 아닐 수 있다는 반론은 당연해 보인다. 예를 들어 미국이나 일본처럼 1개 이상의 리그가 존재하는 경우, 리그의 특수성에 따라 관중수에 영향을 끼칠 수 있는 가능성은 이미 앞에서 확인한 것처럼 리그 차이 효과가 발생했다. 또한 홈런수가 적더라도 스타플레이어를 보유한 팀이라면, 그들을 보기 위해 관중들이 몰린다. 물론 스타플레이어가 많은 홈런을 쳐낸 선수들로만 구성되어 있다면 두 변수 관계 예측에 문제가 없지만, 휴스턴 애스트로스의 호세 알투베$^{Jose\ Altuve}$ 선수와 같이 홈런은 많지 않아도 발이 빠르고 타격능력이 좋은 스타를 보기 위해 경기장을 찾는 사람도 많기 때문에, 관중 동원과 팀홈런 사이에 뒤섞여 있는 개념들을 통제해주지 않으면 홈런의 관중 동원 능력이 고평가된다.

통제^{controlling}는 야구에서만 필요한 것이 아니라 실험실이 없는 사회과학 연구는 어떤 방법을 사용해서라도 인과관계를 교란할 수 있는 요인들을 통제해야 한다. 사회과학 연구에서 통제된 실험실과 매우 유사한 경우를 옆에서 지켜본 적이 있다. 흥미롭게도, 자기 사업체를 전문경영인에게 맡겨놓고 박사과정에 전념했던 동료가 있었다. 자신의 한마디로 조직 전체에 영향을 줄 수 있는 연구자가, 자신의 기업을 대상으로 연구를 한다면 어떤 연구설계를 구상할 수 있을까? 사회과학 쪽은 많은 연구가 사람을 대상으로 하기 때문에 가장 흔한 방식이 설문지를 통한 결과 분석이다. 보통은 인사 담당자나 직급이 높은 매니저에게 양해를 구하고 어렵게 설문조사를 진행하는 경우가 많아서, 반복되는 장기간의 관찰로 심리와 행동 변화를 파악하는 종단분석이 연구에 큰 공헌을 해도, 현실적으로 연구가 직원들의 업무 활동에 불편을 준다면 진행이 어렵다. 진행된다고 하더라도 불편한 심정으로 답변된 응답지는 엉터리 결과를 내놓을 가능성이 높다. 기업의 인사부서장이나 최고경영자에게 "조직을 둘로 나눠주시고, 한 그룹은 말단 직원까지 의사결정권을 주시고, 나머지 그룹은 명령으로만 움직이게 해주십시오. 그러면 제가 권한위임empowerment이 어떻게 개인의 창의성으로 연결되는지 연구해볼 것입니다."라고 요청한다면 단번에 거절당할 것이다.

하지만 기업의 오너라면 물론 연구에 따른 불편과 피해가 예상되더라도 자신이 속해 있는 조직을 대상으로 실험실 연구와 유사한, 유사실험을 시도하는 것이 불가능하지만은 않다. 대형 정책을 전체 조직에 적용하기 전에 그 가능성을 표본추출된 소수의 그룹에서 파일럿 형식으로 테스트할 목적이면 충분히 이론적으로 그리고 실무적으로 실행가치가 있다. 연초에 인사이동이 있고 난 후, 한 그룹에는 특정 전산시스템을 부여하고 다른 그룹에는 부여하지 않음으로써 그룹별로 새로운 시스템이 실적에 다르게 영향을 미쳤는지 비교확인하는 연구설계를 생각해보자. 설명한 연구설계는 동일한 기업 속에서 두 그룹을 나누었기 때문에 기업 전략, 목표 및 조직 문화가 같아 외부 요소externalities가 다르게 미칠 가능성은 최소화되어 새로운 시스템과 실적 간의 인과관계가 비교적 명확히 테스트된다.

특정 조직에 아무런 권한이 없는 저자는 실험설계보다는 사후실험 연구방법과 통계분석에 집중하고 있다. 메이저리그 야구팀에서 팀원 간 네트워크가 강화되면 조직의 응집도가 높아져서, 조직이 활용할 수 있는 전략이 다양해진다라는 가설을 만들었다고 가정하자. 실험대상은 팀 내 개별 선수가 아니라 메이저리그팀이며, 이미 발생한 과거 사건들을 가지고 이론에 기반한 인과관계를 찾는다. 문제는 저자가 특정 팀에 네트워크를 강화하는 프로그램을 적용할 수 있는 권한도 없어서 네트워크 강도의 차이를 만들 수 없다는 점이다. 대신 메이저리그 모든 팀의 네트워크 수준을 평가해서, 선수 간 폭넓은 네트워크를 갖고 있던 팀의 응집력이 더 높아져서, 구사했던 작전범위의 폭이 더 넓어졌는지를 측정하는 것이 최적의 방법일 것이다. 다만, 이 방법의 문제는 그림 6.14가 제시하듯이 구사할 수 있는 작전범위를 결정하는 응집력에 영향을 준 것이 팀 내 폭넓은 네트워크밖에 없는가라는 의문은 언제든지 발생한다.

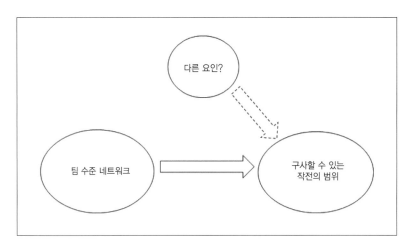

그림 6.14 제3의 요인이 종속 변수에 미치는 영향

팀 내 네트워크와 전략범위 개념 간의 인과관계를 확인하고자 상당히 많은 통제 변수들을 연구모델에 투입해서, 비록 통제된 실험실은 없지만 연구환경을 진공화하기 위한 노력을 할 수 있다. 통제 변수는 두 변수의 관계에 영향을 미쳐 전략범위의 확대가 네트워크에서 영향을 받았다기보다는, 제3의 요인으로부터 영향을 받아 확대된 결과가 아님을 확실히 해두기 위해 준비된 변수들이다. 따라서 통제 변수는 논리의 내재적 타당성^{interal validity}을 강화하는 것이 목적이다. 모델에 투입된 변수들은 종속 변수와 맞물려서 같이 변화해가는 공통된 분산^{variance}만큼 미리 제거하고, 이렇게 해서 남은 분산으로 팀 수준 네트워크가 작전의 범위에 영향을 미치는 순수 인과관계를 파악한다.

진공 실험실을 만들 수 없는 연구에서는 팀 내 네트워크라고 하는 독립 변수를 조작할 수 없다. 여기서 조작한다는 의미는 데이터를 바꿔치기 한다든가 존재하는 데이터를 제거하는 등 비윤리적 연구행태를 의미하는 것이 아니라, 연구실에 있는 특정 그룹의 쥐에는 주사를 놓고 나머지 그룹에게는 아무런 약을 투입하지 않아서 실험군과 대조군으로 나누는 연구설계를 의미한다. 이렇게 할 수 없는 비실험실 연구의 한계는 여전히 '야구팀 내 선수 간의 네트워크'가 '활용 가능한 전략범위'에 영향을 끼친 게 맞는가라는 내재적 타당성에 대한 의심에서 완전히 자유로울 수 없다는 점이다. 반면에 조작 없는 일상에서 한 연구라서 결과에 대한 적용범위가 넓어서 일반화를 의미하는 외재적 타당성은 내재적 타당성보다는 상대적으로 뛰어나다.

눈에 보이지 않는 교란요인들 잡아내기

연구자들은 원인 X가 결과 Y에 미치는 관계인 X의 계수 베타(β)를 찾고 있다. 문제는 진정한 베타값을 찾는 것을 방해하고 있지만 보이지 않아서 잡아내기가 힘든 오류항(ε) 때문에 진정한 관계 파악이 어려워진다는 점이다.

$$Y = \alpha + \beta X + \varepsilon$$

바로 앞에서 소개한 통제 변수를 사용할 수 있다는 것은, 눈에 보이지 않는 제3의 요인을 데이터가 있어서 측정할 수 있었기 때문에 모델링으로 끌어냈다는 측면에서 그나마 다행이다.

$$Y = \alpha + \beta_1 X_1 + \beta_2 X_2 + \varepsilon$$

오류항error term ε은 관측되지 않은 비체계적 오류(u)와 체계적 오류(λ)를 모아놓은 항이다. 물론 측정할 수 있는 데이터만 있었다면 오류항에 있는 잠재 변수들을 통제 변수로 옮겨놓을 수도 있었겠지만, 데이터가 항상 존재하는 것은 아니기 때문에 눈에 보이지 않는 잠재 변수들은 오류항에 남게 된다.

$$\varepsilon = \lambda + u$$

야구에서 데이터가 없어 눈에 보이지 않아 오차항으로 분류돼버린 요인 중에는 특정 시점에 메이저리그 전 구단에 동시에 영향을 준 특정 사건 잠재효과unobserved time-specific effect, 각 구단별로 다르게 영향을 미치지만 구단 내에서는 시간의 경과에도 불구하고 변화 없이 꾸준하게 영향을 주는 잠재 변수unobserved time-invarying variable, 마지막으로 각 구단별로 다르고 구단 내에서 시간의 경과에 따라 다르게 영향을 주는 잠재 변수unobserved time-varying variable로 나눌 수 있다.

첫 번째, 특정 시점 이벤트 효과는 30개의 메이저리그팀들이 공통적으로 같은 시점에 영향을 받는 특정 이벤트 요인을 의미한다. 예를 들어 2006년은 포스트시즌 동안 메이저리그 전 경기장에 피치 F/X 시스템을 도입하면서 팀들의 데이터 기반 분석에 영향을 미치기 시작한 해였다. 피치 F/X 시스템뿐만 아니라 경기룰, 선수 트레이딩 정책 등 매년 광범위한 효과를 유발하는 사건들이 발생하고 있어서 30개의 모든 팀에 영향을 미치는 사건들을 고려하지 않는다면, X와 Y 변수 간 인과관계 추정이 편향될 수도 있다. 그렇지만 이 모든 사건을 개별적으로 통제하는 것은 불가능하다. 특정시점효과$^{time-specific\ effect}$는 시간의 흐름을 고려하지 않고 한 시점 단면만 보여주는 횡단면 데이터에서는 통제될 수 없지만, 다년도 패널 데이터를 이용하면 메이저리그 전체 팀에 영향을 주면서 매년 다른 수준의 특정시점효과 차이가 통제된다. 이를 위해 연도^{year}를 통제 변수로 활용한다. 그 사건이 무엇인지 알 수 없지만, 다년도 패널분석모델에 연도더미를 추가해줌으로써 특정시점효과가 종속 변수와 맞물려 있는 분산을 제거하고 남는 분산을 통해 독립 변수와 종속 변수의 관계를 추정하면 순수한 인과관계 효과 추정에 한 발 가까워진다.

두 번째, 각 팀마다 다른 방식으로 나타나서 충분히 종속 변수에 영향을 미칠 개연성이 있지만, 데이터가 없어서 측정할 수 없고 시간이 지나도 별로 변하지 않는 변수$^{unobserved\ time-}$$^{invaring\ variable}$가 있다. 예를 들면 구단별로 장기적 전략, 구단의 문화, 선수 관리방식 등은 측정할 수가 없어서 모델에는 해당 변수를 투입하지 못했지만, 종속 변수에 영향을 끼쳐서 인과관계 추정에 편향을 줄 수 있는 잠재 변수들이다. 마지막으로, 눈에 보이지 않으면서 구단마다 다른 특성을 띠며 같은 구단이라고 하더라도 시점마다 달라지는 변수$^{unobserved\ time-varying}$^{variable}의 효과는 전혀 패턴이 나타나지 않는다. 이 경우 가장 좋은 방법은 매년 임의로 변한다는 점을 인지하고 관찰기간 동안 발생한 오류들의 평균을 구하고 평균에서 발생하는 각 오류들의 편차를 모두 더하면 0이 되므로, 오류가 제거되는 효과가 있다.

눈에 보이지 않는 요인들을 통제하기 위해 패널분석을 사용하는데, 고정효과모델과 임의효과모델이 대표적이다. 물론 두 모델의 사용조건은 다르다. 관계를 추정하는 최소좌승법을 알고리즘으로 하는 2개의 모델은 변수의 독립성을 기본 가정으로 두고 있고, 독립 변수와 오류항에 연관이 없어야 독립성이 확보된 분석을 실행할 수 있다. 독립 변수가 종속 변수의 오류항과 연관이 발생할 경우에는 내생endogenous 변수가 되어서 가정에 어긋나고, 가정에 위배된 상태에서 생성된 결과는 왜곡된 결과물이다. 따라서 오류항에서 눈에 보이지 않게 존재하는 잠재 변수와 독립 변수의 상관성 여부를 확인하기 위해 하우스만Hausman 테스트를 실시하면 내생성 여부의 확인이 가능하다. 만약 내생성이 있어서 인과관계에 왜곡을 준다고 판단되면 고정효과모델을 사용하면 되고, 내생성이 없다고 판명되면 임의효과모델을 사용하면 된다. 두 모델은 오류항에서 공통적으로 구단마다 다르고 시간의 흐름 속에서 변하는 잠재 변수와 구단마다 다르지만 구단 내에서 변하지 않는 잠재 변수를 통제하는 효과가 있다. 패널분석을 하기 위해 분석가가 해야 할 일은 다년도 데이터를 열심히 모아서 패널 데이터 구조에 맞게 준비하는 일이다.

단순선형모델, 임의효과모델, 고정효과모델의 비교

같은 데이터를 사용하고도 단순선형모델, 임의효과모델, 고정효과모델은 다른 결과를 제시할 수 있다는 사실을 주목해야 한다. 다른 결과가 나타날 경우 고정효과모델이 항상 우월하고 단순선형모델의 결과는 신뢰하기 힘들다고 간단하게 받아들일 문제가 아니다. 답은 현실에 있다는 사실을 기억하면서, 다음 질문을 통해 어떤 모델이 현실과 가장 닮았는지 생각해보자. 메이저리그에서 희생타가 팀승률에 미치는 영향은 어떤 모습인가? 희생타가 증가할수록 팀승률이 상승하는가? 하락하지는 않는가? 관계가 있긴 한 것인가? 관계를 테스트하기 전에 인과관계에 미칠 수 있는 여러 가정들을 생각해봐야 한다.

각 팀마다 다르고 매년 바뀌는 눈에 보이지 않는 체계적 요인으로 인해 팀승률이 영향을 받을 수 있는가라는 잠재 변수에 대한 고민이 필요하다. 팀승률은 구단의 다양한 요인들이 종합적으로 연계되면서 만들어내는 결과물이라서, 눈에 보이지 않는 다양한 변수들의 영향을 받을 수밖에 없다. 각 팀마다 다르지만 매년 크게 변하지 않는 잠재 변수인 구단의 특정 성적 선호도, 공격적 문화, 팀워크 지향성 등이 독립 변수인 희생타에 영향을 미칠 수 있다. 따라서 단순선형모델보다는 임의효과나 고정효과처럼 다년도 패널모델이 더욱 적합해 보인다. 고정효과와 임의효과모델 간의 선택은 독립 변수와 오류항과의 독립성 여부다. 아래는 2012, 2013, 2014 시즌 라만 데이터 팀테이블을 이용해 세 가지 모델별로 관계를 구했다. 팀승률 변수는 시즌별 각 팀의 승리한 게임수를 총 게임수로 나누어서 구했다.

```
a<-Teams[Teams$yearID==2014|Teams$yearID==2013|Teams$yearID==2012,]
a$wp<-a$W/a$G
```

단순선형모델

첫 번째 모델은 단순선형모델로, 독립 변수로 희생타^{SF}와 종속 변수로 팀승률^{wp}을 사용했다.

```
summary(lm(wp~SF,data=a))

Call:
lm(formula = wp ~ SF, data = a)

Coefficients:
            Estimate Std. Error t value Pr(>|t|)
(Intercept) 0.3997623  0.0360078  11.102  < 2e-16 ***
SF          0.0024256  0.0008547   2.838  0.00564 **
---
Signif. codes:  0 '***' 0.001 '**' 0.01 '*' 0.05 '.' 0.1 ' ' 1

Residual standard error: 0.06646 on 88 degrees of freedom
Multiple R-squared:  0.08384,  Adjusted R-squared:  0.07343
F-statistic: 8.053 on 1 and 88 DF,  p-value: 0.005639
```

단순선형모델 결과에서 팀승률과 희생타의 관계를 정의하는 계수^{estimate}는 0.0024256으로 두 변수는 양의 관계를 유지하는 것으로 확인되며, 유의확률 p 값이 의미하듯이 통계적으로 유의미한 관계가 확인된다. 조절된 설명력$^{Adjust R-squared}$ 0.07343으로 판단할 때 희생타의 팀승률 설명력이 그다지 높지는 않다. 사실 야구경기를 생각해보면, 장타율이나 홈런만큼 크지는 않아도 승률에 대한 관계 추정에 어느 정도는 기여할 수 있는 변수로 판단된다.

임의효과모델

두 번째 모델은 임의효과모델로, 팀과 연도를 구분해주는 teamID와 yearID를 인식시켜주고 random 모델을 지정했다. 패널분석을 위해 패키지 plm을 다음과 같이 설치해야 한다.

```
install.packages("plm")
library(plm)
summary(plm(wp~SF,data=a,index=c("teamID","yearID"),model="random"))

Call:
plm(formula = wp ~ SF, data = a, model = "random", index = c("teamID",
    "yearID"))

Balanced Panel: n=30, T=3, N=90

Coefficients :
              Estimate Std. Error t-value Pr(>|t|)
(Intercept) 0.42839264 0.03457093 12.3917  < 2e-16 ***
SF          0.00173270 0.00080324  2.1571  0.03372 *
---
Signif. codes:  0 '***' 0.001 '**' 0.01 '*' 0.05 '.' 0.1 ' ' 1

Total Sum of Squares:     0.23085
Residual Sum of Squares: 0.21925
R-Squared:        0.050222
Adj. R-Squared: 0.03943
F-statistic: 4.65327 on 1 and 88 DF, p-value: 0.03372
```

임의효과모델의 결과에서 팀승률과 희생타의 관계를 정의하는 계수는 0.00173270으로 단순선형모델의 결과와 마찬가지로 두 변수는 양의 관계를 유지하며, p 값이 의미하듯이 통계적으로 유의미한 관계가 확인된다. 다만, 단순선형모델에 비해 유의확률 p 값이 상당히 증가한 것으로 판단할 때 긍정오류 가능성이 다소 높아졌음을 의미한다. 조절된 설명력 0.03943으로 판단할 때 희생타의 팀승률 설명력은 더욱 낮아졌다.

고정효과모델

팀과 연도를 구분해주는 teamID와 yearID를 인식시켜주고, 고정효과를 의미하는 within을
지정했다.

```
summary(plm(wp~SF,data=a,index=c("teamID","yearID"),model="within"))

Call:
plm(formula = wp ~ SF, data = a, model = "within", index = c("teamID", "yearID"))

Balanced Panel: n=30, T=3, N=90

Coefficients :
     Estimate Std. Error t-value Pr(>|t|)
SF 0.00113370 0.00091602  1.2376   0.2208

Total Sum of Squares:    0.14946
Residual Sum of Squares: 0.14568
R-Squared:        0.025305
Adj. R-Squared: -0.4703
F-statistic: 1.53176 on 1 and 59 DF, p-value: 0.22075
```

고정효과모델의 결과에서 팀승률과 희생타의 관계를 정의하는 계수는 0.00113370으로
앞의 두 모델과 마찬가지로 두 변수는 양의 관계를 유지하지만, 흥미롭게도 유의확률 p 값
이 0.2208로 급등해서 통계적으로 더 이상 양의 유의미한 관계가 있다고 말하기 힘들어졌
다. 임의효과모델에 비해 조절된 설명력 −0.4703으로 마이너스 수준을 보이기 때문에 고정
효과모델에서는 희생타의 팀승률 설명력은 없는 것으로 보인다.

세 가지 모델 중 최종적으로 어떤 모델을 선택해서 희생타와 승률의 관계를 추정할 것인
가? 설명력이 높아서 예측력이 좋아 보이는 선형모델을 선택할 것인가? 아니면 희생타에 보
이지 않게 영향을 미치고 있는 잠재 변수를 이론적으로 확정할 수 있고, 희생타와 잠재 변수
간에 상관성이 있어서 고정효과모델을 선택할 것인가? 잠재 변수가 오류항과는 영향이 없는
것으로 가정하고 임의효과모델을 사용할 것인가? 결론적으로 말하자면, 설명력인 Adjusted

R-squared가 높다고 해서 선택할 수 있는 것도 아니고, 자신이 원하는 주장을 지지해줄 수 있는 계수와 낮은 유의확률을 갖고 있는 모델을 선택하는 것도 결과를 읽을 사람들을 호도할 수 있다는 차원에서 윤리적 이슈가 충분히 있다. 결국 모델의 선택은 숫자에서 찾아낼 것이 아니라 야구 현장에서 가져와야 한다. 희생타와 팀승률의 현실적 관계를 이해하고, 선행 주자를 위해 희생할 수 있는 팀 분위기, 감독과 구단주의 희생타에 대한 자세, 그 외 눈에 보이지 않는 다양한 요인들을 고려한 이후에 결정할 수 있는 부분이기 때문에, 모델링은 '지은이의 말'에서 밝혔듯이 프로그래밍이라는 기술적 부분, 통계 메커니즘인 이론적 부분, 그리고 데이터로부터 추론하고 예측하는 논리적 부분을 야구라는 개념적인 부분과 연계해서 가치를 만들어내는 중요한 사고법이다.

정리하며

모델링은 종속 변수의 설명되지 못하는 부분을 개선하기 위해 좀 더 현실적인 형태의 예측 변수를 채택할 수도 있고, 통제 변수를 통해 오류항에 남아 있던 설명 가능한 분산을 끌어내서 설명되지 않는 부분을 줄이든지, 또는 숨어 있는 잠재 변수를 고립시켜서 예측 변수와 종속 변수 간의 관계에 영향을 끼치지 못하도록 분석모델을 수립해가는 과정이다. 이 과정에서 핵심은 예측 변수가 정말로 종속 변수 변화의 원인이 맞아서 인과관계라고 자신 있게 주장할 수 있는가라는 질문에 답을 하기 위한 끊임없는 현재 모델에 대한 의심이다.

7

머신러닝

메이저리그와 한국 프로야구에서 선수들의 세부적인 활약은 트랙맨^{Trackman} 기술을 통해 '오'
와 '열'이 맞는 구조화된 데이터^{structured data}로 저장되고 각 팀의 전략적 의사결정에 활용되고
있다. 팀들이 야구 데이터 분석으로 장기적인 효과를 얻으려면 누구나 몇 번의 클릭으로 얻
을 수 있는 분석결과보다는 데이터 이면에 숨겨진 가치를 전문 영역에서 얻은 경험과 직관을
통해 간파하고, 데이터와 직관이 교차하는 그 부분에 주목해야 한다. 직접 팀 야구를 경험해
본 사람이라면 팀성적에 미치는 경기 외적인 수많은 요인들을 잘 알지만, 이를 포착하는 데
이터는 없다고 생각하거나 있어도 알지 못할 수도 있다. 선수 출신들은 그 존재를 구체적 경
험을 통해 알고 있지만 어떻게 데이터 영역으로 가져와야 하는지 아이디어가 부족하고, 분
석 전문가들은 정말로 무엇이 필요한지 감조차 잡지 못할 때도 많다. 지금 머신러닝은 경험
영역과 데이터 영역을 빠르게 연결하고 있다.

머신러닝: 기계에 답을 주고 인간은 로직을 얻는다

메이저리그는 2006년과 2007년 시즌을 통해 전구장에 투수가 던지는 구별^{pitch} 데이터를 실시간으로 측정하고 공유해서 다양한 목적으로 사용할 수 있는 야구 디지털 플랫폼인 PITCHf/x를 설치했다. 야구계에서 본격적으로 빅데이터 시대의 시작을 알린 것이다. 현재 2020년에 업그레이드된 트랙맨 시스템이 전 구단에 적용되어 사용 중이며, 한국 프로야구에서도 대부분의 구단에 적용되고 있다. 현재 트랙맨에서 생성된 데이터는 메이저리그와 파트너십을 맺고 있는 MLBAM^{MLB Advanced Media}에서 관리한다. MLBAM에서 분사해 데이터 관리뿐만 아니라 스포츠 경기 스트리밍 서비스를 전문으로 하는 BAMTech은 메이저리그에 최대의 중계권료를 지불하고 있는 ESPN의 주인인 디즈니에 인수되어, 디즈니의 메이저리그 영향력은 빅데이터 시대를 맞아 더욱 높아지고 있는 중이다.

PITCHf/x의 도입으로 메이저리그는 빅데이터에 기반한 다양한 분석을 작전에 적용할 수 있는 환경을 제공하고 있으며, 지난 10년간 각 구단에서는 데이터 분석을 전담하는 부서와 팀들이 빠르게 자리 잡았다. 전통적인 통계분석기법이 아닌 머신러닝을 통한 선수 선발과 기용에 좀 더 적극적인 전략을 구사하는 움직임이 보이고 있다. 머신러닝이라는 용어는 1959년 IBM에서 근무하던 아서 사무엘^{Arthur Samuel}이라는 연구자가 만든 용어로, 패턴 인식과 컴퓨터 학습 이론에 기반해서 발전한 컴퓨터 처리 방식 개선을 위한 알고리즘이다. 머신러닝은 변수 간의 관계를 모델링해서 예측하는 예측모델 개발, 변수 간 유사성에 기반한 군집화, 그리고 눈에 보이거나 눈에 보이지 않는 잠재 대상의 구분요인^{classifier} 학습을 통한 분류 등 다양하게 사용된다.

7장에서는 숫자 데이터에서 벗어나서 문자 데이터를 기반한 분류모델을 학습시키고 야구 환경에서의 머신러닝 애플리케이션 가능성을 소개해보려고 한다. 특히 2018년『메이저리그 야구 통계학』출판 이후 저자의 연구 관심 주제였던 경영전략과 자연어 처리를 진행하면서 배웠던 자연어 처리방법 중 꼭 공유하고 싶은 내용을 추렸다.

최적의 타순 정하기

케이스 스터디

"나는 야구감독이다. 지난 200경기 동안 한 차례의 결장 없이 열심히 뛰어준 kim, lee, park, jung, yun 다섯 명의 선수 덕분에 성적을 어느 정도 유지할 수 있어서 고맙게 생각한다. 매경기 타순과 승패 여부를 확인해보니, kim 선수가 3번 타자를 맡고 park 선수가 kim의 바로 앞 타석에 배치됐을 때 제법 많이 이겼다는 느낌이 든다. 나머지 세 선수들은 1번부터 5번까지 어느 순번에 들어가도 자기 몫을 잘해주고 있어서 든든하다."

"나는 수학을 좋아하는 코치다. 감독님의 말을 듣고 kim 선수를 3번에 고정하면 park 선수는 자동으로 2번에 고정된다. 나머지 세 자리를 놓고 lee, jung, yun을 배치하면 총 경우의 수는 3!, 즉 $3 \times 2 \times 1 = 6$개의 가능한 타순이 나온다."

Lee Park kim jung yun

Lee Park kim yun jung

Jung Park kim lee yun

Jung Park kim yun lee

Yun Park kim lee jung

Yun Park kim jung lee

"천만다행이다. 감독님이 park과 kim의 타순을 정해주시지 않았다면, 분석해야 할 총 타순의 수는 $5! = 5 \times 4 \times 3 \times 2 \times 1$, 총 120개였을 것이다. 나는 데이터를 읽으실 수도 있으면서 그 속에서 어떤 강렬한 느낌을 포착하는 감독님의 능력과 직관에 찬사를 보낸다."

"나는 수학을 좋아하는 골수 야구팬이다. kim의 느린 발 때문에 장타가 될 수 있는 타구도 단타로 처리된 경우가 얼마나 많았는데, 특히 발빠른 yun이 kim의 후속 타순으로 왔을 때의 경기는 참 답답했지. park-kim 조합은 좋다고 봐. 다만 그 조합을 yun 앞에만 넣지마."

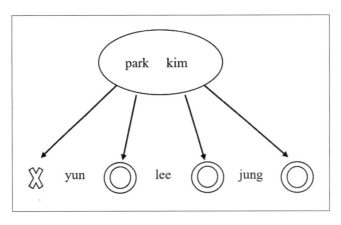

그림 7.1 다섯 선수의 타순 조합

골수팬도 일단은 park-kim 조합을 찬성하지만, 그 조합을 yun 바로 앞에 넣지 말라고 한다. 조건이 하나 더 붙으면서 경우의 수가 약간 복잡해진다. 세 선수 yun, lee, jung이 위치할 수 있는 경우의 수는 3!, 그리고 park-kim 조합이 투입될 수 있는 공간은 3개 중 1개인 $_3C_1$이다. 따라서

$$3! \times {_3C_1} = 18가지 경우의 수$$

감독, 코치, 팬의 제한적인 기억과 직관에 따라 만들어낸 조합이다. 이들이 생각해낸 조합보다 더 좋은 조합이 있을 수 있지만, 생각해보지 못한 것을 생각해낸다는 건 불가능하다. 감독이 말한 대로 5명의 선수는 지난 200일 동안 꾸준히 경기에 참가했기 때문에 그들의 타순 데이터는 존재하고, 해당 경기 승패 결과를 알려주는 이항^{binomial} 데이터도 존재한다. 이제는 사람이 아닌 기계에게 경기 결과를 학습시켜서, 어떤 조합에서 가장 높은 승률을 주는지 알아보자. 쉽게 말해 머신러닝을 경험해본다.

기계가 학습을 하려면 몇 가지 사전 작업이 필요하다

머신러닝 이전 시기의 컴퓨터 활용은 분석할 데이터와 기존에 개발해둔 알고리즘을 주고 정답을 찾도록 한 반면, 머신러닝 시대의 컴퓨터 활용은 학습할 데이터와 정답을 주고 알고리즘을 개발하는 데 있다. 따라서 학습할 데이터와 그 정답이 필요하다. 학습할 데이터는 기존 200경기에서 구성된 해당 선수 5명의 게임별 타순이고, 결괏값이 태그된 정답지는 해당 경기의 승패 여부다. 이번 케이스는 가상의 야구팀을 대상으로 하고 있어서, 타순도 데이터 임의 생성 명령어인 sample()을 통해 다음과 같이 5명의 선수들로 구성된 200일치 타순을 만들어낸다.

```
result<-data.frame(matrix(nrow=5,ncol=1))
colnames(result)<-c("V1")
for (i in 1:200){
  result[i]<-sample(1:5,5,replace=F)
}
game<-data.frame(t(result))
colnames(game)<-c("first","second","third","fourth","fifth")
game<-ifelse(game==5,"kim",
             ifelse(game==4,"lee",
                    ifelse(game==3,"park",
                           ifelse(game==2,"jung","yun"))))
game<-data.frame(game)
```

이번 프로그래밍에는 기억해둘 만한 명령어들이 많다. data.frame()을 통해 5행과 1열로 구성된 테이블을 만들고, 첫 열에 1번부터 5번까지 선수들의 이름이 반복되지 않게 임의로 선택해서 하나씩 채워준다. 반복순환 명령어인 for()를 이용해 1열이 모두 채워지면 그다음 열을 채우는 방식으로 200번을 반복한다. 행과 열을 변환하는 t()를 이용해 200행 5열로 된 테이블로 변환한 후, 채워진 숫자 5번을 kim, 4번을 lee, 3번을 park, 2번을 jung, 1번을 yun으로 정해서 숫자를 문자로 바꾼다. 최종 결과는 그림 7.2와 같다.

▲	first ⇕	second ⇕	third ⇕	fourth ⇕	fifth
V1	yun	kim	park	jung	lee
V2	yun	lee	jung	park	kim
V3	park	lee	kim	jung	yun
V4	yun	jung	park	kim	lee
V5	park	jung	kim	yun	lee
V6	lee	jung	park	kim	yun

그림 7.2 선수들의 경기별 타순

이제는 머신러닝을 위해 두 번째 요건인 정답지가 필요하다. 정답지도 이번 가상 케이스에서 임의 선택 방식으로 만든다. 앞에서 감독의 기억대로 kim이 3번 타자에 섰을 때 승리 가능성이 가장 높고 3번과 비슷한 4번 타석을 맡았을 때도 약간은 높을 수 있는 승패 분포를 띠는 이항 변수를 만들어본다. 물론 실제 데이터가 있다면 이런 방식으로 만들 필요가 없지만, 이번 절의 목적인 머신러닝이 수행되는 과정을 보여주는 데 있어 임의로 만든 데이터가 실제 승패 데이터라고 가정해도 좋다. 승패 데이터를 임의로 생성하기 위해 1과 0의 결과만 낼 수 있는 실험을 여러 번 했을 때 나타나는 결괏값의 분포인 베르누이 분포를 적용한다.

```
a=rbinom(10,1,0.8)
b=rbinom(10,1,0.7)
c=rbinom(10,1,0.5)
v<-ifelse(game$third=="kim",a,ifelse(game$fourth=="kim",b,c))
```

첫 번째 코드는 승리할 확률이 80%인 조건에서 결괏값 1(승) 또는 0(패)의 결과를 10번 실험해서 그 결과를 보여준다. 직접 실행해보면 8번이 아닌 7번의 승리 결과를 보여주는데, 80%의 확률로 데이터를 생성했기 때문에 8번도 나올 수 있지만, 7번과 9번도 가능하며, 확률은 매우 낮지만 6번과 10번도 가능하다. 물론 여러분의 결과도 다를 수 있다.

```
a=rbinom(10,1,0.8)
a
 [1] 1 1 1 1 1 0 1 1 0 0
```

이런 방식으로 b와 c를 통해 다른 베르누이 확률 분포를 만들어주는데, 그 이유는 kim 선수가 세 번째 타석에 섰을 경우와 네 번째 타석에 섰을 경우, 그 외의 타석에 섰을 경우 등 조건에 따라 승리 확률이 다를 수 있도록 하기 위함이다. 이러한 다양한 조건을 ifelse 구문으로 코딩한다.

```
v<-ifelse(game$third=="kim", a, ifelse(game$fourth=="kim",b,c))
```

전체 200경기의 승패 기록에는 a에서 생성된 1과 0으로 구성된 10개의 데이터가 총 20번 반복되며, 마찬가지로 b와 c에서 생성된 각각의 10개 데이터가 총 20번 반복되어, kim이 3번 타자에 섰을 때는 a의 값을, 4번 타자에 섰을 때는 b의 값을, 그 외에는 c의 값을 선택하게 하여 이항 변수인 승패 데이터를 완성했다. 200일치 경기의 승패를 보여주는 이항 데이터를 미리 만들어놓은 타순 데이터와 합쳐서 머신러닝용 데이터를 그림 7.3과 같이 완성한다.

```
win<-data.frame(v)
order<-cbind(game,win)
text<-with(order,paste(first,second,third,fourth,fifth,sep=" "))
lineup<-data.frame(cbind(order$v,text))
colnames(lineup)<-c("win","text")
```

	win	text
1	1	yun kim park jung lee
2	1	yun lee jung park kim
3	0	park lee kim jung yun
4	1	yun jung park kim lee
5	0	park jung kim yun lee
6	0	lee jung park kim yun

그림 7.3 완성된 머신러닝용 데이터 구조

인간의 눈에는 엑셀 스프레드시트처럼 가로 세로가 나뉘어 있는 구조화된 데이터가 이해하기 편하지만, 기계의 경우는 인간이 의도적으로 구조화해둔 데이터보다는 비정형화된 데이터를 공급해서 스스로가 인식할 수 있도록 자연어를 변환하는 인코딩 과정이 필요하다. 이번에 소개하는 인코딩 방식은 가장 기본적인 원핫 인코딩one-hot encoding이다. 처리해야 할 자연어 데이터가 상대적으로 크지 않고 분석해야 할 데이터의 구분이 비교적 명료하다고 생각되면 원핫 인코딩 방법을 추천한다. 딥러닝에서 주로 사용되는 임베딩embedding 방식에 비해 컴퓨터가 데이터를 처리하기가 용이하고, 분석과정을 다시 되짚어봐야 하는 인간 연구자 입장에서 자연어가 어떻게 처리됐는지 설명할 수 있다. 원핫 인코딩 방식의 문제점은 대부분의 경우 자연어 분석이 1과 0만으로 구성된 초대형 매트릭스에 의존하기 때문에 분석해야 할 데이터가 클수록 메모리에 매핑되는 매트릭스가 지나치게 확장되어 사용자의 컴퓨터가 메모리 용량 부족 문제에 직면할 수 있다는 점이며, 매트릭스에 있는 대규모 셀 중 약간의 셀에만 1이 존재하는 희박sparse 매트릭스가 생성되어 매우 비효율적인 분석이 되고 만다는 더 큰 문제도 있다.

그림 7.3과 같이 이제 컴퓨터에 필요한 데이터와 정답지가 준비됐다. 먼저 어떤 작업을 할 것이며 왜 이 방식이 말이 되는지 설명한 후에 코드를 진행하는 것이 데이터에만 매몰되는 위험을 막을 수 있을 것이다. 머신러닝의 이론적 기반이 되는 베이즈 룰Bayes' Rule을 소개한다.

베이즈 룰

투수가 스트라이크 존 중심으로 공을 던지면 타자들이 쳐낼 수 있는 확률은 높아진다. 시속 150km 이상으로 던지는 강속구 투수가 많은 메이저리그에서도 스트라이크 존 중심으로 들어오는 공을 타자들은 쉽게 쳐낸다. 2020년 시즌에 활약한 토론토 블루제이스 류현진 투수나 세인트루이스 카디널스의 김광현 투수가 활약할 수 있었던 이유 중 하나가 스트라이크 존 가장자리로 빠르게 던질 수 있는 컨트롤이 있어 변화구의 위력이 더욱 높아졌다는 점이다. 아마도 2020 시즌 투구된 공 중에서 타구된 공들의 위치만 모으면 그림과 같이 중앙에서 가장 타구 빈도가 높으면서 퍼져나가는 정규분포의 형태를 띨 것이다(그림 7.4). 즉, 투수가 중앙에서 벗어난 공을 던질 때 타구될 확률은 점점 낮아지는 모습이다.

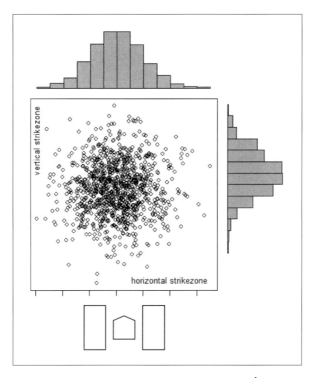

그림 7.4 타구된 공들의 스트라이크 존 가상 위치[1]

```
x<-rnorm(1000); y<-rnorm(1000)
xhist <- hist(x,plot=FALSE); yhist <- hist(y,plot=FALSE)
xmin <- min(x); xmax <- max(x); ymin <- min(y); ymax <- max(y)
xcount<-xhist$counts; ycount<-yhist$counts

## 산포도 범위 및 그래프 구조 설정
top <- max(c(xcount, ycount))
xrange <- c(xmin,xmax);yrange <- c(ymin,ymax)
m <- matrix(c(2, 0, 1, 3), 2, 2, byrow = TRUE)

layout(m, c(3,1), c(1,3), TRUE)
```

---

1   메이저리그 구단 오너들의 파트너십으로 설립한 MLBAM(MLB Advanced Media)에서 제공하는 데이터를 공급하는 https://
    baseballsavant.mlb.com/에서 실제 투구된 공의 위치를 확인할 수 있는 변수를 내려받을 수 있다.

```
## 산포도
par(mar=c(0,0,1,1))
plot(x,y)
text(x=2,y=-3.2,label="horizontal strikezone")
text(x=-3,y=1.7,label="vertical strikezone",srt=90)

## 산포도 상단 히스토그램 설정
par(mar=c(0,0,1,1))
barplot(xhist$counts, axes=FALSE, ylim=c(0, top), space=0)

## 산포도 우측 히스토그램 설정
par(mar=c(3,0,1,1))
barplot(yhist$counts, axes=FALSE, xlim=c(0, top), space=0, horiz=TRUE)
```

하나의 평균과 이를 벗어나는 지표인 표준오차를 가지고, 메이저리그에 있는 타자들이 스트라이크 존 중앙에서는 빈도 높게 쳐낼 것이며 가장자리에서는 빈도가 낮게 쳐낼 것이라는 가정이 전통적인 빈도주의 방식이다. 그런데 문제는 스트라이크 존에 단 하나의 정규분포를 가정하는 것이 맞는가라는 질문이 나온다. 예상치 못한 타자의 유형이 실제 존재하는데, 이 상치로 여기고 넘어가야 하는가의 판단이다. 정규분포로는 설명되지 않는 패턴이 발생하고 있다면, 이를 어떤 식으로 예측모델에 집어넣을 것이냐의 문제다.

아무리 스트라이크 존 중심에서 확률의 빈도가 떨어지는 정규분포 형태가 맞는다고 해도, 어떤 타자에게는 나의 가설이 100% 먹힐 것이고 어떤 타자에게는 그렇지 않을 수도 있다. 높은 공을 유독 좋아하는 타자, 올려치는 어퍼스윙을 좋아해서 낮은 공을 선호하는 타자, 몸쪽 공을 당겨치는 타자, 바깥쪽 공을 밀어치는 타자 등 개별 타자 수준으로 들어오면 또 이야기가 달라진다. 메이저리그에서 활약하는 한국 투수들처럼 상대해야 할 전체 타자에 대해 스트라이크 존 중앙에서 타구 빈도가 높고 가장자리에서 빈도가 낮다는 일반 가설을 따르지 않고, 타자들의 유형을 가능한 한 많이 머릿속에서 분류해낼 수 있다면 분류된 소규모 그룹 안에서 투수들의 가설은 거의 완벽하게 적용될 것이다.

통계적으로 말하자면, 거대한 모집단을 단 하나의 평균과 편차로 간단하게 일반화하기보다는 감각기관을 통해 얻은 인상과 경험치에서 벗어나 오로지 데이터를 기반으로 소규모 그룹으로 잘게 세분화해서 상대의 강점을 피하면서 약점 공략으로 게임을 이길 수 있는 확률을 높인다는 것이다. 이러한 아이디어를 도식화하면 그림 7.5에서처럼 서로 평균도 다르고 분포도 다른 다양한 소집단 그룹으로 나타낼 수 있다.

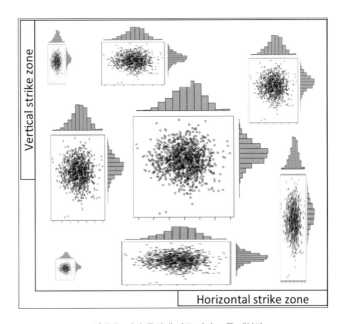

그림 7.5 타자 특성에 따른 타자 그룹 세분화

어쩌면 애초에 정규분포를 가정했던 것 자체가 큰 오류일 수 있다. 데이터가 부족했고 처리능력이 부족했던 과거에는 현실에 대해 정규분포, 베타분포, 양봉^bimodal이 있는 분포를 가정해서 관심 있는 대상을 예측해도 됐지만, 데이터가 충분하고 처리능력이 좋은 기계들 앞에서 전체 시장의 확률분포를 가정하기보다는 투수들이 학습한 소규모 그룹별 타자들의 특성과 해당 그룹의 사전^prior 확률에 따라 특정한 특성을 띠고 있는 타자가 특정 소규모 그룹에 속하게 될 확률인 사후^posterior 확률을 구하기 때문에 빈도주의^frequency의 분포 형태 가정 없이 베이즈 학습방식으로 구한다(그림 7.6).

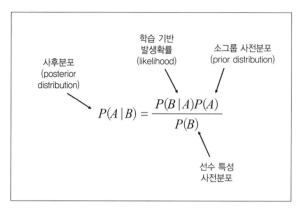

그림 7.6 베이즈 룰

 베이즈 방식으로 할 수 있는 학습을 생각해보자. 투수가 타자를 상대할 때 타자가 어떤 소그룹에 속하는지 빠르게 결정하면 그에 맞는 약점을 파악할 수 있다. 투수의 머릿속에는 특정 그룹의 타자들에게서 나타나는 행동들이 떠오르며, 그 그룹이 얼마나 흔했는지 아니면 드물었는지 동시에 생각해낼 것이다. 반복적으로 또 다른 그룹의 행동들도 떠올려보게 된다.

$$P(\text{그룹}_a \mid \text{특성}_1, \text{특성}_2, \text{특성}_3) = \frac{P(\text{특성}_1, \text{특성}_2, \text{특성}_3 \mid \text{그룹}_a)P(\text{그룹}_a)}{P(\text{특성}_1, \text{특성}_2, \text{특성}_3)}$$

$$P(\text{그룹}_b \mid \text{특성}_1, \text{특성}_2, \text{특성}_3) = \frac{P(\text{특성}_1, \text{특성}_2, \text{특성}_3 \mid \text{그룹}_b)P(\text{그룹}_b)}{P(\text{특성}_1, \text{특성}_2, \text{특성}_3)}$$

그림 7.7 베이즈 룰을 이용한 소속 소그룹 가능성 비교

 투수들의 머릿속에서 자신이 돌리고 있는 메커니즘이 베이즈 룰이라는 사실을 알고 있는 투수들은 없을 것이며, 물론 알 필요도 없다. 다만 투수가 마주 보고 있는 타자가 어떤 그룹에 속할 것인가를 두고 두 그룹을 비교한다면, 그림 7.7의 식에서 분모는 동일하기 때문에 계산에서 제외할 수 있다. 분자만 구하면 눈에 보이는 타자의 행동 특성에 따라 자신의 경험을 통해 만들어놓은 그룹 프레임으로 분류할 수 있다. 이는 분명히 데이터를 기반으로 한 베이즈 통계이며, 하나의 모집단의 모수와 분포 형태를 가정하는 빈도주의 방식의 확률 계

산은 아니다.

사후확률 예측에 사용되는 조건이 늘어날수록 확률 기반 분류의 정확도는 높아지지만 조건이 늘어날수록 인간의 인지능력과 정신능력으로 감당할 수 없는 계산 수준이 되고 만다. 프로야구에서 사용하는 빅데이터 플랫폼에는 이 모든 경기 중 행동 특성들이 각각의 타자별로 저장되어 있다. 각 조건에 따라 소규모 그룹에 소속될 확률이 정해지고 투수가 그에 맞게 대응하면 타자가 안타를 칠 확률은 낮아진다. 타석수가 많아질수록 사후확률 예측을 할 수 있는 학습량이 더 많아져 소규모 소속그룹 분류 알고리즘은 더욱 정확해질 수밖에 없다. 다양한 조건에 따라 정교해 지는 분류모델을 통해 타자의 약점을 찾아서 공략하는 것이 올바른 빅데이터와 머신러닝의 적용일 것이다.

베이즈 룰을 설명하기 위해 유능한 투수들이 타자들을 분석하는 방식을, 스트라이크 존 중심의 단순한 일반화가 아니라 상대 타자들을 중심으로 한 다양한 소집단을 머릿속으로 분류하고 이해하는 방식으로 소개했다. 사실 실제 프로야구 투수들은 잘게 쪼개서 세그먼트하는 것이 아니라 타자들 한 명 한 명의 특성들을 외운다고 하니, 역시 프로라는 생각이 든다. 쉽게 생각해서 메이저리그에는 총 30개의 팀이 있는데, 실제 적극적으로 참여하는 25명의 선수들만 고려해도 투수들이 머릿속에 꿰고 있어야 할 선수의 수는 725명(29개 팀 × 25명)이다. 스트라이크 존 중심 방식은 단 하나의 모집단 가정으로, 돌려야 할 뇌의 회로가 단순해서 피로도가 높지 않다. 하지만 725명에 대한 개별 회로를 돌려야 할 때는 상대 선수를 배운다는 마음가짐이 없다면 언제든지 단 하나의 모집단 가정으로 돌아갈 여지가 높다. 빅데이터 시대에는 눈으로 보지 못했던 소집단을 찾아내고 그 속에서 일반화를 할 수 있는 알고리즘을 돌려야 한다. 그 방법의 핵심 개념은 대상에 대한 가정 없이 데이터에서 패턴을 찾고, 결과를 학습해서, 조건부 사후확률을 계산하는 베이즈 방식과 일치한다.

머신러닝: 데이터, 정답지, 그리고 베이즈 방식

다시 앞에서 이야기한 경기를 이길 수 있는 가장 높은 확률을 가져다주는 타순을 찾기 위해 베이즈 방식을 적용한다. 이미 우리에게는 관측한 데이터, 정답지, 그리고 베이즈 방식에 대한 이해가 있다.

```
library(caret)
library(quanteda)
set.seed(27326)
target <- createDataPartition(lineup$win, times = 1,p = 1, list = FALSE)
train<- lineup[target,]
train_a <- tokens(as.character(train$text), what = "word")
train_a <- tokens_ngrams(train_a, n = 2:5)
train_dfm <- dfm(train_a, tolower = FALSE)
```

　과거 200경기에서 선수들의 타순과 게임 승리 여부를 보여주는 전체 데이터(p = 1)를 분석해야 할 대상으로 지정하고 모든 데이터를 train으로 모아둔다. 현재는 kim, lee, yun, jung, park 5명의 이름이 다양한 조합으로 연결되어 있으며, 이를 말뭉치corpus라고 한다. 말뭉치 자체는 컴퓨터가 인식하는 데 좋은 형태가 아니기 때문에 말뭉치에 있는 각 단어를 컴퓨터가 자연어를 인식할 수 있는 최저 단위인 토큰token으로 변환한다. 또한 바로 연결되어 있는 인접 단어들은 또 다른 정보를 줄 수 있기 때문에, 가령 kim의 인근 토큰인 lee를 묶어서 kim-lee로, 나아가 lee의 인근 단어인 yun까지 연결하는 kim-lee-yun 토큰으로 생성할 수 있다. 2개만 묶인 것을 2-gram, 3개가 묶인 것을 3-gram이라 하면, 이번 분석에서는 2-gram부터 5-gram까지 포함시켜 다양한 조합까지 고려해서 타순을 통해 팀의 승리 여부를 예측하는 모델을 개발한다.

　원핫 인코딩 방식의 자연어 처리에서 중요한 코드가 dfm()('document-feature matrix'의 약자)인데, 행은 분석 단위 텍스트로, 열은 분석 대상 토큰들로 이뤄진 테이블을 만들겠다는 명령어다. 전체 말뭉치에서 사용된 토큰들이 열을 구성하는데, 말뭉치가 크면 클수록 매우 다양한 토큰이 존재하게 되며, 대부분의 토큰들은 전체 말뭉치에서 단 한 번만 사용될 것이다. 그림 7.7처럼 테이블에 있는 대부분의 셀에서 0으로 나타나는 희박한sparse 테이블이 생성되는 것은 dfm() 기반 원핫 인코딩을 사용할 때 발생하는 한계점이다.

　인코딩된 테이블(그림 7.8)을 분석할 수 있는 매트릭스로 인식시키고, 이미 만들어놓은 과거 200경기 승패 결과를 보여주는 이항 변수와 연결한 후, train() 명령어를 통해 타순에 따른 승패 분류모델을 학습시킬 것이다. 분류모델에 적용될 알고리즘은 각각의 토큰들이 설명 변수가 되어 어떤 조건에서 승리하는지 규칙을 찾아가는 의사결정 트리^{decision tree}(rpart) 알고리즘을 적용한다. 머신러닝에 사용되는 대표적인 알고리즘은 의사결정 트리 말고도 랜덤 포레스트^{random forest}, 컨벌루션 신경망^{convolution neural network}, 순환 신경망^{recurrent neural network} 등이 있으며, 이번 장의 후반부에서 자세히 소개한다.

	kim_yun	yun_lee	lee_jung	jung_park	kim_yun_lee	yun_lee_jung	lee_jung_park	jung_kim	kim_yun_lee_jung	yun_park
text1	1	1	1	1	1	1	1	0	1	0
text2	1	0	0	0	0	0	0	0	0	0
text3	0	0	0	0	0	0	0	0	0	0
text4	0	0	0	1	0	0	0	0	0	0
text5	1	1	0	0	1	0	0	1	0	0
text6	0	1	0	0	0	0	0	0	0	0
text7	1	1	0	0	1	0	0	0	0	0
text8	1	0	0	0	0	0	0	0	0	0
text9	1	1	0	0	1	0	0	0	0	0
text10	0	1	1	1	0	1	1	0	0	0
text11	1	0	0	0	0	0	0	0	0	0

그림 7.8 dfm()을 통한 자연어의 인코딩 상태

그림 7.9는 지난 200게임의 타순을 문자^{text}로 나열한 200개의 행과 함께 토큰화된 각각의 단어 변수와 승패 여부를 보여주는 win 변수를 합해서 총 293개의 열로 구성되며, 테이블의 처음 3행을 보여준다.

```
train_matrix <- as.matrix(train_dfm)
train_full <- cbind(win = train$win, data.frame(train_matrix))
```

	win	kim_yun	yun_lee	lee_jung	jung_park	kim_yun_lee	yun_lee_jung	lee_jung_park	kim_yun_lee,
text1	0	1	1	1	1	1	1	1	
text2	1	1	0	0	0	0	0	0	
text3	0	0	0	0	0	0	0	0	

그림 7.9 토큰 처리된 테이블과 win 변수가 결합된 통합 테이블의 처음 3행

학습은 베이즈 방식으로 이뤄진다. 형태는 매트릭스 첫 열에 있는 win이라는 이벤트가 발생할 수 있는 확률을 높여주는 조건을 찾아내는 조건부 확률이다. 베이즈 방식으로 분류모

델을 개발하고 검증하는 단계는 머신러닝에서 중요한 작업이다.[2] createMultiFolds()는 전체 데이터에서 k등분을 times만큼 반복해서 샘플을 추출하는데, 관심 변수인 win 비율이 각 샘플에 동일하게 배치되는 층화추출방식이다. 층화추출된 각 샘플은 5등분으로 나뉘는데, 4등분은 분류모델 학습용으로 나머지 1등분은 검증용으로 사용된다. 각각은 한 번씩 검증용으로 활용되는데, 이 작업을 두 번 반복해서 분류에러 평균을 계산한다.

```
train_b <- createMultiFolds(train_full$win, k = 3, times=2)
train_parameter <- trainControl(method = "repeatedcv", number=5, repeats=2, train_b)
train_model <- train(win ~ ., data = train_full, method = "rpart", trControl =
train_parameter, tuneLength = 10)
```

```
> train_model
CART

200 samples
296 predictors
  2 classes: '0', '1'

No pre-processing
Resampling: Cross-Validated (5 fold, repeated 2 times)
Summary of sample sizes: 161, 160, 159, 159, 161, 161, ...
Resampling results across tuning parameters:

  cp           Accuracy    Kappa
  0.000000000  0.5834193   0.15870619
  0.009557945  0.5834193   0.16131993
  0.019115890  0.5904862   0.16607917
  0.028673835  0.5602814   0.09131808
  0.038231780  0.5578424   0.08318473
  0.047789725  0.5602814   0.08885633
  0.057347670  0.5627205   0.09294304
  0.066905615  0.5498999   0.06345618
  0.076463560  0.5424609   0.04239608
  0.086021505  0.5424609   0.03281273

Accuracy was used to select the optimal model using the largest value.
The final value used for the model was cp = 0.01911589.
```

그림 7.10 학습 결과

2 이 부분에 대한 이해를 높이기 위해 다양한 자료를 참고하고 배웠다. 도움이 됐던 자료를 소개하면 다음과 같다.
1) Datar, S. & Bowleer, C. (2017) Tamarin App: Natural Language Process. Harvard Business School. 베이즈 룰이 자연어 처리에 적용되는 아이디어를 제공한다. 2) 데이터 사이언스 도조(Data Science Dojo)에서 운영하는 유튜브 채널에는 머신러닝과 관련된 자료가 많으며, 특히 텍스트 분석 코딩을 깊이 있게 이해하고 싶다면 'Introduction to Text Analytics with R'을 권한다. 3) UC 어바인대학교 Center for Machine Learning and Intelligent Systems의 머신러닝 데이터 저장소와 Kaggle 웹 페이지에는 활용 가능한 수많은 데이터와 코드가 공개되어 있다. 이뿐만 아니라 towardsdatascience.com이나 datasciencecentral.com에서는 R을 이용한 머신러닝을 주제로 한 기사와 코드가 포스팅되고 있다.

마지막 코드에서는 의사결정 트리인 rpart 알고리즘을 활용해서 10번의 조건 중에서 신뢰성이 높은 복잡성 파라미터complexity parameter를 선택한다. 이 값은 0.019 이상으로 분류 가치를 높일 수 있을 때 의사결정 트리의 가지를 분화시킨다는 의미로 해석한다(그림 7.10).

의사결정 트리 알고리즘으로 개발한 분류모델을 통해 5명의 선수 조합이 만들 수 있는 승리 가능성을 예측해본다. 만약 승리 확률이 50%가 넘는 타순이라면 지향해야 할 것이며, 50% 미만이라면 재고해야 할 순번이라고 판단할 수 있을 것이다. 발생 가능한 모든 타순을 생성하기 위해 5명의 선수가 단 한 번씩 중복 없이 출전할 수 있도록 나열하는 순열permutation을 다음과 같이 생성해서 적용할 실제 데이터를 준비시켰다. 순열 생성을 위해 install.packages("gtools")를 설치하자.

```
library(gtools)
test.p<-permutations(5,5)
test.f<-data.frame(ifelse(test.p=="5","kim",
                          ifelse(test.p=="4","lee",
                                 ifelse(test.p=="3","park",
                                        ifelse(test.p=="2","jung","yun")))))
test<-data.frame(with(test.f,paste(X1,X2,X3,X4,X5,sep=" ")))
colnames(test)<-c("text")
```

학습 데이터와 동일하게 모두 소문자로 전환하고 2-gram에서 5-gram까지 조합해서 인코딩했다. 이번 장 후반부에서 자세히 다루겠지만 n-gram 같은 피처feature 엔지니어링은 딥러닝에서 불필요하며, 딥러닝과 지금 진행하고 있는 얕은 학습의 큰 차이점 중 하나다.

```
test_a <- tokens(as.character(test$text), what = "word")
test_a <- tokens_ngrams(tokens_tolower(test_a), n = 2:5)
test_dfm <- dfm(test_a)
test_matrix <- data.frame(as.matrix(test_dfm))
```

학습된 알고리즘에 따라 실제 데이터 각각의 순번에 해당하는 승리 확률을 계산했으며, 실제 데이터와 결합해서 첫 5행까지만 결과를 보여준다(그림 7.11).

```
preds <- predict(train_model, test_matrix,type="prob")
prob<-data.frame(preds)
lineup_prob<-cbind(test,prob$X1)
View(lineup_prob)
```

	text	prob$X1
1	yun jung park lee kim	0.04761905
2	yun jung park kim lee	1.00000000
3	yun jung lee park kim	0.10526316
4	yun jung lee kim park	0.55555556
5	yun jung kim park lee	0.69565217

그림 7.11 타순과 승리 확률을 보여주는 최종 결과

머신러닝의 종류

박사과정을 진행하면서 숫자로 된 다년도 데이터로 통계검증을 해야 한다고 생각했던 나에게, 경영자들이 쓰고 남겨놓은 글과 문서에서 그들의 관심과 의도를 포착하고 향후 행동과 전략을 추정할 수 있다는 아이디어는 방법론에 대한 협소했던 생각의 지평을 넓혀주는 혁명과도 같았다. 박사학위과정에서 숫자가 아닌 문자 데이터를 처리하는 방법에 대해 논의할 수 있었던 세미나 수업은 개설되어 있지 않았고, 연구 펀드가 항상 부족했던 박사과정 학생 입장에서 처리할 수 있는 방법은 손으로 수집한 문서 데이터를 다시 손으로 필요한 단어와 구문들의 빈도를 찾아내고 코딩하는 노동집약적 방식이었다. 지금 동일한 일을 처리해야 한다면, 수작업이 필요한 반복적인 작업은 자연스럽게 지도학습이나 비지도학습의 힘을 빌릴 것이며 창의적인 작업에 나의 '머리'를 쓸 수 있도록 에너지를 아껴둘 것이다.

이런 작업은 다만 학문연구에만 국한되는 것은 아니다. 신입직원을 뽑기 위해 "왜 우리 회사에 지원했습니까?", "왜 해당 업무가 여러분에게 적합하다고 생각합니까?" 등 적합성을

평가하기 위해 머신러닝의 도움을 받을 수도 있고, 고객들이 선호하는 아이템 특징들을 구분할 수도 있으며, 추천할 아이템을 이해하기 위해 아이템 간의 연관성을 문자 데이터로 분석해서 아이템과 사용자를 매칭할 수 있다. 문자를 데이터로 사용할 수 있는 능력은 분명히 남들과는 차별화를 줄 수 있는 개인의 가치로운 능력이며, 그 능력은 머신러닝과 직접적으로 연결되어 있다. 처리할 수 있는 데이터의 종류가 숫자에서 문자로 넘어오면서 학계에서는 지금까지 답하지 못하던 연구질문에 답할 수 있는 가능성이 높아졌고, 산업계에서는 분석가들이 세상을 보는 새로운 렌즈를 가질 수 있게 됐으며, 스포츠계에서는 다른 팀들도 다 갖고 있는 빅데이터 분석에서 다른 팀에게는 없는 야구 경험과 통찰이 어우러져 있는 그 팀만의 독특한 분석이 가능하기 시작했다.

그림 7.12와 같이 머신러닝은 비교적 간단한 형태의 학습 알고리즘에 의존하는 얕은 학습shallow learning과 연산과정에서 구조적으로 여러 층들이 쌓여 있는 딥러닝deep learning으로 나뉜다. 계산이 진행되면서 인공 뉴런들이 서로 연결되어 여러 층을 띠고 있는 딥러닝은 인간의 뇌가 분산적이며 병렬적으로 학습하는 방식에서 영감을 얻었다. 딥러닝이 무조건 얕은 학습보다 좋다고 볼 수는 없다. 구조가 복잡한 만큼 처리하는 시간이 길며, 복잡한 처리는 연산능력이 좋은 비싼 장비(예: GPU)가 필요하기 때문에, 데이터를 목적에 맞게 처리하는 데 구조적으로나 규모적으로 어려움이 없다면 좀 더 효율적인 얕은 학습이 좋다고 볼 수 있다.

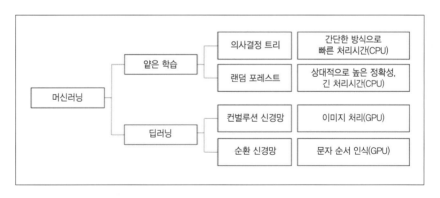

그림 7.12 머신러닝의 분류

인간이 영어나 한글로 쓴 글은 기계가 직접 읽지 못하기 때문에 기계어가 아닌 자연어 Natural Language라고 한다. 자연어를 기계가 읽을 수 있게 전환해주는 작업을 인코딩 또는 임베딩이라 한다. 최적 타순 정하기 프로젝트에서도 사용했던 간단한 원핫 임베딩one-hot embedding을 생각해보자. 원핫 임베딩은 문서Document에 있는 단어가 존재하면 1, 아니면 0이라고 입력 문자를 숫자로 변환하는 방법이며, 빈도에 따라서 그 수치는 올라간다. 다음과 같은 세가지 타순이 있다(그림 7.13).

Document	kim	yun	park	lee	jung
yun-jung-park-lee-kim	1	1	1	1	1
kim-jung-park-yun-lee	1	1	1	1	1
lee-park-kim-yun-jung	1	1	1	1	1

그림 7.13 n-gram을 포함하지 않은 인코딩

Document에 있는 단어들이 해당 단어에 나타날 때 1을 투입했다. kim, yun, park, lee, jung이라는 5개의 단어가 각각의 Document에서 한 번씩 반복됐기 때문에 모두 1이 투입된 상태다. 컴퓨터 입장에서는 세 가지 문서 모두 동일한 것으로 인식하기 때문에 해당 다섯 가지 단어만으로 임베딩하는 것은 아무런 의미가 없다. 이 경우에는 단어 간의 연속성을 반드시 고려해야 하고, 단어가 연속해서 나타나는 구phrase를 효과적으로 포착할 수 있다. 따라서 원핫 임베딩 방법은 반드시 n-gram 표기법과 함께 사용된다.

Document	kim	yun	park	lee	jung	jung-park	lee-kim
yun-jung-park-lee-kim	1	1	1	1	1	1	1
kim-jung-park-yun-lee	1	1	1	1	1	1	0
lee-park-kim-yun-jung	1	1	1	1	1	0	0

그림 7.14 n-gram을 포함한 인코딩

그림 7.14에서 보여주듯이, 두 단어가 연속되는 jung-park과 lee-kim을 투입할 때 세 가지 Document가 다름을 컴퓨터가 인식할 수 있다. 이는 연속되는 조합어와 각각의 단어들로 총 120가지 조합을 만들 수 있는 아주 작은 프로젝트다. 현실에서는 문서가 더욱 다양하

고 매트릭스의 규모는 기하급수적으로 늘어나며 인코딩 과정에서 아무런 의미가 없는 0으로 가득 차게 된다. 원핫 임베딩으로 표상된 데이터는 글의 순서가 n-gram으로 잡아내지 못하면, 주변어들과의 관계를 전혀 파악할 수 없다. 문제는 모든 문서에 있는 단어가 바로 옆에 붙어 있는 단어에만 영향을 받는 것은 아니라는 점이다. 가령

"Decision-making **processes** in organizations are being **revolutionized** through technology and access to large amounts of data."

조직의 의사결정 **프로세스**는 기술과 대규모 데이터 접근성으로 **혁신**이 일어나고 있다.

위의 문장에서 'process'는 5칸이나 떨어져 있는 'revolutionized'로부터 의미적으로 영향을 받고 있지만 연속되는 단어 구성어로만 이 문장의 의미를 잡아내기에는 한계가 있다. 원거리에서 영향을 받는 언어의 구조적 의미적 특징은 얕은 학습으로는 포착하지 못한다. 이 경우 단어 피처로 구성되어 있는 첫 번째 레이어에서 차상위 히든 레이어로 피처 간 최적의 가중치를 구하고 또 다른 레이어를 쌓아 올린다. 이러한 수학적 방식으로 단어 간 떨어져 있는 관계를 표상해내는 방식을 순환 신경망$^{recurrent\ neural\ network}$이라고 하며, 대표적인 딥러닝 기반 알고리즘이다.

딥러닝의 경우 그래픽 처리 유닛인 GPU$^{Graphic\ Processing\ Unit}$가 여러분의 컴퓨터에 장착되어 있다면 처리시간을 크게 줄일 수 있다. 2012년 이전 딥러닝은 이론적으로는 가능했지만 거대한 처리능력이 필요했기 때문에 현실적으로 불가능하다고 여겨졌었다. 토론토대학교 박사과정에 있던 알렉스 크리저브스키$^{Alex\ Krizhevsky}$와 제프리 힌튼 교수팀은 GPU 사용으로 딥러닝을 구현할 수 있다는 아이디어를 가지고 2012년 이미지넷$^{Image\ Net}$ 경진대회(천만 개의 이미지 분류)에서 월등한 분류 정확성으로 우승했으며, 그 당시 제출한 학습모델을 AlexNet이라 부른다.[3] 2021년 현재 GPU는 인공지능 시대를 이끌어가는 시장으로, 처음 3D 그래픽 카드로 시작해서 현재는 게이밍과 가상현실을 포함하는 고성능 시각화, 데이터 센터, 그리고 전기 자율주행차에 다양하게 적용되면서 그 폭을 넓히고 있다.

---

3   The inside story of how AI got good enough to dominate Silicon Valley, QUARTX

자연어 처리와 머신러닝

글을 분석하고 이해하기가 어려운 이유는 적은 규모의 글에서 사람들의 생각을 파악할 때는 왜곡될 가능성이 높고, 대규모의 글을 읽고 의미에 맞게 분류하는 작업은 사람이 하기에는 너무 지루하면서도 균등한 집중력을 모든 문서에 동등하게 분배할 수 없어서 분석결과의 신뢰성 문제를 야기하기 때문이다. 머신러닝의 발전으로 글을 읽고 분석하는 작업의 주체가 사람에서 기계로 넘어가고 있는 중이다. 기계가 사람보다 잘하는 분야는 단어의 빈도, 단어의 동시발생, 단어 간의 연결 등 글의 구조를 파악하는 것이었고, 지금까지 기계가 사람보다 못한다고 여겨지던 분야는 글의 배경을 기반으로 의미를 파악하는 것이었다. 이제는 그 의미까지도 사람과 흡사한 수준으로 오르기 위해 신경망 기반 머신러닝 개발이 빠르게 성장 중이다.

문서 데이터가 야구에서도 다양한 목적으로 활용될 가능성이 높다. 현재 미국과 한국의 프로야구에서 공통으로 사용되고 있는 트랙맨 시스템은 숫자만으로 구성된 양적 데이터 quantitative data라서 복잡한 전처리 작업 없이도 쉽게 분석해서 의사결정할 수 있다는 장점이 있지만, 경기장만 벗어나면 적용할 수 있는 범위는 없다. 선수들의 개인적 성향, 적극성, 팀워크 지향성, 나아가 사회에 물의를 끼치지 않을 사회생활의 안정감과 팬들과의 관계 등은 숫자로 표현할 방법이 없어 눈에 보이지 않지만, 팀성적과 개인성적에 적지 않게 영향을 끼친다는 점은 이미 잘 알고 있다. 특히 고등학교에서 드래프트되는 선수들의 학창시절 폭력 문제 등은 수치화된 자료로 평가하기 어려운 문제이며, 해외에서 용병선수를 영입할 경우 그들의 경기 외적인 부분에 관한 소문을 듣기가 어려워 적지 않은 리스크를 구단이 떠안게 된다.

결국 숫자에 잡히지 않는 경기 외적인 요인들을 어떻게 접근하고 포착할 수 있을 것인가라는 고민에 문서 데이터를 활용해서 특정 패턴을 포착하고 향후 성적으로 모델링해낼 수 있다면 적지 않은 효과를 낼 수 있다. 이번 장에서 소개할 머신러닝을 이용한 문서 분석방법이 당장 야구단 경영이나 조직 운영에 사용할 수 있는 내용과는 거리가 있지만, 보유하고 있는 데이터에 따라 의미 있는 아이디어를 제시할 수도 있을 것이다. 야구와 관련된 기사와 문서 데이터를 사용하는 것은 저작권 문제에 저촉될 수 있기 때문에, 대안으로 라만 데이터에서 제공되는 약간의 문자 데이터를 이용해 글의 패턴에 따라 컴퓨터가 문서를 학습하고 분류하는 머신러닝을 소개한다.

지도학습으로 문서 분류하기

앞 절에서는 선수들의 타순 데이터와 승리 여부를 알려주는 정답지(이제부터는 레이블이라고 하자)를 베이즈 방식에 적용해 타순별 승리 확률을 계산했다. 이제는 같은 방식으로 선수들의 출신학교 정보^{Schools}를 알려주는 문서가 경기장 위치 정보^{Teams} 문서에 섞여 있으며, 출신학교와 관련된 문서만을 지도학습을 통해 분류하려고 한다. 두 종류의 문서 모두 라만 데이터에 존재한다. Schools 테이블에 있는 name_full, city, state라는 세 가지 변수를 추출해서 하나의 변수로 묶어 b_doc에 저장하고 학교 정보에 해당하는 이 모든 문서의 레이블을 1로 코딩한다.

```
library(Lahman)
a_doc<-subset(Schools,sel=c(name_full,city,state))
a_doc$b_doc<-with(a_doc,paste(name_full,city,state,sep=" "))
a_doc$label<-1
aa_doc<-subset(a_doc,sel=c(b_doc,label))
```

마찬가지로, Teams 테이블에 있는 name과 park 변수들을 추출해서 하나의 변수로 묶어 b_doc에 저장하고 경기장 위치 정보에 해당하는 이 모든 문서의 레이블을 0으로 코딩한다.

```
c_doc<-subset(Teams,sel=c(name,park))
c_doc$b_doc<-with(c_doc,paste(name,park,seep=" "))
c_doc$label<-0
cc_doc<-subset(c_doc,sel=c(b_doc,label))
df<-rbind(aa_doc,cc_doc)
```

새로 만든 통합 테이블 df에 새로운 변수 이름을 지정하고, 1로 코딩된 문서를 YES로, 0으로 코딩된 문서를 NO로 변환하고, 각 문서에 id를 순서대로 지정한다.

```
colnames(df)<-c("text","label")
df$label<-ifelse(df$label==1,"YES","NO")
df$label<-as.factor(df$label)
df$id<-sample(1:length(df$label),length(df$label), replace=F)
df<-df[order(df$id),]
```

전체 관측 데이터 중 첫 3499개를 분류모델을 학습하고 학습된 모델의 분류 정확성을 검증하기 위해 사용한다.

```
## modeling = train, test, and real data
modeling_data<-df[1:3499,]
```

나머지 603개의 관측 데이터는 실제 분류하고 싶은 문서이며, 선수 학교 정보인지 구단 경기장 정보인지에 대한 데이터가 전혀 없다고 가정한다.

```
## real_data
real_data<-df[3500:4102,]
real_data<-subset(real_data,sel=c("text"))
```


지도학습으로 분류모델 개발하기

분류모델을 개발하기 위해 데이터가 준비됐으면, 이제는 본격적으로 지도학습을 시키기 위한 코드를 다룬다. 이번 절에서 다룰 코드는 데이터 사이언스 도조Data Science Dojo의 유튜브 페이지에 업로드된 코드를 이번 내용에 맞게 수정한 것으로, 오리지널 코드 제공자가 아파치 라이선스 버전 2.0을 따르고 있으므로 저자도 마찬가지로 동일한 라이선스를 유지하고 관련 문구를 라이선스가 적용되는 코드 파일에 표시해뒀다.

creatDataPartition() 명령어와 옵션 p=0.7을 활용해 학습 데이터와 검증 데이터를 7 대 3으로 나눈다. 이를 위해서는 caret 라이브러리가 필요하다.

```
library(caret)
set.seed(12568)
select<-createDataPartition(modeling_data$label, p=0.7, list = FALSE)
```

학습하는 데 사용될 70%만의 데이터를 가지고 자연어를 컴퓨터가 이해할 수 있는 최소 단위인 토큰으로 변환해준다. 그 과정에서 모든 토큰을 소문자화(tokens_tolower)하고, 어근을 살리며(tokens_wordstem), 마지막으로 인접 단어를 하나로 묶는 n-gram까지 고려해서 단어의 연결로 의미가 달라질 수 있는 구phrase를 포착한다.

```
train<-modeling_data[select,]
test <-modeling_data[-select,]
library(quanteda)
lowered_t<-tokens_tolower(tokens(train$text, remove_numbers=TRUE, what = "word"))
stemmed_t<-tokens_wordstem((tokens_select(lowered_t, stopwords(language =
"english"),selection = "remove")))
gram_t<-tokens_ngrams(stemmed_t, n = 1:2)
```

토큰화된 모든 종류의 자연어를 dfm() 명령어를 이용해 각 열로 나열해서 매트릭스로(as.matrix()) 인식시킨다. 특히 dfm()는 원핫 인코딩을 컴퓨터가 스스로 만드는 데 필요한 명령어다.

```
gram_t_m <- as.matrix(dfm(gram_t))
full_train <- cbind(label = train$label, data.frame(gram_t_m))
```

학습을 위해 리샘플링 방법과 관련 파라미터를 지정할 수 있는 명령어가 trainControl()이다. 여기서 생성된 결괏값은 train()에 하나의 인수argument로 투입되어 학습모델 통제방법을 결정한다. trainControl()에 가장 먼저 들어가는 인수는 리샘플링 방법의 선택이다. 지도학습에서 가장 일반적으로 사용하는 리샘플링 방법은 학습 데이터를 여러 하위 폴더로 나눈 다음 하나의 하위 폴더만 테스트용으로 지정하고 나머지 하위 폴더들은 학습용으로 지정하는 것이다. 구체적으로 설명하면, number에 3을 투입해 학습을 위해 전체 데이터에서 70%를 떼어놓은 총 2450개의 학습 데이터를 3개의 폴더에 임의로 나눈 다음 2개의 폴더는 학습용으로, 1개의 폴더는 테스트용으로 지정해서 세 번을 시행하는 작업을 두 번 반복(repeats=2)한다고 설정했다.

```
set.seed(27583)
fit <- trainControl("repeatedcv", number = 3, repeats = 2)
```

repeatedcv 개념을 도식으로 설명하면 그림 7.15의 3번에 해당하고 이번 지도학습의 전체적인 프로세스는 크게 5단계로 구성된다.

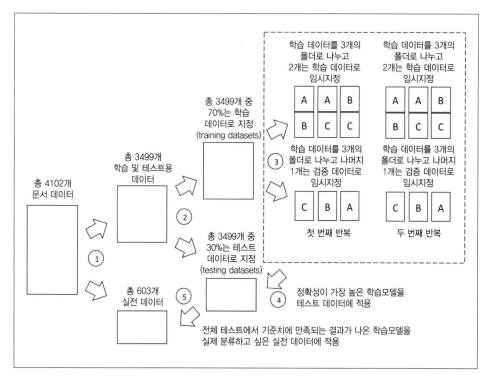

그림 7.15 데이터 분류와 trainControl 작동과정

최종적으로 어떤 알고리즘을 가지고 문서 분류모델을 학습시킬 것이냐는 질문이 남는다. 앞에서 머신러닝을 크게 얕은 학습과 딥러닝으로 나누었으며, 현재의 예제는 원핫 인코딩을 처리할 수 있는 얕은 학습을 소개하고 있다. 얕은 학습의 대표적인 알고리즘은 의사결정 트리와, 의사결정 트리를 여러 차례 시행해서 가장 빈도가 높은 결괏값을 채택하는 랜덤 포레스트다. 의사결정 트리는 자신의 컴퓨터 CPU가 데이터를 동시에 처리할 수 있는 코어 수가 많지 않아도 효율적으로 처리할 수 있는 반면, 학습되지 않은 단어에 대해서는 분류 정확성이 낮거나 일반화 범위가 좁아지는 오버피팅^{overfitting} 문제에 쉽게 노출된다.

반면 이름에서도 나타나듯이 여러 의사결정 트리로 구성된 랜덤 포레스트는 대용량 데이터 병렬 처리가 가능한 한 많은 수의 CPU 코어를 보유하고 있는 경우에 효율적으로 처리할 수 있어서, 대용량 데이터를 비교적 빠른 시간 내에 처리하기 위해서는 고성능 멀티코어 CPU가 필요하나, 의사결정 트리의 약점인 오버피팅을 개선할 수 있어서 분류 정확성이 다소 높은 것으로 알려져 있다. 이번 예제의 경우 데이터 수가 그다지 많지 않아 어떤 알고리즘을 사용해 분류하더라도 정확성 측면에서 큰 차이가 없기 때문에 의사결정 트리(rpart)를 사용하기로 한다. 만약 랜덤 포레스트를 사용하고 싶다면, 다음 train() 명령문의 method 옵션을 rpart에서 rf로 변경하면 된다.

```
train_model<- train(label ~ ., data = full_train, method = "rpart", trControl =fit,
tuneLength = 7)
```

train_model에는 의사결정 트리 알고리즘으로 full_train 데이터 테이블에 있는 모든 단어 및 2-gram을 요인 변수로 지정해서 YES와 NO로 구성된 label 변수를 예측하는 분류모델이 개발된 상태다. YES는 선수들의 학교 정보를, NO는 야구장의 위치 정보를 알려준다. 지금부터는 개발된 분류모델의 정확성을 별도의 데이터에서 테스트할 차례이며, 그림 7.14에서 4번째 단계에 해당한다. 총 3,499개의 학습용 데이터 중에서 30%를 테스트용으로 별도로 남겨뒀다. 학습 단계에서 사용했던 동일한 토큰화 방식을 테스트용 데이터에도 적용한다.

```
lowered_te <- tokens_tolower(tokens(test$text, remove_numbers=TRUE, what = "word"))
stemmed_te <- tokens_wordstem((tokens_select(lowered_te, stopwords(language =
"english"),selection = "remove")))
gram_te <- tokens_ngrams(stemmed_te, n = 1:2)
```

   30%의 테스트 데이터를 학습 데이터와 동일하게 인코딩하도록 dfm(gram_te) 명령어를 사용했다. 원핫 인코딩 방식을 사용했기 때문에 대부분의 셀에서 0이 나타나며, 간혹 1이 나타난다. 원핫 인코딩은 '백 오브 워즈bag of words'와 비슷하게 사용되는데, 말 그대로 단어 뭉치가 들어 있는 가방을 떠올리면 된다. 그림 7.16의 테이블에 1로 표시되어 있는 단어들이 가방이라고 간주되는 문서에 들어가 있다고 생각하면 된다. n-gram으로 연결되지 않는 이상 글의 순서는 무시되는 자연어 표상 방법이다. 그림 7.16은 여러분의 결과와 다를 수 있다.

	milwauke	brewer	miller	park	milwauke_brewer	brewer_miller	miller_park	alcorn	state	univers	lorman	ms
text1	1	1	1	1	1	1	1	0	0	0	0	0
text2	0	0	0	0	0	0	0	1	1	1	1	1
text3	0	0	0	0	0	0	0	0	0	0	0	0
text4	0	0	0	0	0	0	0	0	0	0	0	0
text5	0	0	0	0	0	0	0	0	0	0	0	0
text6	0	0	0	1	0	0	0	0	0	0	0	0
text7	0	0	0	0	0	0	0	0	0	0	0	0
text8	0	0	0	0	0	0	0	0	0	0	0	0
text9	0	0	0	0	0	0	0	0	0	0	0	0
text10	0	0	0	0	0	0	0	0	0	0	0	0
text11	0	0	0	1	0	0	0	0	0	0	0	0

그림 7.16 인코딩된 테스트 데이터

   dfm_select() 명령어는 학습 데이터(gram_t)에 있던 변수 이름(term) 항목과 일치하는 테스트 데이터(gram_te)의 항목만을 선택하고, 레이블(YES 또는 NO) 변수와 합쳐져 최종 테스트 데이터가 완성됐다.

```
test_dfm<-dfm_select(dfm(gram_te), pattern = dfm(gram_t))
matrix_test<-as.matrix(test_dfm)
full_test<-data.frame(label=test$label,matrix_test)
```

앞에서 의사결정 트리 알고리즘으로 학습시킨 분류모델을 적용해서 최종 테스트 데이터에 있는 각각의 문서가 선수들의 출신학교 문서인지(YES) 출신학교와 관련 없는 야구장 위치 정보(NO)인지를 예측하고, 마지막으로 confusionMatrix()를 이용해서 학습된 분류모델이 얼마나 정확한지를 보여주는 분류모델 성능 평가 지표인 혼동행렬confusion matrix로 모델의 다양한 성능을 평가한다.

```
preds <- predict(train_model, full_test)
confusionMatrix(preds, full_test$label,positive="YES")
```

분류결과

```
Confusion Matrix and Statistics

          Reference
Prediction  NO YES
       NO  741   5
       YES   0 303

               Accuracy : 0.9952
                 95% CI : (0.9889, 0.9985)
    No Information Rate : 0.7064
    P-Value [Acc > NIR] : < 2e-16

                  Kappa : 0.9885

 Mcnemar's Test P-Value : 0.07364

            Sensitivity : 0.9838
            Specificity : 1.0000
         Pos Pred Value : 1.0000
         Neg Pred Value : 0.9933
             Prevalence : 0.2936
         Detection Rate : 0.2888
```

```
    Detection Prevalence : 0.2888
      Balanced Accuracy : 0.9919

       'Positive' Class : YES
```

분류결과에서 가장 눈에 띄는 부분은 Reference(실젯값)가 YES일 때 Prediction(예측값)이 YES인 경우가 총 303건이고, 실젯값이 NO일 때 NO라고 정확히 예측한 경우도 741건이 된다는 점이다. 반면에 실제로는 YES이나 학습된 예측모델로 NO라고 잘못 판단한 경우는 5건이 존재하기 때문에, 전체 정확성accuracy은 (741 + 303)/(741 + 303 + 5 + 0) = 99.52% 다. 참고로, sample()을 통해 데이터를 임의로 배열했기 때문에 여러분의 결과와 다를 수 있다.

정확성만 가지고 분류모델의 성능을 평가하기에는 위험한 경우도 있다. 가령 총 1,000개의 케이스가 있는데, 실제 999개의 케이스가 실제 YES이며 분류모델이 1,000개 모두 YES라고 판단하면 전체적으로 분류 정확성은 99.9%에 이르지만, 실제 NO인 케이스가 하나 존재함에도 불구하고 하나도 맞추지 못한 것은 심각한 문제가 될 수 있다.

따라서 YES라고 예측된 케이스 중에서 실제 YES인 포지티브 정밀도Pos Pred Value는 YES라고 예측된 포지티브(YES) 카테고리 정확도를 보여준다.

$$포지티브\ 정밀도 = 303/(303 + 0) = 1.00000$$

반면에 NO라고 예측된 케이스 중에서 실제 NO인 네거티브 정밀도Neg Pred Value는 NO라고 예측된 네거티브(NO) 카테고리 정확도를 보여준다.

$$네거티브\ 정밀도 = 741/(741 + 5) = 0.99329$$

정확도accuracy와 정밀도precision의 개념은 매우 유사하지만, 계산방법에서 보여주듯이 정밀도는 예측 카테고리별로 그 정확도를 보여준다.

또 다른 분류모델 성능 평가방법으로 민감도sensitivity가 있다. 실제 YES를 YES라고 정확하게 예측한 경우가 많을수록 야구장 위치 정보(NO)를 선수들의 출신학교 정보(YES)라고 잘못 주장할(False Positive Error) 가능성이 낮다.

$$민감도 = 303/(303 + 5) = 0.98376$$

민감도와는 반대로 실제 NO를 NO라고 정확하게 예측한 케이스가 많은 경우 특이도 specificity의 비율은 높다. 즉, 실제 NO를 NO라고 정확하게 예측한 경우가 많을수록 선수들의 출신학교 정보(YES)를 야구장 위치 정보(NO)라고 잘못 주장할(False Negative Error) 가능성이 낮다.

$$특이도 = 741/(741 + 0) = 1.00000$$

앞에서 설명한 정확도, 포지티브 정밀도, 네거티브 정밀도, 민감도, 특이도를 활용해 자신이 개발한 분류모델이 얼마나 좋은 성능을 내는지 보여줄 수 있으며, 향후 분류모델을 적용해서 구하는 프로젝트 결괏값에 높은 신뢰성을 부여할 수 있다. 물론 높은 신뢰성을 보여줄 수 있는 성능 평가 값들이 나오면 좋겠지만, 예상보다 낮은 결괏값들이 나올 때도 당연히 많다. 이 경우에도 앞에서 소개한 성능 비율들을 제시함으로써 결괏값에 대한 리스크가 있음을 정확히 알려주는 데 큰 의미가 있다. 앞에서 소개한 다섯 가지 비율뿐만 아니라 좀 더 종합적 성능 지표인 균형 정확도balanced accuracy까지 고려할 필요가 있다.

$$균형 정확도 = (민감도 + 특이도)/2 = (0.98376 + 1.00000)/2 = 0.99188$$

균형 정확도는 실제 YES를 YES라고 정확히 예측한 민감도와 실제 NO를 NO라고 정확히 예측한 특이도 비율의 평균을 제시함으로써 민감도와 특이도 비율 간 차이가 많이 나서 결과가 잘못 해석되거나 또는 보기 좋은 비율만 선별적으로 보여주는 것을 막고자 사용된다.

어떤 수준의 성능 비율이 받아들일 수 있는 높은 수준인지를 단 하나의 수치로 제시하는 것은 불가능하다. 크게는 학계, 산업계, 법조계, 의료계 등에서 요구하는 수준이 다를 것이며, 좁게는 학계 안에서도 경영학, 마케팅, 생산관리 등 하위 분야별로 다른 수준의 기준을 요구하게 될 것이다. 특히 법조계와 의료계의 판단 오류 문제는 이미 잘 알려져 있다. 진범을 범인이 아니라고 잘못 판단하는 문제와 진범이 아님에도 불구하고 범인이라고 잘못 판단하는 문제에서 어느 정도까지 오류를 허용해야 하는지는 기준치로 적용할 문제가 아닐 것이다. 의료계에서는 실제 암에 걸린 사람에게 암이 아니라고 잘못 판단하는 문제와 암이 아닌 사람에게 암에 걸렸다고 잘못 판단하는 문제가 한 사람의 인생에 미치는 경중은 다를 수 있다. 비단 의료계와 법조계만의 문제가 아니라, 현장을 알지 못하면 그 기준치를 제시한다는 건 불가능하다.

일단 정확도, 정밀도, 민감도, 특이도, 균형 정확도 측면에서 분류 모델 성능 평가가 끝나면 실제로 분류하려는 문서에 학습된 분류모델을 적용한다. 이 과정은 그림 7.15에서 5번째 단계에 해당한다. 학습 단계와 검증 단계에서 사용한 동일한 토큰화 변경을 거쳐 predict() 명령어를 사용해 분류하고자 하는 full_real 데이터에 학습된 분류모델 train_model을 적용해서 각 문서가 선수들의 학교 정보인지 아닌지를 예측한다. 분류 결과를 report에 기록한다.

```
real<-data.frame(real_data$text)
names(real) <- c("Text")
real$Text<-as.character(real$Text)

lowered_real <- tokens_tolower(tokens(real$Text,remove_numbers = TRUE, what =
"word"))
stemmed_real <- tokens_wordstem((tokens_select(lowered_real, stopwords(language =
"english"),selection = "remove")))
gram_real <- tokens_ngrams(stemmed_real, n = 1:2)

real_dfm<-dfm_select(dfm(gram_real), pattern = dfm(gram_t))
real_matrix<-as.matrix(real_dfm)
full_real<-data.frame(real_matrix)
preds <- predict(train_model,full_real)
class<-ifelse(preds=="YES","SCHOOL","NON-SCHOOL")
report<-cbind(real_data,class)
```

마지막으로, 분류결과를 보기 쉽게 전달하도록 엑셀 파일로 전환한다면 최종 사용자들이 분류 데이터를 쉽게 활용할 수 있을 것이며, 머신러닝에 기반한 간단한 문서 분류 애플리케이션을 완성하게 된다.

```
write.csv(report,"data_classification.csv")
```

	A	B	C	D
1		text	class	
2	1298	Detroit Wolverines Recreation Park	NON-SCHOOL	
3	149	California Polytechnic State University, Pomona Pomona CA	SCHOOL	
4	2908	New York Yankees Yankee Stadium II	NON-SCHOOL	
5	2896	California Angels Anaheim Stadium	NON-SCHOOL	
6	923	Southeast Missouri State University Cape Girardeau MO	SCHOOL	
7	2286	Detroit Tigers Briggs Stadium	NON-SCHOOL	
8	959	St. Joseph's College Rensselaer IN	SCHOOL	
9	92	Bradley University Peoria IL	SCHOOL	
10	4059	Minnesota Twins Target Field	NON-SCHOOL	
11	2833	Minnesota Twins Metropolitan Stadium	NON-SCHOOL	
12	3269	Montreal Expos Stade Olympique	NON-SCHOOL	
13	1645	Cleveland Naps League Park I	NON-SCHOOL	
14	2294	Washington Senators Griffith Stadium I	NON-SCHOOL	
15	877	Ramapo College Mahwah NJ	SCHOOL	

그림 7.17 엑셀 파일로 출력한 분류결과

그림 7.17의 data_classification.csv 파일은 본인이 지정해놓은 폴더에 저장된다. getwd() 명령어로 현재 디렉토리가 지정되어 있는 경로를 확인할 수 있다. 저자의 경우에는 다음과 같은 경로로 지정되어 있다.

```
getwd()
[1] "C:/Users/Documents"
```

다음과 같이 setwd()에 새로운 디렉토리 경로를 투입해서 다른 폴더를 지정할 수 있다.

```
setwd("D:/새로운 디렉토리 경로")
```

기계는 글의 의미를 이해하는가

자연어 처리에서 초기 머신러닝은 글의 의도를 의미semantic로 이해했다기보다는 구조syntatic를 통해 확률적으로 구분했다. 인간의 이해는 경험을 통한 공감과 감정이 내재되어 있지만, 초기 단계 인공지능은 글의 구조를 통해 이해한 척을 한 것이다. 글의 구조라고 하면 단락paragraph, 문장sentence, 구문phrase, 단어word, 철자character 등 글의 구성과 특정 단어 발생 빈도와 여러 단어의 동시발생 패턴이다. 가령, '파워포인트'와 '과제'라는 단어가 한 문단에서 많이 나오니 확률적으로 동일하게 '수업'에 관한 내용일 것이라고 분류했다. 언어학에서 분포가설distributional hypothesis에 따르면 비슷한 문맥에서 발생하는 단어들은 비슷한 의미를 갖는다고 한다(Harris, 1954[4]; Turnkey & Pantel, 2010[5]).

$$P(\text{수업} \mid \text{파워포인트 \& 과제}) = 90\%$$

그러면 기계가 의미를 통해 이해한 것은 어느 시점부터일까? 아마도 단어와 단어, 구문과 구문, 문장과 문장, 나아가 문단과 문단의 관계성을 파악할 수 있는 능력을 가질 때 의미로 파악한다고 볼 수 있을 것이다. 특히 의미는 서로 인접해 있는 단어 간에 의미를 주고받기도 하지만, 실제 원거리에 있는 단어 간에도 의미를 주고받기 때문에 원거리에서 발생하는 관계를 파악할 수 있다면 글의 의미적 특성도 분석에 고려됐다고 볼 수 있다. 그런 점에서 심층 네트워크를 통해 글을 표상하는 딥러닝은 인코딩된 단어들 속에서 발생하는 잠재적 변수들을 포착하고 분석 목적에 맞게 이를 활용한다는 점에서 한층 의미 이해에 가까워졌다고 볼 수 있다.

---

4   Harris, Z, (1954), Distributional structure, Word, 10 (23), 146–162

5   Turney, P. D., & Pantel, P. (2010). From frequency to meaning: Vector space models of semantics, Journal of artificial intelligence research, 37, 141–188

글과 머신러닝의 역사

머신러닝은 룰의 시대에서 시작해 확률의 시대를 거쳐 딥러닝 시대에 이르렀다(Li & Deng, 2018[6]). 알려준 수많은 if-then 룰에 따라 기계는 최적의 결정을 했던 적이 있고 여전히 룰 방식이 사용되는 분야가 많다. 지식의 범위가 한정된 로컬 영역에서는 활용 가치가 높은 반면, 자유로운 주제를 다루는 일반 영역에서는 고정된 룰의 적용으로 분류하거나 예측하는 데 분명한 한계가 있다. 한계의 핵심은 사전에 이미 정해져 있는 룰로 인한 유연성의 상실이다. 1990년대에 찾아온 확률의 시대에 고정된 룰을 배제하고 조건부 확률에 따라 학습하고 분류하기 때문에 유연성은 높아졌고 적용범위는 넓어졌다. 하지만 기계가 의미를 이해하고 분류한 것이냐는 원천적인 질문에 여전히 눈에 보이는 구조로만 구분한다는 한계점이 있다.

딥러닝 시대에 이르러서는 룰을 배제하고 눈에 보이는 구조에만 의존하지 않는다. 그 방식은 빅데이터를 기반으로 한 학습이다. 인간의 개입을 최소화하고, 실제 인간의 뇌가 정보를 처리하듯이 병렬분산방식 다층 구조로 된 네트워크 형태의 심층 아키텍처를 디자인해서 눈에 보이는 글의 구조뿐만 아니라 단어와 단어 간의 잠재적인 현상까지 포착해 문서를 표상하고 분류한다. 딥러닝을 통해 멀리 떨어져 있는 단어 간의 관계가 보이지는 않는 잠재 노드로 네트워크에 포착되면서 의미 이해 수준도 한 단계 높아졌다고 볼 수 있다. 따라서 딥러닝 모델링에서는 n-gram 같은 피처 엔지니어링 작업은 하지 않는 것이 큰 특징이다(Chollet & Allaire, 2018[7]).

이번에는 앞 절에서 조건부 확률 기반 얕은 학습모델로 분류했던 선수들의 학교 관련 문서와 구장 관련 문서를 딥러닝으로 분류해본다. 학교 관련 문서에 1 그리고 구장 관련 문서에 0을 레이블링하고, 전체 데이터의 70%는 학습train 데이터로 나머지 30%는 테스트test 데이터로 분류했으며, 좀 더 정확한 표상을 위해 전처리 작업을 거친다.

---

6   『자연어 처리와 딥러닝』(에이콘출판, 2021)
7   Chollet, F., & Allaire, J. J. (2018). *Deep Learning with R*, Manning Publications

```
library(Lahman)
a_doc<-subset(Schools,sel=c(name_full,city,state))
a_doc$b_doc<-with(a_doc,paste(name_full,city,state,sep=" "))
a_doc$label<-1
aa_doc<-subset(a_doc,sel=c(b_doc,label))
c_doc<-subset(Teams,sel=c(name,park))
c_doc$b_doc<-with(c_doc,paste(name,park,seep=" "))
c_doc$label<-0
cc_doc<-subset(c_doc,sel=c(b_doc,label))
df<-rbind(aa_doc,cc_doc)
text<-df$b_doc
library(caret)
indexes <- createDataPartition(df$label, times = 1,
                                p = 0.7, list = FALSE)
train <- df[indexes,]
names(train)<-c("text","label")
test <- df[-indexes,]
names(test)<-c("text","label")
```

딥러닝을 이야기하면서 라이브러리 케라스keras를 빠뜨릴 수 없다. 손쉽게 딥러닝 모델을 디자인할 수 있도록 지원하며, 대표적으로 이미지 데이터 처리를 위한 컨벌루션 신경망과, 글과 대화처럼 순서가 있는 순차 데이터 처리를 위한 순환 신경망을 디자인하는 기능을 제공한다. 텐서플로우가 네트워크 아키텍처에서의 수학적 연산을 처리한다면 케라스는 네트워크 아키텍처를 디자인하기 때문에, 두 라이브러리가 합쳐지면 엔드 투 엔드end-to-end 머신러닝 애플리케이션 개발이 가능하다. 바로 앞에서 만든 학교 및 구장 관련 데이터에 신경망 중에서 가장 간단한 다층 퍼셉트론multi-layered perceptron을 디자인해서 학습모델을 만들어본다.

다층 퍼셉트론은 컨벌루션 네트워크와 순환 네트워크가 개발되기 전에 가장 많이 사용했던 신경망이다. 단점은 신경망 안에 있는 모든 노드가 서로 연결되어, 불필요한 연결의 가중치까지 계산해야 했던 비효율적인 처리방식이었다. 반면에 앞에서 사용했던 학교 정보와 구장 정보 분류 예제처럼 단순한 데이터에 적용되는 경우라면 분류 정확성과 처리속도 면에서 컨벌루션 네트워크 및 순환 네트워크보다 효율적이다. 다음 코드는 케라스 라이브러리를 이용해 분류에 있어 가장 중요한 문서 피처 2000개에 대해서만 토큰화 작업을 한다.

```
library(keras)
max_feature<-2000
tokenizer<-text_tokenizer(max_feature)
```

R 코드에서 %>%와 같은 모습의 운영자[operation]를 보게 되는데, 파이프[pipe] 운영자라고 부르며 파이프 뒤쪽에 있는 함수가 앞쪽 데이터에 적용된다는 의미다. fit_text_tokenizer()는 텍스트 데이터를 기반으로 토큰화할 단어들을 업데이트하는 필수 함수다.

```
tokenizer %>% fit_text_tokenizer(text)
```

케라스가 지원하는 texts_to_sequences() 명령어를 통해 문서는 컴퓨터가 이해할 수 있는 실숫값으로 전환됐다.

```
train_texttrain<-texts_to_sequences(tokenizer,train$text)
test_textdata<-texts_to_sequences(tokenizer,test$text)
```

얕은 학습에서 사용했던 원핫 인코딩을 사용해 학습 데이터에 있는 모든 서류를 표상할 수 있는 대형 매트릭스를 생성하기 위해 다음과 같이 함수를 만들었다. 물론 테스트 데이터에도 적용된다. 다음 함수를 만들기 위해 다양한 자료를 참조했으며, 특히 『Deep Learning with R』(Chollet & Allaire, 2018)은 큰 도움이 됐다. 원핫 인코딩을 넘어 워드 임베딩 및 다양한 딥러닝 모델을 R에서 구현하려는 분에게 이 책을 추천한다.

```
vec_token <- function(text, dim = 2000) {
  vec <- matrix(0, nrow = length(text), ncol = dim)
  for (i in 1:length(text))
  vec[i, text[[i]]] <- 1
  vec
}
```

앞에서 제작한 함수를 이용해 학습 데이터와 테스트 데이터 입력값을 인코딩하고 레이블 데이터를 이해하기 편한 변수 이름으로 변경했다.

```
text_train <- vec_token(train_textdata)
text_test <- vec_token(test_textdata)

label_train <- train$label
label_test <- test$label
```

케라스 라이브러리는 여러 층으로 구성된 신경망 모델 아키텍처를 디자인하는 keras_model_sequential() 명령어 사용이 가능하다. 첫 번째 레이어에는 입력 데이터 형태(input_shape)를 지정해주는데, 앞에서 이미 지정했듯이 2,000개를 초기 입력값으로 투입했고 초기 입력값 조합을 통해 16개의 출력 노드를 만들어내는 구조다. 두 번째 레이어부터는 입력 데이터 형태 지정이 필요 없으며, 출력 노드만 16개 지정했다. 마지막 레이어는 해당 데이터가 선수들의 출신학교 정보인지 여부를 알려주기 때문에 1개의 출력 벡터를 선택했다. 처음 2개의 층에서는 입력값이 0이거나 음수인 경우 출력값을 0으로 하고 양수인 경우 동일한 양숫값을 출력값으로 하는 활성화 함수 ReLU^{rectified linear unit}를 적용하고, 마지막 층에서는 이진 분류를 위해 중간값보다 적으면 0을, 크다면 1을 출력값으로 제시하는 시그모이드 활성화 함수를 적용한다.

```
model <- keras_model_sequential() %>%
  layer_dense(units = 16, activation = "relu", input_shape = c(2000)) %>%
  layer_dense(units = 16, activation = "relu") %>%
  layer_dense(units = 1, activation = "sigmoid")
```

심층적 아키텍처 구조로 디자인한 결과를 다음과 같이 확인할 수 있다.

```
model
```

Model

380

```
Model: "sequential"
```

Layer (type)	Output Shape	Param #
dense (Dense)	(None, 16)	32016
dense_1 (Dense)	(None, 16)	272
dense_2 (Dense)	(None, 1)	17

```
Total params: 32,305
Trainable params: 32,305
Non-trainable params: 0
```

이번에 적용한 RMSprop 알고리즘은 최근값 또는 기울기에 좀 더 큰 가중치를 주는 최적화 알고리즘이다. 최적 파라미터를 찾기 위해 최적화 알고리즘을 적용해서 손실함숫값이 가장 적은 경우의 모델을 선택한다. 예측된 문서 분류와 실제 문서 분류가 완전 일치할 경우 손실값이 가장 적으며, 이때 모델의 분류 정확도는 가장 높다. 손실값 측정을 위해 이진 분류에 적합한 이진 교차 엔트로피^{binary cross entropy} 함수를 적용했다.

```
model %>% compile(
  optimizer = "rmsprop",
  loss = "binary_crossentropy",
  metrics = c("accuracy")
)
```

모델에 최적화 알고리즘, 손실함수, 그리고 모델 성능 지표 설정까지 마치면 다음과 같이 학습을 시킬 수 있다. 300개의 문서를 한 번의 학습량으로 지정하고, 총 10번을 반복^{epoch}한다.

```
model %>% fit(x_train, y_train, epochs = 10, batch_size = 300)
```

```
Epoch 1/10
2893/2893 [==============================] - 0s 169us/sample - loss: 0.6543 - acc: 0.7124
Epoch 2/10
2893/2893 [==============================] - 0s 103us/sample - loss: 0.5800 - acc: 0.7649
Epoch 3/10
2893/2893 [==============================] - 0s 103us/sample - loss: 0.5041 - acc: 0.8527
Epoch 4/10
2893/2893 [==============================] - 0s 104us/sample - loss: 0.4306 - acc: 0.9416
Epoch 5/10
2893/2893 [==============================] - 0s 103us/sample - loss: 0.3654 - acc: 0.9800
Epoch 6/10
2893/2893 [==============================] - 0s 103us/sample - loss: 0.3091 - acc: 0.9934
Epoch 7/10
2893/2893 [==============================] - 0s 103us/sample - loss: 0.2611 - acc: 0.9976
Epoch 8/10
2893/2893 [==============================] - 0s 103us/sample - loss: 0.2202 - acc: 0.9990
Epoch 9/10
2893/2893 [==============================] - 0s 103us/sample - loss: 0.1850 - acc: 0.9993
Epoch 10/10
2893/2893 [==============================] - 0s 103us/sample - loss: 0.1548 - acc: 0.9997
```

학습된 모델을 검증 데이터에 적용한다. 결과는 정확도 99.92%가 나왔다.

```
results <- model %>% evaluate(x_test, y_test)
```

```
1239/1239 [==============================] - 0s 17us/sample - loss: 0.1526 - acc: 0.9992
```

높은 성능 평가 결과를 가지고 실제 분석하고자 하는 다음 10개의 문서에 적용한다.

```
model %>% predict(x_test[359:368,])
```

각 문서에 대해 선수들의 학교 정보인지(YES) 아니면 야구장 위치 정보인지(NO)를 보여주는 결과를 원하기 때문에, 0.5를 넘으면 출신학교 정보, 0.5보다 낮으면 야구장 위치 정보로 구분해서 이항 변수로 제시하는 것은 간단한 작업일 것이다. 앞에서 99% 이상의 높은 정확도가 나왔기 때문에 심각한 분류 오류는 없을 것으로 가정하고, 정확도가 높은 만큼 예측 확률이 0.5 주변에서 발생해서 분류상 모호할 수 있는 데이터도 다음 샘플에서는 눈에 띄지 않는다.

```
              [,1]
 [1,] 0.71497834
 [2,] 0.65150940
 [3,] 0.65518641
 [4,] 0.64522791
 [5,] 0.67670190
 [6,] 0.34747931
 [7,] 0.08155629
 [8,] 0.20182958
 [9,] 0.18618418
[10,] 0.18957706
```

주변에 흔한 일반 문서는 어떻게 처리할까

문자 데이터를 쉽게 처리하기 위해 라만 데이터에 있는 선수들의 학교 정보 데이터와 야구장의 주소 데이터를 사용했다. 인터넷에는 문자 데이터가 넘쳐나지만, 저작권 문제 때문에 출판 목적으로 활용할 수 있는 데이터는 많지 않다. 하지만 라만 데이터 범위를 넘어, 분석하고 싶은 문서를 R로 가져와서 컴퓨터가 학습할 수 있도록 서류를 세팅할 수 있을 때 자연어 처리는 본격적으로 시작된다. 이번 절에서는 외부 문서를 불러들이고 지도학습을 위해 컴퓨터가 인식할 수 있는 데이터로 변환하는 과정을 소개한다. 변환 이후의 과정인 인코딩부터 머신러닝 디코딩까지의 처리과정은 앞에서 소개한 '최적 타순 찾기'나 '출신학교 정보와 야구장 위치 정보를 구분'하는 예제와 동일하다.

그림 7.18의 왼편에는 3개의 문서가 있다. 첫 번째 문서는 3개의 문장으로, 두 번째 문서는 2개의 문장으로, 마지막 문서는 1개의 문장으로 구성되어 있으며, 첫 번째와 두 번째 문서는 모두 메이저리그팀들의 역사를 다루고 마지막 문서만 야구팀 역사와 관계없는 내용을

담고 있다. 이 문서들을 R에 불러들여 최종적으로 그림 7.18의 오른쪽과 같이 문장 단위로 나누고 각 문장에 대해 야구의 역사를 나타내는지 여부를 표시해주는 레이블이 태그되어 있다면 지도학습이 가능하다.

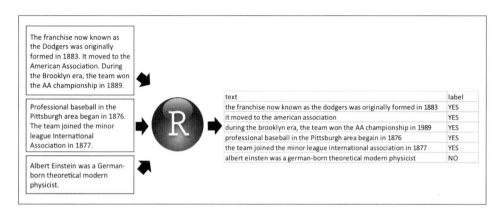

그림 7.18 문서를 문장 수준으로 나누기

컴퓨터상에서 사용하는 문서 데이터 중 가장 일반적인 형태는 PDF 파일이다. PDF 자체는 컴퓨터가 인식하고 학습할 수 없기 때문에, txt 파일로 전환하는 작업이 필요하다. 전환 작업의 대상 문서로 크리에이티브 커먼스 라이선스Creative Commons License 저작자 표시 및 동일조건변경허락 조건을 갖고 있는 위키피디아 문서를 사용한다. 각 문서에는 인터넷 출처를 표기해뒀다.

메이저리그 10개 구단의 역사를 소개하는 위키피디아 페이지를 PDF로 전환해서 저자의 깃허브Github에 업로드해뒀다. 10개의 문서를 R에서 사용하도록 아래의 깃허브 주소로 접속해서 파일들을 내려받아 자신의 컴퓨터 특정 폴더에 저장하자. 저장할 폴더에는 구단 역사를 보여주는 파일 말고는 어떤 파일도 없어야 한다.

https://github.com/jkim2252666/mlb_history

마지막으로 하나만 더 준비하자. PDF 파일을 txt 파일로 전환해주는 R에서 사용 가능한

다음 웹사이트에서 무료 프로그램을 내려받을 수 있다(그림 7.18).

https://www.xpdfreader.com/download.html

그림 7.19 파일 전환 프로그램

그림 7.19의 'Download the Xpdf command line tools'에 있는 목록 중 자신의 운영체제에 맞는 아이템을 선택해서 내려받으면, 그림 7.20과 같이 압축폴더가 열린다. 저자의 경우 윈도우 64비트 운영체제를 사용하기 때문에 화면에서 bin64를 선택하고, 해당 폴더 안에 있는 pdftotext.exe 파일을 D 드라이브의 data_sets라는 폴더(D:/data_sets/pdftotext.exe)에 저장했다. 이 디렉토리는 PDF 문서를 txt 파일로 전환할 때 사용하기 때문에 어디에 저장했는지 기억해두자.

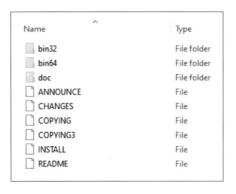

Name	Type
bin32	File folder
bin64	File folder
doc	File folder
ANNOUNCE	File
CHANGES	File
COPYING	File
COPYING3	File
INSTALL	File
README	File

그림 7.20 다운로드 후 파일 전환 프로그램 위치

    새로운 R 스크립트를 열어서 PDF 문서를 저장해둔 디렉토리 경로를 투입한다. 저자는 문서를 D 드라이브 mlb_2nd 폴더에 있는 team_introduction 하위 폴더에 저장해뒀기 때문에 다음과 같이 지정했다. 내려받은 pdftotext.exe 프로그램도 필요하다. 그림 7.21의 코드를 실행하면 PDF 문서가 txt 파일로 전환되는 것을 확인할 수 있다.

```
folder<-file.path("D:/mlb_2nd/team_introduction")
dirpdf<-dir(folder)
pdftotext<-"D:/data_sets/pdftotext.exe"
for (i in 1:length(dir(folder)))
{
  pdf<-file.path("D:/mlb_2nd/team_introduction",dirpdf[i])
  system(paste("\"",pdftotext,"\" \"",pdf,"\"",sep=""),wait=F)
}
```

그림 7.21 문서 파일 전환 코딩 및 변경 부분

```
folder<-file.path("D:/pdf 파일이 저장되어 있는 디렉토리 경로")
dirpdf<-dir(folder)
pdftotext<-"D:/pdftotext.exe가 저장되어 있는 디렉토리 경로"
for (i in 1:length(dir(folder)))
{
  pdf<-file.path("D:/pdf 파일이 저장되어 있는 디렉토리 경로",dirpdf[i])
  system(paste("\"",pdftotext,"\" \"",pdf,"\"",sep=""),wait=F)
}
```

실행 후에 txt 파일이 동일 폴더에 생성된다.

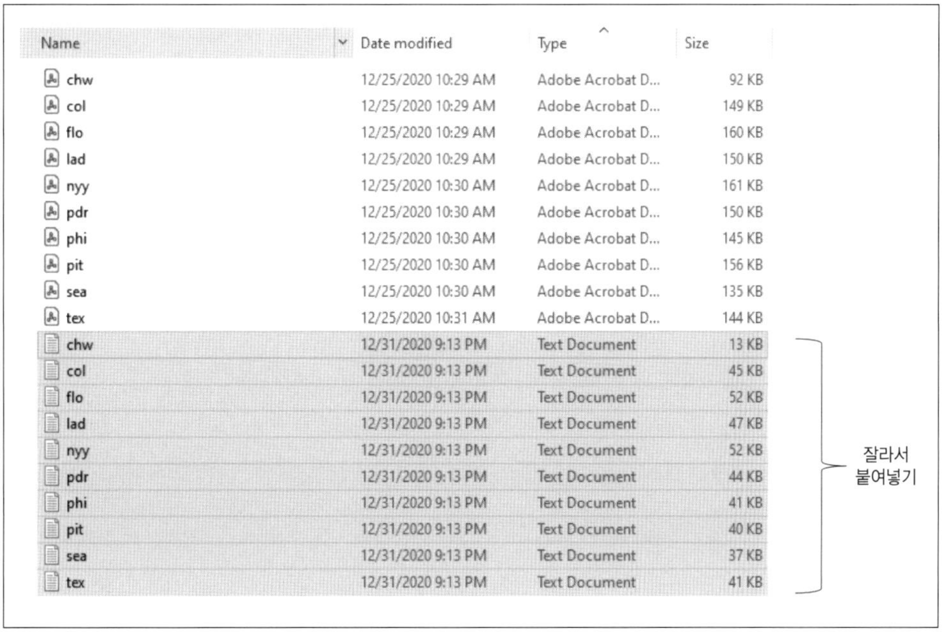

그림 7.22 동일 폴더에 생성된 txt 파일

이제 생성된 10개의 txt 파일들을 문장 단위로 분리하기 위해 그림 7.22에서 보여주듯이 특정 폴더로 보내야 한다. 이 작업이 처음인 경우 컴퓨터에 해당 경로는 존재하지 않지만, `install.packages("readtext")`를 설치하면 자동으로 readtext 폴더와 extdata 하위 폴더가 여러분의 R 라이브러리 폴더 안에 생성된다. 그림 7.23을 참조해서 extdata 폴더를 여러분의 컴퓨터에서 찾을 수 있을 것이다. extdata 폴더에 team_introduction 최종 폴더를 수작업으로 만들고, txt 파일을 붙여넣는다.

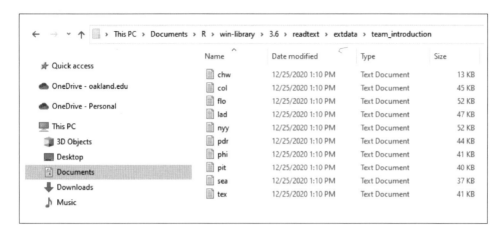

그림 7.23 extdata 폴더 내 하위 폴더 생성 후 txt 파일 저장

마지막으로, tokenize_sentences()를 통해 전체 문서를 문장 단위로 나누고 결과를 document.csv로 저장한다.

```
library(readtext)
library(tokenizers)
data_dir<-system.file("extdata/", package="readtext")
doc<-readtext(paste0(data_dir, "/team_introduction/*.txt"))
a<-unlist(tokenize_sentences(doc$text))
write.csv(a,"document.csv")
```

다시 강조하지만 대상 문서는 extdata 폴더 안에 저장돼야 readtext() 코드가 정상적으로 작동하며, 그 이유로 team_introduction 폴더를 extdat 안에서 만들었다. 생성된 document.csv에는 그림 7.24와 같이 문장 단위로 나뉘어 있다. document.csv의 저장 위치를 모르면, getwd() 명령어를 이용해 확인하면 된다.

	x
1	The Chicago White Sox are an American professional baseball team based in Chicago, Illinois.
2	They compete in Major League Baseball (MLB) as a member club of the American League (AL) Central division.
3	The White Sox are owned by Jerry Reinsdorf, and play their home games at Guaranteed Rate Field, located on the city's South Side.
4	They are one of two major league clubs in Chicago; the other is the Chicago Cubs of the National League (NL) Central division.
5	One of the American League's eight charter franchises, the franchise was established as a major league baseball club in 1901.

그림 7.24 문장 단위로 나눈 최종 문서 데이터

문제는 앞에서 소개한 그림 7.18의 오른편 테이블 구성과는 달리, 각 문장이 메이저리그 팀들의 역사를 보여주는지 그렇지 않은지를 표시하는 레이블이 없다는 점이다. 오리지널 데이터에 레이블이 존재한다면 최고의 케이스다. 가령, 아마존에서 고객들이 남긴 리뷰는 훌륭한 문자 데이터인 동시에 그들이 평가한 별의 개수는 레이블이 된다. 인사과 직원들이 받은 지원자의 지원서는 훌륭한 문자 데이터이며, 직원들이 서류 합격 또는 불합격으로 남긴 메모는 레이블이다. 레이블을 가진 문자 데이터가 드물 것 같기도 하면서, 어쩌면 생각지도 못한 곳에 다양하게 존재할지도 모른다. 존재하지 않는다면, 프로젝트 목적에 맞게 직접 문서 데이터를 읽고 각 문장의 레이블을 수작업으로 태그해준다.

	label	x
1	YES	The Chicago White Sox are an American professional baseball team based in Chicago, Illinois.
2	YES	They compete in Major League Baseball (MLB) as a member club of the American League (AL) Central division.
3	YES	The White Sox are owned by Jerry Reinsdorf, and play their home games at Guaranteed Rate Field, located on the city's South Side.
4	YES	They are one of two major league clubs in Chicago; the other is the Chicago Cubs of the National League (NL) Central division.
5	YES	One of the American League's eight charter franchises, the franchise was established as a major league baseball club in 1901.

그림 7.25 레이블이 추가된 최종 문서 데이터

지도학습을 위해 그림 7.25와 같은 구조를 갖는 데이터가 필요하다. 해당 문서가 YES인지 NO인지(또는 1인지 0인지)를 알려주는 레이블 변수와 그 문서의 내용을 보여주는 문자로 된 내용 변수다. 이런 형태의 테이블이 준비됐다면, 컴퓨터에 학습시킬 준비가 된 것이다. 이후의 코드는 앞에서 소개한 학교-구장 문서 분류나 최적 타순 선택과 유사한 방식으로 목적에 맞게 수정해서 사용하면 된다. 주의할 점은 분류모델을 학습시키고 검증할 수 있을 정도로 충분한 양의 문장을 읽어야 한다는 것이다. 충분한 양에 대한 객관적인 기준은 없지만, 테스트 데이터로 분류모델 성능을 평가하기 위해 사용했던 혼동행렬이 제시하는 정확도, 정밀도, 민감도, 특이도, 균형 정확도는 달성할 수 있는 규모의 데이터는 기본적으로 필요하다. 데이터의 양이 적으면 결과는 매번 시행할 때마다 달라질 것이다.

맺음말

데이터과학을 대하는 자세

수업시간에 R을 이용해 공개된 무료 데이터를 직접 분석하고 결과를 해석하게 했을 때, 수학과 통계에 관심이 없던 학생들의 반응, 호기심, 그리고 학습효과는 예상 밖으로 매우 컸다. 여러분도 앞에서 설명했던 R을 내려받고 설치해서 이 책에서 제공하는 코딩과 분석을 따라 해보길 권한다. 이론에서 힘들어하지 말고 직접 데이터를 대하고 몸으로 체득하면서 흥미를 갖다 보면, 통계분석에 익숙해지고 있음을 금방 느끼게 될 것이다. 통계학이 재밌다고 계속 소통할 수 있는 조직을 만들자는 수강생들의 제안을 받아들여, 뉴저지에 있는 대학교에서 근무할 때는 빅데이터 분석을 위해 설립된 'Data-Driven Technology'라는 학생클럽 자문교수로 활동했으며, 현재 재직 중인 미시간 오클랜드대학교에서도 준비 중에 있다. 학생들에게 당장에 쓴 것은 가르치지 않고 쉽게 먹을 수 있는 달콤한 내용만 가르친 건 아닌지 걱정이 앞서기도 했지만, 경험상 초반에 쓴 것만 먹다가 통찰력을 갖기도 전에 포기하는 경우가 많아서, 차라리 초반에 단맛을 왕창 뿌려놓고 지금까지 발생한 매몰비용과 기회비용이 아까워서라도 포기하지 않고 졸업할 때쯤에 분석역량 하나쯤은 가져갔으면 좋겠다는 바람에서 쉬운 방법으로 통계를 가르치고 있다.

야구를 이용한 통계학 강의는 예상과는 달리 가르치는 일이 이렇게 즐거웠던 적이 있었던가 싶을 정도로 스스로 많이 배우고, 진행도 편하고, 학생들도 즐거워했던 수업이었다. 가장 큰 원인이었던 야구계의 열린 데이터 정책에 찬사를 보낸다. 메이저리그 마이너리그 구분 없이 인간의 호기심을 충족시키기 위해 아낌없이 쏟아져 나오고 있는 데이터는 수많은 사람들의 창의성을 자극하고 있다. 미국에서 트리플 A는 서부지역팀들이 모여서 경기를 하는 퍼시픽코스트Pacific Coast리그와 동부 쪽 팀들이 모이는 인터내셔널international리그로 나뉜다. 마이너리그에는 트리플 A 리그뿐만 아니라 더블 A에서부터 루키리그까지 포함되며, 활동했던 모든 선수의 성적 데이터가 공개되고 시즌별로 업데이트되고 있다(http://www.milb.com/milb/stats/).

마이너리그 데이터 자체만으로도 다양하게 활용할 수 있지만, 메이저리그와 통합해서 적용할 수 있는 판별분석이나 요인분석이 가능해서 분석가치가 높다. 루키리그 데이터까지 공개하고 있는 미국의 야구환경은 데이터에 관심이 있는 사람들을 야구의 또 다른 지지층으로 흡수하면서 저변을 확대해가고 있는 중이다. 사실 젊은 층에서는 농구NBA와 풋볼NFL에 비해 지루한 게임으로 인식돼버린 탓에 위기감도 있지만, 대중에게 일방적으로 전달하는 정보가 아니라 상상하지도 못한 데이터까지 공개하면서 팬들의 상상력을 자극하고 인간의 기본적인 욕구인 비교와 예측을 데이터를 통해 실현할 수 있는 쌍방향 열린 환경을 조성함으로써 어려움을 극복하고 있다.

두 번째는 계속해서 자발적으로 성장해가는 분석환경 R 덕분이었다. 물론 SPSS와 같이 사용자 친화적인 프로그램과는 달리, 아무리 R 스튜디오를 사용해도 처음 사용하는 학생들에게는 생소할 수밖에 없고 심지어 대소문자도 구분해서 타이핑해야 하는 환경이라 이곳저곳에서 학생들의 에러가 발생한다. 다양한 에러를 해결하려고 교실을 폭넓게 뛰어다니고 있으면, 자연스럽게 문제를 해결해주는 교수로 인식되어 강의평가에도 긍정적 효과가 컸다. 다만, 아무리 사소한 에러라도 학생들에게 친절하게 가르쳐주려고 노력하지만 몇 주가 지나도 똑같은 에러로 손을 들고 있으면 "생각 좀 하고 손 들어라."라는 말이 목구멍까지 차오른다. 사소하게 보이는 문제는 학기마다 반복된다. 물론 강사가 얼마나 효과적으로 설명하느냐에 따라서 학생들의 실수를 줄여줄 수는 있겠지만, 사소한 실수는 언제든지 발생할 수 있으며 그 실수를 인내심을 가지고 찾아내는 것, 에러 메시지가 발생하면 해결할 수 있다는 자신감을 갖는 것, 새로운 에러가 발생할 때 구글에서 해결책을 찾는 것이 즐겁다는 자세가 아마도 데이터과학이 요구하는 기본소양이 아닐까 생각하게 된다.

데이터 분석에 경험이 없다면 진입장벽을 수학적 감각과 통계적 이해의 부족이라고 생각할지 모르겠다. 하지만 사소한 에러에 대한 참을성과 인내심, 그리고 문제를 하나씩 해결해간다는 즐거움이 데이터과학에 성공적으로 진입할 수 있는 요인이라 확신하고 있다. 여러분에게도 마찬가지일 거라 믿는다. 너무 수학적 고민에 매몰되어 데이터과학의 진면목을 대하기도 전에 포기하기보다는, 일단 데이터를 다뤄보면서 기존에 알고 있던 수학적 사실과도 연계해보고 그 과정에서 발생하는 에러를 하나씩 풀면서 흥미로운 결과들을 만들다 보면 아직 많은 분들이 갖지 못한 능력을 손에 쥐게 될 것이다.

R을 대하면서 확장되는 생각의 범위

야구와 통계를 결합해서 가르쳤던 수업의 반응도 좋았고 강의평가도 기대 이상이었다. 세련되게 잘 가르쳤던 수업은 아니었지만, 항상 그렇듯이 수업시간에 가장 많이 배웠던 사람은 역시나 수업을 준비했던 저자였다. 잘 가르치기 위해서는 학생의 입장이 되어 계속해서 '왜'라는 질문을 자연스럽게 던질 수밖에 없었고, 논리적으로 대답하기 위해 책과 논문을 찾다 보니 저자가 학생 때 배웠던 이론들을 다시 접하게 됐으며, 수업을 잘 이끌어야 한다는 교수의 간절한 눈으로 다시 들여다본 그 이론들에 그렇게 깊은 의미가 있었는지 감탄하고 진정으로 배울 수 있었다. 예를 들면, 홈런 같은 이산 변수의 관측자료가 충분히 있는 경우 회귀분석에 사용해도 된다고 학생들에게 가르칠 수 있었던 것은 중심극한정리central limit theorem의 존재 덕분이었다. 또 학생 때는 간과했던 연결고리를 찾아낼 수 있었던 것은 좋은 수업을 학생들에게 전달해야 한다는 간절함 덕분이었고, 스스로 던지는 '왜'라는 질문에 포기하지 않고 답을 찾는 과정에서 배움을 얻고 있다.

과거에는 전공수업만 학기마다 반복해서 가르쳤지만, 지금은 미국 대학에서 진행되고 있는 변화에 따라 기존에 없던 강좌를 교수가 배워가면서 학생들에게 가르치고 있다. 물론 전 과목을 그런 방식으로 진행하지는 않지만, 1년에 한 학기 중에서 한 과목을 골라 교수가 좋아하는 연구주제로 강의를 한다. 성공적인 수업의 일등공신으로는 통계 프로그램 R이 분석의 중심이자 표준이라는 확신이 학생들 사이에 퍼져 있어서 '배워두면 좋다'라고 학생들이 느꼈던 낮은 기회비용을 들 수 있겠다. 두 번째로는 메이저리그가 만들어지고 난 후 몇 세대를 거쳐 체계적으로 저장되고 관리돼온 다양한 야구 데이터가 있어서, 현실과 괴리되지 않은 수업을 진행할 수 있었다는 점을 꼽을 수 있겠다. 마지막은, 다른 수업시간과는 달리 자신의 노트북을 켜지 않으면 수업을 따라올 수 없는, 교실이라기보다는 마치 IT 스타트업 같은 수업 분위기의 조성이었다고 생각한다. 물론 컴퓨터실을 사용하지 않느냐는 질문도 많았지만, 개인적으로는 자신의 컴퓨터에 설치해서 수업을 벗어나서도 사용할 수 있는 자기 것으로 만들어주고 싶었던 바람이었다.

최근 산업의 변화를 반영하는 '마케팅과 경영전략을 위한 데이터 분석'을 주제로 2021년부터 새롭게 강의하고 있다. 기존 수업의 경우 100년 이상 쌓여 있는 메이저리그의 데이터를 사용했지만, 일반 대학생이나 직장인들에게 야구 데이터는 학습도구로서는 매우 좋으나 그 이상이 되기는 힘들다. 물론 논문을 써야 하는 사람은 야구 데이터처럼 이미 누군가가 만들어놓은 데이터를 가져와서 주장을 증명하는 도구로 활용할 수 있지만, 연구가 목적이 아닌 현실에서는 내가 만든 데이터를 이용해 분석하고 해석해서 의사결정을 할 때 더 가치가 있다. 새로운 수업에서는 아마존처럼 웹사이트 사용자가 남기는 데이터를 저장하고자 웹서버를 구축하고, 학생들이 사용자가 되어 데이터를 남기고, 웹서버에 남겨진 데이터로 데이터베이스를 구현하는 것이 1차 단계다. 데이터베이스에 저장되어 있는 데이터에 SQL과 R의 조합으로 접근하고 분석해서 결과를 프레젠테이션하는 것이 2차 단계의 목표가 된다. 마지막 3차 단계는 오프라인 제품을 이용해 데이터를 생성하고 생성된 데이터를 서버에 저장해, 저장된 데이터를 R로 분석하고 이를 토대로 학생들이 전략적 의사결정을 하거나 또는 새로운 O2O^{Online to Offline} 비즈니스 모델을 만든다는 계획을 현재 진행 중이다. 수업에서 활용할 수 있는 오프라인 제품은 아두이노^{Arduino} 기반의 사물인터넷이다. 결국 사물인터넷, 웹사이트, 데이터 서버, 그리고 R이 연동된 데이터 가치 사슬^{data-value chain}을 학생들이 구축할 수 있다면, 빅데이터 시대에 요구받는 능력인 모델링, 창의성, 그리고 전략적 의사결정을 동시에 갖추게 된다고 확신한다.

모쪼록 데이터과학에 입문한 여러분께 축하한다는 말과 함께, 이제부터는 인터넷에서 만나게 되는 데이터를 무관심하게 지나치지 말고 테이블 속에 있는 변수들이 무엇을 의미하는지, 변수와 변수 속에서 어떤 관계를 모색할 수 있을지, 혹시 다른 테이블과 연계도 가능할지, 연계가 되었을 때 더욱 흥미로운 이야깃거리가 나오진 않을지 자문하면서, 비모수, 신귀납, 비전문가 시대로 전환되고 있는 4차 산업혁명기에 혁명가로 활동하기를 바란다.

라만 데이터 적용 부분

2021년 3월 기준, 라만 데이터베이스의 관리자는 저작물 사용 허가표시^{CCL, creative common license}를 통해 데이터의 출처를 밝힌다면 데이터를 사용할 수 있도록 허락하고 있다. 이 책에서 라만 데이터를 사용한 부분은 다음과 같다. 저자가 데이터 출처를 정확히 표시하고 라만 데이터를 이용해 새로운 창작물을 만들었듯이, 이 책에서 다음과 같이 라만 데이터베이스를 이용해 만든 결과물에 대해서는 이 책의 출처를 밝히고 새로운 저작활동을 하는 데 자유롭게 활용할 수 있다.

출처: http://www.seanlahman.com/baseball-archive/statistics/

1장 변수를 알면 분석모델을 디자인할 수 있다

절제목	데이터 활용
데이터 구조를 파악하다	피츠버그 파이리츠 주전선수 공격 테이블의 구성
여러분이 가지고 있는 변수의 특징	피츠버그 파이리츠 주전선수 공격 테이블에서 이름, 홈런, 타율 변수만을 추출한 테이블
데이터 중심화 경향	필라델피아 필리스 팀홈런 분산과 표준편차
R 스튜디오와 친구들	2016 시즌 팀테이블

2장 메이저리그 데이터 마이닝

절제목	데이터 활용
빅데이터에서 필요한 데이터 분리하기	LA 다저스 클레이턴 커쇼 선수의 통산기록
순서가 다른 테이블 합치기: merge()	메이저리그팀의 타율, 홈런, 득점 변수
괄호 사용법	메이저리그팀의 타율, 홈런, 득점 변수

3장 선수의 능력은 어떻게 측정할 것인가?

절제목	데이터 활용
측정의 신뢰도	2015년도 배팅 테이블
공격지표들을 이용한 상관관계	공격지표 상관관계도 매트릭스, 상관관계 테이블
데이터에서 룰을 찾다: 연관성 분석	2011년도 이후의 배팅 테이블
선수와 감독의 인적 상관성: 네트워크 분석	2015년도와 2016년도 피칭 테이블과 매니저 테이블을 이용한 네트워크 차트
기술통계와 추정통계의 매개: 히스토그램은 막대그래프가 아니다	2015년도 팀테이블, 메이저리그팀 홈런 막대그래프, 팀홈런 히스토그램, 패널 히스토그램

4장 상관관계는 인과관계가 아니다

절제목	데이터 활용
정규분포: 얼마나 칠 것인가?	선수의 안타 빈도를 보여주는 히스토그램
좋은 예측모델 구별법: 표준오차	2014년도 팀타율 및 방어율로 예측한 팀승률 회귀결과
팀타율 1푼의 가치는 2천 4백만 달러?	2015년도 팀테이블을 이용한 회귀분석, 신뢰구간, 예측구간
팀득점 예측을 위해 만든 추정모델 해석하기	팀테이블을 이용한 타율이 팀승률에 미치는 회귀결과
게임당 팀득점 신뢰성 있게 예측하기	팀테이블을 이용한 타율이 팀승률에 미치는 회귀결과 및 신뢰구간

5장 비교와 구분

절제목	데이터 활용
시각적 비교	로드리게스, 푸홀스, 맥과이어 선수 간의 박스차트 비교, 나이와 홈런 간의 관계를 보여주는 산포도
모델에 영향을 주는 이상치를 찾아라	피츠버그 파이리츠팀 데이터를 이용한 이상치 도표
메이저리그 140년 역사의 원동력: 표준편차의 힘	1976년부터 2015년 메이저리그 타율 톱타자 표준화 점수, 동기간 시즌별 타율 표준편차, 표준편차와 게임당 관중 간의 회귀분석 및 산포도
실험군은 아메리칸리그 대조군은 내셔널리그	마이크 트라우트, 데이비드 오티스, 저스틴 업턴 타석수, 타율 데이터, 리그별 타율 비교, 리그별 몸에 맞는 볼 비교 및 박스차트
그룹 간 비교 시각화 방법: 패널차트	게임별 관중수 빈도차트, 지구별 팀승리와 게임당 관중수 관계 패널차트, 지구별 게임당 관중수 히스토그램 패널차트, 관중수와 관련된 t 테스트
데이터를 분리해 필요한 부분만 취하다: 스트링 변수	팀테이블을 이용한 팀타율 소수점 기준 분리방법
내셔널리그, 아메리칸리그, 그리고 판별분석	배팅 테이블 기반 선형, 2차함수, KNN 판별분석
지구에서 우승할 가능성, 우승하지 못할 가능성: 로지스틱 회귀분석	팀테이블을 이용한 로지스틱 회귀분석, 회귀분석 그래프
지구에서 우승할 팀, 우승하지 못할 팀, 그리고 딥러닝	팀테이블을 이용한 신경망분석결과, 신경망 차트
자율학습을 활용한 군집분석	2015 시즌 팀테이블을 이용한 K-means 군집분석 그래프, 실점방어 차원과 장타력 차원

6장 모델링

절제목	데이터 활용
2차함수 사고하기	알렉스 로드리게스 데이터를 이용한 나이와 홈런 관계 산포도, 2차함수모델
고차함수 사고하기	토미 존 수술 투수 시즌별 승수기록
리그별 홈런의 관중 동원 효과: 리그의 조절효과	홈런과 게임당 관중 단순회귀분석, 다중선형회귀분석, 교차효과가 있는 다중선형회귀분석
다수준혼합모델로 메이저리그 팀승수 추정하기	팀테이블을 이용한 타율과 팀승리의 회귀분석, 혼합회귀분석, 회귀분석 패널차트
눈에 보이지 않는 교란요인들 잡아내기	2012, 2013, 2014 시즌 팀테이블을 이용한 회귀분석, 임의효과모델, 고정효과모델

7장 머신러닝

절제목	데이터 활용
지도학습으로 문서 분류하기	학교(School) 테이블에 있는 대학이름, 도시, 주 정보 및 팀테이블에 있는 소속팀 이름 및 경기장 이름

| 찾아보기 |

메이저리그 야구 통계학 2/e
빅데이터 분석과 머신러닝의 시작 R

발 행 | 2021년 5월 21일

지은이 | 김 재 민

펴낸이 | 권 성 준
편집장 | 황 영 주
편 집 | 이 지 은
디자인 | 윤 서 빈

에이콘출판주식회사
서울특별시 양천구 국회대로 287 (목동)
전화 02-2653-7600, 팩스 02-2653-0433
www.acornpub.co.kr / editor@acornpub.co.kr